编委会

中国民营企业
国际合作蓝皮书
（2014—2015）

BLUE BOOK ON INTERNATIONAL COOPERATION
OF CHINESE PRIVATE ENTERPRISES

中国企业"走出去"协同创新中心
中国民营经济国际合作商会　编

人民出版社

中国企业"走出去"协同创新中心资助
（项目批准号：201504YY008B）

目　录

附　录　/443

Contents

Hot Topics /149

"The Belt and Road" /255

Case Analysis /317

Appendix   /443

绪　论

由对外经济贸易大学中国企业"走出去"协同创新中心和中国民营经济国际合作商会组织编写的《中国民营企业国际合作蓝皮书（2014—2015）》，是继中国民营经济国际合作商会组织编写《中国民营企业国际合作蓝皮书（2013）》之后编辑出版的第二部蓝皮书。全书含正文和附录两部分。正文部分包括在新的形势下，中国民营企业在境外开拓所涉及的贸易、投资、热点专题以及典型案例分析等专论30余篇，附录部分分别收编了近年来中央有关支持、引导民企境外发展的政策法规性文件，年度民企国际合作大事记和中国民营企业百强排行榜。该蓝皮书无论从编排和内容上都较首部蓝皮书有所创新，质量也有明显提高，充分反映了中国民营企业一年多来国际合作的新情况、新发展、新成果、新经验。将为中国民营企业境外创业、兴业提供借鉴。

过去的一年，在中国经济下行压力增大之际，中国民营企业国际经济合作逆势扬升，成为中国对外经济合作的生力军和国家经济的主要增长点，为新常态下中国经济的稳定增长和"软着陆"，作出了重要贡献。

这一年中国民企海外经略交出了一份十分靓丽的成绩单，有如下新的特点与亮点。

其一，在国家内外经济形势都趋于严峻的背景下，中国民企海外经营一枝独秀，继续在高位运行，民企发展的态势进一步凸显。

民企境外投资起步比国企晚得多，但发展速度快得多。到 2014 年，中国境外企业超过 2.5 万家，其中民企约占 70%。从 2009 年至 2014 年，民企海外并购年均增长高出国企 6 个百分点。2015 年上半年，民企境外投资更呈井喷式增长，同比增长 77.2%，打破历史纪录。民企外投金额在整个国家对外投资中所占比重赶超国企，2008 年民企外投流量还只占 14.26%，到 2014 年，中国对外投资流量超过 1 400 亿美元，一举成为资本净输出国，累计投资额约达 8 000 多亿美元，其中民企均占近"半壁江山"。2015 年，民企外投金额可望再创新高，成为名副其实的中国对外投资主力军。

民企海外贸易比国企晚得多，但发展速度快得多。自 2001 年中国加入世贸组织以来，民企外贸增速远超国企，其中出口年均增速高于国家出口增速达 18.4 个百分点。2014 年，民企进出口额达 15 714.24 亿美元，是 2005 年的 6 倍多，占全国进出口总额的 36.25%，其中出口 10 115.2 亿美元，占全国出口总额的 43.2%，民企对国家外贸增长的贡献达 56%。中国民企不久后，在对外投资和外贸领域的份额占比有望赶超国企，将成为中国对外经济关系中的主角。

其二，明星企业更加闪亮，还涌现出了在行业独领风骚的世界知名企业。

随着国家扶持力度的不断加大，从事国际经营的民企与日俱增，目前已超过 2 万家，其中绝大多数是中小型企业。中小企业是中国民企对外经营的主体，而中国民企对外投资和对外贸易的主力和表现最抢眼的则是以中国民企 500 强为代表的大型明星企业。海外并购是中国民企海外投资的主要形式，而这主要是由大型民企进行的。2014 年中国民企海外并购出现了不少大手笔，如联想集团斥资 50 亿美元收购了 2 个美国知名品牌企业，安邦保险集团斥资 150 亿元人民币并购了 3 家海外金融机构，这反映了中国大型明星企业的超强实力，及其海外事业的进一步扩展。

在外贸方面，2014 年仅 500 强出口即达 1 443.24 亿美元，同比增长 63.2%，远超全国出口 6.02% 的增长率。中国民企 500 强 2014—2015 年度经营总收入达 14.27 万亿元人民币，同比增加 11.2%，其中相当大部分来自其海外经营收入。500 强中有的已跻身世界一流，甚至在全球同类企业中独占鳌头，如联想集团已成为全球最大的个人电脑供应商，阿里巴巴超过亚马逊跃升全球最有价值的电商公司。阿里巴巴掌门人马云，因此而成为具有国际影响力的企业家。英国首相卡梅伦邀他担任其特别经济事务顾问，卡梅伦还称赞阿里巴巴："从新经济而来，从新世界而来"。一个大国领袖对中国企业的这种高度肯定和评价是前所未有的，这是中国民企海外经略成功和影响力扩大的一个侧影。

其三，从"单打独斗"走向"抱团出海"。

长期以来，中国民企大多是单独走出去，关门独家经营，普遍遭遇资金不足、抗风险能力差、信息不畅、人才奇缺等问题，导致效益不彰，甚至亏损、失败。近年来许多民企吸取教训，采取自愿结合、联合走出去的新模式，它们打破行业和体制界限，结成企业联盟，包括民企与民企、民企与国企合作，抱团出海。其联手方式包括组成产业链集团、优势互补企业集群、在境外建立工业园区等。现在抱团出海的民企显著增多，如民企华旗资讯倡建的"爱国者国际化联盟"集合了上百家民企抱团出海打拼，在境外建立了诸多工业园区，分布在亚、非、欧 10 多个国家。这有利于境外民企克难避险、做强做大，也是境外民企不断发展壮大的一个重要原因。

其四，民企境外经营"本土化"已成趋势。

以前中国民企往往以"大搬家"的形式走出去，自带员工、设备，企业经营生产搞清一色的"中国化"，出发点是为了"肥水不流外人田"，使收益、利润全归企业所有。由于对所在国的国情、法规知之不多，不懂和不尊重所在地的民情风俗，特别是只顾利益独享而不履行必要的社会责任，结果各类矛盾与摩擦频生，行动步履艰难，招致经营事倍功半，甚至经营不下去。有鉴于此，近些年来，境外企业普遍改走"本地化"经营路线，企业职工基本上就地聘用，对被并购企业保留其企业文化和原有员工，并认真遵守当地的风俗习惯，注重环保，努力为当地的经济社会发展和就业作贡献。这为企业创造了良好稳定的经营环境，使之走上快速和可持续发展之路。

本土化经营的本质是与所在地共利而不是企业独利。表面上看是企业流失了部分利益，实际上企业能顺利发展得利更多。如属地化经营做得最好的华为公司，发展得也最好，每年营收增长都达两位数，特别是2014—2015年度经营收入达2 882亿元人民币，比上一年度增加了一倍，营业收入及其增幅都创历史最高纪录。现在，境外民企"本土化"经营愈益普遍化。2013年，中国境外企业向所在国缴纳的税金总计达370亿美元，同比增加67%，所雇境外员工总计达200万人，对所在国经济和就业作出了可观贡献，其中民企的贡献约占一半。"本土化"经营好处凸显，将渐成中国境外民企发展的主流和方向。

近些年来，中国民企海外经营，还积累了正反两方面丰富的经验，这也是其宝贵的收获。"抱团出海"和"本土化"经营，既是其突出亮点，也是其重要经验。除此之外，企业注重调查研究，做到知己知彼，心中有数，避免盲目投资和经营，制定企业总体规划和发展战略，以战略思维进行经营，避免零敲碎打，抓小失大，只顾眼前，不看长远；着力培养和引进优秀人才和先进技术，从而更好地适应国际化发展的需要；大力抓好公关工作，为顺利开展投资与经营铺平道路，等等，都是企业在艰苦探索中和付出代价后取得的宝贵经验。这些既是中国境外民企成功发展的重要条件，也是中国境外民企走向成熟的重要标志。

中国民企境外兴业，所以能持续强劲发展，固然同其自身努力分不开，更主要的还是其享有天时地利人和的利多条件。

"天时"就是政府倾力扶植政策所创造的有利发展空间和环境。

中央高度重视民企境外发展，将其列于国家总体发展战略的突出位置，自2000年中央正式提出"走出去"战略以来，国务院和政府有关部门连续出台了一系列有关政策文件，直接指导、支持民企外向发展。近年来，中央加大了政策支持力度。如2014年4月，国务院常务会议决定，除少数另有规定外，境外投资项目一律取消核准程序。现在 98% 的企业外投不需要审核。国家发改委 2014 年年中发文放开企业对外投资的限制。国家发改委等部委 2015 年 7 月 3 日联合发布《关于鼓励和引导民企积极开展境外投资的实施意见》，其中主要内容是要国内银行进一步加大对境外民企金融及金融保险的支持，规定已经在海外缴纳所得税的民企将得到税额抵免。这些将激励越来越多的民企走向海外和扩大对外投资，新的一轮民企海外创业、兴业的热潮将顺时而起。特别是党的十八届三中全会作出《中共中央关于全面深化改革若干重大问题的决定》，进一步强调"必须毫不动摇地鼓励、支持、引导非公有制经济发展"，特别强调要让民企与国企在"权利平等、规则平等、机会平等"的基础上开展竞争。这是第一次正式将民营经济和国营经济置于完全平等的地位，第一次将民营经济和国营经济一样视为共和国的"亲生子"，而不是第一等的"庶生子"。这是对民营企业最大的政治支持，奠定了民营企业完整意义上的主人公地位和主体地位，使之吃了"定心丸"能放心放手地去海外拼搏。

同时，国内经济新常态和推进"一带一路"建设，为民企出海提供了新的更大更好的机遇。在新常态下，国家实行稳增长、调结构、产业转型升级的新发展战略，这一方面加大了民企自身"走出去"的迫切性，另一方面政府更急需和更大力支持民企"走出去"。"一带一路"倡议使沿线 60 多个国家通过全方位互联互通紧密联系在一起，相互消减贸易和投资保护主义，极大地改善民企的经营条件，降低经营成本和经营风险。这些为海外民企提供了无比广阔的发展空间和大显身手的活动舞台。民企有望迎来海外大发展的"黄金时代"。

"地利"是民企海外合作对象国的经济形势和状况对民企发展十分有利。

后金融危机时期，美、欧、日发达国家尚未完全走出危机阴影，经济持续低迷，许多企业破产倒闭，且其基础设施陈旧老化，急需大量投资来重建实体经济和基础设施。而其自身资金严重不足，因而积极寻找外部资金的支持，大力从国外招商引资。发展中国家经济基础依然薄弱，基础设施尤为落后，发展经济和建设基础设施存在巨大的资金缺口，渴望大量外资进入。这为中国民营企业到发达国家进行"抄底"收购和并购，向发展中国家扩大投资和大量转移优质产能提供了千载难逢的好时机。

"人和"是我国同世界各类国家普遍建立了深厚友谊和真诚友好合作关系，为境外民企创造了良好稳定的经营环境。

中国实行和平发展战略与和平外交政策，恪守联合国宪章与和平共处五项原则，主张大小国家一律平等，在国际上主持公道，维护正义，深得人心，在国际社会享有崇高威望和信誉，得到各国高度尊重和信任。这是包括民企在内的中国企业在海外发展所特有的政治优势。在经济领域，中国本着互利共赢的精神，同各国建立了密切的合作关系。迄今中国同133个国家签订了双边投资保护协定，同99个国家签订了避免双重关税协定，同100多个国家建立了混委会或联委会机制，同众多国家签署了9个自贸区协议。这些为中国民企"走出去"成功经营创造了有利和优越的条件和环境。

毋庸讳言，中国民企境外经营还存在不少问题，有的还很严重。现在中国民营企业"走出去"70%不赢利。当然这并不表明中国民企"走出去"有多严峻，因为其中不少企业是"新来者"，成功要有一个过程，其中有的经营时间尚不长，经验不足，难免要付出一些代价。但这么高比率的企业不赢利，确实反映其存在的问题不容忽视。

民企境外经营存在的困难和问题有主客观两个方面。客观方面：从国外看，有的外国政府调整政策或发生政权变更，推翻同我方原来签署的协定，严重损害中企利益，包括民企在内的中国企业在澳大利亚、缅甸、斯里兰卡等国就曾吃过这种亏；一些国家战乱频仍，如伊拉克、利比亚、南北苏丹等，使中方企业屡遭冲击；一些国家和地区包括我国紧邻的印度、巴基斯坦和阿富汗，恐怖主义猖獗，危害和威胁中企人员生命财产安全；一些西方国家意识形态思维较重，动辄以影响其国家安全等政治因素歧视中企；等等。从国内看主要问题是有的地方和部门对中央大力扶植民企境外发展的政策落实不到位，如对民企特别是中小企业金融支持不力，使之普遍融资难，严重影响其经营和竞争力；有的民企走出去审批手续仍然繁杂，对其发展不利；国内中介服务跟不上，会计、律师、咨询等为民企服务的中介机构发展程度较低，效率不高，难以为民企海外创业提供有效服务等。这些问题特别是民企融资瓶颈问题的解决刻不容缓，不要让其再拖民企海外发展的后腿。

主观方面是民企自身存在缺失和不足。有的缺乏总体规划，只顾眼前，盲目而行，亏损严重。有的误认为规模就是竞争力，就能出效益，而任意并购，最后规模变成了包袱，直到倒闭了事。有的海外经营不遵守当地法规，社会责任意识淡薄，只求自利，结果反而吃亏。不少企业尤其是中小企业仍搞家族式经营，管理体制落后。不少企业不注重培养、引进高素质人才，在国际竞争中落下风。总之，企业自身素质不高，又不愿花力气加以改善，是招致其境外经营困难和效益差的主因。

总之，中国民企海外发展的主流是好的，取得的成就有目共睹。中国连续3年对外投资位列全球前三，对外贸易总额和出口总额跃居全球第一，其中民企贡献至巨。现在，正当民企处于海外发展的黄金机遇期，只要将中央关于民企"走出去"的利多利好政策落实到位，民企大练内功，切实提高自身综合素质，其海外发展将不断提升新台阶，在不久的将来定将成为中国海外经营的真正主角。

本书是编委会同仁和所有作者辛勤劳动、通力合作的成果。这里谨向他们致以衷心感谢。

石　泽　尹承德

综合报告

中国民营企业海外投资环境新变化和新趋势

当前中国民营企业海外投资环境整体稳中向好，全球投资规则趋向宽松，战略机遇凸显；国内的"一带一路"、自由贸易区等战略为民营企业"走出去"带来了难得的战略机遇。但与此同时，在全球经济不确定性和结构调整的背景下，局部投资规则收紧，部分地区风险高企。

一、中国民营企业海外投资的市场机遇

随着欧美发达国家经济缓慢复苏，全球投资企稳回升，为中国民营企业海外投资提供了较为有利的外部环境。在国内，中国经济结构调整与转型升级取得新进展，并在政策方面逐步消除企业海外投资的审批障碍，为民营企业"走出去"提供了强劲的内部支撑。商务部统计数据显示，2014年中国对外投资总额中，非国有企业投资占到56%。随着中国经济在世界扮演越来越重要的角色，民营企业"走出去"有着更多的市场机遇。

（一）国际经济形势变化带来的全球市场机遇

第一，为企业获取国外先进技术，增强自主创新能力带来机遇。国际金融危机爆发以来，欧美发达国家不少企业经营陷入困境，急于重组出售，出现并购的买方市场；在国际新常态的大背景下，外国政府鼓励外国投资

者进入本国投资，放松了对外商获得相关产品和技术的限制。我国部分优秀民营企业也基本具备了通过海外并购提升企业自身实力的条件。在国际新常态、中国新常态的大环境下，民营企业通过海外并购获得新技术，对于人力资本需求高、研发周期短的高新技术产业的获取，以及传统的高端制造业、科技小企业进入新产业带来良好机遇。

第二，全球信息产业变革为中国民营企业融入全球市场带来机遇。全球信息产业已经进入深化和变革创新阶段，其发展格局发生了重大变化。产品、技术，以及管理要素加速集聚，逐步形成新的产业生态体系；大数据、云计算、物联网、移动互联网等新技术的兴起，对全球信息产业产生了颠覆性的创新效应，为整个产业经济的转型升级提供了多种路径选择，正在重塑全球信息产业发展格局。全球信息产业将迎来新一轮的快速增长，一方面，由于电子信息产品所具有的互联网特性，面向个人信息消费领域的产品和服务将成为新的增长点；另一方面，信息安全已经成为越来越多国家的关注重点，为自主可控信息技术市场带来重大发展机遇。

第三，现代服务业的发展为中国民营企业带来赶超机会。现代服务业是建立在现代科技手段基础上，主要以信息、互联网为支撑。由于这些技术手段日新月异，为中国民营企业提供了赶超机遇。一方面，民营企业可以借鉴发达国家在其优势行业领域的已有成果，如航空、电子技术、信息通信、生命科学、能源环境等生产性服务业，以及健康管理等生活性服务业，并学习成熟的管理经验；另一方面，西方发达国家在高新技术领域的进展目前已经进入瓶颈期，东西方技术差距缩小，中国企业若能抓住机遇及时切入就可争取从高起点入手，进一步缩减与发达国家的技术差距。

第四，发达国家和发展中国家普遍存在基础设施建设投资需求。欧美发达国家全面完善的基础设施经过多年的运转已显陈旧，已经进入整修和重建的阶段，其基础设施建设市场重趋扩大与繁荣。据美国基础设施报告（2013），美国土木工程师协会（ASCE）对本国基础设施评价仅为"D+"，并估计到 2020 年，美国基础设施需要 3.6 万亿美元的投资。英国政府 2013

年公布未来 20 年基础设施建设投资计划，包括改建伦敦盖特威克机场火车站、拓宽伦敦地铁北线、建设北威尔士核电站等一系列大型关键投资项目。2014 年，英国财政部决定实施 1 000 亿英镑的基础设施投资计划，包括高速铁路、交通系统升级、新屋建设和防洪工程等。2014 年 10 月，英国经济与商业研究中心发布的相关报告显示，预期中国在英国基础设施建设行业的投资将于未来 10 年达到 1 050 亿英镑。2014 年 11 月 26 日，欧盟委员会公布金额达 3 150 亿欧元的以基础设施为重点的投资计划，包括宽带网络、能源网络以及工业中心的交通基建等方面。发展中国家基础设施落后问题较为严重，对基础设施投资建设的刚性需求更大，且往往面临资金问题。泰国的基础设施建设水平在东南亚地区较为靠前，但目前的铁路仍多为单线窄轨铁路，交通网络陈旧。菲律宾的轻轨和地铁也基本是 20 世纪七八十年代修建的。非洲的基础设施在全球范围是最差的。普华永道《资本工程与基础设施》报告（2014 年 12 月）认为，撒哈拉以南非洲的基础设施开支将从 2013 年的 700 亿美元增至 2025 年的 1 800 亿美元。非洲开发银行相关数据显示，非洲每年基础设施建设缺口达 930 亿美元。无论发达国家还是发展中国家，在基础设施建设领域的投资需求都非常旺盛，互联互通、清洁能源和城市化建设将成为重点发展领域。中国主导的亚投行通过亚洲基础设施建设资金的投入，能够为民营企业打开基础设施项目进入的通道，同时为民营企业获得公平待遇提供庇护和支持。

（二）国内新常态促进中国民营企业海外投资

第一，混合所有制经济的积极推进为民营企业海外投资拓宽行业领域。党的十八届三中全会决定提出积极发展混合所有制经济，国有企业与民营企业的融合成为新一轮改革的重头戏，未来将推进电力、油气、煤炭等领域的改革，加大能源领域向民间资本开放力度，试水页岩气开发混合所有制，在一些区块可由央企让一部分股权出来，让民营企业参与开发。2014 年 2 月，中石化率先在油品销售业务引进社会和民营资本发展混合经营；中石油表示已搭建 6 个合资合作平台推进混合所有制；中电投集团将允许民资参股和投资中电投旗下的所有业务地方。从国际经验来看，海外对民营资本接受度较国企更高，民营企业在发达国家受到的制度和政治阻力相对较少；在第三世界国家，民营企业也更为灵活，对东道国当地市场适应性更强。预期民营企业能够逐步进入石油、电力、铁路、电信、金融等国有资本相对集中的领域。

第二，国内对民营企业"走出去"从制度和政策各方面予以支持，逐步完善相关措施。为引导企业开展国际合作，促进民营企业、小微企业的发展，国务院及相关部门出台了一系列政策文件，为企业"走出去"松绑。2012 年发改委出台《关于鼓励和引导民营企业积极开展境外投资的实施意见》（发改外资 [2012] 1905 号），从大力加强宏观指导、切实完善政策支持、简化和规范境外投资管理、全面做好服务保障和加强风险防范、保障人员资产安全等 5 个方面提出了鼓励和引导民营企业开展境外投资的 18 条政策措施，是中国首次制定和发布的鼓励引导民营企业开展境外投资的综合性政策文件。商务部 2014 年《境外投资管理办法》（商务部令 [2014] 第 3 号），以及发改委 2014 年《境外投资项目核准和备案管理办法》（国家发展改革委第 9 号令），在大幅下放管理权限之余，进一步简化境外投资的审批和备案流程，以备案制取代核准制。随着上海自由贸易试验区的不断深入探索，国家境外投资政策改革卓有成效，海关、质检、人民银行、外汇管理局等部门也出台相关政策对民营企业"走出去"予以支持。

第三，"一带一路"倡仪的实施将改善沿线国家和地区的经营环境，降低经营风险。

"一带一路"倡仪的实施将加强互联互通，提升沿线国家和地区空间上的通达性，降低对贸易投资、要素流动、人员往来的限制，提高沿线国家市场交易的便利化程度。实现互联互通将大大改善沿线国家和地区的经营环境，降低中国民营企业"走出去"经营风险，推动企业有效利用境内境外两种资源，开拓境内境外两个市场，将使民企获取更大的成长空间。

海上丝绸之路为民营企业创造了将产品传统价值链延伸到海上丝绸之路的好机会。"一带一路"倡仪的实施和亚投行的成立，不仅能够帮助中国优势产能"走出去"，还能加快人民币国际化步伐，使庞大的外汇储备能减少以至规避中长期美元贬值风险。

二、海外投资环境变化给中国民营企业带来挑战

中国经济进入新常态，世界经济也由高增长时期过渡到相对较低的增长期。世界经济在过去数十年间一直以持续失衡的状态运行，涉及投资、贸易、金融各领域。深受金融危机影响的欧美发达国家要求新兴经济体承担更多的全球经济治理义务和责任，正以全球经济再平衡的名义实施新的贸易和投资保护主义。虽然很多国家继续欢迎外资，但其政策态度日益苛刻，由一般、普遍的欢迎变为选择性的欢迎。

(一) 海外市场存在的风险和障碍

第一，全球投资环境不甚明朗。世界经济正处于需求复苏的波动时期，当前国际市场环境的有效投资仍无法满足世界经济发展的需要；欧债危机以及不断抬头的贸易保护主义；各国通胀普遍下降，许多新兴经济体增长前景恶化。复杂的国际环境给中国民营企业对外投资增加了诸多风险性因素。联合国贸发会议（UNCTAD）数据显示，2014 年全球 FDI 流量下降 8%，约合 1.26 万亿美元，创下 2008 年金融危机以来第二次新低。在新兴国家市场，经济基础薄弱使不稳定因素增多，进而容易带来政治风险，社会弹性较差，偿债能力分化较大；在发达国家市场，尤其是欧洲国家和日本，由于经济低迷和市场需求不足对在当地投资的中国企业营业收入产生负面影响；希腊债务违约使欧洲银行业在短期内出现明显的资本金缺口，资金回流使许多亚太国家币值出现大幅下跌，外部融资环境持续恶化，加大了金融危机向亚太地区传导的可能性。根据 IMF 相关数据显示，

2014 年 10 月以来世界各国经济表现呈不同趋势：美国和英国势头较强，欧元区和拉丁美洲相对疲弱，新兴经济体增长前景恶化。

第二，全球经济规则趋向不确定性增加。随着国际经济新规则的不断推出，以中国为代表的新兴经济体与以美国为代表的发达国家之间的对国际经济活动主导权和话语权之争将进入白热化阶段，使全球经济规则趋向不确定性增加。美国与欧盟试图建立的跨大西洋贸易与投资伙伴协议（TTIP）涉及的议题广泛，涵盖了农业、服务贸易、政府采购、原产地规则、技术性贸易壁垒等多个方面。TTIP 一旦达成协议，将在劳工标准、知识产权等领域制定新的准入规则，无形中给中国企业进入欧美市场带来更多障碍。

第三，新兴经济体面临结构性问题。根据 IMF 公布的最新《世界经济展望报告》（World Economic Outlook），2015 年发达经济体有望加快经济增长，而新兴经济体的增长率预计将从 2014 年的 4.6% 下降到 4.3%。新兴经济体的实际经济增长正在放缓。新兴国家市场也曾经受过经济放缓甚至崩盘的考验，通常都会强劲复苏。然而，从当前全球经济局势来看，新兴经济体的增长面临的阻力似乎既是结构性的，又是周期性的。一些新兴经济体的中期增长前景不佳，而且容易受到外部因素的影响。以购买力计算，新兴市场占全球 GDP 约 52%，以名义值计算，占全球 GDP 的 35% 左右。1999 年亚洲金融危机时，新兴市场所占比例仅分别为 38% 和 23%。因此，新兴国家市场的低迷和疲弱现在对全球经济有着更大的负面影响力。

（二）国内市场环境及制度缺陷

第一，大部分民营企业在海外并购前缺乏深入客观的尽职调查，难以做到知己知彼。对于目标企业的价值是否能满足自身并购的需要、并购可能带来的优势与潜在的风险、整合的成本及难度、双方的文化差异是否在自身能力可解决的范围内等重要问题缺乏应有的认识，容易导致海外并购的失败。聘请专业的国际评估机构，虽然能够在获取完整准确的信息方面更有保证，也能够避免评估过程中的过度主观，但也可能导致将"底牌"交给竞争对手的风险。同时，国内除少数机构外，缺乏具备良好信用和专业能力的中介机构。

第二，资本项下管制以及境内外资本市场隔离影响企业对外投资的便利性，部分并购关键环节难以掌握。近年来人民银行先后发布了《跨境贸易人民币结算试点管理办法实施细则》、《境外直接投资人民币结算试点管理办法》等，跨境人民币业务政策框架已初步建立，但从整体上看，中国货币不是自由兑换货币，资本市场也不是开放的市场，A股股票不能在国际上进行对价支付，制约了民营企业的融资支付方式。同时，民营企业增发新股尤其是定向增发新股受到国内证券市场监管环境的种种限制，导致企业无法根据需要用换股的方式实现境外并购。

第三，"双五"等部分金融政策早已不适应民营企业"走出去"发展趋势，制约了企业的国际化发展。中国银监会于2008年发布《商业银行并购贷款风险管理指引》（以下简称《指引》），允许银行对企业发放并购贷款。但《指引》对企业并购方式、并购贷款风险控制、并购贷款占交易总投资的比例和期限等方面都作出了较为严格的限制，包括要求"并购的资金来源中并购贷款所占比例不应高于50%，并购贷款期限一般不超过5年"。银行也会根据并购目标的经营现金流来评估并购对价的偿还能力，通常以企业息税、折旧、摊销前盈余（EBITDA）的4—5倍为标杆。但事实上，一些科技型领域具有建设周期长、投资回收期长等特征，在借助银行并购贷款实施并购交易后，若并购项目无法在短期产生稳定收益和分红，收购方将面临较大的还款压力。

第四，部分资本市场规定使得企业"走出去"不确定性增加。例如，某公司收购海外某公司的过程全由其在香港的子公司操作，并未通过相关部门的审批。由于这属于上市公司的重大资产重组，且销售收入超过公司的50%，超过证监会的限额，属于应报未报项目。该公司回复该项目属于债权转股，可以暂时不转股。但这又产生一个新的问题：并购过程中，其上市公司高管又同时在债拟转股的被并购公司担任高管，两家公司被认定为关联公司，并购属于关联交易，面临被证监局处罚。这使企业进退维谷。

第五，已签订的双边投资协定落后于时代发展需要，存在对关键事项解释模糊、条款亟待重新谈判、与有些关键国家未签署协定等问题。虽然我国已经与133个国家和地区签署了双边投资保护协定，对外签署了99个避免双重征税协定以及与港、澳的税收安排，还签署了9个自贸区协定，但我国与其他国家签署的多数避免双重征税协定签署时间在20世纪90年代，已经难以适应当今国际市场环境发展的需要，亟须更新；有些已签订的双边投资保护协定存在关键事项解释模糊、对投资争议仲裁程序等重要事项没有涉及等问题；与发展中国家的税收协定中有关饶让抵免的规定不够，南部非洲国家除南非、赞比亚、博茨瓦纳、毛里求斯等国以外，尚未与其他国家签署避免双重征税协定；税收协定的谈签进程难以跟上中国快速发展的需要，缺乏时效性。同时，与一些关键国家，如美国，仍未签署双边投资保护协定，这对于主要投资于发达国家市场的民营企业来说在国际竞争中处于较为不利的地位。

第六，国内为民营企业"走出去"的相关配套机制和服务尚不健全，难以为企业保驾护航。中国企业海外投资的风险防控体系尚未健全，在法律制度、融资信贷、保险制度、公共服务、中介机构、信息平台建设等方面仍需做大量工作。例如，目前中国企业自行组建的商会、行业协会发育不足，在强化行业自律、规范和协调企业跨国经营等方面难以发挥实质作用。协调制约机制的不健全使我国民营企业无法形成合力，在面临东道国许可证、配额、技术要求、环保标准、知识产权等方面的壁垒和限制时，难以通过与东道国政府、机构、企业谈判协商获得优惠政策和市场准入条件。另外，"走出去"的中国企业也常常存在恶性竞争、互相压价等问题，也是缺乏约束机制的结果。

三、中国民营企业海外投资环境变化新趋势

国际货币基金组织（IMF）2015 年 4 月相关统计数据显示，受益于能源价格下跌和汇率变动，全球经济在未来两年有可能实现合理复苏。美元和人民币相对于日元和欧元的升值，将有助于进一步推动经济增长。IMF 预计，2015 年全球经济增长 3.5%，较 2014 年高 0.1 个百分点，并将在 2016 年升至 3.8%。然而，IMF 对中期增长前景较为悲观，认为人口老龄化及生产率提升乏力将拉低经济增速，各经济体难以回归先前被视为常态的增速。

（一）行业布局趋势

综合全球投资环境及中国国内政策环境因素，预期以下行业领域将成为民营企业"走出去"的重点关注领域：

1. 信息产业

信息产业将打破过去孤立的局面，与传统制造业和传统服务业融合，为企业境外投资带来更广阔的市场。面向服务的商业模式如云计算、移动互联网应用等的创新已经在开辟新产业增长点；涵盖软件、终端、服务、内容的一整条产业链的整合正在推动信息产业组织方式的深刻变革；自主可控的信息技术产品将成为各国重点行业信息安全的重要保障；新一代信息技术的应用将推动中国制造向智能制造转变；信息消费对经济拉动作用进一步凸显。

2. 服务业

跨国公司主导的价值链分工深化推动了全球服务业的迅速发展，服务领域将成为未来国际分工的重点。美欧再工业化战略进入实施阶段，全球现代制造业的价值链分工竞争成为焦点，高端制造业快速回流发达国家；服务业的梯度转移不断强化，全球开放水平进一步深化，服务业正获得

新的发展空间。我国"十二五"规划提出，到 2015 年，服务业增加值占
GDP 的比重与服务业就业人数占全社会就业人数的比重均较 2010 年提高 4
个百分点（2010 年服务业比重为 43.0%）。为全面完成"十二五"规划目标，
预计服务业占比提升的趋势还会延续。商务部统计数据显示，2014 年中国
对外投资中，对服务业投资增长 27.1%，占比提高到 64.6%。在中资海外
并购涉及的行业中，TMT（高科技、电信等行业）、能源矿产和不动产行业
居前 3 位。

3. 资源和能源领域

随着混合所有制改革和"一带一路"倡仪的实施，将为民营企业投资
国外资源和能源领域带来更多机遇。除了涉及传统能矿领域，民营企业也
将发挥其在新能源领域的优势，包括光伏电站、太阳能、生物质能源、清
洁能源等。例如，民营企业与加拿大开展太阳能、风能、生物质能源、清
洁能源方面的合作；与丹麦加强生物燃料、沼气能源、风力发电等领域合
作；与意大利开展光伏电站、太阳能电池板系统、生物能等项目合作；与澳
大利亚合作管道、煤炭、铁矿石、地热、生物能源等领域合作。

4. 农业和食品加工

农业将成为民营企业海外投资的重点行业之一。2001—2014 年，中国
农业境外投资已经遍及 100 多个国家和地区，境外农业企业超过 600 个，
农业"走出去"已经成为趋势。一方面，中国人口众多，随着生活水平的
提高，人们对食品的品质要求不断上升；另一方面，国内存在耕地面积不
足、环境污染、农业运营分散等问题，缺乏拥有集中养殖、生产加工、配
送、销售一体的公司。民营企业通过并购国外企业，充分利用国外优良的
自然资源、加工技术和管理经验，将大大提高中国农业和食品加工业的国
际竞争力。泰国、澳大利亚、新西兰、荷兰等国家都有着较多农作物投资
合作机会。

（二）投资方式趋势

由于民营企业具有的灵活性特点，其境外投资方式也表现出多元化趋势，主要包括以下方面：

1. 集群式"走出去"

通过集群式、国际生产一体化的对外投资，民营企业能够在更高层次上利用、整合国际资源，建立全球生产一体化体系。集群式"走出去"有助于发挥龙头企业的带动作用，吸引上下游产业链转移和关联产业协同布局，形成链条式的产业转移，将大大降低我国民营企业的海外投资风险和成本，形成规模效应，提升民营企业国际竞争力及价值链位置，最大化股东收益。设立境外工业园区是民营企业集群式"走出去"的重要方式，通过设立境外工业园区引领中国民营企业境外投资，不仅能够满足国家战略需求，还能够推动东道国经济发展和就业增长，为东道国带来可观的税收收入。此外，还包括协会商会主导的集群模式，以及战略联盟，例如华为海外投资时结成的标准联盟、技术联盟、市场联盟，以及供应链联盟等。

2. 设立海外研发机构

有一定技术优势的民营企业通过在东道国设立研发机构，能够获取东道国的先进技术和高科技人才。主要途径包括绿地投资、与境外企业和科研院所合作，以及并购当地研发机构等。越来越多的民营企业通过并购的方式获得了海外研发机构的相关知识产权、研发人员、研发设备和工具等，甚至整套技术解决方案的设计开发，为支持相关配套产业发展起到了重要带动作用。

3. 建立海外生产基地

"一带一路"倡议的实施以及国家倡导优势产能"走出去"，为民营企业加强与沿线国家合作，将生产基地转移到东道国进行产品的加工生产提供了政策导向。对于服装、机械、电子和轻工等产业，虽然国内市场已经趋于饱和，但对于一些发展中国家和不发达国家来说都是优质产业，有着巨大的市场需求。同时，此类产品出口大多存在贸易摩擦，通过将生产基地设在海外（例如东盟国家）不仅能够规避风险，带动国内设备和劳务的输出，而且能够充分利用东道国优惠政策和国际协议的优势进入欧美国家市场。

（商务部国际贸易经济合作研究院　辛　灵）

透视经济新常态下我国民营企业
境外投资与合作

当下，全球经济下行压力增大，不少国家经济危机四伏，中国经济走入新常态，但经济社会的发展对资源的需求仍然不断增加，资源日渐稀缺的趋势也不会改变，这将从根本上改变国家和企业的资源战略及竞争态势。企业跨国生产制造销售将成为主流。中国民营企业加快"走出去"，既是适应国家经济新常态的根本需要，也是顺应经济全球化潮流和自身发展壮大的必然选择。

一、新常态下民营企业境外投资的必要性

（一）新常态推动中国企业加速外向发展

近年来，随着世界经济发展走向调整期，中国经济也转入新常态。一方面经济增长由过去30多年10%左右的高速度增长转向高中速增长，产业结构由传统的不平衡、不协调、不可持续的粗放型增长模式转向形态更高级、分工更细化、结构更合理和质量效率更高的集约模式；另一方面中国企业巨大的生产能力已经满足了基本消费市场的需要，出口将成为拉动我国经济快速发展的重要动力，企业更加深入地参与国际化竞争成为必然。

然而随着中国人口老龄化的到来，农业富余劳动力减少，要素的规模驱动力减弱，以前低劳动力成本的人口红利将不再成为优势，能源资源和生态环境已经达到承载上线，企业生产要素的原始整合已经基本完成。要消除和利用这些因素，除了产业结构优化升级外，扩大企业境外投资生产就成了参与国际竞争以促进经济新一轮增长的必要选择。

（二）境外投资是民营企业走向国际化的必然要求

当下，随着全球资源的整合利用及企业国际化分工的不断细化，世界经济一体化成为必然。自中国加入世贸组织后，我国的经济发展与全球经济的关联度越来越紧密。2008 年中国外贸依存度已达 74.4%，出口依存度达 54.7%，这表明中国经济将与世界经济"同呼吸，共起伏"。近年，随着中国人口红利的减弱和环境承载力上限的到来，生产要素成本不断提高，民营企业在国内资源利用和享受优惠政策方面相对受限更大，而消费市场对产品个性化的需求和质量的要求却不断提高，产品竞争优势明显弱化，发展受到严重影响。而通过实施境外投资，民营企业就能更加深入地参与国际经济合作，开拓国际市场，扩大产品出口。控制生产资料要素成本，直接参与资源的开发和利用，从源头上把握企业自身的发展，赢得主动权，提高国际竞争力。

（三）境外投资是民营企业充分利用全球资源，降低产品成本的最佳选择

目前，越来越多的公司都实现了跨国生产，在全球范围内配置资源，从事生产、销售和研发活动，选择生产要素成本最低的国家投资生产，选择销售价格相对高或适合销售的国家出售产品，这种跨国经营带动了资本、商品、人员、技术在全球范围内的流动。更重要的是这不仅满足了消费市场个性化的需要，还提高了产品的性价比，也使得企业融入了国际竞争。

随着中国创新改革的深入、跨境电商的发展、自由贸易区的建立、多

边贸易协定的签订及"一带一路"经济带的融合，消费市场将更加开放，我国企业必将直接面临国内市场国际化竞争的考验。企业要想发展，充分利用全球资源进行全方位的跨国生产和销售也必将成为企业的必然选择。从客观的角度来看国内民营企业的发展现状，一方面是大部分的民营企业缺乏国际竞争力，面临着国际市场和国内生存空间双重挤压的窘境；另一方面，本身不占资源利用优势的民营企业再次遭遇资源利用、环保政策和产品消费的"天花板"。如，我国人均拥有石油和天然气不到世界人均拥有的 1/8 和 1/20，40% 的石油靠进口；土地等生产要素供应紧张等，消费市场产品相对过剩等。而境外投资则可以很好地利用全球资源和国际市场来优化资源配置，拓宽企业的发展空间，实现民营企业的再发展。

（四）境外投资是民营企业突破贸易壁垒的有效策略

随着世界经济下行压力增大，不少国家经济发展面临困境，国际贸易环境日趋复杂，贸易摩擦日益增多。欧美、中亚等国通过设置绿色壁垒、技术壁垒和实行"两反一保"等限制措施和手段，不断设置出口的新障碍，使我国出口增长的市场空间屡屡受到打击，在一定程度上限制了企业的发展。而企业通过实施境外投资，实现产业向境外转移，绕开贸易壁垒，冲破出口障碍，借由产品在他国的生产、再加工或转加工顺利销售或出口，使企业得以发展。同时也有利于开拓新兴出口市场，提高产品向非设限地出口的比例。

（五）境外投资是民营企业升级发展的必由之路

当下，国内市场产品相对饱和，部分行业生产能力过剩的矛盾十分突出，已经严重影响到部分民营企业的生存发展。而从国际市场看，相对落后的国家和地区还需要物美价廉的初级产品，部分行业的生产能力相对不足。我国民营企业要想发展就必须调整优化产业结构，提升产业发展的层次与水平，扩大境外投资，梯度转移剩余旧产能，"腾笼换鸟"引进新项目，这是企业升级发展的必由之路。

（六）境外投资是民营企业摆脱国内发展困境的最佳出路

自世界金融危机以来，经历了"野蛮生长"和"原始积累"后的中国经济，进入了发展瓶颈期，面临增速换挡、结构调整、政策转型，各行业长期积累的结构性矛盾更加凸显。民营企业更是陷入了成本危机。其一，随着中国人口红利的逐步消失和老龄化社会的到来及劳动者要求增加收入、维护职工合法权益等诉求，国家出台了建立和谐劳动关系的《劳动合同法》。中国经济增长已经开始从劳动力低成本的比较优势转向劳动力高成本的竞争优势，劳动力要素成本进一步上升。其二，土地资源的稀缺和不可再生性。我国实行严格的土地用途管制制度、土地集约化利用制度、土地市场监管制度等，这将加强对于土地所有权制度、土地经营管理制度、土地行政管理制度、土地规划与用途管制制度、耕地保护制度、城乡建设用地调整和总量控制制度、城市建设用地收购储备制度等的全面控制和管理。这必然造成企业土地生产要素成本的增加。其三，随着中国环境承载力上限的到来，中国政府在面对资源紧缺的情况下，在低碳环保、节能减排、矿产开采冶炼和水资源利用等方面监管的标准及使用更加严格，资源要素成本将增加。因此，中国企业面临生产全要素成本的增加，处于资源配置弱势地位的民营企业，利润会更加微薄。为摆脱国内生存和发展的压力，中国民企只有加快转型升级向国外谋出路。

二、民营企业境外投资的机遇与挑战

（一）机遇

1. 国际经济发展环境，将为企业实现"弯道超车"提供机会

全球投资、贸易、生产、管理、研发、服务一体化将在新的基础上深化发展。不仅金融和贸易部门，其他如高技能劳动力、医疗、教育、文化、

娱乐及智力服务、艺术创作等领域都将走向全球化。全球的信息、商品与服务、资本、人口、文化要素和创新思想将加速流动。投资与服务贸易自由化将成为全球发展的大趋势，经济资源跨国界流动和配置日益增强，各国经济相互开放和融合程度将大大加深。部分领先的新兴国家和地区有望从价值链低端逐步向价值链中高端延伸，实现"弯道超车"。

2. 全球经济下行是民营企业境外投资的有利时机

近几年，全球经济下行影响的广度和深度前所未有，波及世界所有主要国家和主要经济市场，造成许多企业破产，同时也使得大部分企业投资不足。国际资金流动不足，跨国企业和国际知名企业投资意愿下降，境外资产大幅贬值，跨国投资成本大幅下降。这些为民营企业赴境外"抄底"收购、并购和投资，提供了千载难逢的机遇。

3. 中国对外开放战略为企业境外投资提供了更加广阔的市场

从中国综合国力发展情况看，中国经济在改革开放和城镇化红利的带动下，仍将保持 7% 左右的平均增长速度，综合国力大幅上升。中国将从"经济大国"向"经济强国"转变，对周边国家和世界各国的影响力不断加强。人民币将成为国际三大结算和储备货币之一，将极大促进中国向周边国家和海外投资，这在一定程度上为民营企业境外投资提供了有利的发展条件。

从国家政策看，根据中国国家发展和改革委员会、外交部、工信部、商务部、央行等 13 个部门发布的《关于鼓励和引导民营企业积极开展境外投资的实施意见》，中国将大力加强对民营企业境外投资的宏观指导，引导民营企业有重点、有步骤地开展境外投资。加强跨部门的沟通协调，对民营企业开展境外投资进行专题研究，协调解决民营企业开展境外投资的重大问题。这表明中国将加大对民营企业境外投资的政策支持，全力保障民营企业境外投资的利益。

更重要的是，中国着力打造"一带一路"，将推进跨区域合作，以"丝绸之路经济带"为标志，城市合作将成为新一轮对外开放的重要突破口和新亮点。中国通过更多的"多边合作"、"双边合作"和自由贸易区等形式实现全面开放。无论生产还是消费市场都将全面国际化，与之合作国家之间的政策法律阻碍将越来越小，这为企业境外投资提供了更加广阔的发展空间。

（二）挑战

1. 国内政策支持不到位，境外投资面临资金及管理压力

一是中国金融体系的支持不到位，几大国有银行境外投资还在初创时期，企业往往是在并购的过程中，缺少资金的支持不得不放弃。二是制度保障问题，中国还没有一部系统的海外投资法。管理体制上，一个企业"走出去"要受多重管理，审批流程烦琐。

2. 境外环境的挑战

中国民营企业境外投资会面临政治法律风险。每个国家的政治和法律体系都不一样，可以说千差万别。不同国家和地区，有着不同于中国的法律体系和政治背景，这给中国民营企业他国投资与海外并购带来不确定性。从目前来看，中国企业境外投资的风险主要在安全、税务、劳资、环保、审查等方面。境外投资可能面对进入敏感行业的审查，导致收购并购受阻；"中国式管理和操作"水土不服，例如在国外投资设厂因雇用当地劳动力，违反当地劳工法，产生劳工问题。因环境评估不达标停止生产问题，使得官司缠身，进退两难，无法运营。

3. 国际管理人才短缺

目前，我国跨国生产经营的企业在管理人才方面，缺乏一套完整的适应国际市场竞争需要的人力资源管理机制。许多从事跨国经营的企业还没有建立起现代化的人力资本观念，对人才资源管理的认识仍旧停留在人事制度管理的层次上或重视程度不够，导致外派人员专业能力和积极性都不高，这与企业参与国际市场竞争的需要有很大差距。

4. 文化差异的挑战

中国民营企业境外投资面临的最大的挑战就是语言、文化、思维模式等方面的差异。在投资目标国，双方文化的不同，思维模式的差异会产生语言、文化、思维模式的冲突，有可能导致收购、合资的失败或企业运营效率低下而亏损，最终导致投资失败。

5."巨无霸"企业联盟的竞争

在当下，各国经济走向全球化，很多跨国企业都以兼并或建立策略联盟作为发展手段来实现规模效应，而我国大部分的民营企业在品牌影响力、技术领先、企业文化和体量上还不具备这样的实力。这与国际上跨国公司存在较大差距，限制、束缚了跨境投资的经营活力和经营理念，使民营企业难以像跨国公司那样以各种手段进行兼并和联盟经营。同时，我国企业间也会出现竞相压价、恶性竞争的局面，难以建立起战略联盟，这也在一定程度上进一步增大了民营企业跨国经营的风险。

四、建　议

（一）政府完善民营企业境外投资政策

随着中国由"经济大国"向"经济强国"的转变，其在国际上的影响力也越来越大。目前，政府有能力制定一套完整的政策措施，以支持民营企业境外投资的运营发展。

1.完善境外投资保险制度

当下，中国应建立起一套完整的境外投资保险制度，来有效保护企业境外投资，这是民营企业跨国发展的前提条件。中国境外投资保险制度可依托与各国签订的双边投资保证协定，确保实施不打折扣。今后，中国应加快与世界各国缔结双边投资保证协定，依靠国内立法与国际双边和多边协定的相互配合为企业境外投资保驾护航。

2.建立境外投资咨询机构

中国民营企业境外投资遇到的问题复杂多样，风险也千差万别，如政治、法律、经济、金融、汇率和债务等。单凭民营企业自身力量来承担境外投资风险难度极大，因为这需要大量资料、可靠信息渠道和研究来做判断。政府建立风险评估和咨询机构，对各国投资环境进行评估，是对民营企业境外投资最基本的帮助和扶持。

3.建立境外工业园

民营企业境外投资运营很难独自避免政策风险。政府中介服务机构、组织或国有企业，在境外建立工业园，同时开展投资咨询、法律顾问等项目，再利用政府之间签订的双边贸易、投资协议，是最大限度为民营企业避免各种投资运营风险的有效手段。国家计委、外经贸部、国家经贸委和外汇局可以协调，或成立一个专门机构对企业境外投资给予支持。

（二）政府建立引导境外投资的平台

随着国际金融危机的影响，世界各国经济走入下行阶段，部分国外企业及跨国公司进入经营困难。境外投资风险和机遇并存。在国内经济新常态的状况下，海外并购、投资有巨大的发展空间。建立引导企业加快境外投资的平台极为重要。

1.正确引导，适度宣传

以中央文件的形式要求，各级政府部门，要从未来经济全球化的高度充分认识境外投资工作的重要性，积极做好民营企业境外投资的宣传和组织工作。随着国内生产要素成本的提高，大量的劳动力密集型加工企业必然要失去竞争优势。要发展生存，最有效的方式是将大量的加工环节转移到海外工资水平比较低的地方（发展中国家）去。要总结和宣传境外投资成功的企业典型，率先推动有传统产业优势或者产能相对过剩比较严重的产业，如纺织业、机械制造业和建筑业走向国际市场，参与国际经济竞争。

2.全力扶持，尽心服务

以中央文件的形式要求各级政府及有关部门关心、支持民营企业境外投资。通过城市合作、政府及民间组织，为民营企业提供拟投资国宏观经济情况、政治风险、市场情况、投资机会、投资环境、优惠政策、行政程序、法律框架和技术人才等信息服务及出口信用保险等金融服务，为民营企业境外投资创造良好的发展环境。各地方政府及有关部门在引导企业充分用好现有扶持政策的同时，争取出台新的鼓励政策，全力支持民营企业境外投资。

3. 搭建战略联盟平台，做好参谋服务工作

政府及有关部门要搭建咨询机构平台，引导民营企业境外投资在开拓市场、提高收益、回避关税、应对贸易壁垒、获取自然资源等方面，有明确投资动机和目标定位。充分认识和发挥自身优势实现统筹兼顾。建立中国企业战略联盟对话平台，使有比较优势的企业通过自主开发、合资开发、协同兼并、收购形成战略联盟，树立有国际科技创新能力、拥有核心技术和雄厚品牌实力的整体形象，并运用市场化和国际化手段，增强与外国跨国公司平等对话的实力。

(三) 民营企业提高自身防控意识，规避政治法律风险

"知己知彼，百战不殆"。民营企业必须提高境外投资的法律风险防控意识，才能安全地实现全球资源的合理利用。从操作层面来说，务必全面了解投资国家、地区的法律和政治环境。不同的国家有不同的法律，其体系特点也各不相同，差异较大。不仅要民营企业学习与市场相关的目的地法律，还要熟知关于文化、安全、劳工、知识产权、反垄断等方面的法律。

1. 聘请专业法律顾问

在进行投资并购、合作经营和独资时更加重视法律顾问的专业指导，避免事后出现问题才请律师介入，也只有充分尊重当地的法律、文化、风俗，才能防控可能发生的法律和政治风险，更好地利用当地的人力、资源和市场等生产要素实现全球化发展。尤其值得注意的是税收风险。当下，境外投资的外部税务环境日益严峻，各国各地区一方面调整国内企业税负以刺激经济；另一方面又不同程度地加强税务监管和税款征收打击跨国企

业的避税行为。中国民营企业境外投资应该提前设计好适应当地的合理的企业内部税务体系，以全球化思维管理运营境外投资项目。

2. 聘请专业的服务机构，规避风险

民营企业在境外投资的时候，要提前聘请专业的服务机构（例如，律师事务所、会计师事务所、咨询公司、公关公司等），对投资所在国的经济发展状况、政局情况、法律环境和对国外投资的优惠政策进行综合评估，帮助企业识别风险并将风险降到最低。以客观评估基础为前提，为投资项目提供参考依据，最大限度地规避可能出现的风险。国际投资风险也不断变化，境外投资环境也不断变化，所以中国民营企业境外投资要密切注意各种风险影响因素的变化情况，定期进行投资风险分析。

3. 实施境外投资本土化战略，全面规避风险

民营企业在投资方式上可尽量采用合资形式，选择在业内很有经验、在当地很有人脉的合作伙伴（如前政府高官、议员等开办的企业），利用这些"关系"规避风险或取得一定的投资国本土企业身份，让合资方分担一部分投资风险。还应设法在国际上寻找国际金融机构或公司的投资合作，利用筹集资本的机会把风险分散在投资国或其他国家。这样做在发生任何政治或经济风险之时，不仅能减少公司损失，而且还能受到国际性的保护。如果民营企业自身具有品牌、核心技术、管理优势，可采取特许授权经营的形式，做到既节约资金又避免直接投资风险，还可占领市场。

4. 利用当地媒体或其他渠道树立正面形象

中国民营企业在投资国，要保持适当的低调、谦虚谨慎、包容和沟通，建立有效的沟通方式。在给他国带来就业和经济增长的同时，要充分利用媒体或者其他渠道宣传正面企业形象，避免当地民众和媒体出现负面的声音，为企业的可持续发展打下良好的基础。

（四）国际化人才的培养与运用

民营企业境外投资运营发展，除了正确的决策之外，最为关键的还是人才的供给与保障。一方面，中央应出台要求各级政府及有关部门帮助企业培养和引进有境外投资和境外经营人才的文件，要求各级政府及有关部门，利用政策和资金杠杆引导企业通过外部引进和内部培养，造就一批跨国企业的高素质复合型人才，为民营企业境外投资提供基础条件和有效保障。另一方面，民营企业需要重视人才培养，强化企业内部的激励和约束机制，积极培养人才，完善人才管理。储备国际化经营管理需要的金融、法律、财务、技术、营销等方面的专业人才，挖掘有战略思维和熟悉现代企业管理的经理人才。充分利用国际人才市场意识，通过招聘优秀的国际人才来弥补自身培养的不足。

（新疆乌鲁木齐市政府研究室处长　陈长春）

中国民营企业对外贸易报告

一、中国民营企业对外贸易发展现状

改革开放 30 多年来，中国民营经济迅猛发展。特别是随着经济全球化、贸易自由化的进一步发展，全球新的竞争格局已经形成，越来越多的中国民营企业进入国际市场。近年来中国民营企业对外贸易规模不断扩大，对进出口增长的贡献超过一半，逐渐成为拉动我国外贸发展的一个主要"引擎"，直接促进了我国综合实力的提升。同时也应看到，虽然中国民营经济成长迅速，成绩斐然，但基础还比较薄弱，存在商品技术含量较低、结构比较单一，以及对外贸易区域发展不平衡等问题。

（一）贸易规模

近 10 年来中国民营企业对外贸易发展迅速，进出口额不断攀升，已成为我国对外贸易的一大主体。2005 年中国民营企业进出口贸易总额为 2 243.7 亿美元，占全国进出口总额的比重为 15.8%。其中民营企业进口总额为 753.9 亿美元，占全国进口总额的 11.4%；出口总额为 1 489.8 亿美元，占全国出口总额的 20.5%。2014 年我国有进出口实绩的民营企业占外贸企业总数的比重超过 70%，在全球贸易增长放缓的大背景下，民营企业进出口总额为 15 714.4 亿美元，与 2005 年相比 10 年间增长了 6 倍多，占全国进出口总额的 36.5%，对整体进出口增长的贡献达 55.9%，显示出强劲的发展势头。其中民营企业进口总额为 5 599.3 亿美元，占全国进口总额的 28.6%；出口总额为 10 115.2 亿美元，占全国出口总额的 43.2%。中国民营企业已成为拉动对外贸易尤其是出口稳增长的主要力量。（见图 1）

（单位：亿美元）

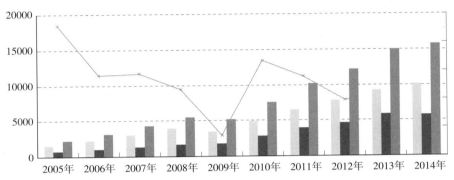

图 1　2005—2014 年中国民营企业对外贸易数据

资料来源：《中国海关统计》2005—2014 年。

（二）商品结构

商品结构较为单一，缺乏自主知识产权类高附加值的出口商品，是我国的民营企业商品贸易目前存在的普遍问题。我国民营企业出口产品主要集中于制造业、纺织业等产业，其中机电产品和高新技术产品出口份额不小，但同外资企业相比仍有很大差距。出口产品中传统劳动密集型产品如服装、鞋类等纺织轻工产品仍占较大比重，技术含量较低，经济收益率远低于西方发达国家。

以 2014 年 1—8 月为例，我国民营企业出口前五大商品分别为机电产品、高新技术产品、服装及衣着附件、纺织纱线及制品和农产品，上述 5 种商品比重高达 76.6%。其中机电产品出口额 2 518.7 亿美元，占比 39.8%；高新技术产品出口额 809.7 亿美元，占比 12.8%；服装及衣着附件出口额 771.3 亿美元，占比 12.2%；纺织纱线、织物及制品出口额 476.0 亿美元，占比 7.5%；农产品出口额 271.0 亿美元，占比 4.3%。

同期，我国民营企业进口产品主要以机电产品、高新技术产品、农产品、铁矿砂及其精矿和初级形状的塑料为主。其中机电产品进口额 1 126.6 亿美元，占比 35.6%；高新技术产品进口额 801.4 亿美元，占比 25.3%；农产品进口额 425 亿美元，占比 13.4%；铁矿砂及其精矿进口额 260.5 亿美元，占比 8.2%；初级形状的塑料进口额 129.8 亿美元，占比 4.1%；上述 5 种商品进口额合计占同期我国民营企业进口总额的 86.6%。（见表 1）

表 1　2014 年 1—8 月中国民营企业出口和进口前五大商品情况表

（单位：亿美元，%）

出口前五大商品	出口额	同比	占比	进口前五大商品	进口额	同比	占比
机电产品	2 518.7	−0.01	39.8	机电产品	1 126.6	−11.9	35.6
高新技术产品	809.7	−18.8	12.8	高新技术产品	801.4	−17.4	25.3
服装及衣着附件	771.3	12.6	12.2	农产品	425.0	22.8	13.4
纺织纱线、织物及制品	476.0	6.8	7.5	铁矿砂及其精矿	260.5	4.6	8.2
农产品	271.0	11.7	4.3	初级形状的塑料	129.8	15.3	4.1
出口合计	6 332.9	6.8	100.0	进口合计	3 168.5	1.8	100.0

资料来源：2014 年前 8 个月我国民营企业外贸发展现状，海关信息网。

机电产品是我国民营企业贸易额最大的商品，但外商投资企业是机电商品进出口主力军，2014 年进出口占全部机电商品进出口的比重均超过 60%。而作为我国机电商品第二大进出口主体，2014 年民营及其他企业出口额 4 002.6 亿美元，占同期我国机电商品出口的 30.5%；进口额 1 738.2

亿美元，占比仅为 20.3%。（见表 2）

表 2　2014 年我国机电商品进出口经营主体情况

（单位：亿美元，%）

经营主体	出口额	同比	占比	进口额	同比	占比
国有企业	1 152.7	2.8	8.8	906.0	−2.2	10.6
外商投资企业	7 953.8	2.7	60.7	5 899.1	4.4	69.0
民营企业及其他企业	4 002.6	5.8	30.5	1 738.2	−4.5	20.3
合计	13 109.0	3.6	100.0	8 543.4	1.7	100.0

资料来源：2014 年我国经济形势综述及进出口贸易形势分析报告。

　　对于进出口额第二大的高新技术产品，我国同样过于依赖外资企业，不利于产业的长远发展。2014 年外商投资企业出口高新技术商品 4 914.5 亿美元，占我国高新技术商品出口的 74.4%；进口额 3 749.1 亿美元，占比 68.0%，而民营企业仅占高新技术产品进出口比重的 20%。（见表 3）

表 3　2014 年我国高新技术商品进出口经营主体情况

（单位：亿美元，%）

经营主体	出口额	同比	占比	进口额	同比	占比
国有企业	405.7	8.9	6.1	527.2	−1.6	9.6
外商投资企业	4 914.5	2.0	74.4	3 749.1	12.0	68.0
民营企业及其他企业	1 285.1	−8.9	19.5	1 237.8	−9.6	22.4
合计	6 605.3	0.1	100.0	5 514.1	−1.2	64.5

资料来源：2014 年我国经济形势综述及进出口贸易形势分析报告。

（三）贸易伙伴

我国民营企业进出口市场主要集中于欧美发达国家和周边区域。目前我国民营企业进出口市场覆盖面已达 231 个国家（地区），主要的贸易伙伴有欧盟、东盟和美国等。其中对发达国家进出口保持稳定，2014 年 1—8 月对欧盟和美国进出口分别增长 12.2% 和 8.0%。同期对东盟地区进出口增速均快于整体增速。民企 2014 年前 8 月排名前 6 位的出口市场分别为欧盟、东盟、美国、中国香港、日本和俄罗斯，出口额分别为 1 017.9 亿美元、871.5 亿美元、778.3 亿美元、770 亿美元、254.7 亿美元和 222.6 亿美元，这 6 个国家（地区）合计占同期我国民营企业国别出口总额的 61.8%，自上述 6 个国家（地区）进口合计占同期我国民营企业国别进口总额的 49.5%。今后需要进一步开拓新兴市场，让进出口市场结构更趋平衡。（见表 4）

表 4　2014 年 1—8 月中国民营企业进出口情况一览表

（单位：亿美元，%）

国家（地区）	进出口额	同比	环比	出口额	同比	环比	进口额	同比	环比
欧盟	1 335.4	12.2	4.3	1 017.9	15.6	6.3	317.4	2.6	−1.8
东盟	1 330.1	16.8	4.3	871.5	16.3	1.3	458.6	17.9	10.5
美国	1 092.9	8	1.6	778.3	11.4	−3	314.7	0.4	15
中国香港	793.5	−27.5	−1.2	770	−27.9	−1.2	23.5	−10.3	−0.8
韩国	468.7	22.2	14	193.6	28.5	11.8	275.1	18.1	15.5
日本	435.3	5.3	−2.4	254.7	9.6	−3.1	180.6	−0.2	−1.3
中国台湾	371.8	−17.3	8.6	102.6	8.4	28.8	269.2	−24.1	2.5
澳大利亚	351.1	12	−1.8	100.6	3.7	−10.2	250.5	15.7	2

（续表）

国家（地区）	进出口额	同比	环比	出口额	同比	环比	进口额	同比	环比
德国	309.7	8.3	−1.1	193.4	14.7	2.8	116.3	−0.9	−7
俄罗斯联邦	287.6	4.7	−3.4	222.6	15.4	−2	65	−20.6	−7.9
合计	9 501.4	5.1	2.8	6 332.9	6.8	2	3 168.5	1.8	4.3

资料来源：2014 年前 8 个月我国民营企业外贸发展现状，海关信息网。

（四）区域分布

对外贸易地区发展不平衡，是目前我国民营企业对外贸易发展的一个重要特征。与我国整体外贸发展地区分布类似，民营经济发达的沿海省市是我国民营企业进出口的主要地区，中西部地区相对落后但发展迅速。"2014 中国民营 500 强企业"中，东部沿海地区企业数量 307 家，占总数的 61.4%；中西部地区 102 家，比上一年增加 37 家，占总数的 20.4%。2014 年，广东省和浙江省分别出口 2 403.4 亿美元和 1 911.4 亿美元，保持出口优势大省地位；江西省、浙江省、河北省出口保持快速增长，同比增长分别为 11.0%、14.3% 和 24.0%，均为两位数。（见表 5）

表 5　2014 年我国主要省市民营企业出口情况

（单位：亿美元，%）

省市	出口额	同比
广东	2 403.4	5.1
浙江	1 911.4	14.3
江苏	1 054.6	5.8
山东	706.2	8.3
福建	615.1	8.5

（续表）

省市	出口额	同比
上海	380.1	8.3
江西	228.2	11.0
辽宁	221.2	−25.9
河北	214.5	24.0
天津	114.7	22.9

资料来源：2014 年广东、浙江、江苏等省市国民经济和社会发展统计公报及海关统计。

二、中国民营企业对外贸易发展特点

近年来，国家高度重视民营经济发展，我国民营企业规模逐渐壮大，民营企业对外贸易呈现总量快速扩张、比重逐年提高、结构不断优化、总体实力显著提升的良好态势。民营外贸竞争力水平和国际化程度不断加深，已经成为推动当地经济增长的关键力量。

（一）发展迅速，竞争力加强

由全国工商联发布的"2014 中国民营企业 500 强"显示，苏宁控股集团以营收总额 2 798.1 亿元排名第一，联想控股、山东魏桥分别以 2 440.3 亿元、2 413.9 亿元分列 2、3 位，华为、正威国际、江苏沙钢、华信能源、大连万达、吉利控股、万科分列 4 至 10 位。本次民企 500 强入围门槛为 91.2 亿元，比去年增加 13.5 亿元，增速为 17.4%。共有 16 家企业营收总额超 1 000 亿元，27 家企业营收总额在 500 亿元至 1 000 亿元之间。与此同时，2014 年《财富》世界 500 强排行榜上，中国大陆（含香港在内，不包括台湾）上榜企业再创新高，由去年的 89 家增长至 95 家。其中，中国大陆地区上榜的民营企业增加 2 家，由去年的 5 家增加至 7 家，且排名均有上升，例如华为投资控股有限公司排名由去年的第 315 位上升至 285 位，联想集团排名由去年的第 329 位上升至 286 位。

民营企业的规模在扩大的同时其竞争力也在逐步增强。联想已成为全球最大的个人电脑供应商；华为成为首次闯入"2014 年全球企业品牌价值排行榜"百强的中国品牌；阿里巴巴也超过亚马逊成为全球最有价值的电子商务公司。这些企业在各自的领域都有其独特的技术和特点，开创出适合自己的商业模式和经营模式，它们在国内是行业的领军者，在国际上有自己的客户群，可以和世界一流的企业同台竞争。

（二）国际化程度日益加深

随着我国改革开放的进一步加深，我国民营企业对外开放的步伐也在加快，尤其是"入世"以来，我国民营企业已经逐渐融入国际市场，通过引进外资、利用外资以及在海外建立研发分支机构等方式，不断发展壮大，不少民营企业已成为"世界企业"。

第一，通过海外上市充分利用海外资金。例如百度、搜狐、网易、阿里巴巴等企业纷纷海外上市，2014 年阿里巴巴赴美上市创下了全球最大 IPO 融资纪录。

第二，通过在海外建立研发机构或收购国外的公司，来引进先进的技术。例如华为在美国、印度、瑞典、俄罗斯及中国等地设立研究所，采用国际化的全球同步研发体系，聚集全球的技术、经验和人才来进行产品研究开发，使产品一上市，技术就与全球同步。联想对 IBM 的 PC 业务并购也是一个重要里程碑，通过这次并购，联想从一家中国本土 PC 企业迅速成长为全球最大的 PC 厂商。

最后，通过全球范围内的本地化经营，在海外设立分支机构和培训中心。这一方面可以更加贴近客户，倾听客户需求并快速响应，不断扩大海外市场，提升海外知名度；另一方面也能为当地培养技术人员，并大力推行员工的本地化。这样不仅有助于加深对当地市场的了解，也能为所在国家和地区的社会经济发展作出贡献，履行企业的社会责任。

（三）带动本地区经济发展

中国民营企业尤其是中小企业是城镇就业的主渠道。据统计，中小企业提供的城镇就业岗位占了全部新增城镇就业岗位的 80% 以上。民营经济在有力缓解我国就业压力的同时也加快了农村劳动力的转移，带动了当地经济发展，推动了我国城镇化、工业化的进程提速，为保证社会稳定作出了重要贡献。

中国民营企业是拉动当地贸易增长的主力军。"2014 年中国民营 500 强企业"中浙江入选企业数量为 123 家，占所有入选企业的 24.6%，在 500 强中占比最大。2014 年浙江民营企业出口 1 911.4 亿美元，比上年增长 14.3%，高于全省出口平均增速 4.4 个百分点，出口额占全省出口额的比重为 69.9%，与上年相比，比重提高 2.7 个百分点，拉动全省出口增长 9.6 个百分点。同期，国有企业和外商投资企业出口拉动全省出口增长分别仅为 0.1% 和 0.2%。（见表 6）

表 6　2014 年浙江省出口经营主体情况

（单位：亿美元，%）

经营主体	出口额	出口增速	拉动全省出口增长
国有企业	195.5	1.1	0.1
外商投资企业	625.9	0.8	0.2
民营企业及其他企业	1 911.4	14.3	9.6
合　计	2 733.5	9.9	—

资料来源：浙江统计信息网。

三、当前中国民营企业对外贸易发展存在的问题

虽然我国民营企业从总体上看，发展势头良好，有着市场化程度高、经营灵活等优势。同时也应看到，世界市场竞争不断激烈化，中国民营经济基础还比较薄弱，仍面临诸多挑战。

总的来说，民营企业在发展中仍然存在企业规模较小、生产经营成本较高、融资较难、产品技术含量不高、管理不够科学、转型升级较难等问题。

(一) 企业规模小，市场相对集中

我国民营企业多为作坊式的企业，由几个人或一个家庭出资创建，企业规模小，实力不强。这样一方面不能取得规模效益，另一方面也直接影响其研发和创新能力，所以产品的技术层次较低，竞争能力较弱。跟同类国外企业相比，规模上的巨大差异也影响其在国际市场上的竞争能力。

中国民营企业对外贸易过程中存在着贸易市场结构不完善的问题。民营企业产品的出口覆盖面主要集中在欧盟、东盟、美国、中国香港、韩国和日本这几个国家和地区，对世界其他地区的出口只占其出口总额的不到四成。民企出口过于依赖上述几个国家和地区，降低了我国民营企业外贸的抗风险能力。

(二) 企业资金不足，融资较困难

我国民营企业大部分为中小企业，原始资金的积累主要靠自我完成，在发展过程中，资金不足成为扩大发展的主要障碍。企业融资成本高和融资渠道单一已成为长期困扰我国民营经济生存和发展的瓶颈。相对于国有大中型企业来说，民营经济由于资本实力较弱、资产规模小、稳定性不佳、抗风险能力差等原因，缺乏足够的资产进行抵押，也没有专业机构为民营

企业融资进行担保，所以难以吸引到足够的金融机构贷款。中小民营企业从银行借贷困难重重，只有少数发展规模大的企业才能够达到金融证券融资的条件。民营经济在获取资金的支持上的这种相对不平衡的状态，直接影响了民营企业的做大、做强。

（三）技术含量低，品牌意识不足

我国民营出口企业主要从事机械设备电子、纺织、服装鞋帽等门槛较低、技术含量不高、劳动密集型为主的传统制造业；而重工业、装备制造业、新型服务业等科技含量高、资金密集度高、利润率高的行业，民营企业的数量则较少。此外，尽管高新技术产品占我国民营企业出口一定比重，但远远比不上进口的比重，而拥有自主知识产权的高新产品更低，许多民营企业出口产品要向具有知识产权的国外企业缴纳专利费，以致出口商品虽然耗费了大量人力资源和物质资源，但获利甚少，还严重制约着我国民企在对外贸易中核心竞争力的构建。

当前企业间的竞争，本质上就是企业核心竞争力的竞争，而品牌作为企业核心竞争力的重要构成要素，在对外贸易中具有重要意义。而目前很多民营企业在这方面的成绩却差强人意，只顾眼前经济利益盲目从事贴牌加工甚至无牌加工，忽视品牌建设，缺少长期目标和规划，势必会在今后的竞争中越来越处于弱势。对于广大的民营企业来讲，在经历了长期的低附加值生产之后，打造自己的品牌不仅是适应国家发展形势的需要，也是自身长远发展的保证。

（四）管理模式落后，创新能力弱

民营企业缺乏科学的组织，管理水平较低。多数民营企业是由个体经营发展起来的，是以亲情为纽带的家庭型企业组织，这种家族式的体制，能够凝聚家庭成员的力量，有效地克服了企业初创时期的困难。但在企业走出初创期后，这种家族式管理的存在，造成了企业产权不明，缺乏制度约束，对生产和产品缺乏必要的科学决策，增大了企业的生产经营风险，造成企业效率低下，市场竞争力不强，严重制约了企业的发展。

同时，很多民营企业存在对产品创新和技术创新重视程度不高的问题。民营企业对外贸易发展过程中，需要人才的支撑，人才是推动民营企业进步与发展的最大推动力。相对于国企而言，民营企业人才较为匮乏是事实，如果不能树立人力资源是企业发展第一资源的观念，引进和培养人才，不断吸收新的知识更新理念，提高管理者的管理水平和职工的技术熟练水平，就无法实现产品和技术的创新。

四、促进中国民营企业对外贸易进一步发展的建议

据国家工商总局统计，截至 2014 年年底，全国注册个体工商户计 4 984 万户，占全国企业总数九成以上，GDP 所占的比重超过 60%，对税收贡献超过 50%，就业贡献超过 80%。可见民营企业现已成为我国经济社会发展中最具活力和潜力的市场主体。随着全球经济增长放缓，中国经济步入新常态，创新民营企业对外贸易发展策略，是当下我国民营企业对外贸易发展的重大课题。民营企业需要充分认识到自身存在的问题，积极开拓市场，加强品牌意识，增强国际竞争力，政府也要进一步加强对民营企业的服务和引导，推动民营企业加快发展。

（一）积极开拓市场，实现多元化发展

要解决我国民营企业出口市场相对集中的问题，就要不断开拓新的贸易市场，逐步实现我国民营企业对外贸易发展多元化。要充分发挥民营进出口企业的优势和活力，让它们成为拓展非洲、拉美新兴国家市场的生力军。因为这些国家市场，最急需的商品是轻工、日用和家电产品。而这些产品是我国民营企业的经营主要商品，因此民企能够在这些市场上发挥自身优势，显示其特有的竞争力。

以"走出去"带动出口稳定增长，实现进出口协调发展、结构不断优化的外贸格局。国家应鼓励民营企业通过海外设厂降低经营成本、规避贸易壁垒；对产能过剩的"两高一资"产业给予"走出去"优惠措施，推动我国劳动密集型出口商品向产业链高端延伸；支持机电产品和高新技术产品自主技术研发和工业设计优化；在扩大出口的同时适当扩大关键技术和零部件、能源资源类战略储备商品进口，以加快我国民营企业外贸结构调整。

（二）加强企业融资渠道建设与拓展

融资难是制约我国民营企业对外贸易发展的瓶颈之一。为解决这一问题，我国各级政府应当加大对民营企业的财政支持，不断深化金融体制改革，加强民营企业融资渠道的建设与拓展。

加大政府财政投入和减税减负。政府要在财政预算中设立民营经济促进专项基金，用于改善民企对外贸易的软硬件。例如加快实施创新驱动发展战略，探索设立民营企业转型升级发展基金，促进民营企业的转型升级。切实落实民企对外贸易中各种税费的优惠政策，如从 2014 年 4 月 1 日起到 2016 年年底，小微企业减半征收企业所得税的上限已由 6 万元提高到 10 万元；从 2014 年 10 月 1 日至 2015 年年底，对小微企业、个体工商户和其他个人暂免征收增值税、营业税的月销售限额已从 2 万元提高至 3 万元。

政府应建立相应的基金和担保体制，以银行信贷担保和扩大保险投保人范围等模式提升民企的对外融资能力。还应特别重视引导建立和完善中小金融机构体系，激活民间资金，加快推进民营银行组建进程，为民营经济发展注入动力。2014 年 3 月，金融主管部门批准了 10 家民营企业作为双主发起人，在天津、上海、浙江和广东成立 5 家民营银行。加强中小金融机构与民营企业的交流与沟通，逐步建立长期稳定的关系，从另一层面解决当下民营企业对外贸易中的融资困难，使中小金融机构与民营企业获得双赢。

（三）加强品牌意识，增强国际竞争力

正如前文所言，廉价劳动力的传统竞争优势已经无法适应我国民营企业对外贸易的进一步发展。民营企业应以长远发展眼光审视对外贸易市场，由单纯的谋求经济利益寻求向高质量、高技术、高服务的文化内涵型贸易方式转变，建立自身的品牌价值与品牌文化。只有这样，企业才能进一步扩大并牢固地占有市场，提升企业的综合实力，从而在激烈的全球化国际竞争中获胜。

对于企业自身来说，增强国际竞争力就要在创新发展上练好内功。一是要重视技术创新。民营企业必须以市场为导向，加大研发投入，改进落后的生产工艺，在商品质量上以及质量管理方面和国际接轨；加大内部人才培养以及外部人才的引进力度，有条件的民营企业应该建立专门的科技开发队伍，研究开发具有自主知识产权的核心和主导产品，培育自己的核心竞争力，以增强企业发展后劲。二是要重视管理创新。民营企业应建立起完善的公司治理制度，建立清晰的产权结构，规范家族式企业的粗放式管理方式，以科学的管理手段推进管理创新，提高经营管理水平。民营企业要适时调整经营策略，诚实守信经营，履行社会责任，才能在激烈的市场竞争中不断发展壮大。

（四）积极利用电子商务平台新引擎

近年来跨境电子商务交易在我国迅速发展，互联网技术所推动的新型商务模式改变了商业运行中的大部分环节，降低了企业进出口交易成本，对传统的贸易方式有很大的冲击，为更多企业参与国际市场提供了便利条件，有力地促进了民营企业对外贸易发展。据商务部数据显示，2012年中国跨境电子商务交易额达2万多亿元，占中国总进出口贸易的9.6%，市场预期2016年我国跨境电商进出口额将增至6.5万亿元，占外贸总额的比重或将达到20%。跨境电子商务已成为推动进出口增长的重要力量，数据显

示，2013 年 7 月至 2014 年年底，跨境电子商务进出口额已突破 30 亿元，备案企业 2 000 余家。国内巨大的跨境消费需求推动电商企业加大市场布局，阿里巴巴、京东、苏宁等平台企业也不断积极开拓国外市场，但与美国、英国、新加坡等国相比，我国跨境电子商务的体量占比仍有巨大发展空间。

扶持跨境电子商务发展，培育出口竞争新优势。跨境电子商务作为新型贸易方式，顺应个性化的全球消费潮流，也契合了广大民营企业发展外贸业务的市场需要，正以超过 30% 的年增速成为我国外贸新的增长引擎。2014 年，跨境电子商务增速高达 30% 以上，在电子商务全球化的大背景下，这一数字将持续上升。民营企业要积极利用互联网技术和跨境电子商务交易平台，开展商业模式创新，不断降低成本和积极开发个性化、全球化市场。政府也应在加大政策扶持力度的同时，不断优化监管体系和生态链建设，实现物流通关、检验检疫、退税结汇等环节的便利化，促进民营企业跨境电子商务健康发展。

（五）政府积极引导并加强配套服务

政府要支持和鼓励民营企业科技创新，提升民营企业产品的科技含量。鼓励和引导民营企业在节能环保、新一代信息技术、生物、高端装备制造、新能源、新材料、新能源汽车等战略性新兴产业领域发展壮大；加强培育科技中介组织，为民营企业开展科技创新提供专业化的中介服务，指导民营企业进行创新，降低科技创新成本和风险；为民营企业提供科研信息平台，鼓励民营企业申报科研项目；扶持民营企业创建科研机构和技术研发中心，支持和鼓励民营企业加大研发投入力度；引导和推进民营企业与各高校及科研机构的联姻，以充分利用教育科研优势。

建立健全民营经济社会化服务体系，创造公平市场环境。要重点强化政府和管理部门服务职能，培育民营经济社会化服务示范机构，围绕企业经营管理的具体业务展开活动，提高专业化、规范化的服务水平，提供高效优质的服务质量，推动建立包括资金融通、信用担保、创业辅导、技术支持、管理咨询、信息服务、市场开拓和人才培训等为主要内容的服务体系，营造出有利于民营企业健康发展的良好服务环境与氛围，促进民营经济的长足发展。

积极发挥行业协会作用。在民营企业对外贸易中，行业协会通常发挥着巨大的作用。在信息分享、融资帮助、行业品牌建设等方面，行业协会都能给予民营企业极大的支持，对民营企业开展咨询指导和提供各种优质服务。另外，我国行业协会还可以在世界各地设立办事机构，为企业提供当地的市场信息和政策法规资料，以及当地的风俗文化消费习惯，等等，帮助和指导我国民营企业开拓海外市场。

（商务部国际贸易经济合作研究院　徐　曼）

中国民营企业境外投资报告

随着我国民营经济的快速发展和民营企业竞争力的不断提升，特别是随着我国政府支持民营企业"走出去"的宏观政策环境日益改善，近年来我国民营企业境外投资呈加快发展态势，同时也遇到了各种问题。下文论述了我国民营企业境外投资的有关情况和问题，并针对问题提出了对策建议。

一、我国民营企业境外投资的基本情况

（一）我国民营企业境外投资的总体概况

近年来，我国民营企业境外投资呈加快发展态势。据商务部和国家外汇管理局统计，2014 年我国共实现全行业对外直接投资 1 160 亿美元，其中，国有企业约占四成，民营企业成为对外投资主力军。据普华永道 2015 年 1 月发布的《2014 中国地区企业并购回顾与 2015 年前瞻》报告称，2014 年中国大陆企业海外并购交易数量增至 272 宗，同比增长了 36%。其中，中国民营企业海外并购的交易数量达 145 宗，继续大幅领先于国有企业（49 宗）。

经过多年的探索，我国民营企业逐渐积累起宝贵的境外投资经验，涌

现出一批成功"走出去"的知名企业，如中兴公司、华为公司、联想集团、吉利集团、复星国际和三一重工等。我国民营企业海外并购呈现多元化的趋势，关注开拓新市场及新的增长机会，关注获取科技、品牌和知识技能并带回中国市场。

（二）民营企业在"一带一路"沿线国家投资情况

以中国民营经济国际合作商会的会员企业为例，共有 57 家商会会员企业在 38 个"一带一路"沿线国家拥有投资，其中，投资最多的 5 个国家分别是：俄罗斯、印度、德国、泰国以及越南。投资较为集中的地区主要是亚洲，包括印度、马来西亚、新加坡、菲律宾、泰国、越南、斯里兰卡、柬埔寨、老挝、蒙古、巴基斯坦、塔吉克斯坦、吉尔吉斯斯坦、哈萨克斯坦、日本、韩国等。东南亚国家尤为突出，如印度、菲律宾、泰国和越南，均有 7 到 10 家商会会员企业开展投资。欧洲方面，法国、德国和俄罗斯是投资的热门目的地，吸引了较多的会员企业，而对北欧国家的投资则相对较少。

从行业看，"一带一路"沿线投资的民营企业以投资机械制造业为主，占到总投资的近 25%；其次是矿产类资源，约占 17%；商业服务类投资（包括法律和旅游服务业）、电子通讯、医疗卫生和农业紧跟其后，是占比较重的行业；接下来是新能源；而投资份额较少的是教育、贸易和房地产行业。投资类型主要为：承接项目，设立办事处，合资或独资成立分公司，参股并购，开设工厂等。

二、我国民营企业境外投资的新特点与趋势展望

（一）我国民营企业境外投资的新特点

1. 境外投资流量占比已超国企

从近些年非金融境外投资流量来看，国有企业占比逐渐下降，非国有

企业（主要是民营企业）占比大幅提升。2008 年，非国有企业占中国非金融类对外直接投资的比重仅为 14.6%，2012 年提升到 53.4%，首次超过国有企业，2013 年进一步提升到 56.1%。

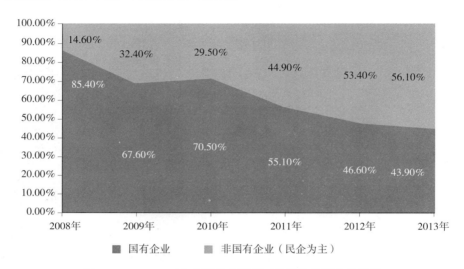

图 2　2008—2013 年中国非金融类对外投资流量占比比较

资料来源：根据商务部、国家统计局和国家外汇管理局《中国对外直接投资统计公报》（2008—2013）相关数据整理。

2. 境外投资增速已进入快车道

据普华永道 2015 年 1 月发布的《2014 中国地区企业并购回顾与 2015 年前瞻》报告的数据显示，从 2009 年起，我国民企海外投资并购增速不断加快，2009—2014 年的 6 年间，民企海外并购总额合计约 650 亿美元，年均增长率为 15.2%，高于我国整体对外并购 9.3% 的增速。其中，2014 年为 147 亿美元，是 2009 年的 2.3 倍。

3. 境外投资规模迅速扩大

据普华永道 2015 年 1 月发布的《2014 中国地区企业并购回顾与 2015 年前瞻》报告的数据显示，我国民营企业已由初期的小规模、低水平收购，发展为大规模、高等级的海外并购。2011—2014 年的 4 年中，民企单宗交易平均金额由 4 460 万美元增至 1.01 亿美元，增长了约 1.3 倍。其中不乏大手笔的成功并购案例，如2014年，联想集团以29.1亿美元收购美国摩托罗拉公司移动手机业务；北京紫光展讯投资管理有限公司以16.9亿美元收购开曼群岛讯通信有限公司全部股权。

4．投资行业领域逐步拓宽

我国民企境外投资已由最初的以矿产资源和商业服务为主逐渐向农业经营、科技、高端制造和房地产等附加值更高的行业进行拓展。中国现有近万家民企在全球160多个国家和地区投资建立了1万多家企业，几乎涵盖了衣、食、住、行、乐等各个经济领域。不过，投资行业仍相对集中，商业服务、金融、采矿、批发零售、交通及制造业等6个行业占比最大，约占全部行业的八成以上。

5．境外投资日益凸显独特优势

相对于发达国家的跨国企业和国内的国有企业，中国的民营企业结构简单、经营灵活、适应性快，有较低的管理成本。与国企相比，民企在境外因政治和舆论等因素造成的投资障碍要少得多，因而民企海外竞争日益凸显独特优势。

6．已形成大中小企业并进的投资格局

民企投资在各个领域全面开花，形成点面结合、大中小并进的投资格局。它们中的大多数规模不大，利润有限，却是投资东道国所必需的，改善了当地民生，推动了经济发展，促进了国家间关系的健康发展。

（二）未来发展趋势展望

2014年10月的国务院常务会议决定，除少数另有规定外，境外投资项目一律取消核准。这必将对中国海外投资，特别是民营企业海外投资产生较大的促进作用，有利于更好释放投资巨大潜力。由于我国政府推动企业境外投资便利化的利好不断，加上民营企业境外投资日益凸显独特的体制优势，可以预见，我国民营企业对外投资将进入新的阶段，民营企业将进一步发挥我国对外投资的主力军作用。未来几年，我国民营企业境外投资的规模将有较大幅度提升，境外投资占我国整体对外投资的比重也将进一步扩大，境外投资行业领域将进一步拓宽和优化。我国民营企业境外投资潜力巨大、前景广阔，将不断跃升新台阶。

三、我国民营企业境外投资遇到的主要问题

我国民营企业境外投资有很好的基础和条件，但也面临一些亟待解决的问题。这些问题主要有：融资困难，国际化人才短缺，在海外履行国际社会责任的总体表现欠佳，大多数民企"走出去"在转型升级、科技创新方面存在诸多瓶颈，"走出去"所遇到的企业和人员的安全保障问题日益突出。

（一）普遍遭遇融资难题

在境外投资过程中，民营企业普遍遇到融资难的问题。主要包括融资成本偏高，即便是政策性银行，利率也偏高，导致企业在国际投标活动中缺乏竞争力，风险分担机制尚待完善，中资银行在境外的分支机构网点少、规模小，综合金融服务能力难以满足企业需求，国际商业融资管理相对严格，政策性金融支持相对滞后，等等。

（二）国际化人才短板

国际化人才短缺是我国民企境外投资和跨国经营的最大短板。我国民营企业十分缺乏掌握外语、熟悉国际规则和海外市场、善于帮助企业在全球市场进行运作的复合型国际经营人才。不少中国民企在美国的投资受阻，其实最大的问题就在于，它们一开始并没有请到顶级的人才为它们的境外投资项目服务。我国民企国际化人才短缺的重要原因是严重缺少国际人才的国内劳动力市场。

（三）境外履行社会责任表现欠佳

当前我国民企在境外履行国际社会责任的总体表现欠佳，存在的主要问题如下：法律意识较为淡薄，商业道德和文明经商操守有待提升；合作共赢的理念不足，在参与当地公益事业，促进当地社会发展做得不够；忽视与当地社会在价值观念、文化传统、宗教习俗等诸多方面的差异，不尊重本地风俗习惯；无视当地劳工法相关规定，存在不尊重本地员工人格、不同工同酬，以及雇用低于当地法定年龄的劳工等行为；保护生态环境，实现良性互动不够；缺乏完备的社会责任管理体系和机制。

（四）转型升级与科技创新瓶颈

大多数民营企业在境外投资过程中转型升级、技术创新方面仍有许多瓶颈。一是法规与机制瓶颈，部分企业知识产权保护意识淡薄，技术交易有行无市，产学研相结合成效不彰，政府政策难以落实到位，国际技术合作步履艰难，一些科技资源配置过度行政化，分散重复封闭低效等问题突出。二是信息瓶颈，大多数民企新技术信息不畅，难以及时完整地把握国际市场的动态，科研方向不明确，研发和成果转移转化效率不高。三是缺乏有实际经验的科研人员，科技基础难以积累因而相对薄弱，激励机制乏力，科技人员的积极性创造性没有得到充分发挥。四是金融瓶颈，科研经费不足，与风险投资和产业股权投资对接难度高，知识产权作为创业股权的接受度不高，在技术并购和高科技企业上市过程中缺乏专业机构协助。

（五）企业和人员的安全保障问题日益突出

近年来民营企业境外投资遇到的企业和人员的安全保障问题日益突出。部分发展中国家恐怖主义、宗教极端势力等非传统不安全因素增大，危及"走出去"的民营企业及人员生命财产安全，使欲前往投资的中资企业裹足不前。面对安全保障问题日益突出的形势，我国民营企业在安全防范方面普遍投入不足，大多数项目预算计划不含安全成本；部分民企片面重项目经济效益，对"走出去"人员安全保障培训、教育重视不够，对突发事件难以有效应对。

四、解决民营企业境外投资问题的对策建议

针对我国民营企业"走出去"过程中存在的上述问题，本报告提出如下对策建议：

（一）多管齐下解决民企境外投资的融资难题

首先，建议加大财政、税收的支持力度，为民营企业境外投资提供资金支持。第二，进一步放宽外汇管制，为民营企业境外投资提供汇兑便利。第三，完善境外投资的金融服务体系，金融机构将业务重点转向对外投资的方向，不断强化银行系统对民营企业境外投资支持。第四，银行建立和完善对民营企业评价标准和审批流程，制定适合民营企业的评价标准、授信方法、信贷政策和审批程序。第五，银行改变营销思路，创新营销模式，积极搭建各种为民营企业服务的平台，为民营企业提供更加高效快捷的服务。

（二）采取多种举措化解国际化人才短缺问题

首先，企业、院校、商协会等建立多方合作机制。制订"走出去"专业人才培训计划，为有需求的民营企业的管理人员和工人提供多种培训。其次，采用人力资源本土化策略。聘用本土员工，设立培训中心，与东道国教育机构合作培训。再次，企业采用长期激励计划，制定专门人才工程，建立人才成长机制等，特别是要大力培养企业所迫切需要的能参与国际竞争、熟悉境外投资业务的法律、市场分析和公关营销等方面具有全球眼光

的高级经营管理人才。

（三）加强对民企境外履行社会责任的宣传和监督执行

首先，政府加强规范、引导和监督。建议政府部门制定和完善有关企业社会责任的法律和配套细则，让企业在社会责任的实践中有章可循；建立符合我国实际的企业社会责任标准和评价体系等。其次，商协会充分发挥好平台作用、加强自律。商协会作为政府和市场之外的第三种治理机构，在促进企业履行社会责任方面有着不可替代的重要作用。第三，媒体加强相关宣传监督，传递正能量。媒体应及时宣传国家有关社会责任的方针、政策和法规，以使企业及时了解和正确把握宏观方向，营造推进企业履行社会责任的氛围和环境。

（四）采取多种措施推动民企境外投资转型升级和科技创新

首先，发挥商协会在国际交流合作方面的优势，与科技发达国家建立科技交流平台，建立民营企业技术创新与国际交流基地。其次，科研机构、高等院校、商协会与企业建立联系与合作机制。科研机构、高等院校采取专题攻关等形式与企业建立技术协作关系，以实现科技项目的创新增值，提高民营企业在国际上的竞争力；商协会可充分发挥其属性优势调动多方资源，推动企业的产业升级和科技创新，推进民企在国际市场实施品牌战略。第三，深化促进科技和金融结合试点，探索发展新型科技金融服务组织和服务模式，建立适应创新链需求的科技金融服务体系。

（五）多渠道加强境外民企的安全保障工作

首先，加强政府和商会组织对民营企业的预警服务，建立风险预警和防控机制。加强对安全问题突出的国家和地区有关政治经济形势、民族宗教矛盾、社会治安状况、恐怖主义活动等信息的收集工作，适时以相应方式经授权发布，提醒我国境外企业和人员采取适当预防和自我保护措施。

其次，境外投资的民营企业要将一定比例的费用用于境外安保支出。在国家支持下成立民间化、市场化、国际化的国际安保机构，以服务和保障民营企业"走出去"的安全防范。第三，加强对出国企业人员的防战、防恐、防疫、防盗等领保、安保工作的教育与培训。

（商务部国际贸易经济合作研究院　闫实强）

中国民营企业国内区域境外投资报告

近年中国地方企业投资存量占比上升，2014 年地方企业 OFDI 流量占比已升至 43.8%。大部分东部、高收入省区对外直接投资规模增长已度过加速期，目前正处在增速平稳期或增速回落期，即便如此，其增速也大大高于央企 OFDI 流量增速。部分中西部省份对外直接投资规模还处在加速增长阶段。未来，应转换工作思路，把管理和服务重点转向广大地方企业，并引导企业发掘"一带一路"倡仪新商机，完善自贸港区促进对外直接投资工作机制，加强工程承包和对外直接投资互动，以促使地方和民营企业 OFDI 继续迈上新台阶。

一、我国对外直接投资存量和流量规模及其增长态势的区域格局特征

（一）近年中国地方企业投资存量占比上升

表 7 示，2009 年至 2013 年，我国对外直接投资年末存量从 1 997.6 亿美元增长至 5 434 亿美元。其中，中央企业投资存量规模从 1 601.4 亿美元上升至 3 785 亿美元，在全部投资存量中的占比从 80.17% 缓慢下降至 69.65%。亦即，2013 年年末央企存量占比仍高至近 70%。2013 年，在地

方省份中，对外直接投资存量排名顺序分别是广东、上海、山东、北京、江苏、浙江、辽宁、湖南、福建、云南，上述省区占我国对外直接投资存量的比率分别为 6.3%、3.28%、2.95%、2.35%、2.05%、2.02%、1.42%、0.84%、0.73%、0.71%。2013 年，中央企业和上述省区 OFDI 存量总额占比仍高达92.3%，尽管这一占比相比 2009 年的 95.7% 有所下降。

表 7　2009—2013 年我国对外直接投资存量规模以及企业和高规模省份占比

（单位：亿美元，%）

范围	2009		2010		2011		2012		2013	
	规模	占比	规模	占比	规模	占比	规模	占比	规模	占比
合计	1 997.6	100	2 619.6	100	3 573.9	100	4 354.9	100	5 434.0	100
央企	1 601.4	80.17	2 017.9	77.03	2 724.6	76.24	3 114.2	71.51	3 785.0	69.65
地方	396.2	19.83	601.7	22.97	849.3	23.76	1 240.6	28.49	1 649.0	30.35
广东	95.5	4.78	116.3	4.44	179.8	5.03	251.8	5.78	342.3	6.3
上海	35.9	1.8	60.9	2.33	63.7	1.78	139.5	3.2	178.4	3.28
山东	26.2	1.31	49.6	1.89	86.3	2.41	119.7	2.75	160.5	2.95
北京	37.6	1.88	48.1	1.84	60.3	1.69	75.8	1.74	127.6	2.35
江苏	25.0	1.25	38.9	1.48	57.0	1.6	78.3	1.8	111.6	2.05
浙江	29.6	1.48	58.5	2.23	71.9	2.01	85.5	1.96	109.9	2.02
辽宁	14.9	0.75	34.1	1.3	43.6	1.22	69.5	1.6	77.3	1.42
湖南	20.5	1.03	27.2	1.04	33.0	0.92	41.3	0.95	45.5	0.84
福建	15.9	0.79	19.7	0.75	24.5	0.68	32.4	0.74	39.7	0.73
云南	9.5	0.47	15.6	0.59	18.3	0.51	29.6	0.68	38.7	0.71

资料来源：中国商务部：《中国对外直接投资统计公报》（2009 年至 2013 年各年）。

（二）2014 年地方企业对外直接投资流量占比继续上升

据中国商务部初步统计，2014 年中国对外直接投资流量总额 1 029 亿美元，比上年增长 11%。图 3 示，2014 年中央企业对外直接投资流量占全国总流量的 56.2%，2013 年流量占比为 60.7%。2014 年年末存量为 2013 年年末存量加上 2014 年流量减去折旧和报废，由此，2014 年央企存量占比较上一年的 69.7% 继续下降，地方企业存量占比继续上升。2014 年，投资流量位居前列的分别是广东省、北京市、山东省、江苏省、浙江省、上海市、天津市、辽宁省、福建省、云南省，上述省市分别占中国当年 OFDI 流量的 9.3%、5.4%、4.3%、4.1%、3.5%、3.3%、1.4%、1.4%、1.3%、1.0%。2014 年，央企和上述省市的 OFDI 流量占比总和高至 91.2%，其余省区的占比仍只有 8.8%。

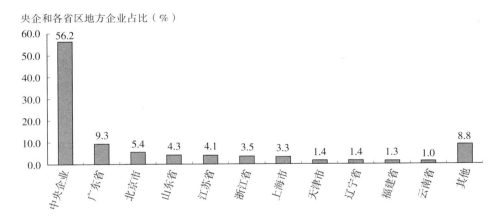

图 3　2014 年中央企业和位居前列省区在中国 OFDI 流量额中的占比

资料来源：中国商务部：《中国对外直接投资统计公报》（2009 年至 2013 年各年）。

（三）2009 年以来大部分地方省份 OFDI 存量和流量都维持超高速增长

如表 8 示，从 OFDI 投资存量年均增长看，2009 年至 2013 年年末存量年均增长率，只有 3 个省区的低于 30%。不过，由于央企存量规模毕竟占主体，并且其存量增长率只有 24%，因此全国年均增长率只有 28.4%，未超过 30%。

从 OFDI 投资流量年均增长上看，2009 年至 2014 年流量年均增长率超过 30% 的省区也有 20 个，其中年均增长率超过 50% 的省区有 11 个。不过，由于占主要部分的央企投资年均增长率只有 8.6%，全国年均增长率只有 16.6%。

从分区 OFDI 投资规模增长上看，我国大部分地方省区的对外直接投资流量都处在超高速增长阶段，但增速也在逐渐回落，主要表现在大部分省区投资流量增速不如投资存量增速高。流量是存量的增量，这意味着未来大部分省区存量增长率将逐渐回落，但仍将大大高于央企的存量增长率。中央企业 OFDI 存量、流量增长态势表明，央企 OFDI 已渡过超高速增长阶段，增速相对平稳。地方企业 OFDI 流量、存量增速都大大高于央企，意味着未来央企在 OFDI 流量、存量中占比进一步下降将是大势所趋。

表 8　中国分区 OFDI 投资存量和流量年均增长率

（存量，2009—2013 年均；流量，2009—2014 年均；单位：%）

省区	存量	流量	省区	存量	流量	省区	存量	流量
海南	135.0	64.1	甘肃	50.8	64.9	广西	37.0	28.8
湖北	104.1	69.5	上海	49.3	23.3	北京	35.8	65.1
贵州	95.7	80.8	四川	49.3	52.9	河南	35.7	39.0
安徽	92.6	52.0	宁夏	49.0	87.0	黑龙江	33.3	37.0
青海	86.4	57.7	陕西	48.2	15.1	吉林	31.9	−3.0
江西	74.3	96.2	江苏	45.4	37.5	山西	30.3	−10.8
西藏	68.6	—	内蒙古	43.0	6.4	福建	25.7	30.4
重庆	59.0	70.7	云南	42.1	31.3	新疆	25.6	21.8
天津	57.7	47.7	河北	40.8	9.7	央企	24.0	8.6
山东	57.3	44.3	浙江	38.8	38.6	湖南	22.1	−5.5
辽宁	50.9	13.4	广东	37.6	59.7	全国	28.4	16.6

资料来源：中国商务部：《中国对外直接投资统计公报》（2009 年至 2013 年各年）。

二、近年我国部分典型省区对外直接投资发展特征

以下选择部分典型省区（自治区、直辖市），观察 2013—2014 年其对外直接投资发展的态势特征。

（一）广东省

2014 年广东省对外直接投资流量位居各省区首位，达 96 亿美元。其特征是：企业"走出去"起步较早，近年各类企业投资行动都较活跃，若干大型企业，如华为技术、中兴通讯、TCL、深圳光汇石油、中国广东核电、深圳市中金岭南、广东粤海控股有限公司、美的集团等已经发展成具有一定规模的跨国公司。

（二）北京市

2011 年前，北京市企业对外直接投资额呈现不明显的波动式增长，但 2012 年以后投资额激增。2011 年至 2014 年，北京市境外直接投资累计达 114 亿美元，年均增长 67%，规模急速扩大。2014 年，北京市企业境外直接投资额达 55.5 亿美元，在全国省区排名第二。截至 2014 年年底，北京共有 2 700 余家企业在境外直接投资，分布在全球 110 多个国家和地区，累计对外直接投资额 182.26 亿美元。北京对外投资包括采矿业、建筑业、制造业等第二产业和交通运输、信息技术、租赁及商务服务业等第三产业近 20 个行业，其中科学研究和技术服务业、信息传输、软件和信息技术服务业等高技术产业境外投资增长迅速，2014 年分别占本市境外投资的 6.6%、5.9%、5.1%。到 2014 年年底，在非金融类对外直接投资企业总数中，国有企业占 17.85%，私营企业占 61.02%，外商投资企业占 8.39%，其他占 12.74%，民营企业已经成为北京市企业对外直接投资的主导力量。

（三）上海市

2014 年上海共核准或备案对外直接投资项目 594 个，核准或备案对外直接投资总额 122.9 亿美元，同比增长 185.49%。其中，自贸区共办理对外投资企业备案 171 家，中方投资额 31.83 亿美元，占全市比重为 30.7%，上海自贸区成为上海企业"走出去"的"桥头堡"。2014 年，上海市民营企业对外投资规模也超过国有企业。在 594 个项目中，民营企业占 464 家，投资额达 67.07 亿美元；国有企业 73 家，投资总额为 52.76 亿美元；外资企业 57 家，投资额占 2.51%。上海市对外直接投资项目地区以亚洲为主，对北美、避税地的投资增速快。对亚洲投资 54.12 亿美元，同比增长 67.09%；对北美洲投资 27.29 亿美元，同比增长 551.97%；对南美洲（含避税地）投资 26.76 亿美元，同比增长 766.88%。其中批发与零售业项目 271 个、商务服务业 177 个、计算机服务和软件业 56 个、制造业 25 个。从投资金额行业分布看，商务服务业投资金额为 54.45 亿美元，房地产业投资金额为 26.67 亿美元，批发和零售业投资金额为 17.88 亿美元，制造业投资金额为 10.22 亿美元，信息传输、计算机服务和软件业投资金额为 4.28 亿美元。

（四）浙江省

近几年浙江省对外直接投资流量额一直比广东省的一半还低，但这主要是由于浙江省投资项目相对轻型、小型造成的，但从对外直接投资带动的中国人员"走出去"数量上看，浙江省仍位居全国前列。从 1998 年至 2014 年，浙江温州人连续在境外设立 17 个经主管部门批准的境外中国商品城，并将超千家中国经营户带出国门。2014 年，浙江宁波人也陆续在境外投资建设若干商品城。2014 年，浙江省对外直接投资的一大亮点是 6 个境外工业园区建设投资累计达 6.18 亿美元，吸引入园区浙江企业投资达 15.2 亿美元，年带动出口额达 11.07 亿美元。境外合作区（工业园）成为该省参与"一带一路"建设的重要平台。目前，6 个境外园区中有 5 个位于我国"一带一路"倡议的沿线国家。乌兹别克斯坦鹏盛工业园，为首个由中国民营企业直接在乌投资的大型项目，已经入驻瓷砖生产、皮革制造、制鞋等 7 个项目，为当地创造 1 000 多个就业岗位。2014 年，浙江省以并购形式实现境外投资项目 70 个，并购额达 11.14 亿美元，平均单个项目并购额比上年增长 13.06%。其中 1 000 万美元以上的大项目 19 个，合计金额为 9.36 亿美元。2014 年 12 月，宁波均胜电子以 9 000 多万欧元收购一家德国汽车零部件优秀企业，成为浙企年度最大跨国并购项目。"走出去"还成为化解过剩产能的有效手段。浙江上峰建材有限公司与吉尔吉斯斯坦当地公司合作，在该国楚河州克明区建设一条日产 2 800 吨新型干法水泥熟料生产线及配套粉磨站项目，总投资约 1.1438 亿美元，计划 2016 年 4 月投产。

（五）山东省

2014 年，山东省对外直接投资流量额 44.2 亿美元，继续在全国地方省市中保持第三的位置。2014 年，山东省对外直接投资项目主要从事房地产、资源开发、产能转移。2014 年上半年，山东省商务主管部门核准房地产境外投资企业 14 家，中方投资 5.2 亿美元，增长 11 倍，主要分布在澳大利亚、美国、加拿大、罗马尼亚等国家。新核准资源开发类境外企业 16 家，中方投资 9.9 亿美元，同比增长 32.4%，如青岛鲁海丰投资 1.96 亿美元在毛里求斯、马来西亚从事渔业开发，青岛恒顺电气投资 9 900 万美元在印尼从事镍矿开采，烟台园城集团增资 6 020 万美元在澳大利亚从事金矿开采等。2014 年上半年核准产能境外转移企业 36 家，中方投资 7.9 亿美元。其中，东营奥戈瑞投资 2 亿美元在印度尼西亚雅加达与印尼沃奇威尔森多公司合资设立东方奥戈瑞有限责任公司，预计将在当地形成 800 万套半钢子午线轮胎和 200 万套全钢子午线轮胎的生产能力。

（六）云南省

2013 年年末云南省对外直接投资存量位居全国省区第 10 位，2014 年流量也位居第 10 位。据来自云南省商务主管部门的数据，截至 2015 年 3 月底，云南省境外投资企业（机构）已达 558 家，对外实际投资累计达 46.6 亿美元。作为一个西部省份，云南省对外直接投资规模大大高于其 GDP 排名。云南对外直接投资活跃的主要原因是：地理位置得天独厚，企业善于抓住机遇，政府也很重视。云南不论是国有企业还是民营企业，不论是采矿，还是电力、农牧、旅游、工程、制造等各类企业，都善于把握地理便利条件，积极在缅甸、老挝、柬埔寨、越南、泰国等国增设分支机构，开拓市场空间。云南省政府对企业"走出去"高度重视并提供全方位服务。为适应本省企业"走出去"相对活跃和对外投资发展态势相对较好的新形势，云南省商务厅定期举办对外投资合作业务培训班，并开通云南对外投资合作网，主要面向"走出去"企业和预备"走出去"企业，提供相关政策和商务信息服务。

（七）宁夏回族自治区

2014 年宁夏对外直接投资 66 家境外企业，对外直接投资年流量从 2013 年的 0.86 亿美元大幅跃升至 3.45 亿美元，同比增长 392%，是 2010 年至 2013 年 4 年累计额的 2 倍。此外，2014 年，宁夏共有 8 家对外承包工程资质企业，完成营业额 5 243 万美元，同比增长 122%，工程项目位于哈萨克斯坦、安哥拉、赞比亚、朝鲜、日本、乌干达等国家，这些工程承包也带动了相应的直接投资。2014 年宁夏投资行业分布广泛，涉及文化信息、农业、采矿业、轻纺制造业和服务业等行业，投资地域多元化，分布于 27 个国家和地区，其中"一带一路"国家占相当大比例。中绒投资控股（香港）有限公司斥资 2.8 亿美元收购盛大游戏有限公司 15% 股权，是宁夏回族自治区企业首次境外投资超亿美元的项目。民营企业可谓境外投资主力军，全年新设立的 14 家企业中 13 家为民营企业；香港成为宁夏企业主要投资地，全年在香港的投资额为 3 亿美元，占总额的 87%；全年货币投资额 3.23 亿美元，占总额的 94%，实物投资只占 6%。2015 年 1 月份，宁夏对外直接投资继续高速增长，单月实际完成额达 4.3436 亿美元，相当于宁夏前 3 年直接投资总和，同比增长 216 倍；对外承包工程完成营业额168.4 万美元，同比增长 20%。

三、总结和启示：促使地方和民营企业 OFDI 继续迈上新台阶

从上文分析看到，我国央企在对外直接投资中的占比正在逐渐下降，未来若干年间下降至一半（50%）以下已成定局。在地方企业，特别是地方民营企业、中小企业推动下，地方企业对外直接投资流量、存量规模正逐渐上升，未来有望超过 50%。从对比上看，大部分东部、高收入省区对外直接投资规模增长已度过加速期，目前正处在增速平稳期或增速回落期，当然其增速仍大大高于央企和全国平均增速。另外，部分中西部省份，对外直接投资规模还处在加速增长阶段。

对外直接投资格局的变化，对政府部门、商会协会、广大企业的工作思路和具体措施提出了新要求。

（一）转换工作思路，把管理和服务重点转向广大地方企业

在这方面，云南省定期开展培训并建立特定网站的方法，值得其他省市借鉴。随着广大民营企业、中小企业对外直接投资意愿加强，地方商务主管部门、工商联地方分部门，都应加大对本地各类企业对外直接投资的配套工作力度，并建立相对稳定、完善的工作机制。

（二）引导企业发掘"一带一路"倡议带来的新商机

"一带一路"倡议，是新时期我国和周边国家以互利共赢理念合作推动经济发展的新战略。自该战略推出后，浙江、宁夏、新疆等省市自治区的有关企业已经把握商机，在对外直接投资上有所行动。其他省市政府部门、商协会、广大企业也应积极关注"一带一路"所涉及各国市场环境，把握时机，走出国门。

（三）逐步完善自贸港区促进对外直接投资工作机制

目前，充分发挥自由贸易港区在企业对外直接投资中的作用，是有关省区经济工作的一大重点，对有志于境外投资的企业是一大福音。在上海、天津自贸区，为数不少的企业自觉进驻自贸区，将其视为企业对外直接投资的战略支点。政府部门在推进自贸区建设，促进企业对外直接投资的过程中，应就自贸区促进企业"走出去"开展专题研究，并逐步完善自贸港区促进对外直接投资的工作机制。

（四）加强工程承包和对外直接投资的互动

地方工程承包企业，在承揽国际工程业务时，应尽量采用 BOT、BOOT 等国际常用工程建设模式，投资当地并参与工程建设后的项目运营。部分交通、电力、电信建设项目，在工程建设过程中，也可考虑在当地投资建厂，利用中国的技术与设备和当地土地、劳动力相结合，生产所需的原材料。政府部门和商协会就工程承包带动对外直接投资，促进两者交流互动，加以引导，提供支持和协助。

（商务部国际贸易经济合作研究院　徐　强）

中国企业"走出去"的社会责任

一、背　景

　　冷战结束之后，以往激烈冲撞的全球意识形态因素出现新变化，经济一体化进程不断加速，信息透明度空前提高。在此三大关键因素的驱动之下，商业伦理逐步成为国际社会关注的焦点，并进一步呈现法制化的趋势。作为商业伦理的核心内容，企业社会责任的内涵不断丰富，外延亦不断扩展。如今，围绕环境保护、社区关系、产品安全、劳工权益、公平竞争、商业诚信等诸多议题，国际组织、主权国家、行业组织、民间团体纷纷发出倡议，制定规范，推动立法。在此背景之下，企业要么以合规的方式被动适应，要么以主动的行为引领社会责任的发展。从事跨国经营活动的企业还面临本国、东道国乃至第三国众多利益相关者的社会期待和责任规范要求。因此这些企业自觉地将社会责任纳入企业的经营战略，遂成了其在国内外市场持续获取竞争优势的重要途径。

　　在保持经济总量全球第 2 位、进出口总值第 1 位的同时，我国对外直接投资 2014 年首次突破了千亿美元大关（1 028.9 亿美元），同比增长14.1%，基本实现了内流与外流的双向平衡。投资范围覆盖了 156 个国家和地区，涉及租赁和商务服务业、采矿业、批发和零售业、建筑业、制造业、房地产业、交通运输、仓储和邮政业等 15 大类。近年来，我国企业的对外经济活动呈现如下基本特征：

第一，经营渠道进一步缩短，企业更加接近海外上下游的终端市场，更加深入当地社会；

第二，经营规模不断扩大，企业及其商品的知名度日趋提高；

第三，经营活动实现了贸易、融资、投资、承包等多种方式齐头并进；

第四，在国有企业依然担当对外投资主力军的同时，民营企业利用其反应敏捷、决策灵活等优势，迅速成长为我国对外投资的生力军。

随着全球影响力的稳步提升，我国企业在社会责任方面必然面临更高的期待和更严格的规范。中国企业大举"走出去"，一方面拉动了世界经济的增长，为东道国创造了就业机会和税源；而另一方面也招致了资源掠夺、非法雇用、商业贿赂、假冒伪劣、恶性竞争等诸多诟病。其中，有些现象是实际存在的，而有些则源自沟通不足的误解，亦有少数出于"大国阴谋论"的疑忌。在国内的诸多场合，人们普遍认定国有企业在海外的责任表现要优于民营企业，起码在合规层面上，前者的投机行为要弱于后者。然而，国际舆论不同于法律诉讼，它并不会按所有制来分辨，而是笼而统之地认为属于中国企业的行为。鉴于此种木桶效应，针对民营企业的海外责任行为，我国政府应考虑对其责任规范的可行性，提供必要的指导和培训，实力强大的国有企业也应考虑给予必要的支持与协助，如大力提升中国企业的整体海外形象。

二、全球企业社会责任热潮

企业社会责任概念的提出和发展源自人们对企业与社会关系的思考与探索。在世界经济一体化进程中，企业社会责任与可持续发展理念相互交融，企业公民观逐渐为各国政府、企业与公民社会所认同，成为国际企业社会的主流思想。

（一）国际组织倡议

在这场全球性的社会责任运动中，国际组织扮演着重要的角色，其中影响力较大的包括联合国全球契约、世界经济论坛、经济合作与发展组织、国际标准化组织、采掘业透明度倡议组织等。这些组织通过全球性或区域性的合作网络推行与社会责任相关的原则和标准，从而对企业的行为起到了约束和指引的作用。

1999年，时任联合国秘书长安南在达沃斯世界经济论坛上提出"全球契约"计划，号召各国企业在人权、劳工标准、环境保护和反腐败等4个方面自觉遵守10项原则，携手政府等公共机构共同致力于应对全球化进程中的各种挑战，参与解决人类共同面临的贫富分化、资源枯竭、环境恶化等世界性问题。2000年，全球契约组织在联合国总部正式成立。经过10多年的发展，"全球契约"计划得到了各国企业的积极响应，至今已有161个国家的8 000余家企业加入。2011年，全球契约中国网络在北京成立，目前拥有近400家企业会员。

世界经济论坛提出了全球企业公民的四大责任范畴，包括优秀的企业治理与伦理行为、对人的责任、对环境的责任和对社会发展的广义贡献。2002年，46家跨国企业率先签署全球企业公民行动框架，承诺将采取切实的行动，将社会责任纳入企业的核心战略。自2012年起，世界经济论坛将可持续发展要素纳入全球竞争力评价体系，进一步推动了各国对经济、环境和社会可持续发展能力的关注。

经济合作与发展组织（OECD）早在1976年即制定了《跨国企业行为准则》，并通过成员国国家联络据点机制进行推广。该准则是当前唯一一个由多国签署并由政府推动的企业行为准则。2011年，该准则通过了第5次修订，就信息披露、人权、就业与产业关系、环境、反腐败、消费者权益、科学技术、竞争等方面为全球跨国企业的社会责任管理提供了综合性的指引。

2010 年，国际标准化组织发布 ISO26000 社会责任指南，内容涵盖问责制、透明度、道德行为、尊重利益相关者、遵守法律法规、遵守国际行为规范、尊重人权等 7 项原则和组织治理、人权保障、劳工权益、环境保护、公平运营、消费者权益、社区参与和发展等管理议题，适用对象包括公共部门和私人部门的所有组织类型。ISO26000 的制定历时 5 年，共有来自 99 个国家的 400 多位专家参与，利益相关群体包括政府、非政府组织、产业组织、消费者、劳工团体等，得到了发达国家和发展中国家的积极响应。

在一些富资源国家，来自石油、天然气和采矿业的金钱往往与贫困、冲突和腐败相连，这一现象被称为"资源诅咒"。2012 年，时任英国首相托尼·布莱尔在约翰内斯堡世界可持续发展峰会上发起采掘业透明度行动计划（EITI），鼓励各国提高采掘业透明度并加强责任追究制。目前，EITI 标准已经得到 48 个国家的采纳。2014 年，我国采矿业的对外投资规模为 193.3 亿美元，是我国对外直接投资的三大领域之一。随着越来越多的国家和企业加入 EITI 计划，国际社会对我国加入该计划的呼声也越来越强烈。

（二）社会责任立法

理论上，国际组织发起的倡议对于特定企业并无强制性的约束力，但极大地推动了各主权国家的社会责任立法活动。目前，国际上对企业社会责任尚无统一的界定，各国政府针对社会责任的立法活动主要围绕劳工权益、消费者权益、环境保护、公平竞争、反腐败等议题展开。欧美等发达国家已将企业运营中的伦理原则和标准纳入了本国劳动法、产品安全法、消费者权益保护法、环境法、反托拉斯法、反腐败法之中，对于慈善捐赠等企业自愿行为，政府大多采取鼓励的态度，并建立了较为完善的激励与监督机制。有些国家近年来增加了强制企业进行信息披露的规定。例如，法国政府自 2013 年起要求规模超过 500 人的企业必须发布企业社会责任报告。

各国对企业的海外社会责任行为首先聚焦于商业贿赂行为，继而逐步向公司治理、利益相关者等更广泛的领域延伸。具体立法呈现如下特点：

1. 除散落在各个部门法和案例法中的部分条款外，各国在加入相关国际公约的同时，纷纷制定单行法规，以规范本国企业的海外责任行为。

2. 将贿赂方面的立法从公共部门向私营部门延伸。

3. 设立贿赂犯罪推定原则。

4. 明确惩罚措施、监管机构和程序。例如，美国1977年制定的《反海外贿赂法》（FCPA）规定了明确的刑事、民事和行政责任；罚金目前最高为200万美元，但据选择性罚款法（Alternative Fines Act）的规定，亦可能高出更多。受到刑事指控的自然人，还面临5年以下的监禁，且终身不得从事相关行业。FCPA案件的调查和诉讼，主要由美国证监会和司法部负责。后者负责刑事调查和诉讼以及对私人企业的调查，前者负责民事调查和对公众公司的诉讼。

5. 增设域外法权。例如美国《反托拉斯法》规定，美国企业在海外构成的垄断若损害美国利益，则美国具有治外法权。

6. 充分考虑企业社会责任在跨文化领域的差异。例如，有些法律规定，在胁迫或当地法律明文允许的情况下，提供贿赂不属于违法。

7. 设立自查、外部监察、审计、举报等责任。例如，2005年5月20日，美国司法部出具了一份处罚报告，因天津德普诊断产品有限公司从1991—2002年期间向中国国有医院医生行贿162.3万美元的现金，用来换取这些医疗机构购买其母公司——DPC（Diagnostic Products Corporation）公司的产品，DPC公司被判决向美国司法部和美国证券交易委员会分别缴纳200万美元和204万美元的罚款，同时缴纳75万美元的预审费等费用。而向美国司法部举报的，正是天津德普的母公司DPC。

根据FCPA规定，在美国境内的外国人也可以成为该种犯罪主体，这意味着在美国从事跨国经营的中国企业和个人，包括通过境外上市载体或反向兼并方式在美国上市的中国企业都会受到此法的约束。英国出台的新《反贿赂法》已于 2011 年生效，将商业组织在预防贿赂问题上应尽的职责上升到法律义务的层次，并将打击范围覆盖到英国本土以外的海外贿赂行为。

（三）企业自觉行为

随着企业社会责任理念的传播，越来越多的企业意识到，履行社会责任不仅是企业公民的应有之义，而且随着全球化和信息化进程的不断加快以及全球公民社会的发育，加强合规经营管理，在为股东追求利润的同时兼顾员工、消费者、社区等利益相关者的诉求，是其应负责任。将人本思想纳入内部治理以及长期发展战略，已成为企业在国内外市场开展竞争并实现自身可持续发展的不二选择。

社会责任投资的兴起进一步激励了企业主动履行社会责任的行为。国际著名的道琼斯可持续发展指数（DJSI）、多米尼 400 社会指数等均是以企业社会责任表现为筛选标准的指数。社会责任投资理念如今已得到国际投资者的普遍认可，这类投资者不仅关注企业的经济绩效，而且更加注重企业在环境政策、劳工关系、社会参与等方面的表现。不仅如此，近年关于企业社会责任的国际排行榜也有所增加，如《福布斯》、《财富》杂志均推出了针对全球企业的社会责任排名，良好的企业社会责任表现已成为其长期收益与全球声誉的重要支撑。

此外，社会责任理念还成为推动企业创新的重要途径。例如，3M 公司早在 1975 年即提出了 3M 污染防治计划项目，从污染源头抓起，重新规划产品，改善生产流程，设计生产设备，对废料进行循环利用。

华为公司作为我国优秀的民营企业代表，主动将环保理念融入产品研发、生产、使用、回收整个生命周期，建立了循环经济商业模式，推动资源的可持续利用。2013 年，华为的三款智能交换机成功通过了德国莱茵 TÜV 绿色产品认证，此系列产品满足了安规、电磁兼容、环保、回收、节能、碳足迹和社会责任等多方面要求。华为因此成为信息通信行业全球首个获得该认证的企业。在制度建设方面，华为公司制定了"基本法"式的管理大纲，将"追求、员工、技术、精神、利益、文化、社会责任"作为企业核心价值观，形成了独特的企业文化。

海尔集团作为我国最早一批"走出去"的民营企业代表，将绿色理念引入企业发展战略，通过科技创新制造环保产品，再借环保产品倡导低碳生活方式，践行绿色低碳承诺。通过实施"绿色产品、绿色企业、绿色文化"的可持续发展战略，海尔集团致力于为全球消费者提供领先的绿色智能生活解决方案。目前，海尔美国公司正在与"好管家"绿色认证的产品汰渍冷水洗产品合作，共同向美国的消费者提倡绿色节能的生活方式。

三、我国企业社会责任运动

我国对企业社会责任问题的普遍关注始于 20 世纪 90 年代。基于中美之间的人权问题谈判，对外经济贸易部、司法部于 1991 年 10 月颁布了《关于重申禁止劳改产品出口的规定》，并分别于 1992 年和 1994 年与美国签订了备忘录及合作声明，明令禁止外贸公司直接或间接地收购用于出口的劳改产品，禁止监狱向外贸公司提供出口货源以及与外商建立合资或合作企业。期间，阿迪达斯、里维斯（Levis-Strauss）等跨国企业由于所谓的血汗工厂或劳改产品问题，终止了与中国民营加工企业的采购协议。在里维斯公司于 1993 年根据《联合国人权宣言》制定了企业伦理守则之后，各大企业开始纷纷效仿。

当时，大量跨国公司在全球推行以 SA8000 为代表的社会责任认证标准，许多中国出口企业因未达到相应的要求而遭受了巨大的损失。SA8000 是全球首个道德规范国际标准，制定依据主要包括国际劳工组织关于禁止强迫劳动、结社自由的有关公约及其他相关准则、人类权益的全球声明和联合国关于儿童权益的公约，其宗旨在于保护劳工权益。许多学者认为，SA8000 对我国劳动密集型产品出口形成了贸易壁垒，但在客观上也推动了我国的社会责任运动。

在过去的 10 余年间，我国的企业社会责任建设已取得了积极的进展，并初步形成"政府引导、行业推动、企业实践、社会参与、国际合作"的社会责任推进格局。但随着我国企业"走出去"步伐的不断加快和规模的日益扩张，国际社会也不乏对中国企业的批评与质疑。在开展对外投资与合作的过程中，如何实现与东道国的互利共赢，树立负责任的全球公民形象，已成为我国企业面临的重要课题。

（一）国家层面

1. 立法活动

目前，我国涉及企业社会责任的立法主要见于《公司法》、《环境保护法》、《水污染防治法》、《大气污染防治法》、《海洋环境保护法》、《固体废物污染环境防治法》、《环境噪声污染防治法》、《消费者权益保护法》、《产品质量责任法》、《劳动法》、《劳动合同法》、《工会法》等。2014 年，党的十八届四中全会审议并通过《中共中央关于全面推进依法治国若干重大问题的决定》，特别提出"加强企业社会责任立法"的要求。

近年来，我国在企业社会责任立法上的进步主要体现在以下方面：

2006 年，我国《公司法》增加了社会责任条款，在总则第 5 条明确规定"公司从事经营活动，必须遵守法律、行政法规，遵守社会公德、商业道德，诚实守信，接受政府和社会公众的监督，承担社会责任"。

2011 年，我国《刑法修正案》增加了有关海外贿赂的立法条款，弥补了中国在打击跨国贿赂犯罪方面的法律缺失。

2012 年，我国对《劳动法》和《劳动合同法》进行了修订，对劳务派遣重新设立许可，并提高准入门槛，要求用工单位"按照同工同酬原则，对被派遣劳动者与本单位同类岗位的劳动者实行相同的劳动报酬分配办法"，并对违法的劳务派遣单位和用工单位设定了吊销许可证及罚款制度。

2013 年，我国对《消费者权益保护法》进行了 20 年来的首次大修，对网络购物、公益诉讼、惩罚性赔偿等热点问题作出明确规定，强化了经营者的义务。

2014 年，我国对《环境保护法》进行修订，确立了损害者担责原则，借鉴了国际通行的公民诉讼制度，监管措施更加严格，惩罚措施更加严厉。例如，对于环境污染企业，供水部门可停止向其供水，土地管理部门可禁止向其提供土地，银行则不得给予其授信，进出口管理部门不得给予其出口配额，证券监管部门可限制其上市或已经上市的不得继续融资等。

2. 政策导向

在企业社会责任领域，针对外国政府的立法或跨国企业推行的采购标准，我国政府也经历了客观认识和观念转变的过程，由认定为技术性贸易壁垒予以抗议乃至报复，到要求中国企业规范经营，直至贡献当地社会。

SA8000 是 1997 年 8 月由社会责任国际（SAI）制定的有关企业社会责任标准，作为全球首例标准化的道德规范而得到跨国公司的积极响应。耐克、阿迪达斯等大公司在中国成立劳工部，负责审核和监督供应商对 SA8000 的执行情况。直至 2003—2004 年，针对近万家中国企业因为达到标准而行将被排斥在国际市场之外的问题，商务部仅提醒中国企业关注，表示在必要时将采取措施；2006 年，商务部研究院学者指出，企业社会责任是值得赞赏的贸易壁垒，反对以社会责任缺失为代价来维持贸易大国的地位。2007 年 11 月 21 日，商务部发布了《关于国家级经济技术开发区加强社会责任建设的若干意见》（商资发〔2007〕462 号）。

自 2007 年起，我国政府及相关部委开始出台了一系列旨在规范"走出去"企业行为的政策与指引性文件（参见表 9），提出了企业履行海外社会责任的一般性原则，要求企业恪守诚信合规原则，认真了解和研究我国与东道国的法律法规，并就商业诚信、员工管理、文化建设、环境保护、公平竞争等问题提出了更加具体的要求或指导意见；鼓励企业为当地创造就业机会，开展属地化经营，将社会责任纳入企业文化建设。

表 9 关于推进我国"走出去"企业履行社会责任的政策与文件

涉及议题	发布年份	政策名称	职能部门
一般原则	2007	关于鼓励和规范我国企业对外投资合作的意见	国务院
	2007	进一步规范对外承包工程业务发展的规定	商务部、外交部、发改委、财政部、建设部、铁道部、交通部、信产部、水利部、人民银行、国资委、海关总署、民航总局、安监总局、外汇局
	2008	关于进一步规范我国企业对外投资合作的通知	商务部、外交部、国资委
	2012	对外承包工程行业社会责任指引	商务部
商业诚信	2010	对外劳务合作不良信用记录试行办法	商务部、外交部、公安部、工商总局
	2013	对外投资合作和对外贸易领域不良信用记录实行办法	商务部、外交部、公安部、住房城乡建设部、海关总署、税务总局、工商总局、质检总局、外汇局
员工管理	2011	境外中资企业（机构）员工管理指引	商务部、外交部、国资委和全国工商联
企业文化	2012	中国境外企业文化建设若干意见	商务部、中央外宣办、外交部
环境保护	2007	中国企业境外可持续森林培育指南	国家林业局、商务部
	2009	中国企业境外森林可持续经营利用指南	国家林业局、商务部
	2013	关于印发《对外投资合作环境保护指南》的通知	商务部、环保部
公平竞争	2013	关于印发《规范对外投资合作领域竞争行为的规定》的通知	商务部

我国《国民经济和社会发展第十二个五年规划纲要》明确指出，要加快实施"走出去"战略，按照市场导向和企业自主决策原则，引导各类所有制企业有序开展境外投资合作。在鼓励民营企业"走出去"的同时，要求企业和境外合作项目履行社会责任，造福当地人民。

国有资产管理委员会于 2008 年出台了《关于中央企业履行社会责任的指导意见》，提出了中央企业履行社会责任的指导思想、主要内容和主要措施，要求中央企业充分认识履行社会责任的重要意义。这是第一个由国家部委出台的促进企业履行社会责任的规范性文件，对企业社会责任的推广具有重要意义。但是，我国尚未就民营企业履行社会责任出台相关的指导意见。

自我国实施"走出去"战略以来，从事海外投资、经营的企业和机构已超过 25 000 家，其中非公和民营企业约占九成。鉴于此，中国民营经济国际合作商会于 2014 年向从事境外投资经营活动的民营企业和企业家发出倡议，号召我国民营企业自觉规范和约束其境外行为，在国际社会树立中国民营企业的良好形象，充分展示中国经济海外发展的软实力。

2007 年 8 月 27 日，国家林业局、商务部联合发布《中国企业境外可持续森林培育指南》。该《指南》被认为是我国第一部针对中国企业"走出去"履行社会责任的规范性文件。

（二）行业层面

2005 年，中国纺织工业协会发起 CSC9000T 企业社会责任管理体系。

2008 年 4 月，中国工经联与中国煤炭、机械、钢铁、石化、轻工、纺织、建材、有色金属、电力、矿业等 11 家工业行业协会、联合会联合发布了《中国工业企业及工业协会社会责任指南》和《关于倡导并推进工业企业及工业协会履行社会责任的若干意见》，要求工业企业在自律的前提下，建立工业协会社会责任体系，包括社会责任的工作机构、职责任务、管理制度，形成履行自身社会责任和推动企业履行社会责任相协调的组织管理体系。

继国有企业之后，从上市公司入手，率先引入社会责任机制，发挥上市公司的示范效应，是推动工商界全面社会责任建设的最佳路径之一。2006 年 6 月，深圳证券交易所发布《上市公司社会责任指引》，明确了上市公司作为社会成员之一，应对职工、股东、债权人、供应商及消费者等利益相关方，承担起应尽的责任，鼓励其建立相应的社会责任制度，对外披露自我评估的社会责任报告。上海证券交易所发布《关于加强公司社会责任承担工作的通知》以及《上海证券交易所上市公司环境信息指引》，以引导各上市公司积极履行社会责任，重视利益相关者的共同利益，为构建和谐社会、促进社会经济的可持续发展贡献力量。国内首支社会责任投资基金"兴业社会责任投资基金"宣布成立，企业"社会责任履行"被基金纳入投资范畴。

2009 年，中国银行业协会《中国银行业金融机构企业社会责任指引》正式发布实施。

2012 年 9 月，中国对外承包工程商会《中国对外承包工程行业社会责任指引》，旨在为中国对外承包工程企业树立社会责任建设的标尺，推动企业树立全球责任观念，以更加负责任的方式开展对外承包工程业务。《指引》特别突出了该行业推行社会责任建设的重大意义：关系到行业发展方式的转变，关系到中国互利共赢开放战略的实施，关系到全球承包工程市场的健康发展。

2014 年 10 月，为引导和帮助中国海外矿业投资企业增强社会责任意识，提高社会责任管理水平，降低对外投资风险，在中德政府签署的"中德贸易可持续发展·与企业行为规范项目"（Sino-German CSR Project）及"新兴市场跨国企业可持续发展网络"（Emerging Market Multinationals Network for Sustainability）框架下，中国五矿化工进出口商会参照国际标准化组织《ISO 26000 社会责任国际标准指南》原则和核心主题，编制了《中国对外矿业投资行业社会责任指引》，并正在制定为期 3 年的行动计划和企业能力建设方案。2015 年 4 月 29 日，该商会与德国国际合作机构（GIZ）联合主办了题为"责任·互鉴·融合·发展"的"中国海外矿业投资可持续发展国际研讨会"，世界自然基金会（WWF）参与协办。

（三）民营企业社会责任

绝大多数中国民营企业是在多元所有制基础上于 20 世纪 80 年代初期，由个体经营户通过自身的艰苦奋斗逐步发展壮大起来的。从一定意义上讲，它们是在政策的夹缝中"野蛮成长"起来的，而如今不仅担当了中国经济和出口贸易的主力军，而且成为对外投资的生力军。由于长期在国内受到差别待遇，众多民营企业的规模和规范性尚且不能与国有企业同日而语，投机行为也十分凸显。1997 年党的十五大提出"对个体、私营等非公有制经济要继续鼓励、引导，使之健康发展"之后，民营企业的体制地位得以确立。民营企业依靠其敏锐的洞察力、快速反应力以及冒险精神，能够在国内外迅速发掘市场机遇。相比之下，国有企业对外直接投资虽投资量大，但效率低，亏损大。

在 20 世纪，民营企业的对外经济活动及其优势主要体现在两个领域：一是依靠较低的劳动成本对外加工生产，二是依靠地缘优势开展边境贸易。直至 2000 年，在全国最大的 500 家进出口企业中，集体、私营企业仅有 13 家，占总数的 2.6%。在两种因素的驱动之下，民营企业的社会责任意识也经历了从无到有的过程，总体上体现了被动接受的态度。第一是跨国企业将以社会责任为准绳的采购标准"强加"给了作为供应商的民营企业，后者几乎没有选择余地；第二是国家在环境保护和劳工权益方面提高了门槛，并加大了执法力度。由于政策性的限制，民营企业对外投资活动是零星的，如 1992 年桂林国际电线电缆集团收购澳大利亚 Electra Cables，1994 年浙江万向集团在美国成立分公司，此后通过兼并、控股和参股等方式在英国、墨西哥、巴西加拿大等国建立了 26 家分公司。

然而，21 世纪以来，民营企业开始大规模地向海外市场拓展，从较为简单的出口贸易走向了资源开发、企业并购、上市融资、海外生产等多种深入当地社会的经营活动。2010 年 5 月，国务院出台了《关于鼓励和引导民间投资健康发展的若干意见》（国发［2010］13 号）；2012 年 7 月，国家发改委、商务部等 13 个部委联合下发《关于鼓励和引导民营企业积极开展境外投资的实施意见》，旨在"充分发挥民营企业在境外投资中的重要作用，引导民营企业更好地利用'两个市场、两种资源'，加快提升国际化经营水平，推进形成我国民间资本参与国际合作竞争的新优势……支持有实力的民营企业积极开展境外基础设施、农业和服务业投资合作。支持有条件的民营企业'走出去'建立海外分销中心、展示中心等营销网络和物流服务网络，鼓励和引导民营企业利用国际营销网络、使用自有品牌加快开拓国际市场"。该《意见》特别强调了民营企业的社会责任建设："指导民营企业规范境外经营行为。加强民营企业境外投资企业文化建设，引导境外投资企业遵守当地法律法规，注重环境资源保护，尊重当地社会习俗，保障当地员工的合法权益，履行必要的社会责任。鼓励民营企业积极开展公共外交活动，加强对外沟通交流，树立中国企业依法经营、重信守诺、服务社会的良好形象。引导企业加强境外投资的协调合作，避免无序竞争和恶意竞争。"

《意见》之所以强调民营企业在海外经营过程中的社会责任，是针对民营企业所存在的突出问题而有明确指向的。概而言之，民营企业在海外的社会责任表现依然差强人意，主要表现在如下方面：

1. 圈子文化

民营企业"走出去"往往习惯于投亲靠友，延续了"中国城"式的扎堆模式，由于不能融入当地社会而遭到误解和排斥。这一点，从印度尼西亚频繁而持久的排华运动，到 2004 年 9 月 16 日在西班牙埃尔切市（Elche）发生的烧鞋事件，均得到了印证。更为严峻的是，在海外淘金的华人群体一方面日趋成为绑架、抢劫、勒索等犯罪行为的受害者；另一方面，以华人为首的帮派以及黑帮组织也在潜滋暗长。在安哥拉的华人总数约 26 万人，而针对华人的暴力事件也愈演愈烈。仅 2011 年，共发生绑架案 14 起，严重暴力犯罪共造成 8 名中国人重伤、5 人死亡。2012 年第一季度发生持枪抢劫案 9 起，绑架案 3 起。而伤害当地华人的，很多是华人犯罪组织。该"5·11"专案引起了我国公安机关的高度重视，公安部专门启动工作组，远赴安哥拉采取侦破和抓捕行动。俄罗斯伊尔库斯克警方官方网站 2012 年 6 月 27 日对外公布，2 名中国商人 4 月份遭抢劫杀害案件告破，4 名嫌疑人为中国公民。

2. 惯于"走捷径"

中国企业习惯于在海外抓住关键人物，而忽视与其他利益相关者进行有效的沟通。有些民间商人为了减少麻烦，不惜对当地官员以及合作伙伴的高管提供各种名目的贿赂。长此以往，此种做法助长了当地人员的贪婪，将自身沦落为敲诈勒索的对象。例如，在许多非洲、拉美以及中亚国家，中国商人在出入境时，不得不将零钱夹到护照当中，以便顺利通关海关和边检。

对当地民俗和法规缺乏了解。中国民营企业家在海外多数采取苦行僧式的工作态度，工作加班加点，往往会在要求当地员工加班、不能提供正式劳动合同和员工福利、随意解雇、工资水平低于法定标准等问题上与对方发生冲突。在非洲的一家中国建筑企业，一天时间收到法院送来的 150 张传票，原因是该企业未能按照法律程序解雇员工而受到诉讼。由于无视员工工作期间定点膜拜的要求，中国雇主遭受报复甚至杀害的现象屡见不鲜。2012 年 12 月，印尼针对华为公司的歧视性雇用发起了大规模抗议活动。

民营企业在全国对外投资中的比重从 2008 年的 14%，上升至 2013 年的 45%，5 年增长了 3.5 倍。2014 年上半年，中国内地民营企业海外并购金额较 2013 年下半年暴增 218.6%，而同期国有企业海外并购金额环比增幅仅为 5.03%。与国有企业海外并购主要集中在资源领域不同，中国私营企业海外投资更为多元化，更关注获取技术、品牌和打开当地市场。这使得私营企业的"国际化"发展速度更快。联想、华为、海尔、李宁、TCL

等大型民营企业主动将企业社会责任纳入了全球化经营战略。令人欣喜的是，中国民营企业的可持续发展或社会责任报告不仅通过独立第三方的撰写或审验摆脱了自我吹嘘的倾向，而且融入了普世企业价值理念。华为集团自 2008 年以来，坚持连续出具《华为可持续发展报告》。报告编写过程参照了全球报告倡议组织（Global Reporting Initiative，GRI）《可持续发展指南 4.0 版本》（G4）核心"符合"方案。为了保证报告的可靠、公正和透明，公司还聘请了外部审验机构德国莱茵 TÜV 集团（TÜV Rheinland）对报告进行审验并出具独立的审验报告。

（对外经济贸易大学国际经济伦理研究中心　刘保成、张梦莎）

区域报告

中国民营企业在欧洲地区的投资与合作

一、投资与合作的基本概况

2013 年，在全球外国直接投资流出流量较上年增长 1.4% 的情况下，中国对外直接投资首次突破千亿美元大关，创下 1 078.4 亿美元的历史新高，同比增长 22.8%，连续两年位列全球三大对外投资国。欧盟是中国的第一大贸易伙伴（具体如表 10 所示），是中国先进技术与设备的主要来源地，也是中国民营企业对外投资的重要方向。自中央 2000 年正式提出中国企业"走出去"战略以来，中国民营企业也在"走出去"战略的指导下，进一步参与到跨国并购的浪潮中来，并逐渐成为中国企业跨国并购的重要力量。欧盟是中国民企对外投资的重点地区之一，其对欧盟的投资与合作呈现以下 3 个特点：

（一）投资合作力度增强但增速放缓

2005 年以来，中国企业对欧盟直接投资的流量和存量不断增加（如表 11 所示），特别是 2009 年希腊主权债务危机突然爆发，而且向欧盟其他国家扩散以后，中国企业对欧洲的投资出现了"跳跃式"的增长。根据《2013 年中国对外直接投资统计公报》的数据，2004 年中国对欧盟对外直接投资的流量和存量仅为 0.73 亿美元和 5.37 亿美元，而到了 2012

年则分别达到了 61.2 亿美元和 315.38 亿美元，在不到 10 年的时间里增长了几十倍。2012 年年末，中国已经在欧盟设立直接投资企业近 2 000 家，已覆盖欧盟的全部 27 个成员国，雇用当地员工 4.2 万人。同时，为了更好地引进外资，欧盟也降低了市场准入的门槛，方便了中国企业对濒临倒闭企业的并购，投资也进一步增加。

表 10　2014 年对主要国家和地区货物进出口额及其增长速

（单位：亿美元，%）

国际和地区	出口额	比上年增长	进口额	比上年增长
欧盟	22 787	8.3	15 031	9.7
美国	24 328	6.4	9 764	3.1
东盟	16 712	10.3	12 794	3.3
中国香港	22 307	−6.6	792	−21.5
日本	9 187	−1.4	10 027	−0.5

资料来源：2014 年国家统计局年度公报。

表 11　2005—2011 年中国对欧盟直接投资的情况

（单位：亿美元，%）

		2005	2006	2007	2008	2009	2010	2011
存量	金额	7.7	12.7	29.4	31.74	62.77	124.97	202.91
	占比	1.3	1.4	2.5	1.7	2.6	3.9	4.8
流量	金额	1.9	1.3	10.44	4.67	29.66	59.63	75.6
	占比	1.5	0.6	3.9	0.8	5.3	8.7	10.13
中国对外投资存量		572	906.3	1 179.1	1 839.7	2 457.5	3 172.1	4 227.3
中国对外投资流量		122.6	211.6	265.1	559.1	565.3	688.1	746.3

资料来源：商务部、国家统计局、国家外汇管理局发布的《2011 年中国对外直接投资统计公报》。

从中国对欧盟直接投资的规模和结构来看，中国对欧盟的直接投资虽然增长迅速，并且出现了吸引全球注意力的大手笔，比如吉利收购沃尔沃、联想收购德国消费电子公司 Medion 以及东风入股法国标致汽车等大项目。但中国对欧盟直接投资无论是在中国对外直接投资中所占的比例，还是在欧盟吸收的全部外国直接投资中所占的比例都还比较小。2012 年中国对欧盟直接投资的流量和存量分别仅占到 7% 和 5.9%；而根据欧盟统计局的数据，2011 年中国对欧盟的直接投资仅仅占到当年流入欧盟的全部国外直接投资的 1.4%，总体而言，中国对欧盟的直接投资还有巨大的提升空间。

（二）参与度与份额继续上升，跨国并购成为其重要投资方式

中国民营企业在境外投资起步较晚，但发展势头强劲，逐渐成长为中国境外投资的主力军。目前，跨国并购已经成为跨国公司实施国际化战略的重要方式。在经济转型和产业结构调整的背景下，我国企业的跨国并购也在蓬勃发展。如表 12 所示，我国跨国并购交易量和交易金额稳步增长。在 2013 年中国大陆企业发起了 200 宗海外并购交易，总交易金额达到了 515 亿美元。按海外并购交易量的多少划分，中国企业海外并购前 5 个目标地依次为欧洲、北美、亚洲、大洋洲和南美洲。按行业分类，中国企业海外并购交易量最多的是工业，其次是能源、电力，排名第三到第五的行业分别是消费产品及服务、原材料和高科技。

"并购"已成为当今国际市场跨国资本流动的主要方式之一。这也是中国民营企业进入欧盟市场的主要手段。并购通常意味着获得当地合格的员工、管理人员、市场、顾客以及与政府的关系。从减少进入障碍和风险、加快进入速度、尽快获得短缺资源的角度看，一些有资金和技术实力的民营企业应充分利用发达国家资本市场发达、开放度高的特点，尽量选择并购模式，或者通过横向兼并扩大本企业产品的海外市场占有率，或者通过纵向兼并实现自己的多角化战略。

表 12　中国大陆企业海外并购交易数量与交易金额

（单位：亿美元）

年份	数量	金额
2008	126	105
2009	144	334
2010	188	418
2011	206	432
2012	191	664
2013	200	515

资料来源：汤森路透、投资中国及普华永道分析。

　　我国民营企业在实施"走出去"战略下，进一步参与到跨国并购的浪潮中，并逐渐成为中国企业跨国并购的重要力量。2013 年，我国国有企业发起 59 宗海外并购，总交易金额达到 395 亿美元。民营企业发起海外并购 141 宗，总交易金额达到 120 亿美元。如表 13、14 所示，国有企业的投资重点主要是能源动力、原材料和工业等行业，而民营企业海外并购的投资领域更趋多元化，除了上述三大领域外还覆盖了消费品及服务、高科技等行业。

表 13　中国企业海外并购交易数量（按行业统计）

	工业	消费产品及服务	原材料	能源电力	高科技	媒体和娱乐	电讯	金融服务	其他
民营企业	30	26	18	17	15	10	7	4	14
国有企业	15	5	11	18	1	2	0	6	1

资料来源：汤森路透、投资中国及普华永道分析。

表 14　中国民营企业 2012、2013 年海外并购交易数量（按行业统计）

	工业	消费产品及服务	原材料	能源电力	高科技	媒体和娱乐	电讯	金融服务	其他
2012	33	17	33	10	28	5	3	10	4
2013	30	26	18	17	15	10	7	4	14

资料来源：汤森路透、投资中国及普华永道分析。

　　长期以来，中欧双边贸易一直是发达国家和发展中国家间的典型贸易状态，然而经过 2008 年金融危机和欧债危机，欧盟经济遭遇了有史以来最严重的衰退。部分欧洲传统企业经营困难，按照欧洲资本市场的惯例，可能要在适当的时机卖出去或者寻求合作，这也给了很多想"走出去"的中国企业一个难得的进入欧洲市场的机会。比如，2011 年，南阳浙减汽车减震器有限公司成功收购欧洲最大汽车减震器公司——Way Assauto 进入欧洲市场。欧洲市场连续两年排在中国企业海外并购的首位，占中国所有企业海外并购交易数量的 1/3。虽然国有企业目前是中国企业海外并购的主力军，但中国民营企业在未来 5—10 年内所占的海外并购份额会越来越大。

（三）投资合作更注重区位选择

　　根据邓宁的"三优势"理论，进行对外投资时必须对东道国的投资环境进行分析。欧盟是中国引进技术和设备的最大供应者，近年来欧盟陷入债务危机，经济不景气，急需境外投资，这为域外企业的进入提供了良好的环境和机遇。欧盟作为中国民营企业"走出去"的一个重要方向，如何针对民营企业自身的竞争优势、国际经验、学习能力、资源特征以及东道国制度环境和市场机构等因素，动态选择最优的对外投资模式，实现国际化发展的最优边界以及如何提高国际核心竞争力，已成为中国民企扩大对欧投资争取收益最大化而必须解决的战略性课题。

欧债危机后，中国对欧盟的直接投资不降反升，出现了跳跃式增长，这并非是一种短期的"抄底"行为，而是中国出于延伸价值链的考虑而作出的一种长期的投资行为。从区位选择的角度而言，中国目前正处于对欧盟投资的重要战略机遇期，这为对欧盟直接投资继续保持快速增长的势头提供了强有力的支持，这一"战略机遇期"主要体现在3个方面。首先是欧盟整体的宏观经济形势和结构性改革为中国投资打开了机会窗口；其次是中欧全面战略伙伴关系进入新阶段，为中国投资欧盟创建了良好的政治氛围和制度环境。中国国家主席习近平在2014年3月访问欧盟总部时提出，要从战略角度看待中欧关系，将中欧两大力量、两大市场、两大文明结合起来，共同打造中欧和平、增长、改革、文明四大伙伴关系，为中欧合作注入新动力。可以预期，双方良好的政治关系将对中国对欧盟的直接投资有十分正面的促进作用。最后是构建开放型经济所释放的对外投资体制改革的红利。党的十八届三中全会明确提出要"构建开放型经济新体制"，承诺对我国当前对外投资体制进行改革，这必将进一步提高中国企业对欧盟直接投资的积极性和主动性。

根据不同的区位条件，作出不同的对外投资模式选择。比如由于市场结构、消费习惯和文化的差异，企业自建销售网络有时很难融入当地市场，这时就可以采取并购模式。就欧洲的区位条件而言，集群式海外工业园模式就比较适合中国民营企业对欧洲的投资，其优点在于，首先可以为中国民营企业进入欧盟搭建一个公共的投资信息与运营服务平台；其次在与当地政府良好的沟通与合作中便于园区内企业获得较多政策上的优惠与资源上的支持；三是海外工业园区模式可以有效改变我国民营企业对外直接投资中各自为营的松散状况，大大增强区内企业对海外经营风险的抵御能力。

二、投资与合作的主要特点

(一) 欧洲地区投资与合作的环境背景

欧洲地区市场成熟广阔，欧洲市场主要包括西欧市场、地中海欧洲市场、中东欧市场和北欧市场，由大多数欧洲国家共同建有一个自由贸易区，即欧盟。欧盟代表着更深层次的经济、社会和政治一体化，已形成高度统一的单一市场，是世界上最大的单一国际贸易参与者，占全球进出口贸易的 1/5 还要多。欧盟是全球经济一体化程度最高、规模最大的经济联盟组织，在所有多国市场联盟的合作与经济发展中，它更安全、更举足轻重，为欧盟内外的公司提供了数不清的市场机会，当然随之而来的也有风险。

尤其是欧债危机以后，欧盟国家的很多具有良好赢利能力的企业因为出现融资问题而陷入困境，为中国企业提供了难得的投资机会。欧洲许多国家的中小企业竞争力很强，往往掌握着某些关键零部件的专利和技术。中国企业通过投资这些中小企业，可以获得所需要的技术，大大减少自己研发的时间。中国民营企业最近在欧盟"本土化"经营的努力赢得了欧洲人的尊重。德国驻华大使柯慕贤在 2014 年 5 月接受《财经》记者采访时表示：中国投资者刚刚出现在德国市场的时候，德国民众和工会确实担心他们只会拿走技术，然而这种情况并没有发生，德国公司理解到和中国伙伴合作是双赢的。中国民营企业还可以利用欧洲高素质的人力资源进行创新和提高自身技术水平。比如，华为公司曾在意大利投资兼并了一家通信技术研发机构，把它变成了华为欧洲研发中心。经过两年的发展，这家研发中心开发出了新的微波通信设备，弥补了华为公司的技术空白。过去，华为公司从日本进口该类设备，成本昂贵。意大利研发中心生产的设备比日本进口的设备便宜一半，而技术水平更高，质量更好。在跨国投资中，虽然民营企业技术不够先进或规模不够强大，但在国际市场上仍有很大的生存和发展空间，特别是在消费者品味和购买能力相差很大的市场上，其产品的竞争优势更加明显。欧盟市场上东欧十国与西欧各国市场差异为民营企业提供了极大的投资空间。

（二）积极利好因素尚未消退

中国目前处于一个对欧盟直接投资的战略机遇期，这为对欧盟直接投资保持快速增长的势头提供了强有力的支持。这一战略机遇期表现除前述中欧全面战略伙伴关系进入新阶段，为中国投资欧盟创建了良好的政治环境和氛围外，还有两个重要方面：

其一，欧盟整体的宏观经济环境和结构性改革为中国投资打开了"机会之窗"。这不仅仅是指因欧债危机而处于"价值洼地"的各类资产，以及欧盟成员国政府推出的一系列"私有化"项目，更重要的是欧盟宏观经济环境的变化所带来的机遇。2009 年肇端于希腊的欧债危机是第二次世界大战后欧洲一体化所遭受的最为严重的挫折和冲击，作为大半个世纪以来欧洲联合最为重要的成果——欧元几乎走向崩溃。为了走出危机，欧洲人下决心启动了停滞多年的结构性改革，不仅希腊、西班牙、葡萄牙等重债国在国内外压力下实施紧缩政策，德国、法国、荷兰、卢森堡等财政状况良好的国家也主动加入到"紧缩"的行列。在"紧缩"成为欧盟国家宏观经济政策主旋律的背景下，欧盟国家很难再通过扩张性财政政策和大规模举债的方式来促进经济增长，吸引外来投资成为欧盟国家政府促进经济增长的一项重要的政策选择。虽然欧盟国家的一些政客和媒体怀疑中国投资背后的政治动机，但总体而言，大部分欧盟国家对"中国投资"持欢迎态度，不像美国动辄以"国家安全"为理由阻碍和限制中国的投资。

其二，构建开放型经济所释放的对外投资体制改革的红利。以前存在对外投资的行政审批程序过于烦琐、审批时间过长和审批标准不明确，以及融资困难等问题，是制约对欧投资的重要因素。党的十八届三中全会明确提出要"构建开放型经济新体制"，决定对我国当前的对外投资体制进行改革，将革除上述弊端，从而为中国企业对欧盟直接投资创造更便利条件。

（三）潜在不利因素不可忽视

第一，我国民营企业大部分属于中小企业，融资能力不强，我国资本市场结构又存在着缺陷，融资约束一直是困扰我国民营企业海外直接投资的问题。在金融危机以后，全球经济放缓，金融机构普遍控制信贷规模，银根紧缩，贷款门槛也越来越高，民营企业融资的难度也越来越大。

第二，中国民营企业的跨国经营管理能力不足，特别是对欧盟社会与法律不太适应。根据中国欧盟商会对在欧盟投资的中国企业的调查报告，78%的中国企业在欧盟都遇到了运营问题，这与"欧盟特色"的社会经济模式有很大关系。欧盟与美国虽然都是市场经济，但两者的社会经济体制有相当大的不同。美国强调"自由竞争"，而欧盟则更为重视"社会均衡"，这意味着欧盟任何一个社会群体都不可能利益独大。其政策含义就是在欧盟国家中存在一系列保证雇主与雇员、企业与政府、政府与社会、社区与企业、厂商与消费者之间权力制衡的制度安排。这让企业行为被严格的法律框架所规范，同时还要求企业具有协调和处理与市场之外多个社会主体之间关系的能力，这恰恰是对习惯国内环境的中国企业一个巨大的挑战。

第三，民营企业在欧洲跨国并购准备阶段涉及目标企业选择、对目标企业估值定价、并购方案可行性评估等多个环节，在各环节可能遭遇诸多风险，如确定目标企业的战略决策风险、对目标企业估值定价风险、政策风险等。中国民营企业海外投资时的保障机制以及政府对民营企业海外直接投资的管理措施、法律法规都尚不完善。金融危机以后，民营企业海外投资逐步增加，但是面临着政治、经济、社会文化、法律、财务管理等多方面的风险。民营企业相对于国有企业来说规模较小，资金少，技术优势不足，创新水平不高，研发能力不强，产品的品牌知名度低，实力与国有企业有一定差距，抵抗风险能力差。遇到风险时，没有很好的保障机制或者退出机制以使民营企业渡过难关，避免较大经济损失。

三、投资与合作的制约因素

（一）经验人才不足，资金准备与抗风险能力差

大部分的中国民营企业海外经验不足，缺乏具有丰富海外经验的人才，而且有的民营企业没有制定海外投资的战略规划，投资具有盲目性；有的民营企业在海外并购时对被并购企业的信息掌握不足或误解信息，导致出价过高，投资回报率低，并购效率低；有的民营企业对东道国的政策法规、宗教文化、工会等方面缺乏了解，导致海外投资时出现很多麻烦，比如被并购企业员工的抵触情绪、人才流失，最终是严重亏损，并购失败。

（二）欧洲各层级法律政策及政府干预行为成为非关税壁垒

近年来中国企业在欧洲的跨国并购频频受制于欧洲国家政府政策和法律政策。欧洲市场政治法律环境是影响并购财务风险的首要因素。首先，欧洲各国政府对外国投资商并购本国企业存在不同程度的限制，如限制外资对本国重要行业并购投资，对重要行业限制外资股权比例等。这些限制增加了中国民营企业的政策风险。其次，欧洲国家法律对外资经营存在严格管制，一般在知识产权保护、环境保护和劳工保障等方面立法完善，其法律普遍重视保护员工权利，对外资并购后雇员接收和辞退方面管制严格。

法律管制将增加企业的经营成本，很可能使并购不能带来预期收益甚至出现亏损。

(三) 财务风险大，企业潜在损失难以管控

融资风险、支付风险以及利率汇率风险是中国民营企业对欧投资时面临的财务风险。民营企业因自身实力限制，在证券市场上的融资能力也相对较弱，且缺乏并购尤其是跨国并购融资专业人才，在海外资本市场融资能力有限。融资渠道较窄、融资能力较弱容易引起融资计划被延迟或搁浅，增加融资计划执行过程中的成本，若无法按时筹集到并购资金很可能导致跨国并购活动失败。跨国并购设计交易金额庞大，需要多种融资方式合理组合。若债务资本融资和股权再融资两部分结构安排失当，将导致加权平均资本成本过高，影响企业受益。

中国民营企业在欧洲进行海外并购支付牵涉到以欧元计价，欧元汇率与利率的变动将直接关系到中国民营企业到欧洲跨国并购的融资支付风险的大小，尤其是支付风险。贷款利率的高低直接影响到融资成本。欧洲央行在 2014 年 3 月 6 日宣布基准利率维持在 0.25% 不变，边际贷款利率保持在 0.75% 不变。欧元走强将延长欧洲央行实行宽松的货币政策，存贷款利率继续维持在较低水平。贷款利率低，在国际资本市场上的融资成本和风险也将相应地减少。

欧洲金融市场发达程度将影响到中国民营企业在欧洲跨国并购的融资渠道、成本和风险。金融市场发达与否的一个重要衡量指标是证券市场的活跃程度，我们用一国股票交易总额占 GDP 的比例反映该国证券市场的活跃程度，通常比例越高证券市场越活跃，一定程度上反映该国金融市场越发达。英国、德国、法国、荷兰、意大利和丹麦六国的企业是中国企业并购的主要目标考虑。表 15 中列出了上述六国的股票交易总额占 GDP 的比例。

表15 2008—2012年欧洲六国的股票交易总额占GDP的比例

（单位：%）

	2008	**2009**	**2010**	**2011**	**2012**
英国	241.3	154.1	131.6	119.9	100.5
德国	85.7	39.1	42.5	48.5	35.8
法国	115.3	52.1	57.2	53.0	43.1
荷兰	131.3	75.9	76.2	66.6	57.3
意大利	29.0	21.8	26.2	40.4	37.7
丹麦	61.9	47.8	46.2	45.1	33.5

资料来源：http://data.worldbank.org.cn/indicator/CM.MKT.TRAD.GD.ZS。

从表中可以看出英国股票交易总额占GDP的比例最高且远高于其他五国，说明英国的金融市场尤其发达，其次是荷兰、法国、德国、丹麦、意大利。在欧债危机开始后六国的股票交易总额占GDP的比例都基本上在逐年下降，证券市场持续低迷，金融市场失去往昔的繁荣。六国金融市场一定程度上也是欧洲各国金融市场的一个缩影，金融市场低迷状态加大了中国民营企业在欧洲市场上筹集国际资本的难度，增加了融资成本和风险。

四、对投资与合作的六点建议

（一）提升抗风险能力，拓宽融资渠道，提高信誉水平

我国除了传统的银行借贷融资和股票、债券融资方式外，还可以为民营企业扩大融资渠道。首先，民营企业可以借助私募基金获得境外的融资渠道。比如2012年三一重工联手中心产业基金，斥资3.6亿欧元收购德国工程机械企业普茨迈斯特公司100%股权。一般来说私募基金具有丰富的投行经验，对标的企业有充分的调研，不但可以提供财务支持，而且还

可以参与设计并购方案，为实体企业成功的海外并购提供有力的支持。私募基金利用境外融资渠道支持民营企业海外并购越来越普遍。其次，采用"百联汇"模式，这是民营企业集群全新发展的新模式，百联同盟帮助会员进行资源整合、资金互换以及投资融资等。再次，可以推出一系列的计划为小企业增加融资机会，比如"小企业投资公司计划"授权私人风险资本公司为难以获得传统风险资本的小企业提供债务和股票融资。对于规模小，但是有很好发展前景的民营企业，金融证券管理机构也可以加速海外直接投资的速度和规模，构建本土银行的国际网络，为我国已经进行海外直接投资的民营企业提供贷款支持。

对于民营企业海外直接投资的担保，可以建立民营企业互助担保基金，民营企业可以按一定的比例或金额缴纳资金。设立互助担保基金，在有资金需求的时候，可以由该组织提供资金支持或提供借贷担保等。同时，可以学习美国的经验，比如美国小企业管理局出台了"债券担保计划"，使小企业能够获得债券融资；还出台了"担保开发公司计划"，向小企业提供长期固定利率贷款，使其能够购买扩大再生产的有形资产。

（二）培养适应国际经营管理的现代化人才

因为海外直接投资会涉及政治、经济、文化、法律、宗教等多方面的问题，所以具有国际知识和技能的高素质人才是民营企业海外投资非常急需的，可以说，人才不足是制约我国民营企业对欧投资的主要因素。发展国际化经营，不仅需要金融、法律、财务、技术、营销等方面的专业人才，更需要有战略思想和熟悉现代企业管理的经理人才。在目前国内比较缺乏熟悉国际规则和欧盟市场法律的人才的情况下，可以通过招聘优秀的国际人才来弥补靠自身培养之不足。另外，跨国公司经营人才本土化也是一种趋势，民营企业可以只派出少量的本国高层管理人员到欧盟国家，多数雇用当地人来经营，从而更好地融入当地的市场。

（三）正确选择对欧洲的投资路径——从圆周向圆心发展的投资模式

欧洲整体上属于发达地区，但其内部各国情况有很大差别，市场竞争程度和经济发展水平差异比较大，特别是东欧国家加入以后，其内部经济发展呈现一定的不平衡性。按照各国的发展情况，根据从圆心到圆周经济发展水平递减的规律，把欧盟各国分布在一个同心圆中。中心国是经济高度发达的德、法、英、荷、比、意，而周边国是经济发展相对落后的东欧和南欧等国。根据刘易斯和威尔斯的理论，发展中国家跨国公司对外投资的优势在于小规模制造的技术优势和接近当地市场的优势。在目前技术条件下，中国企业的投资比较优势也就是徐滇庆等人所说的快半拍优势，即同当地企业相比，投资企业的技术和管理处在相对领先的地位。显然，中国对欧盟投资的快半拍比较优势集中在东欧和南欧的广大国家，我国民营企业可以先在圆周上投资，然后逐渐打入圆心，打入欧盟核心市场。

（四）建立民营企业联盟

无论以何种方式进入欧洲市场，都需要企业有相当大的实力。国内民营企业普遍受规模较小、企业融资能力小、对国外市场信息掌握不全等方面的约束，单独去欧洲投资难成气候，同行业的若干企业若能通过市场化的方式联合起来，在较短的时间内实现规模优势，然后进行对外投资，成功的几率将大大增加。在由美国次贷危机引发的全球性金融危机冲击下，欧盟很多中小企业一夜之间破产，这为我国企业采取并购方式进入提供了很好的机遇。民营企业应该抓住机遇，根据企业的产品特点和自身实力，选择适合自己的国际化经营模式。

（五）建立适宜民营企业对外投资的公共服务平台

目前国际市场变化莫测，贸易保护主义盛行，民营企业规模较小，政府可以建立有利于民营企业对外投资的公共服务平台，为民营企业提供相关的法律咨询、境外投资指南、信息技术咨询、项目咨询、人才推荐以及海外投资的相关培训等方面的服务。其次，政府还可以通过开展政府、企业、项目交流会等形式，或者组织民营企业进行海外实地考察，促进民营企业和国际接轨，拓展海外市场和销售渠道。再次，政府还可以设立中介机构，当民营企业海外投资出现贸易摩擦时能够提供法律援助或者帮助民营企业联合同行共同应对等。此外，我国政府还可以和更多的国家签署友好合作机制，确保两国良好的合作关系，避免产生冲突。最后，政府还可以建立境外经贸合作区，使民营企业在欧洲投资时实现人才、信息、技术、资本的集中，降低海外的经济成本，使中国民营企业更容易在陌生的环境中生存。

（六）加大对民营企业海外投资的支持

具有行业比较优势的产业和特色产品是中国民营企业对欧盟进行差异化投资的重点。企业能否进行海外投资，不是看企业的所有制性质，而是看企业在国际市场上是否具有比较优势。经过20多年的发展，我国的一些民营企业已初具规模，有些已经具备了展开跨国经营和对外投资的条件，国内规模较大的民营企业如四通集团、万向集团、新希望、华为、科龙、东方集团等，都已不同程度地走向国际市场。在金融危机背景下，政府应鼓励更多民营企业去国外投资，缩短审批程序，给予融资的便利或资金上的支持，让企业能在更短时间内以比竞争对手更低的经营成本开展对外投资业务。

民营企业要尽量避免在进入欧盟市场初期实力尚不雄厚的情况下，盲目进行多元化扩张。同时，应注意扬长避短，避开与跨国公司直接展开竞争，而应重点关注欧盟等发达国家跨国公司尚未注意到或目前尚未涉足或无法涉足的领域或地域。通过自主开发、合资开发、战略联盟等多种形式，大力推进科技创新，努力形成自主知识产权的核心技术和实力雄厚的企业品牌形象。

（对外经济贸易大学国际关系学院　王宏禹、杜晓娜）

中国民营企业在北美地区的投资与合作

一、投资与合作的基本概况

随着我国进一步深化推进"走出去"战略，后金融危机时代中国的对外投资与合作发展态势良好，其中对外直接投资在 2013 年首破千亿美元大关，连续多年稳居世界投资大国排名的前 3 位。在整体发展趋势乐观的基础上，中国民营企业在北美地区的投资与合作总体呈现出增长稳定、领域拓宽与结构优化的新局面。

（一）投资合作保持增长，增速平稳

2013 年中国对外直接投资呈强劲增长态势，其中对北美地区的直接投资达 49 亿美元，占当年流量总额的 4.5%，较上年实现 0.4% 的微增长，资金主要流向美国与加拿大，相较 2012 年高达 96.75% 的增长速度，2013 年在保持增长的基础上增速明显放缓。从数据上观察近年中国在北美地区直接投资的流量变化情况，中国企业正处于投资增长的剧烈波动时期。（见表16）然而增速的剧烈波动并非暗示北美地区的投资环境趋向消极，相反，近年中国企业在北美的跨境并购大幅增加，投资合作成果显著。数据与现实的出入主要源于中国在北美地区正经历投资合作方式的转变，跨境并购开始逐步取代单纯的资本投入成为投资合作的新增长点。而中国企业在北

美的跨境并购主要通过离岸金融交易实现，其成果并未纳入对目标国的直接投资统计。同时，中国对北美承包工程亦有所突破，2013年中国企业在北美地区完成营业额12.6亿美元，较2012年增长25.1%，超过对全球承包工程的平均增速。中国在北美地区的投资合作正步入形式转变、增速平稳的健康发展阶段。

表16　北美地区对外直接投资流量比较（2009—2013）

（单位：万美元）

	2009	2010	2011	2012	2013
百慕大群岛	6	17 086	11 583	3 899	1 893
加拿大	61 313	114 229	55 407	79 516	100 865
美国	90 874	130 829	181 142	404 785	387 343
总计	152 193	262 144	248 132	488 200	490 101
较上年增长	—	72.24%	−5.35%	96.75%	0.40%

资料来源：《中国对外直接投资统计公报》。

　　在北美地区的投资与合作中，民营企业依旧扮演"生力军"角色，投资步伐更加稳健，主体地位不断巩固，继续保持显著的上升发展趋势。以美国为例，自2012年以来中国民营企业在美国的直接投资均超过同期的国有企业，且二者差距不断拉大。（见表17）2014年第四季度联想集团完成收购摩托罗拉公司，民营企业占当年我国对美直接投资额已达82.81%，占成功交易数量的75.66%，民营企业在北美地区投资与合作中的主导地位再次得到巩固。

表 17　中国国有企业与民营企业在美国直接投资情况（2009—2014）

（单位：百万美元）

	2009	2010	2011	2012	2013	2014
国有企业	444	3 679	2 830	3 210	3 604	2 010
民营企业	252	932	2 015	4 252	10 690	9 683
民营企业占比	36.21%	20.21%	41.59%	56.98%	74.79%	82.81%

资料来源：美国荣鼎集团（Rhodium Group）报告。

（二）投资合作领域拓宽，渠道多元

近年来中国民营企业在北美地区投资合作的领域不断拓宽，投资行业日益多元，逐步涵盖了北美地区国民经济的各个部门。在对美投资中，相较国有企业在金融业、制造业与采矿业的巨大优势，早期民营企业多集中于服务业。受技术与资本规模限制，民营企业较少参与能源、矿产与高科技产业的投资合作。然而，在金融危机的持续冲击下，北美地区资本市场疲敝，我国民营企业充分利用这一契机，扩大对美投资的覆盖范围，在制造业与能源业等国有企业优势领域展开投资合作。2014 年，民营企业在美国共完成 8 项能源产业类合作与 7 项制造业合作，总投资额达 7.78 亿美元，占当年总投资的 8%。

自 2009 年始，民营企业强势进入美国的房地产领域，作为对美投资的新兴增长点，房地产业成为民营企业加速追赶国有企业投资优势的发动机。（见表 18）同时，民营企业不断涉足北美高科技产业，合作领域不断拓宽，合作项目逐渐向高科技含量、高技术附加值产业靠拢。2012 年我国民营企业首次投资飞机制造业，2014 年信息与通信产业占民营企业总投资比重超过 50%，电子行业投资项目逐年增多。截至 2014 年，中国民营企业对北美地区投资存量最大的 5 个行业分别是信息与通信业、房地产业、生物科技行业、制造业与能源业。中国企业对北美承包工程所在行业前 4 名分别为制造加工设施建设项目、通讯工程建设项目、交通运输建设项目与房屋建筑建设项目。

表 18　　国有企业与民营企业在美国房地产业投资比较（2009—2014）

（单位：百万美元）

	2009	2010	2011	2012	2013	2014
国有企业	0	52	14	0	153	967
民营企业	6	166	937	195	2 050	2 087

资料来源：《商务部中国对外投资合作发展报告 2014》。

（三）投资合作结构优化，管理改善

综合考虑我国实际投资情况与国际直接投资方式，我国民营企业主要采用绿地投资与跨国并购两种方式进行国际投资合作。在北美地区，中国企业并购活动十分活跃，是中国企业跨国并购的最主要目的地之一。根据商务部的统计数据，自 2003 年 1 月至 2014 年 2 月，中国企业对北美地区的企业并购活动从金额上考察，占同期中国海外并购总额的 23.5%；而从项目数量上考察，占同期中国海外并购总数的 17.5%。我国民营企业在北美的投资合作同样以跨国并购为主，自 2010 年始，跨国并购便取代绿地投资成为民营企业的核心投资方式，占比始终保持在 80% 以上。（见图 4）相比绿地投资，跨国并购能够极大减少企业在进入他国市场过程中的交易成本，迅速获得市场并增加市场力量，在短期内产生规模效应，提高企业的竞争力。在投资方式的选择中，跨国并购的主导地位表明了我国民营企业在北美地区的投资结构正不断优化，合作方式不断升级。

同时，北美地区的中国民营企业在企业内部管理与企业间协作方面也有所突破，出现"集群式"综合发展趋势。随着我国民营企业在北美地区逐渐发展壮大，先进的企业管理经验与本土化的公司治理模式逐渐受到企业经营者重视。北美地区的民营企业初步走上了海外研发、海外生产、海外营销三位一体、内部分工的高级运营模式。于 1996 年成立的"美国中国商会"已经成长为中国在海外最大、在美国最具影响力的商会组织之一，中国民营企业在该商会的协调与组织下已能够较好地开展互动协作。类似商会的成熟正成为民营企业实现"集群式"综合发展、优化投资合作结构、改善管理经营的重要支撑。

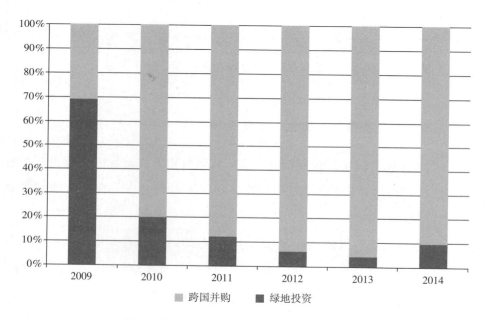

图 4　民营企业在美国投资合作模式比较（2009—2004）

资料来源：EPS 世界教育数据库和世界经济发展数据库。

二、投资与合作的主要特点

中国民营企业在北美地区的投资合作与目标国家的经济、投资环境紧密相关。在后金融危机时代，特殊的环境背景已成为影响企业决策的重要参考指标。同时，中国与北美地区国家有着频繁的政治、经济与文化互动，其中包含的积极与消极信号也成为我国民营企业在投资时参考的风向标。

(一) 北美地区投资与合作的环境背景

2008年金融危机以来，北美地区所受冲击尤甚，美国、加拿大均不同程度出现经济衰退，但两国的经济发展总体仍呈上升趋势。在金融危机的恢复期，北美地区注资需求高涨，加之地区购买力旺盛、消费市场庞大，投资合作的窗口期仍未结束。此外，北美地区资源丰富、基础设施完备、科技发达、经济制度较为完善，传统区位优势仍然明显，整体投资环境对我国民营企业依旧有利。

美国与加拿大在2008年金融危机中遭受严重冲击，但次年两国经济均重现增长。(见表19) 虽然如此，两国经济恢复的步伐并不稳健，仍存在大量不确定因素。2014年第四季度以来，美国为振兴国民经济推行再工业化战略，大力开展基础设施建设，取消了基础设施领域针对中国企业的诸多投资限制，并欢迎中国资本进入食品加工业、一般制造业等传统保护领域。经济恢复大背景下美国旺盛的注资需求成为我国民营企业的发展契机，同时中国政府也适时简化了境外投资的审批程序，民营企业入资美国将更加便利。

表19　美国、加拿大国内生产总值（GDP）变动趋势（2008—2013）

（单位：万亿美元，%）

		2008	2009	2010	2011	2012	2013
美国	GDP 总量	14.72	14.42	14.69	15.53	16.24	16.80
	GDP 增长率	—	-2.04	1.87	5.72	4.57	3.45
加拿大	GDP 总量	1.54	1.37	1.61	1.78	1.82	1.83
	GDP 增长率	—	-11.04	17.52	10.56	2.25	0.55

资料来源：世界银行官方网站。

鉴于北美地区仍处于经济恢复阶段，美国与加拿大对待外资的友善态度短期内不会发生实质性改变，我国民营企业在北美的投资环境仍将以利好为主。总体而言，美国与加拿大对待外资主要持中立态度，在不威胁国家安全、构成行业垄断的前提下，两国对外国直接投资的流入没有特别的限制与要求，国民经济具有较高的开放性特征。加之北美地区尤其是美国市场庞大，消费能力强劲，可预计的投资回报周期较短，整体投资环境亦具有吸引力。

此外，北美地区具有资源、制度、社会、技术等领域的传统优势，金融危机并未对上述利好产生实质影响，民营企业的投资环境总体健康。资源是经济发展的基础，也是衡量投资环境的重要指标，北美地区资源极为丰富，美国的矿产、能源、土地资源与加拿大的水利、森林、油气资源均具备良好的投资价值。同时，北美地区政治稳定、文化氛围多元、市场成熟、争端解决制度化水平较高、基础设施建设完善、科技发达，综合社会竞争力强。根据世界经济论坛发布的《2013—2014 年全球竞争力报告》，美国和加拿大分别位于第 5 位与第 15 位，其丰富的自然资源、巨大的消费市场与领先的科学技术对我国"走出去"的民营企业具有巨大的吸引力。

（二）积极利好因素激增

在北美地区投资合作环境总体健康的背景下，伴随"走出去"战略进一步推进，中美、中加双边关系不断升温，我国民营企业入资北美的积极利好因素因之激增，发展前景乐观。

首先，随着"走出去"战略的深化落实，我国政府不断出台大量有利于民营企业走出国门的积极政策，北美地区的民营企业将获得实际优惠。2014 年"两会"政府工作报告提出，中国将致力于开创对外开放的新局面，并明确加快环保等新议题的合作谈判，支持环保企业拓展海外市场。作为新兴产业，环保产业在北美地区市场潜力巨大，我国民营企业在该领域的投资合作尚未形成规模。而我国民营企业在环保产品制造行业具有一定比较优势，加之我国的支持政策，民营企业在北美市场将大有作为。与此相对应，美国政府对外国环保领域的投资提供多项税收优惠与政策鼓励，例如对太阳能、风能、小型风力发电行业的企业减免 30% 企业所得税，2012年又出台 10 项针对环保企业的资金支持计划。近年，我国对北美地区民营企业的政策支持更加具体，并与美国的优惠政策形成支持合力，环保产业正成为民营企业在北美开拓的新增长点。

其次，在中美、中加双边关系发展良好的基础上，多项合作协定的谈判得以顺利进行，双边交流合作日益频繁，民营企业在北美投资合作的障碍预计将进一步减少，企业赴北美投资的信心也将显著提升。在《中美避免双重征税协定》与《互免国际运输收入税收协议》等协议的基础上，2008 年正式启动的中美双边 BIT 谈判已取得实质性进展，虽然中美在知识产权、透明度与标准制定等领域仍存在分歧，但双方在 2014 年 7 月已达成"时间表"，并将进入负面清单交换环节，民营企业入资美国将更加便捷。此外，中美两国在投资合作领域沟通顺畅，除中美经贸合作论坛、APEC峰会外，中美企业投资并购对接会、中美企业投资合作论坛相继在武汉、厦门举行，民营企业赴美投资的信息渠道日益畅通。

最后，北美地区经济恢复缓慢及人民币继续升值为我国民营企业的投资活动带来机遇，同时美国松动对中国投资者的签证政策，民营企业赴美投资的技术性障碍进一步减少。金融危机后北美经济复苏缓慢，大量产业因缺乏资金注入而估值偏低，与此相对，人民币的持续升值意味着外国资产相对降价，民营企业在双重利好的基础上进行投资实际上降低了投资成本。加之美国部分地方政府与加拿大政府出台了一系列吸引外资的优惠政策，民营企业正处于投资北美的机遇期。在技术层面，2014 年 APEC 北京峰会期间，美国对中国投资者的签证时效延长为 10 年多次往返，这为中国企业赴美投资合作提供了更大便利。

（三）潜在不利因素凸显

民营企业在北美地区的投资与合作存在大量潜在风险，然而由于早期民营企业投资项目单一、规模有限，诸多潜在风险并未产生显著影响。随着我国民营企业投资的流量增大、项目多元、影响扩大，大量隐性的不利因素逐渐显现，阻碍了民营企业的进一步发展。

首先，随着赴美投资的民营企业数量增多、项目多元化，企业的融资难度凸显。民营企业的融资问题始终是制约其海外发展的症结所在，而北美地区的民营企业融资形势更加严峻。从国内融资角度考察，民营企业尤其是中小企业无论在银行贷款还是直接融资中均存在困难。民营企业在银行贷款时普遍遭遇"两高两低"待遇，即门槛高、利率高、种类低（少）、额度低，而在直接融资方面，民营企业的上市率不足其总数的1/3，创业板也主要倾斜于高新企业，所筹资金对于赴美投资的民营企业而言不过杯水车薪。从海外融资角度考察，民营企业在美国上市融资更为困难。美国主要的4个股票交易市场中，纽约证券交易所与美国证券交易所主要面向大型成熟企业，纳斯达克证券交易所则瞄准高新技术产业，柜台交易市场又不承担股票发行服务，一般民营企业通过在美国上市以实现融资的难度更大。

其次，民营企业的并购与合作势必会引起目标国国内的争议，政治因素已经成为民营企业经营者不可忽视的问题。虽然美国政府明确表示排斥外国资本在关乎国家安全领域的投资，但对安全领域的界定却具有极大主观性，这很有可能成为美国政府为保护自身企业、向我国民营企业设租的工具。同时，近年我国民营企业在北美地区的并购与投资多集中于颇具政治敏感性的电信与地产行业，若美国政府以国家安全为借口阻挠我国民营企业的合法商业活动，企业往往难以凭借自身力量解决，最终的结果必然是企业的利益受损。

最后，跨文化交流障碍逐渐成为企业内部管理的制约因素，本土化过程中民营企业如何应对文化差异将成为企业是否能够顺利开拓北美市场的关键因素。中国与北美国家之间存在巨大的文化差异，以往因文化差异产生的摩擦多体现在与美国企业、政府或工会的交往过程中。而随着我国民营企业规模的扩大，大量本地人参与到企业的管理与经营当中，文化差异造成的矛盾已从公司外部渗透深入公司内部，而民营企业的管理模式大多沿袭中国传统的家族式管理模式，企业内部的文化冲突已经成为民营企业发展的一大制约因素。

三、投资与合作的制约因素

北美地区市场竞争激烈，我国民营企业在北美的投资与合作正面临来自多个方面、不同层次的挑战，其中一些挑战已经成为制约民营企业扩大市场、升级业务的障碍，不得不引起重视。

（一）整合分析复合信息的水平不足

作为全球最主要的外商直接投资接受国，美国始终是外资青睐的投资目的地，加之美国国内市场结构合理、需求旺盛，外商在北美尤其是美国的竞争十分激烈。在此背景下，商业信息与市场信息对投资北美的我国民营企业而言意义重大，良好的信息处理能力与情报整合能力能够极大避免企业的投资失误。鉴于我国民营企业在美国的投资已经基本涵盖国民经济的各个领域，企业在决策投资与经营管理的过程中不免需要处理较之以往更加错综复杂的数据信息与商业情报。国内信息、美国市场信息、美国政策信息与美国社会信息作为民营企业在美国投资经营的主要信息情报来源，无论体量还是复杂程度都正经历几何式的爆炸增长。而民营企业通常资源有限、技术匮乏并且缺少先进的数据分析理念，海量的市场信息往往难以得到有效利用，部分极具价值的商业机遇无法转化为企业利益，复杂信息数据隐含的市场规律信号也无法为企业投资服务。

2014年大数据时代全面到来，企业的投资决策模式也随之发生了根本性变革。过去企业由于缺乏数据来源渠道，其投资决策多在政府指导下完成，赴美投资的民营企业则更多依赖政府、商会、论坛等权威组织机构，凭借有限而准确的信息作出投资决策。当前，以云计算、云存储为技术支持的大数据网络彻底改变了传统的决策模式，产品市场数据、上下游产业数据、竞争对手数据、项目财务数据等信息均可批量获取，经过筛选分析，零散的数据可以整合成为有价值的商业情报。而北美地区的民营企业尚未充分利用大数据带来的信息优势，商业分析与决策模式已经落后于美国本土企业，竞争力在这一维度已经明显不足。民营企业信息处理水平的不足主要体现为三点：第一，缺乏大数据时代的信息处理思维，民营企业经营者大多沿用传统的静态、结构化数据分析模式，对大数据重视不足；第二，民营企业缺乏反应迅速的信息分析部门，传统的信息搜集方式多为企业自由情报分析部门与第三方咨询机构合作，而大数据的实时性与多变性已经对这种管理模式提出了挑战；第三，民营企业缺乏专业的数据搜集与处理人才，复合信息的分析缺少智力支撑。

（二）业务升级、优势辐射缺乏指导

北美地区正处于金融危机的恢复时期，大量国内产业向外资开放，这是向该地区投资难得的机遇。然而民营企业由于缺乏合理指导，并未能够充分利用这一契机实现业务升级与优势辐射，扩大企业利益。在投资环境日益宽松的北美地区，我国民营企业虽然投资增长迅速，但仍然处在发展的初级阶段，规模优势尚未实现。另外，民营企业的本土化过程仍处于攻坚阶段，企业在目标国站稳脚跟仍需时日。因而，在当前有利的投资背景下，民营企业正应把握机遇，着手巩固市场份额、力争业务升级并延长产业链，实现企业优势的延续。

然而，当前北美地区民营企业的业务升级虽然展开，但缺乏合理指导。尤其是中小民营企业盲目进行海外并购，在自身主业之外的领域展开投资，虽然及时抢占了市场份额，但金融风险与法律风险剧增，经营难度已超出其掌控的能力范围。另一个现象是，一些成熟的民营企业在单一领域发展良好，但由于经营项目单一，上下游产业依赖程度高，加之内部管理模式僵化，企业发展遇到不可持续瓶颈。虽然迎来投资机遇，但这类民营企业限于内部组织机构压力而难有作为，难以进行及时的内部调整，无法通过延长产业链、追加投资相关领域等方式再次激发比较优势、减少优势内耗，最终浪费了实现业务升级与优势辐射的机遇。最后，部分民营企业在业务升级、扩大经营范围的过程中急功近利，在不熟悉北美地区政策法规的情况下急于开展并购投资，结果遭到了当地政府反复的行政审批与资格审查，由此产生了较高的法律成本并留下不良的信用记录。

（三）缺乏对中美企业经营理念冲突的管控

随着经济全球化的持续深入，全球化带来的影响对传统企业的经营理念与管理方式产生了前所未有的冲击，中国与美国文化差异显著，北美地区的中国民营企业面临着角色与环境的双重转变。民营企业在北美的投资经营活动不仅是商务往来，更是文化交往，顺畅的文化沟通无疑会为企业发展助力，而尖锐的文化冲突则必然会导致合作摩擦甚至失败。近年来大量民营企业赴美投资，跨文化交际所产生的矛盾摩擦仍然存在，但已呈现新的表现形式。原先中国民营企业规模较小，管理运营以中国人为主，文化差异主要体现在同外国企业、政府或机构的交往之中。而随着民营企业的规模扩大，本地雇员数量显著增加，文化差异从企业外部转移至内部。拥有不同文化背景的雇员对中国传统的经营理念存在认同差异，企业内部的团队建设与组织沟通都受到影响，甚至产生尖锐文化冲突。然而，企业内部文化冲突不同于一般的经营问题，民营企业大多没有先例可循，处理问题往往缺乏经验，难以有效控制文化冲突的发酵升级。

有研究表明，在跨国经营中由于技术、财务状况、企业战略等方面因素导致的失败只占30%，大约70%的失败源自因文化差异升级导致的诸多不可调和冲突。中国与北美企业之间存在大量的管理结构差异、经营理念差异、纠纷解决的方式差异与对法律的认同差异，我国民营企业尚未就管控上述差异进行系统研究，着力点多局限于对个案的解决。在北美投资环境利好，大量中国民营企业赴美的潮流下，文化差异造成的经营理念冲突若得不到有效管控，企业内部团队精神与共同价值观构建必然困难重重，最终企业的竞争力与信誉也难免下降。

（四）缺乏与美国的政商联系与社会沟通

北美地区政治制度发达，社会力量坚实，政界、商界、学界、工会与民众之间已经形成了一套历史悠久、行之有效且组织有序的互动关系网络。以美国为例，美国公民社会发达，大量行业协会、工会、地方教会在政府与民众之间构成了一个强有力的中层组织，这个组织在很大程度上影响着政府决策的方向与进程，同时也凭借其丰富的资源与专业化的知识塑造着民意倾向。在北美地区的中国民营企业目前或多或少遭遇了美国民众与政府的不信任危机，名目繁多的安全审查与"中国威胁"的甚嚣尘上很大程度上源于中国民营企业缺少与美国的政商联系，忽视与中层组织之间的社会沟通。

由于在美的中国民营企业大多处于立足未稳的发展阶段，且规模以中小型为主，因而企业在发展战略制定中更加重视短期的利益增长与企业的组织建设，对于发展公共关系与承担社会责任的态度并不十分积极，所投资本也相对较少。这种短视行为无疑会为企业的长期发展埋下隐患，处于民众与政府之间的民营企业若不重视政商联系与社会沟通、忽视各类中层组织力量，必然将被当地社会排斥，处处面临阻碍。

四、对投资与合作的四点建议

北美地区当前经济复苏缓慢，对外资需求持续走高，对华投资限制进一步放宽，我国民营企业正处于对北美投资与合作的机遇期。鉴于北美健康的投资环境与不断涌现的利好信号，综合考虑当前制约民营企业发展的不利因素，现提出 4 点建议以供参考。

（一）基于 Web 2.0 技术的网络大数据精准营销

随着大数据时代的到来，民营企业在投资合作中需要紧跟时代发展潮流，努力转变投资决策方式，扬弃传统的信息搜集与处理模式，从技术、信息层面提高企业竞争力并减少投资决策中的失误。

首先，民营企业需要更新传统的信息搜集方式。在信息搜集过程中，不仅要重视结构化的、静态的数据，更要注重搜集被传统方式所抛弃的非结构化数据，构建大数据库。通过后期云处理，这些"看似无用的数据"大多能够显示例如消费者偏好、产品流向等更重要的商业信息，以实现对客户的精准营销。其次，民营企业应当注重改变信息搜集的管理模式。在传统信息部门的基础上，民营企业更应当注重 web2.0 时代多种移动终端在信息搜集与汇总过程中的价值。北美作为互联网接入率最高、移动终端普及程度最广泛的地区之一，信息的搜集与上传均可采用跨平台（PC+Android+iOS）连续推送的方式完成，在注重实效性的同时提高对零散信息的利用率。最后，民营企业应重点培养引进大数据搜集与分析的专项人才。大数据在企业中的应用刚刚兴起，人才缺口大，只有率先培养出具有计算机、投资、营销、统计等多专业的复合人才，才能在 web2.0 时代占据制高点。

（二）配套产业协同优势产业联合"走出去"

我国民营企业在北美地区的投资与合作仍处于发展阶段，不同产业间、各产业内部的企业合作协调仍然不够完善，民营企业投资以孤立项目为主，少有产业链集聚，相关配套产业的发展更处于萌芽阶段。为深化落实"走出去"战略，扩大民营企业在北美的抗风险能力，顺利实现企业业务升级与优势辐射，必须加大对配套产业赴美进行投资合作的支持力度，使配套产业能够同优势产业一起联合走出国门。

配套产业不仅指企业所处产业链上游及下游的相关产业，在市场完善、各项制度完备、法律体系较为健全的北美地区，配套产业更应强调诸如法律、金融、劳务、咨询等公共服务类辅助产业。法律类企业主要满足民营企业在美的法律咨询、诉讼、纠纷解决等需求；金融类企业主要负责保障民营企业融资及资本运作，减轻企业融资压力、释放企业活力；劳务类企业关注解决民营企业员工雇用、福利、劳资纠纷等问题；咨询类企业可以协助民营企业巩固政商联系与增强社会沟通，为企业决策提供智力支撑。总之，配套产业的发展对于我国民营企业在北美进行投资与合作意义重大，不仅能够减轻企业在非核心业务上的多重压力，还能够形成产业间的优势互补，产生集群效应，不断消除中国民营企业在美发展的后顾之忧。

（三）外交部、商务部牵头的争议解决机制建设

北美地区国家法律制度完善，本土企业法律意识极强，我国民营企业在投资合作中产生争议主要通过正式渠道解决。北美国家尤其是美国对投资与合作中产生的争议大多备有详细的解决机制，国家层面行政、立法与司法部门分工明确，并设有如"国际与纠纷解决办公室"、"行政听证办公室"等诸多调节、仲裁机构，同时大量的社会组织如工会、行会等均被纳入争议解决机制中，一旦中美企业间发生争议矛盾，美国企业与雇员往往能得到及时的法律救济与社会支持。相比而言，我国对赴美投资合作的民营企业并未有类似的配套机制，在纠纷解决中我国很难对民营企业进行及时的指导与帮扶，民营企业常处在被动位置。

鉴于此，我国应该加快建设北美乃至全球其他地区的民营企业海外争议解决机制，为民营企业走出国门提供更加坚实的依靠。作为主管部门，外交部、商务部应牵头组织国内相关部门，统筹调配资源，设立专门办公室或领导小组，召集政府、高校、企业与行业协会等多领域专家，共建一

套完整的海外争议解决流程与法律救济指南。在海外，应有使领馆牵头、海外商会行会组织的常规教学与培训，定期预演各类应急预案，完善争议解决机制，扭转民营企业的不利地位。

（四）关注社会效益与重视留学生人才优势

海外民营企业要实现长期发展，不仅需要合理投资决策与经营管理，同时仍需注重与当地社会的联系与沟通。北美地区的民营企业若仅仅局限于利益追求，忽视承担当地的社会责任，势必会引发当地民众与社团组织的不满与排斥，使企业难以在当地长久立足。在战略计划制定与实际生产经营过程中，民营企业应将经济效益与社会效益放在同等重要的位置，社会效益不仅不会损害经济效益的实现，反而会带来长久的积极反馈。在遵循彼此诚信坦诚、相互尊重的基础上，民营企业应当在保护当地环境、支持慈善事业、增长地方福利、保护劳工权益等领域积极贡献，提升社区影响力，产出社会效益，树立良好的国家形象。

大量海外民营企业缺乏国际交流经验与跨文化交际能力，以及在海外投资战略规划与国际谈判诉讼等场合能有效发挥作用的优秀人才，所以应当重视留学生的人才优势。北美地区中国留学生数量众多，高素质的留学生不仅熟知中国文化传统，还对北美国家的语言习俗、政策法规与文化制度有所了解，是民营企业进行跨文化沟通与内部管理的得力助手。尤其在解决企业内部的文化冲突方面，留学生人才能发挥独特作用。他们具有丰富的切身经历，能够作为企业文化的融合剂，帮助企业巩固凝聚力，实现竞争力的提升。

（对外经济贸易大学国际关系学院　王宏禹、严展宇）

中国民营企业在欧亚地区的投资与合作

一、投资与合作的基本概况

20世纪90年代初苏联解体，原苏维埃社会主义共和国联盟的15个国家纷纷宣布独立。1991年，除波罗的海的立陶宛、拉脱维亚和爱沙尼亚3国外，其他12国成立了独立国家联合体（简称"独联体"）。目前，我国与欧亚地区的经贸合作指我国与俄罗斯、阿塞拜疆、亚美尼亚、白俄罗斯、格鲁吉亚、吉尔吉斯斯坦、摩尔多瓦、哈萨克斯坦、乌兹别克斯坦、乌克兰、塔吉克斯坦和土库曼斯坦12个国家的经济贸易往来。

（一）双边贸易

据中国海关统计，2014年，我国进出口总值4.3万亿美元，同比增长3.4%。其中，有进出口实绩的民营企业占外贸企业总数的比重超过70%，较2013年提高了1.6个百分点。民营企业进出口额达1.57万亿美元，增长5.3%，占全国进出口总额的36.5%，较2013年提高0.9个百分点。在国有企业进出口规模连续3年负增长的情势下，民营企业对国家整体进出口增量贡献率为55.9%，成为我国进出口贸易增长的主力军。

2014年，我国对欧亚地区12国的贸易总额为1 530.61亿美元，同比减少0.9%，约占我国进出口总值的3.6%。按照双边贸易总额排序为：俄罗斯 952.85 亿美元，同比增长 6.8%；哈萨克斯坦 224.38 亿美元，同比减少 21.5%；土库曼斯坦 104.7 亿美元，同比增长 4.4%；乌克兰 85.94 亿美元，同比减少 22.7%；吉尔吉斯斯坦 52.98 亿美元，同比增长 3.1%；乌兹别克斯坦 42.75 亿美元，同比减少 6.1%；塔吉克斯坦 25.17 亿美元，同比增长 28.5%；白俄罗斯 18.49 亿美元，同比增长 27.3%；格鲁吉亚 9.61 亿美元，同比增长 4.9%；阿塞拜疆 9.42 亿美元，同比增长 14.5%；亚美尼亚 2.92 亿美元，同比增长 51.2%；摩尔多瓦 1.4 亿美元，同比增长 6.3%。与 2013 年相比，双边贸易总额增幅最大的是亚美尼亚，其余依次为塔吉克斯坦、白俄罗斯、阿塞拜疆、俄罗斯、摩尔多瓦、格鲁吉亚、土库曼斯坦和吉尔吉斯斯坦。受各种因素影响，我国与乌兹别克斯坦、哈萨克斯坦和乌克兰贸易总额呈负增长。

（二）双边工程承包项目

2014 年，我国对外承包工程业务完成总营业额为 1 424.1 亿美元，其中在欧亚地区 12 国承包工程完成的营业额为 79.2 亿美元，约占全国对外工程完成营业总额的 5.56%。

近年来，中国企业在欧亚地区承包工程项目较多的国家为哈萨克斯坦、俄罗斯、土库曼斯坦、白俄罗斯、乌兹别克斯坦、塔吉克斯坦和吉尔吉斯斯坦。上述国家的工程项目多集中在能源、采矿业、交通基础设施建设等领域，项目建设资金主要来源于国际金融组织的贷款、中国政府信贷、中方投资及业主自有资金。2014 年，我国企业在哈萨克斯坦、土库曼斯坦、白俄罗斯和俄罗斯完成实施工程承包项目的金额均逾 10 亿美元。

我国企业在欧亚地区国家承接的工程承包项目中，国有企业依据雄厚的资质实力和丰富的国际工程承包经验竞标获胜，担当大多数项目的总承包商，而民营企业则视情作为项目的各级分包商，特别是土建部分的分包商，成为项目施工的主力队伍。也有一些民营企业作为总承包商，但在项目实施过程中需要背靠国企在科研、设计、设备制造和技术指导等方面的鼎力支持。目前，我国在欧亚地区的承包工程项目已形成国有和民营企业优势互补的态势。

（三）双边非金融直接投资

2014 年，我国境内投资者共对全球 156 个国家和地区的 6 128 家境外企业进行了直接投资，实现投资总额 1 028.9 亿美元，同比增长了 14.1%。民营资本占当年我国对外投资总额的 40%，凸显了境外投资并购的实力，已成为我国海外投资的重要组成部分。2014 年，我国对欧亚地区国家的非金融直接投资约 28 亿美元，占全国对外投资总额的 2.7%。我国企业在欧亚地区国家非金融直接投资的领域主要集中在能源及矿产资源、木材、电讯互联网、工业制造、基础设施建设和建材等。民营企业在欧亚地区的投资更偏重于矿产资源、木材加工、电讯、汽车制造和建材等行业。

二、投资与合作的历程

中国民营企业与欧亚地区国家的经贸合作历史悠久，伴随地区经济的发展不断调整，逐步深化，规模不断扩大，领域越来越宽广。

（一）历史悠久

中国与横跨欧亚的苏联边境线长达 7 600 多公里。毗邻国边境的民间贸易往来历史悠久。初期，双方贸易主体多为自然人，以商品易货贸易为主，交易量有限。随着社会生产力及物流运输业的发展，民间个体贸易远不能满足地方经济发展的需要。在国家社会经济不断发展的进程中，双边经贸合作的主体、形式和规模也发生了巨大的变化。

（二）填充民用商品市场空缺

20 世纪 90 年代初，由于苏联解体，计划经济瞬间瓦解，欧亚地区国家市场的商品极度匮乏。当时，我国的改革开放促进了民营经济的发展。在国家放宽对外贸易政策的形势下，我国的个体经营者抓住了机遇，以灵活的易货和小额贸易等形式首先闯进欧亚地区国家市场，丰富而廉价的中国商品迅速填充了欧亚地区国家民品市场的空缺，成为广大民众的必需品。尔后，我国中小型民营企业相继开拓欧亚地区国家市场，其产品越来越多样化，贸易方式也从单一趋向多元。我国民营企业与欧亚地区国家的经贸合作迎来了新的春天。

90 年代，我国民营企业开发欧亚地区市场的特点，一是贸易主体多为发展中的个体和中小型企业，其经济实力尚待增强。二是以民用商品贸易为主，企业能够顺应市场需求，供货及时准确，以丰富的纺织和小家电等产品及其价格优势占领了约 80% 的民用商品市场份额。三是双边贸易尚不规范，同行间无序竞争愈演愈烈，中国商品灰色清关和偷漏税现象屡禁不止。四是各级中间商为获取更多利润，降低产品质量，以次充好，严重影响了我国产品的声誉。中国商品曾一度成为劣质产品的代名词，严重影响了双边贸易的正常发展。

（三）开启双边经贸合作的新阶段

21 世纪初，随着我国民营企业的崛起，特别是高科技民营企业的兴盛，经历了多年艰难的市场开发和历练，我国的高科技产品终于开始进入欧亚地区国家市场，改写了以往我们从苏联进口大型成套机电设备的历史，开启了双边经贸合作的新阶段。首先，我国高科技领域的 IT 电讯、机电产品、工程机械、汽车及其配件等产品出口到了欧亚地区国家，结束了中国只能提供低档日用消费品的局面。第二，在机电产品进入境外市场后，我国民营企业与当地合作伙伴联合成立了设备维修中心，进行产品售后服务，延长产品的服务链。与此同时，各企业开始建立境外产品销售网络，摸索改进营销和服务模式，巩固并扩大市场占有率。第三，我国民营企业作为总承包商或分包商承接了多项工程建设项目，逐步成为我国在欧亚地区国家承包工程项目的生力军。如黑龙江天狼星电站设备有限公司 EPC 总承包了俄罗斯特罗伊斯科 60 万千瓦超临界热电站项目，该项目计划于 2015 年投产发电。海华集团总承包的俄罗斯卡卢加机场改造一期工程项目于 2014 年年底首次试飞成功，获得了俄罗斯政府要员的赞誉。镇江建工建设集团有限公司承包建设的俄罗斯梁赞干法水泥生产厂，已于 2012 年正式投产。中国民营企业还承接了许多旧厂现代化改造、商业及民用建筑装修等项目。

在这一阶段，民营企业开拓欧亚地区市场的特点较前有很大不同，其一是观念的转变，重新认识了欧亚地区市场，推出高科技产品，优化中国出口产品结构。其二，发挥自身的潜能，增强了服务意识，努力提高产品和服务质量，开始组建与市场特征相适应的产品营销网络。其三，注重企业间联合，优势互补，依托实力雄厚的国营大企业共同"走出去"，展现了中国企业的正能量。也要看到，其中也有负面教训。由于缺乏国际化企业经营管理经验，以国内的理念管理境外项目，导致我国有些海外企业和项目水土不服，步履维艰，甚至亏损。这需要认真总结，切实改进，以策成功。

（四）探索产业合作

2008 年的国际金融危机致使我国对外进出口贸易形势严峻。在竞争激烈的国际市场上，我国民营企业不得不寻找新的更加稳健的对外经贸合作途径。许多民营企业开始探索与欧亚地区国家同行的产业合作。在农业方面，租赁农用地种植反季蔬菜瓜果等，将我国的大棚种植技术带出国门。在汽车行业，积极寻找当地的合作伙伴，建立组装车间，将汽车散件出口到目的地国后组装并销售。在机电产品行业，独资或与当地合作伙伴合资建立设备维修中心、备件库等，从简单的出口设备延伸到产品的售后服务。在矿产资源领域，参与竞标并获得稀有金属矿藏的勘探和开采权，投资矿区勘探，建设采矿必备基础设施等。在高科技领域，IT电讯业发展较快，我国在境外的一些企业建立了集研发、设计、生产、销售、服务于一体的产业链，其科技水平世界领先，成为我民营企业"走出去"的成功范例。

我国民营企业探索与外商产业合作的道路是艰难的。首先，欧亚地区一些国家的相关政策直接或间接限制了我国企业的市场准入，可以开发合作的空间较窄。其次，欧亚地区国家大型有实力的企业多面向西方，鲜有与中国民营企业合作的意愿。当地中小企业普遍对我国民营企业了解不多，存有一定的偏见，合作动力不足。因而，寻找合作伙伴成为我国民营企业开发境外产业合作的第一大难题。第三，我国民营企业对当地相关法律法规了解得不深不透，摸不准行业潜规则，对项目和市场现状及前景的预测难免有偏差。如有的矿产项目在前期投资建设阶段，政府发放的矿产开采许可证就到期了，在办理许可证延期时困难重重，各方利益交织无法平衡，博弈的结果是许可证得不到延期。因此，中方企业不得不放弃项目，半途而废，损失惨重。第四，我国大多数民营企业处于对欧亚地区国家市场的观望和试探阶段，多以少量资金和小项目投石问路。

（五）直接投资

2010年前后，我国民营企业加快了在欧亚地区非金融直接投资的步伐，扩大了投资领域，且投资项目更加务实成熟，更具战略意义，其投资形式也不拘一格，独资、并购、参股、合资等，既考虑当期效益，更注重未来发展，成果显著。主要案例如下：

华为技术有限公司第一个境外投资项目就是在欧亚地区。早在1997年，华为公司成立了莫斯科合资公司，在经历了艰难的创业期和2008年国际金融危机后，分支机构遍布欧亚地区多国，从产品的开发设计到销售服务属地化程度较高，覆盖面较广，市场占有率也逐年上升。

2011 年，华新水泥股份有限公司在塔吉克斯坦投资建设了第一条水泥生产线。2014 年 9 月，在国家主席习近平和塔吉克斯坦总统拉赫蒙的共同见证下，该公司与塔吉克斯坦政府签署了新的投资协议，中方决定追加 2.5 亿美元的投资，再建 2 条新型干法水泥生产线。

2012 年 3 月，浙江吉利控股集团与白俄罗斯汽车制造厂及白俄国家零部件集团合资公司签署了联合投资协议，共同组建"吉利（白俄罗斯）汽车有限公司"。该项目总投资 2.449 亿美元，中方持有 32.5% 的股份，计划年产汽车 12 万辆，产品销往白俄罗斯及欧亚地区市场。2013 年，该合资企业生产的 SUV 汽车已面市。

2012 年，新疆华凌工贸（集团）有限公司与欧洲复兴开发银行及其他银行股东达成协议，投资近 1 亿美元收购了格鲁吉亚 BASIS 银行 90% 的股份，成为首家收购欧亚地区国家商业银行的中国民营企业。

2013 年，福耀玻璃工业集团股份有限公司投资 2 亿美元，在俄罗斯卡卢加汽车工业园区独资建设汽车玻璃生产企业。2014 年，该项目的一期工程建成投产，年产量为 100 万套汽车玻璃。二期工程计划在 2015 年投产，届时将新增年产能 200 万套。

2014 年 5 月，长城汽车股份有限公司与俄罗斯图拉州政府签署了投资项目合作协议。长城汽车将投资 32 亿元人民币在俄罗斯图拉州乌兹洛瓦亚工业园建设整车生产企业，中方持股 100%。该项目占地面积 216 万平方米，分两期施工，计划产能为每年 15 万辆汽车。这是中国汽车企业在俄罗斯独资的第一家涵盖四大生产工艺的整车制造厂。

中国民营企业在欧亚地区投资的特点，一是以非金融直接投资为重点，建设工业生产型实体企业。二是实现国内产能转移和市场转移。事实证明，在国内市场饱和及产能过剩的情况下，企业要继续发展的最佳出路之一是"走出去"国际化。三是根据区域国家工业生产水平和市场需求，就地取材合理配备资源，利用地缘优势辐射周边市场。四是以独资为主，所建项目带动了我国专业技术设计、设备制造、建筑材料和劳动力的出口。项目建成后，经营队伍也以中方人员为主，亦实现了富余生产力的转移。五是中国民营企业存在一个突出问题是属地化经营做得不够，这是关系到境外企业能否融入当地社会，担当社会责任和增强发展后劲的大问题，必须切实加以解决。

三、投资与合作的发展前景

欧亚地区国家经济发展水平参差不齐，区域经济发展空间巨大。我国与该地区 12 个国家的经济互补性强，合作领域宽泛。目前，我国与欧亚地区国家经贸合作的有利因素多，机会大于挑战。我国民营企业应审时度势，抓住并用好机遇，充分发挥优势，深挖合作潜能，将与欧亚地区国家的合作不断推上新台阶。

（一）对外经贸合作的优势

1. 积极性高

中国民营企业是在市场经济中诞生成长起来的新兴企业，对市场敏感度高，适应性强。在国内市场竞争激烈、产能过剩的情况下，企业生存的危机感强烈，迫切需要"走出去"开发国际市场。欧亚地区是我们的友好邻邦，经贸合作空间广阔，成为我国民营企业重点开发的市场之一。

2. 决策快

中国民营企业的体制和机制有别于国企，研究审议项目的程序相对简单一些，董事会对项目的决策较快，有利于把握商机，尽快抢占市场。

3. 重责任制

在民营企业用人和奖励机制的约束下，每一个项目经理的权利、责任和风险成正比，做好项目与职业生涯密切相关。工作人员必须各尽其责，创新实践才能胜任，才有发展机会。因此，项目执行者肩负重任不得怠慢。

4. 灵活务实

中国民营企业在市场的磨练中不断优化组合，优胜劣汰。企业负担较小，经营灵活，可根据需要临时搭建队伍，集各方优势完成某一个项目，包括招聘顶层的专家和各级管理人员，聘用当地的雇员，工程转包给属地分包商等。此外，民营企业在实施项目过程中厉行节约，严格控制各项支出以降低成本，追求并实现利益最大化。

（二）开发欧亚地区市场亟待解决的问题

1. 市场调研问题

欧亚地区与其他区域不同，是一个特殊的市场，有其独立的法律法规，对外开放的资源和市场有限，各种产品和工程技术标准不仅有别于欧洲，也不同于中国标准。我国民营企业初期涉入欧亚地区国家市场，对项目所在国相关法律法规和行业政策的调研不够深入，对市场现状和前景的研判不够精准，对行业潜规则的了解尚欠透彻，一般是套用国内的经营管理经验，导致有些项目签约后棘手的问题频出，执行项目难度大，致使中方不得不放弃个别项目，前期的投入打了水漂。

2. 融资问题

有些民营企业的规模和资金实力有限，做大项目需要融资。在筹集资金和实施项目过程中，由于企业及项目的内在问题，加上诸多的外部因素，部分民营企业的融资渠道较窄，融资方式较单一，融资成本亦较高。因此，企业境外项目的资金链较脆弱。

3. 项目双赢问题

欧亚地区多数国家自然资源丰富，能源、稀有矿藏、林业等开发潜力大，有些是我国急需的资源。我国民营企业在市场开发时，对开采矿产及资源类项目兴趣浓厚，往往忽略了其产业链下游的加工生产和增加产品附加值的关联项目，缺乏连续性和前瞻性，易引发当地政府的误解和不满。此外，我国民营企业在投资工业生产型企业时，关注的焦点是将我国的富余产能转移出口，产品销售市场局限在当地或欧亚地区，轻视了输出适量的高科技产业技术，以带动当地工业水平的提高，带动当地产品的出口。因此，中方企业的项目与所在国政府开放市场、招商引资、提振经济的初衷有差距，不利于双方相互理解，共赢发展。

4.合法经营问题

有些民营企业可整合利用的资源有限，技术实力和人员素质尚待提高，国际化项目管理经验不足，项目的实施操作不够规范，不符合当地的法规。个别项目为赢利不惜铤而走险，搞非法经营活动，不但自损还毁坏了中国企业的形象。

5.属地化问题

由于我们与国外的人文、习俗和文化等差异较大，又存在语言障碍，部分民营企业的海外项目变成了独立的小王国。经营者与外界政府及民众的沟通交流极少，不能尽快融入当地社会，不知道怎样展现中国企业的社会责任心。有些企业对当地公益事业做了一些贡献，但缺乏主动性，不注重媒体宣传，虽然出资出力，但效果不明显，并未带来应有的正面影响。

（三）发展前景

中国民营企业开拓欧亚地区市场，实现国际化经营任重而道远，面临严峻考验。一是外部投资和经营环境尚待完善。欧亚地区国家对外开放起步较晚，相关法律法规不健全，政策变化较大，执法不够严谨，对外经贸合作和吸引外商投资的环境欠佳，完善投资环境和市场秩序尚需动力和时间。二是必须进一步提高我国民营企业的综合素质。企业要加大对高科技研发的投入，吸纳高尖端技术人才，不断提高自主创新能力，提升产品和服务的技术水平和质量；同时要克服家族式企业管理的弊端，学习和掌握国际化企业管理的先进经验，培养建立一流的国际化企业管理队伍；还要加强企业的转型升级，优化企业结构，尽快将本企业打造成能比肩本行业国际先进水平的名牌企业。

中国民营企业在欧亚地区的经营和发展存在的主客观问题，亟待解决。但总体看，中国民企在该地区优势明显，有利条件和积极因素是主要的。目前，我国与欧亚地区大多数国家建立了战略合作伙伴关系，双边和多边经贸合作潜力巨大，地缘优势明显。欧亚地区国家经济发展不平衡，许多国家百业待兴，与我国经济互补性强，成为我国民营企业"走出去"的最佳市场之一。在世界经济缓慢复苏，经济结构正在调整和重组的背景下，西方发达国家尚未结束对俄罗斯的制裁，对欧亚地区的投资合作亦顾虑重重，形势不容乐观。中国改革开放30多年来，经济发展迅猛，拥有富余的优势产能和充足的外汇储备。特别重要的是，2013年中国政府提出了"一带一路"的战略倡议，包含多项重大项目，旨在与沿线国家共同打造政治互信、经济融合、开放包容的利益共同体。为此，在我国央行的倡议下，成立了由57个国家为意向创始成员国的亚洲基础设施投资银行。亚投行、丝路基金和其他金融机构将为实施"一带一路"的众多项目提供坚实的融资支持。所有这一切为我国民营企业转型升级，富余优势产能转移出海提供了难得的好机会。我国民营企业应抓住机遇，迎接挑战，乘风出海，在已有业绩的欧亚地区市场上，更加深入地调研项目所在国家的相关法律法规，认真借鉴国内外成功企业的经验教训，注意风险防范，充分发挥企业的优势，团结一致，联合"走出去"，形成中国企业的综合竞争力。我国民营企业在进军欧亚地区的进程中，不仅能够开辟新市场，转移富余优质产能，在互惠互利的基础上谋求共同发展，还可以不断充实提升企业的自身素质，加快前进步伐，做大做强，再创新辉煌，实现中国民营企业国际化的宏伟愿景。

（中国技术进出口总公司　温　寰）

中国民营企业在非洲地区的投资与合作

自我国实施"走出去"的大战略与2000年中非合作论坛成立以来，农业和矿产资源丰富、市场潜力巨大的非洲地区，政治趋于稳定，经济强劲增长，中国对非投资规模日益扩大，投资领域不断拓宽，投资国别不断增加。

一、投资与合作的基本概况

2008年中国对非洲直接投资净额，因中国工商银行支付近54.6亿美元收购南非标准银行20%的股权特大项目交割，创对非投资新高。2009年受国际金融危机影响当年投资额显著下降，仅为14.4亿美元。2009年过后，连续两年皆维持近50%的高增长率。到2012年，中国对外总投资流量逆势上扬至878亿美元的历史新高，成为世界三大对外投资国之一，但对非投资则减少20%左右。2013年，我国对非洲直接投资恢复快速增长，投资额达33.7亿美元，较同期成长33.9%。2014年，在西非爆发埃博拉疫情，部分项目受到影响的情况下，中国对非投资规模约在30亿美元上下。（见表20）2015年12月，中非合作论坛约翰内斯堡峰会在南非召开，习近平主席代表中国政府宣布将中非新型战略伙伴关系提升为全面战略合作伙伴关系，规划了中非务实合作的宏伟蓝图，开启了中非关系新的历史篇章。

表 20　2008—2014 年中国对非洲直接投资净额与增长率比较

（单位：亿美元，%）

	2008	2009	2010	2011	2012	2013	2014
中国对非洲直接投资净额	54.9	14.4	21.1	31.7	25.2	33.7	32.0
增长率	248.6	−73.8	46.8	50.2	−20.9	33.9	−5.0

资料来源：商务部、国家统计局、国家外汇管理局、中非民间商会《中国对外直接投资统计公报》。

（一）投资规模扩大，占比依旧偏低

根据国家统计局数据显示，截至 2014 年年底，中国企业对非洲投资存量为 323.5 亿美元，且近 5 年以平均 20% 的成长速度增长。（见表 21）2014 年，中国企业在非洲 52 个国家（地区）共设立了超过 3 000 家境外企业，占中国境外企业总量的 10.6%。尽管中国对非投资近 5 年以平均 20% 的高速增长，但对非洲投资在中国全球投资中的占比仍很低，近 5 年来平均占比约 4% 左右。（见表 21）中国对非投资仍有很大的增长空间。

表 21　2008—2014 年中国对非洲直接投资存量数据

（单位：亿美元，%）

	2008	2009	2010	2011	2012	2013	2014
中国对非洲直接投资存量	78.0	93.3	130.4	162.4	217.3	261.9	323.5
增长率	74.9	19.6	39.8	24.6	33.8	20.5	23.5

资料来源：商务部、国家统计局、国家外汇管理局、中非民间商会《中国对外直接投资统计公报》。

（二）投资覆盖率高，国别（地区）集中

根据《2014 年度中国对外直接投资统计公报》所示，中国对非洲 54 个国家(地区) 中的 52 个进行投资，覆盖率近 86.7%，仅次于亚洲(97.9%)。

然而，在覆盖率如此高之形势之下，投资国别集中，截至 2013 年年底，南非（59.5 亿美元）、阿尔及利亚（24.5 亿美元）、尼日利亚（23.2 亿美元）、赞比亚（22.7 亿美元）、刚果（金）（21.7 亿美元）、苏丹（17.4 亿美元）、津巴布韦（16.9 亿美元）、安哥拉（12.1 亿美元）、加纳（10.6 亿美元）、刚果（布）（9.89 亿美元）为中国对非洲投资存量最高之前 10 位国家。

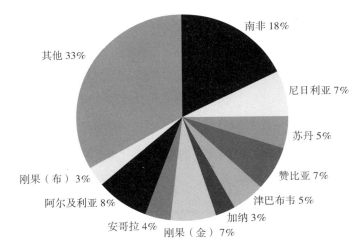

图 5　2014 年中国对非洲直接投资存量前 10 位的国别（地区）占比

资料来源：《2014 年度中国对外直接投资统计公报》、中非民间商会。

（三）投资领域拓宽，投资行业集中

对非投资以采矿业、建筑业为主（见图 6），但行业多元化趋势较为明显。采矿业依旧是非洲最具投资吸引力的领域，但消费、金融、新媒体、房地产等服务和基础设施行业的吸引力上升趋势明显。2014 年，受手机服务需求和信息流量高速增长推动，非洲数字新媒体行业新增 FDI 项目占全部的 19.6%，位列第一。采掘业占总项目数 18.1%，汽车业占 14.1%，交通及物流业占 8%（平均项目投资额大，新增项目总计划投资额占全部的 40% 以上）（见图 7）。在并购交易部分，矿产业并购交易金额比重由 2010 年的 61% 下降到 2014 年的 16%，而数字新媒体行业的比重由 6% 上升到 2014 年的 21%，农业、地产等行业也成为交易重点。

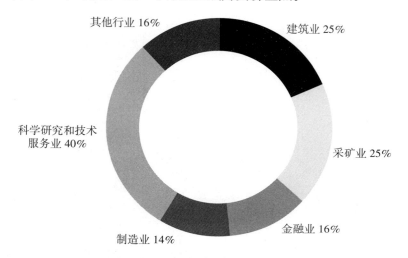

图 6　2014 年年末中国对非洲直接投资存量主要行业占比

资料来源：《2014 年度中国对外直接投资统计公报》、中非民间商会。

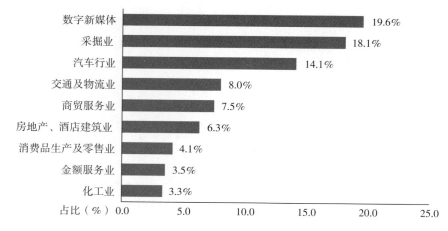

图 7　2014 年外国资本对非 FDI 主要行业及项目数量

资料来源：中非发展基金研究发展部。

据《2014 年世界投资报告》的数据显示，非洲采矿业由于其资本密集性质，总体项目份额已下滑至 8%，而制造业与金融业部分则有逐步增加的趋势，尤其制造业近年来渐成中国对非投资热点。如广东华坚集团在埃塞俄比亚政府的邀请之下，3 个多月内开办了当地最大的制鞋厂，带动了其他制造产业的发展。金融业则随着中资企业在非洲投资兴业增加，对多样化的金融服务需求也逐步上升。非洲当地金融业务前景宽广，以坦桑尼亚为例，4 000 多万人口中，拥有银行账户的不超过总人口的 17%。

（四）民营企业和中小企业正在成为对非投资主力

从在非洲投资的中国企业数量来看，民营企业和中小企业已经占据 85% 以上。民营企业在对非投资过程中不断总结经验，在项目数量、投资金额和地域分布上都呈扩大趋势。出现了如三一重工、四达时代、华坚集团等民营企业到非洲进行投资与项目建设。

另据中非民间商会抽取会员中 300 家企业调查显示，共计在非洲 51 个国开展业务，业务覆盖率 94%，营业收入达到 50.2 亿美元，其中 24 亿美元来自基础设施建设领域。上述 300 家企业在非洲有 6 万名员工，其中，5.8 万人来自非洲当地，他们在培训与工作中成为拥有一技之长的员工。截至 2014 年年末，商会企业共计在非洲 36 个国家发展投资，投资覆盖率达 67%，累计投资金额已达到 43.5 亿美元，未来 3 年内更规划在非洲投资 74.5 亿美元。众多中小企业在非洲从事农副产品加工、零售、小商品生产等，对满足非洲人民生活需要、促进当地就业发挥着积极作用。

二、投资与合作的良好机遇

（一）投资与合作的基础坚实

中国在非洲投资过程主要分为四大阶段。第一阶段始于 20 世纪 80 年代，中国企业以对非援助为契机进入当地市场，项目主要是中国政府的援助项目，以合资、合作、租赁为主，最典型的例子为坦赞铁路。这个阶段，投资规模普遍较小，自 1979 年到 1990 年，中国在非投资总额为 5 119 万美元，共 102 项，单一项目投资约为 50 万美元。

第二阶段始于 20 世纪 90 年代之后，随着非洲经济增长，投资环境逐步改善，中国对非投资逐渐变为经济政治因素并存。随着中国企业实力增强，对非投资逐步扩大，包括兴办合资、独资企业在内的多种形式的互利合作。在 90 年代末期，我国政府提出"走出去"战略之后，投资领域由较为基础性的纺织、农产品加工、机械装配向制造业、服务业拓展，主体由国有企业，发展成国有、民营、个体从业者共同参与。

第三阶段为中国对非洲投资快速增长的时期。随着 2000 年中非合作论坛成立，对非投资经贸合作全面展开，拥有丰富的天然资源与人力资源的非洲成为众多中国企业投资的热土。2006 年，伴随政府于中非合作论坛北京峰会出台的中非发展基金、经贸合作区等多项政策，对中国对非投资发挥带动作用，投资领域涉及农业开发、机械制造、电力、通讯、建材、工业园区，如中非发展基金所主导的加纳电厂、中非莱基、中非棉业、苏伊士园区等投资项目。

第四阶段始于提出"一带一路"总体国家战略构想。李克强总理在 2014 年 5 月出访非洲期间提出的"三网一化"（建设非洲高速铁路、高速公路、区域航空"三大网络"及基础设施工业化）、"互联互通"与"六大工程"（产业合作、金融合作、减贫合作、生态环保合作、人文交流合作、和平安全合作）建设。大多数非洲国家处在工业化起步阶段，对钢铁、水泥等产品需求旺盛，基本全部依赖进口。中非产业互补性强，拉开了中非产能合作的序幕，促进纺织服装、轻工家电等劳动密集型产业和制造业在非发展，推动能源资源产业转型升级，实现中非产能对接、转移、升级。

（二）投资与合作的积极因素很多

1．中非政经关系稳定

2006 年中非合作论坛的北京峰会确立了中非政治上平等互信、经济上合作共赢、文化上交流互鉴的新型战略伙伴关系，并成立中非发展基金，成为中非关系史上的重要里程碑。2013 年 3 月习近平主席出访坦桑尼亚、南非和刚果（布）期间，以"真、实、亲、诚"定义了中非关系将从以前以经济、资源为主要导向，转为包括社会、文化交往，全面深化与非战略合作，提供了中国企业对非投资的可靠保障。2014 年 5 月李克强总理在非盟的演讲中提出"三个一极"、"461 框架"，强调中非合作的"三不原则"，得到了非方和媒体的广泛共鸣。同时，中国与非盟签署了基础设施建设谅解备忘录，该备忘录被称为"世纪文件"，涉及长达未来 48 年，覆盖几乎非洲全境的交通运输开发，涵盖高铁、高速公路、航空和工业化基建等所有相关设施。2015 年 12 月，中非合作论坛约翰内斯堡峰会在南非召开，习近平主席代表中国政府宣布将中非新型战略伙伴关系提升为全面战略合作伙伴关系，与非洲在工业化、农业现代化、基础设施、金融、绿色发展、贸易和投资便利化、减贫惠民、公共卫生、人文、和平和安全等领域共同实施"十大合作计划"。

2．非洲经济发展进入加速期

近年来非洲经济保持了快速增长势头。2012 年、2013 年、2014 年分别增长了 4.2%、4.5%、4.8%，特别是在埃博拉疫情亦导致疫区国经济发展受到严重挫折（见表 22）的情况下，全非 2014 年经济增长率仍达 4.8%，实属不易。根据 IMF 在 2014 年《世界经济展望》中的预测，由于埃博拉疫情和国际原油及其产品价格下跌，撒哈拉以南非洲 2015 年经济增长将为 4.6%，略低于世行此前预估的 5%。而该地区 2016 年整体经济增长预测为 5.2%，是仅次于亚洲的全球经济增长第二板块区。

3. 非洲强劲内需带动多元化发展

麦肯锡数据显示，2000 年以来非洲消费品行业对 GDP 的贡献达到了 45%。非洲大陆家庭平均 GDP 在过去 15 年间翻了一番，年收入超过 5 000 美元的家庭超过 8 500 万户。预计 2015 年，非洲人均年收入将增加 1 660 美元，增长 16%。非洲内需劲增也得益于非洲人口增长迅速，目前非洲人口约 10 亿，2025 年将增至 14 亿。随着城市化进程的加快，2050 年非洲城市人口将占总人口 60%。到 2030 年，非洲主要城市可支配收入将以年平均 5.6% 的速度增长，总消费能力将由 2013 年的 4 200 亿美元上升到 2030 年的 1 万亿美元，伴随而来的将是不断扩大的中产阶级族群。另外，根据世界旅游组织预测，到 2020 年，国际赴非游客数量将由 2012 年的 5 000 万人次上升到 8 000 万人次。城市人口的上升、收入水平提升、商务及休闲旅游人次增加将促进消费品产业、房地产、酒店业等现代服务业的快速发展。

表 22　2014 年部分撒哈拉以南非洲经济体 GDP 增长率

（单位：%）

国家	GDP 增长率	国家	GDP 增长率
埃塞俄比亚	15.3	刚果（金）	9.8
苏丹	11.0	科特迪瓦	9.5
坦桑尼亚	10.9	莫桑比克	6.0
南苏丹	10.7	利比里亚	4.2
尼日利亚	10.4	塞拉利昂	−7.3
喀麦隆	10.0	加纳	−20.5

资料来源：2014 世界银行数据库。

4. 对基础设施需求持续旺盛

据统计，非洲每年基础设施融资需求约为 930 亿美元，每年实际投资约为 450 亿美元，还不到需求的一半。根据美国能源信息署数据，2011 年整个撒哈拉以南非洲地区只拥有 78 000 兆瓦的发电能力，相当于美国的 7%，撒哈拉以南地区平均只有 30% 的居民获得电力。多国电力可获性低、电力供应不足是非洲基础设施建设一大问题。随着非洲城市化的加速，对交通、灌溉、蓄水等基础设施产生巨大需求。其中欧洲和美国的跨国公司承揽了 40% 的大项目工程，非洲本地建筑商承建了 22% 的项目，中国建筑承包商市场份额仅为 12%。中国企业在基础设施领域将有更大的成长空间。

5. 非洲最大的自由贸易区启动

自从结束殖民统治以来，非洲国家政府一直在探讨加强非洲内部贸易的问题。原有的三大自由贸易区——东非共同体、东南非共同市场、南部非洲发展共同体的 26 个成员国于 2015 年 6 月 10 日签署自贸区协议，这个新成立的全非最大自贸区涵盖非洲 58% 的经济总量，人口达 6.25 亿，GDP 总计 1 万亿美元。三合一自由贸易区第一阶段重点在基础设施开发、工业化和商业人员自由流动等三大方向，将为在非投资的外国企业带来重大便利与利好。

三、投资与合作的制约因素

(一) 部分国家局势不稳定，少数国家（地区）存在非传统性冲突

进入 21 世纪后，非洲政治形势呈现出总体稳定、局部动荡的特点，加强治理、推行良治成为非洲国家的广泛共识。

然而，部分国家仍有时局动荡风险。如北非在经历"阿拉伯之春"后一系列的政局动荡，南非针对来自马拉维、赞比亚、莫桑比克、津巴布韦、尼日利亚等国侨民的排外骚乱，南苏丹冲突更导致约 19 万南苏丹人逃离家园。

今明两年为非洲多国大选年。尽管近期尼日利亚大选打破非洲"逢选必乱"的往例，但从过去在津巴布韦、肯尼亚、科特迪瓦、布基纳法索、多哥等国大选引发流血和暴力看，大选仍是一个不稳定因素。再有部分地区恐怖主义的扩散，如尼日利亚"博科圣地"等恐怖势力在西非连续作案，

甚至绑架 200 多名女学生，并流窜在喀麦隆边境，且同东非反政府武装的勾结日益紧密；另外，由于贫富差距、高失业率、贫困等因素影响，一些非洲国家社会治安状况不佳，偷盗与抢劫等刑事案件发生几率较高，给中国企业在当地投资造成一定影响，也对企业员工的人身安全造成威胁。

（二）各国强调自身利益，非洲一体化进程延宕

虽然非洲国家在政治上已获独立，但是部分国家的政治生态仍相对不稳定。非洲一体化进程仍任重道远。非洲国家经济相对结构单一，普遍依赖资源出口，各国之间难以建立互通有无的经济互惠关系，经济一体化的实施缺乏必要动力。同时，尽管非盟有着建立统一大陆的构想，但国别诉求和利益分配问题却严重影响了一体化进程，这一情况在 2012 年非盟委员会主席选举中体现得尤为明显，当时，南非和尼日利亚两个大国在选举问题立场相左，法语非洲国家和英语非洲国家也陷入阵营纷争。

（三）埃博拉疫情对经济发展造成影响

2014 年 2 月至 2015 年 5 月，埃博拉出血热在全非总计感染病例 26 593 例，11 005 人死亡，另有 2.4 万个疑似或确诊病例。这波疫情最严重的几内亚、塞拉利昂和利比里亚三国预计在 2014 年至 2017 年平均每年至少损失 36 亿美元；预计 2015 年对整个非洲大陆造成 60 亿美元的损失，经济增长下降约 0.5 个百分点。负面影响有可能在疫情结束后数年内依然难以消除。此外，常见的传染病疟疾、艾滋病和肺结核也是非洲危害公共健康的三大主要疾病。

（四）国际竞争压力日益扩大

发达国家与新兴经济体持续关注非洲。截至 2014 年 12 月，西欧国家、非洲内部跨国投资仍是非洲 FDI 的最重要来源。（见图 8）2014 年 8 月，美非峰会期间，奥巴马宣布对非投资 330 亿美元，强化美企在非市场份额。

日本国土交通省与清水建设等 27 家企业也在 2015 年 7 月在埃塞俄比亚和肯尼亚召开基础设施建设会议，以拿下公路、铁路、物流设施的订单为目标，打出"高质量的基础设施投资"旗号向非洲进军。韩国总统朴槿惠亦考虑于 2016 年访问非盟，深化对非合作。其他国家如俄罗斯、印度、土耳其、巴西、马来西亚等新兴经济体也都逐步加大了对非投资。2015 年 7 月，美国总统奥巴马访问肯尼亚与埃塞俄比亚，在中非贸易额是美非贸易额的 3 倍、"70% 中国资金投向基础设施领域"、"70% 美国资金投向卫生和人道主义项目"的背景下，奥巴马提出美国要与非洲建立"真正的经济伙伴关系"。所有这些将增大中国在非投资的竞争压力。

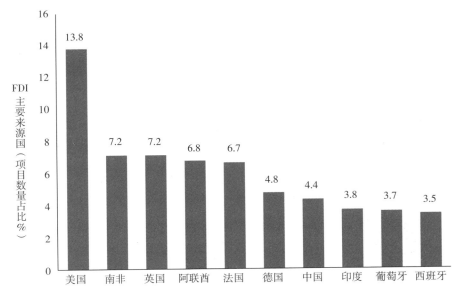

图 8   2014 年 FDI 主要来源国

资料来源：中非发展基金研究发展部。

（五）金融支持体系不完善

虽然非洲最大自由贸易区——三合一自由贸易区已经正式启动，然而，跨境银行网络和金融服务不完善是非洲自贸区发展的一项重要制约因素。

经济一体化和自贸区的发展都离不开资金流通和金融服务，然而目前非洲国家金融服务总体落后。区域内现有多家西方或南非银行在运营（见表23），各家银行网络存在交叉重叠，但基本均未覆盖三大组织正在整合的 26 个非洲国家，与贸易、投资相关的资金流通存在银行网络不全的现实问题。

表 23 2014 年非洲国家主要商业银行运营覆盖情况

	商业银行	总部所在国	所有权归属	覆盖非洲国家数
国际银行	Société Générale	法国	法国	17
	Citigroup	美国	美国	15
	Standard Chartered	英国	英国	14
	BNP Paribas	法国	法国	13
非洲银行	Ecobank	多哥	南非	32
	United Bank for Africa	尼日利亚	尼日利亚	19
	Standard Bank Group（Stanbic）	南非	南非	18
	Banque Marocaine du Commerce Extérieur（BMCE）	摩洛哥	摩洛哥	18
	Banque Sahelo-Saharienne pour Investissement et le Commerce（BSIC）	利比亚	利比亚	14
	Attijariwafa Bank	摩洛哥	摩洛哥	12
	Banque Centrale Populaire du Maroc（BCP）	摩洛哥	摩洛哥	11
	Barclays Africa Group	南非	英国	10

资料来源：非洲发展银行。

值得一提的是，非洲首家中资民营银行中国商业银行于 2015 年 7 月 1

日在坦桑尼亚经济首都达累斯萨拉姆开始试营业。2015 年 7 月 8 日，人民币清算行首次以南非作为滩头堡入驻非洲，为中资民营资本涉足非洲国家金融界迈出了重要一步。

（六）西方媒体报道负面舆论

某些西方媒体抓住少数中国企业在非洲有不尊重当地的行为大做文章，竭力破坏中国企业的声誉。一些跨国公司为阻挠中国资本进入非洲当地市场，与部分亲西方媒体携手宣传所谓中国在非洲搞"新殖民主义"，不惜重金收买相关利益集团，并通过推翻有关国家政权，以阻挠和破坏中国在非洲的经济和投资活动。大多数的非洲企业受殖民宗主国文化影响，已建立起同外国公司打交道的既定做法与明确的法治概念，并期待中国企业遵守相同的游戏规则。非洲劳工在生活、工作与社交理念上的差异也让中国企业在非洲运营过程中增加不少挑战。

（七）中资企业自身国际化程度不高

企业对非投资准备不足，存在缺乏自我发展、自我约束意识，投资缺乏全面明确的计划，决策投资时存在盲目跟风现象，缺乏对区位经济和规模经济的考虑。再者，企业对于风险管理意识的不足，也带来了管理上的问题。特别是缺乏具备专业素养、国际化管理经验、了解当地市场、政策和熟练运用当地语言的复合型人才，是中国企业在非洲发展面临的最大问题和挑战。

四、对投资与合作的六点建议

（一）制定明确战略，结合自身优势，选准当地市场

对非投资企业应有总体战略，通盘考虑本公司的经营优势与要素优

势，立足长远，进行总体规划和具体布局，不要零敲碎打与盲目经营。同时，要深入了解和掌握当地市场、基础建设、合作伙伴、政治局势、社会文化等基本情况，选准投资目标。遵守国际投资规则，改善自己的运行模式和管理模式，履行相对应之社会责任，促进当地发展，用实际行动批驳所谓"中国威胁论"，消除对中国在非洲投资的猜忌与顾虑，实现企业在非的良性可持续发展。

（二）借力专业服务，优选外派人才，培训本地人员

人才永远是企业永续发展的命脉，企业应该做好外派人员的选拔、培训等工作，多向非洲输入一些具有跨文化能力的高层次人才。同时要大力培养当地人才，选拔当地优秀人才参与企业建设和管理。"让非洲人管理非洲人"能使企业更好地融入当地社会。

（三）注重非洲当地伙伴合作，建立稳定关系

目前我国中小企业在非投资，多以"先贸易、后投资"模式循序渐进，待条件成熟之后再选择与当地企业合资方式进入当地市场。因此选择合适的东道国合作伙伴相当重要。应当考虑合作伙伴在当地之人际网络，可掌握的销售渠道，与工会、政府关系以及打交道的经验，使之真正能起到协助企业尽快融入当地市场，实现经营目标的作用。

（四）借助境外园区抱团赴非，强化中国企业彼此合作

我国目前已经在赞比亚、毛里求斯、尼日利亚、埃及和埃塞俄比亚等非洲国家设立经贸合作区，鼓励、支持国内具条件的企业前往开拓市场。中国企业在全球 13 个国家建设 16 个境外经贸合作区，其中有 6 个合作区位于非洲，占比近 40%。这些境外经贸合作区形成中国对非集体式投资平台。赞比亚—中国经贸合作区是中国第一个在非洲建立的经外经贸合作区，截至 2014 年年底为止，已经有 29 家企业进驻，实际完成投资 12 亿美元，

涉及采矿、探勘、金属加工、化工、建筑等领域，为当地创造近 6 000 个就业岗位。我国企业可以依照此"抱团"机制，以经贸合作区为依托，减少风险，进入当地市场。

（五）联合专业机构，提供法律、商事安全服务

企业"走出去"开展贸易投资业务，必然会遇到贸易摩擦、行业壁垒、投资风险、劳务纠纷、安全风险。尤其是进入发展中的非洲大陆展开业务，更需透过联合专业机构，提供专项服务。以中非民间商会探索为例，通过德恒律师事务所、中伦律师事务所、非洲律师协会提供法律服务，通过德勤、毕马威、安永等国际大所提供商事服务，通过华远卫士保安公司、华信中安保安公司等提供路上与海运安保服务，通过中国援非医疗队、红十字会、国际 SOS 救援中心等提供医疗紧急救助服务。

（六）借力商会组织平台，整合"走出去"资源

商会在对外投资中的作用非常重要。国内的商会若组成联盟，将能增加谈判能力，提高投资竞争力，对资源做更有效的利用。以中非商会的平台为例，目前为近 400 家会员企业进行项目对接，过去 10 年间更接待了 25 个非洲国家 80 个访华代表团，组织了 35 个考察团访问了 40 个非洲国家，并主办多场非洲国家在华经贸交流活动，为中国企业去非洲和非洲企业来中国开发资源、兴办企业、培训人才、开展经贸活动等提供信息、法律项目咨询，协调会员企业避免出现恶性竞争，并与全国工商联旗下 31 家全国性商会组织推广中企外投经验，与中国民营经济国际合作商会协同合作，整合资源。中非商会为中国企业，特别是民营企业开拓对非经贸投资业务作出了重要贡献！

（中非民间商会　王　江）

中国民营企业在东南亚的投资与合作

一、投资与合作的基本概况

改革开放以来，在"引进来"和"走出去"相结合的经济战略指导下，中国经济保持高速增长，综合国力显著增强，企业海外投资热情持续高涨。商务部的数据显示，2002 年中国对外直接投资仅为 27 亿美元，到 2014 年时达到了 1 196 亿美元，增长了 44 倍有余。目前，中国对外投资位列世界第三，仅次于美国和日本，中国企业投资主要分布于东南亚、非洲、拉美和东欧等地区。

随着国内生产成本不断攀升，代工利润不断下降，贸易摩擦不断增多，越来越多的中国企业谋求转型升级，纷纷从原材料采购、产品设计以及全球市场销售等方面，立足于全球市场配置资源，打造全球价值链、产业链和供应链。这既是企业顺应经济新常态发展的主动出击，也是迎接新挑战的顺势而为。

由商务部、国家统计局、国家外汇管理局共同编辑出版的《2014 年度中国对外直接投资统计公报》的数据显示，截至 2014 年年底，中国 1.85 万家境内投资者设立对外直接投资企业近 3 万家，分布在全球 186 个国家（地区）。值得注意的是，地方企业投资占比首次过半，超过中央企业和单位对外直接投资规模。然而，中国对外投资的存量和一些发达国家的差距依然很大。在存量上，中国 6 600 亿美元的存量只占世界的 2.5%，相当于美国的 10% 左右，中国的海外净资产相当于日本的一半左右。

《中国企业国际化报告（2014）》认为，中国已成为新兴国家对外直接投资的主体，民营企业对外直接投资活跃，部分企业开始注重全球产业链整合，从全球产业链参与者向产业链主导者转变，对外投资成为中国产业升级和经济增长的重要动力，中国正在由产品输出大国向资本输出大国转变。

（一）投资规模不断扩大

随着中国—东盟自贸区建设的不断推进，我国与东南亚各国的经济来往不断增多，对东南亚的直接投资迅速增长，东南亚已成为中国企业尤其是民营企业"走出去"的重要选择，中国也成为东南亚引进对外直接投资的重要国家。

表 24　中国与东盟双边贸易统计表

（单位：亿美元，%）

年份	贸易额	同比增减
2004	1 058.83	35.3
2005	1 303.70	23.1
2006	1 606.37	23.2
2007	2 025.02	26.0
2008	2 311.13	14.1
2009	2 130.07	−7.8
2010	2 927.75	37.5
2011	3 628.50	24.0
2012	4 001.00	10.3
2013	4 436.10	10.9
2014	4 801.25	8.23

资料来源：中国—东盟博览会秘书处。

从表 24 可以看出，中国与东南亚（东帝汶除外）的双边贸易额从 2004 年的 1 058.83 亿美元增长到 2014 年的 4 801.25 亿美元，增长近 5 倍。从表 25 可以看出，自 2004 年到 2013 年以来，中国对东南亚地区的投资流量由 1.96 亿美元增长到 86.4 亿美元，投资存量由 9.56 亿美元增长到 356.8 亿美元，增长了近 37 倍。

表 25 2004—2013 年中国对东南亚地区直接投资量占中国对外直接投资量比重

（单位：亿美元，%）

年份	流量	比重	存量	比重
2004	1.96	3.56	9.56	2.13
2005	1.58	1.29	12.56	2.2
2006	3.36	1.9	17.63	2.35
2007	9.68	3.65	39.53	3.35
2008	24.84	4.44	64.87	3.53
2009	26.98	4.77	95.71	3.89
2010	44.05	6.4	143.54	4.52
2011	59.05	7.9	214.62	5.05
2012	61.00	6.9	282.37	5.31
2013	86.4	8.0	356.8	5.4

资料来源：《2013 年度中国对外直接投资统计公报》。

《2013 年度中国对外直接投资统计公报》的数据显示，在中国对外直接投资流量前 20 位的国家或地区中，东南亚占据 7 席，依次是新加坡 20.33 亿美元、印尼 15.63 亿美元、老挝 7.81 亿美元、泰国 7.55 亿美元、马来西亚 6.16 亿美元、柬埔寨 4.99 亿美元、越南 4.81 亿美元。

（二）投资分布趋于合理

东南亚既有新加坡这样的发达经济体，也有老挝、缅甸、柬埔寨等经济欠发达国家，其内部在政治、经济、文化等方面发展各异，中国虽然与东南亚山水相连，毗邻而居，但受文化差异、南海争端等因素影响，在对东南亚各国的投资中呈现不均衡现象，但逐渐趋于合理。从表26可以看出，中国对东南亚的投资主要集中在新加坡、印尼等经济相对发达的国家，也就是传统意义上的东盟五国，对该五国的投资占同期中国对东盟直接投资总量的82.3%。而对老挝、缅甸等国家的直接投资严重不足，仅为17.7%。从投资时间上看，中国对外投资也受到了国际金融局势的影响，2008—2009年期间，中国对东盟的投资整体上趋缓并有递减之势，但随着全球经济的不断复苏，中国企业对东南亚的投资也在不断恢复。

表26　2006—2013年中国对东盟直接投资概览表

（单位：百万美元，%）

国别	2006	2007	2008	2009	2010	2011	2012	2013	2006—2013	占总比
文莱	4.76	17	0	0	0.01	0	0	0	22	0.06
柬埔寨	130	165	77	97	127	180	368	287	1 430	4.34
印尼	124	117	531	359	354	215	335	591	2 625	7.97
老挝	5	2	43	36	46	278	0	0	410	1.24
马来西亚	−7	70	57	−121	−6	−15	34	133	144	0.44
缅甸	2	349	349	371	1521	671	482	793	4 537	13.78
菲律宾	2.3	−0.1	−0.2	−3.3	0.2	−4	−2	6	−1	−0.01
新加坡	1 582	1 087	−172	1 090	1 190	5 856	3 409	5 407	19 449	59.06
泰国	26	73	8	25	707	295	561	479	2 174	6.61

（续表）

国别	2006	2007	2008	2009	2010	2011	2012	2013	2006—2013	占总比
越南	89	250	53	112	115	383	190	948	2 140	6.5
东盟六国	1 732	1 363	424	1 350	2 244	6 346	4 337	6 616	24 413	74.13
老缅柬越	226	766	522	616	1 809	1 511	1 040	2 028	8 517	25.87
东盟	1 958	2 130	947	1 965	4 052	7 858	5 377	8 644	32 930	100

资料来源：东盟秘书处《2014 东盟统计年鉴》。

（三）投资领域不断拓宽

从行业分布看，近年来，中国对东南亚的直接投资主要集中在金融业、房地产业、商业贸易和制造业等领域。东盟秘书处官网的数据显示，第一产业投资比重在不断下降。随着东南亚基础设施建设需求的不断加大，中国在东南亚直接投资的第二产业的制造业、采矿业和采石业的比重在不断上升，比如中国华电集团公司正在建设的 Lower Stung Russei Chrum 水电站，中国企业在老挝建设水电工程和大坝，在中泰、中老之间建设铁路，在柬埔寨建立钢铁上和海港等等。第三产业中的金融业、商业贸易比重也在不断上升。

（四）"抱团出海"特征明显

"抱团出海"是中国民营企业"走出去"的最大特点。海外华人是中国企业"走出去"的重要桥梁。对于民营企业，华人之间相互抱团共同发展已经成为一种共识，尤其在新加坡、泰国和马来西亚等华人较多的国家，抱团性质更加明显，投资建立合作工业园区、中国城以及中国商品市场等。

比如马中关丹产业园、泰国罗勇工业园等等，这些工业园聚集了来自中国福建、广东、山东等各省市的民营企业，部分企业成为促进当地经济发展的重要力量，比如华为，为东南亚国家的信息化进程起到了极大的推动作用。

二、投资与合作的动因

随着中国—东盟自由贸易区建设的推进，东南亚已经成为中国企业"走出去"的重要目的地。一方面，中国—东盟自贸区是一个拥有 19 亿人口的大市场，东南亚对基础设施建设、商业贸易发展需求旺盛；另一方面，东盟区域经济一体化进程的不断加快，赋予了东盟极大的经济增长潜力，中国民营企业主动根据东南亚各国的发展需求走进东盟，在促进自身转型的同时，助力东盟经济发展，实现"双赢"。

经济的不断发展促进了我国工业化水平的提高，"中国制造"成为我国工业高速发展的主要代表，但制造业快速发展的代价是使我国渐失廉价劳动力优势。如今，生产要素价格不断上涨，劳动力成本飞速上升，人口红利消失殆尽，中国已不再是世界上劳动力最廉价的国家。随着产业结构调整的到来，制造业结构也在不断升级，中国企业尤其是支撑制造业发展的民营企业转移到东南亚，有助于利用东南亚丰富的自然和人力资源，解决加工贸易等民营企业在劳力、资源和市场方面的紧缺问题。

从产业发展看，新加坡、马来西亚等东南亚国家的第三产业发展水平较高，老挝、柬埔寨、越南等国的第二产业发展需求较大。相对于东南亚，中国对外直接投资最大的优势产业是制造业，制造业的对外直接投资可以缓解我国民营企业的转型困境。

大部分东南亚国家的经济发展还相对落后，尤其是柬埔寨、老挝、越南、印尼等国，对铁路、公路、房地产等基础设施建设需求旺盛。中国是制造业大国，同时也是资源消耗大国。而与中国毗邻的东盟，矿产资源丰富，特别是一些稀缺的矿产资源，比如印尼的锡矿、镍矿等。中国民营企业可以利用东盟丰富的自然资源市场就地取材，进而进行挖掘和加工。

中国与东盟稳定的区域经济合作成为双边开展合作的"强心剂"。2010年如期建成的中国—东盟自由贸易区，为中国企业在东盟各国的生产经营提供了便利，对刺激中国企业在东盟的投资发挥了重要作用。再比如已经连续12年成功举办的中国—东盟博览会，参展商超过43万人，国际项目签约额突破百亿美元，成为中国企业走进东盟加强合作的重要平台。

三、投资与合作的挑战与机遇

改革开放30多年以来，中国企业对东南亚的投资经历了从单一向多样的转变。但是，民营企业在走进东南亚的过程中，仍然存在盲目性，制造业仍占较大比重，对于蕴含广阔潜力的第三产业和新兴服务业投资较少，产业定位缺乏，产业结构不合理等问题突出，对资金密集型和技术密集型投资需要加强。

（一）挑战

根据政治、经济、文化等因素的综合评估，可将东南亚11个国家分为三类：一类是新加坡、马来西亚、泰国、文莱四国，经济发展程度相对较高，法律制度相对健全，人文环境相对较好的国家；二类是印尼、越南、菲律宾三国，投资环境相对宽松的国家；三类是缅甸、柬埔寨、老挝、东帝汶四国，在政治、经济等问题上还存在较大投资风险。

1. 硬环境方面

一是风险防范意识不强。中国民营企业"走出去"虽然发展迅速，但是起步较晚，经验不足，对所在国的政治体制和法律制度了解较少，因此往往带来一些不必要的纠纷。根据《中国企业国际化报告（2014）》蓝皮书

2005—2014 年，在 120 起失败的中国企业"走出去"案例中，有 25% 是政治原因，其中 8% 是在投资审批环节东道国反对派阻挠，17% 是因东道国政治动荡、领导人更迭遭遇损失。比如一些企业由于对东南亚部分国家的政治派别不够了解，对一些政治势力没有进行针对性的分析而盲目跟从，最终导致被部分国家政治势力利用，导致投资失败；一些国家吸引外国投资的相关法律、政策并不完善，办事程序也不够公开透明，办事效率较低，加之企业自身的不了解，中国企业被敲诈勒索的事件时有发生。二是部分民营企业国际化发展战略不清晰。"走出去"是一个长远的战略，企业需要审慎抉择，但一些民营企业在亟须转型的情况下，盲目作出决定。比如一家中国小型民营企业在泰国进行海外并购过程中，并没有对自己的实力进行合理评估，导致收购后压力加大，使自己的发展陷入困境，问题长时间得不到解决，阻碍海外发展之路。三是民营企业融资困难。与大型国有企业相比，民营企业"走出去"的过程中融资成本普遍较高，并且融资渠道狭窄，融资困难直接导致企业资金周转陷入难题。比如，广西的一家电力企业，在越南设厂并投入运营，但由于长期受到流动资金不足困扰，履约保函以及预付款保函难以开具，从相关政策性银行获得支持的难度非常大，企业海外发展难以得到有效推进。四是东南亚国家政策和国内政局带来影响。东南亚 11 个国家中，政局相对稳定的是新加坡、马来西亚、印度尼西亚等国，部分国家的政治动乱、宗教冲突等问题迟迟得不到解决，一些国家由于政府更替频繁，政策变化多端，给外资企业在所在国的发展造成了严重阻碍。比如，某集团在柬埔寨、老挝进行布局时，所在国承诺可以将矿石开采后运往中国加工，但 2013 年以来，上述国家禁止原矿出口，要求中国企业必须在当地进行粗加工，这给中国企业带来了很大的压力，原计划投资 7 000 万美元修建的项目，因为政策变化，必须重新布局，投入消耗是原来的 10 倍，并且还要解决当地的基础设施建设问题，这给企业带来了巨大压力。

2. 软环境方面

软环境包括政治、文化和社会等多个方面。在东南亚投资，软环境的作用不可忽视，一些企业往往因为没有对当地的人文风俗进行详细的了解而直接或间接地导致冲突，一些企业与当地百姓缺乏有效的沟通机制，往往"水土不服"，引来一些不必要的麻烦。从某种程度上来说，软环境方面的挑战更大，更值得重视。一是人文环境了解不够。东南亚是一个多民族多宗教的区域，这一区域，既有全世界伊斯兰教人口最多的印尼，也有佛教圣地泰国，还有深受天主教影响的菲律宾，宗教团体和非政府组织对东南亚社会的发展起着举足轻重的作用。比如缅甸和泰国的佛教团体，在社会各方面影响巨大，与普通民众相互依赖，十分注重社会责任，在日常生活中为民维权、为民请愿等方面发挥着重要作用，因此也获得了民众的信赖。同时，在柬埔寨、缅甸、老挝等国，非政府组织（NGOs）在民间发挥着至关重要的作用。中国民营企业在走进东南亚的过程中，要么非常注重与当地政府的关系，比如缅甸、老挝、柬埔寨等，忽视与群众的关系，对项目建设有可能造成的环境问题并没有与民众沟通，最终导致冲突发生；要么由于非常不了解当地的政治和宗教制度，不知道如何跟当地政府打交道，进而受到当地企业，甚至是当地政府的排挤。二是人才缺乏，应对国际事务的综合能力较低。中国民营企业在走进东南亚的过程中，往往不重视培养具备国际事务沟通和谈判能力的工作人员，这将直接导致项目在出现问题时，缺乏能与对方有效沟通的人才，进而影响工程建设。

2014年5月，越南爆发了一场较大规模的反华暴乱，在越南中南部地区多个省份，不仅发动了一连串反华抗议示威游行，而且对华人企业（包括中国大陆、台湾和香港企业）进行大肆打砸抢破坏。这一事件的一大根源是南海争端，但另一方面则是当地企业对当地群众的文化、社会环境了解的缺乏，也间接导致了事件发生。

（二）机遇

中国提出的"一带一路"共建倡议是中国企业走向东南亚的重要机遇。"一带一路"是中国对外开放的大战略，东南亚是"一带一路"的重要节点，将在参与共建中扮演举足轻重的角色。对于中国民营企业的发展，"一带一路"将带来以下几个方面的机遇。一是合作方式，将由单一的产品出口向"投资＋贸易＋工程承包"等方式转变；二是融资平台，丝路基金、亚投行、金砖银行等融资平台将为中国企业"走出去"提供更加多元的融资配套平台；三是合作领域，将由传统的资源能源开发向铁路、电力、通信等基础设施合作转变；四是合作区域，将呈现发展中国家与发达国家遍地开花之势；五是企业分工，民营企业将与国有企业"比翼齐飞"，共拓未来。东南亚作为与中国一衣带水的地区，是中国企业"走出去"的重要目的地，"一带一路"倡议涉及的60多个国家中，东南亚11个国家全部包含在内，这充分体现了东南亚对中国企业"走出去"的重要意义。

四、对投资与合作的五点建议

（一）加快与"一带一路"政策的对接

认真分析东南亚各国的发展形势，并对"一带一路"政策进行仔细研究，对铁路、公路、电力等方面的基础设施建设要给予广泛关注，对商业贸易、金融服务、跨境电子商务等新兴服务业在东南亚的发展持续跟踪，在"一带一路"的框架下，利用好丝路基金和亚投行等多个融资平台，帮助企业自身解决难题。

（二）民营企业要"抱团出海"

民营企业走进东南亚，不能孤军奋战，要"抱团出海"。比如采用建立产业园的模式，最大限度发挥产业优势和集聚效应，规避单打独斗。泰国罗勇工业园就聚集了数十家中国企业，这些企业共同组建联合会，遇事商量，有难齐帮，良性循环，值得借鉴。另外，企业抱团后，能在很大程度上解决民营企业融资难的问题，比如成立商会或者企业联合会，将最大程度实现资源共享，进而为需要融资的企业寻找更快捷的融资路径。

（三）充分发挥华人华侨的作用

全世界 6 000 多万华人华侨，其中 75% 的华人华侨集中在东南亚，华人华侨熟悉国际环境和所在国国情，尤其是在马来西亚、新加坡、泰国、印尼等国，华人华侨掌握着所在国的经济命脉，经济实力雄厚，拥有广泛的商贸、金融、社会网络，笼络了一大批技术和管理人才，民营企业走进东南亚，华人华侨的作用非同一般。特别要利用好华人华侨这条纽带，尤其是新一代华人华侨，要加强沟通，实现效益最大化。首先，华人华侨可以为民营企业走进东南亚牵线搭桥，为经验不足的企业作指导，当参谋，比如提供招商信息、招商项目、市场分析等等。其次，聘请华人华侨在企业担任要职，发挥华人华侨的黏合剂作用，并利用华人华侨平台建立广泛的华商网络，以此解决中小企业融资难的问题，为更多民营企业"走出去"创造条件。第三，出现矛盾，邀请华人华侨参与沟通，有助于快速解决困难。

（四）要尊重当地文化，强化企业社会责任

民营企业走进东南亚，需要不断加强自身社会责任建设，尊重当地文化习俗，学会换位思考，从当地群众的利益出发，考虑问题，与当地 NGO 等组织合作，开展更多有利于当地社会发展的活动，让当地百姓实实在在得到实惠，进而接纳中国企业，解决后顾之忧。

（五）企业要善用媒体

媒体是一把双刃剑，对塑造企业在当地的形象有着至关重要的作用，因此民营企业走进东南亚，要利用媒体与当地群众打交道，尤其是当地主流媒体，要尽其所能，从社会责任出发宣传企业，进而提高企业认可度。

中国民营企业走进东南亚已经初见成效，但也存在一些亟须解决的问题，只要企业认真把握国内对外开放政策和国际形势，认真领会东南亚各国发展上的差异性，以"一带一路"为发展跳板，利用好中国与东盟间既有的平台，深耕东南亚市场，就能取得更大收获。

（新华通讯社　潘　强）

热点专题

中国民营企业海外投资风险与防范报告

一、民营企业海外投资概况

（一）海外投资步伐在加速

自中国政府在 2000 年确定"走出去"战略以来，一大批中国企业走出国门、参与国际市场竞争，海外投资规模在过去的 10 余年内开始呈现快速发展状态。2014 年我国对外投资规模约 1 400 亿美元，首度成资本净输出国。2014 年 11 月，习近平主席在 APEC 工商领导人峰会上提到，未来 10 年中国海外投资将达到 1.25 万亿美元。这意味着未来 10 年中国对外投资规模将成倍增长。现在我国企业的国际化经营已经不再单纯停留在开展境外加工贸易、寻求境外合作开发项目等初始阶段，正朝着不断提升自身国际化能力、打造世界水平跨国公司的方向转变。

（二）民营企业将成为海外投资主力

近年来，国有企业在中国企业对外直接投资中占比不断下降。根据商务部等统计资料，国有企业对外直接投资占比已降至 55.6%。民营企业对外直接投资的流量和总量占比不断攀升，其中占中国对美投资总额的 76%，占中国对美投资项目总数的 90%。随着中国对外直接投资审批手续的简化以及对外直接投资便利化措施的推出，民营企业的对外直接投资活力将得到进一步激升。与此同时，国有企业和民营企业在境外并购中扬长避短、携手合作的案例也越来越多。

二、民营企业海外投资面临的主要风险及存在的问题

总的来看，我国企业"走出去"和对外投资发展历程较短，经验较为不足。在当前对外投资规模快速增长和政策红利不断释放的同时，中国企业"走出去"所面临的投资失败风险逐渐突出。

2014 年 10 月，中国铁建赢得墨西哥政府招标的 37 亿美元高铁合同。但这一交易几天后被墨西哥政府取消，理由是招标过程过于仓促且没有其他竞标方。几个月后，墨西哥政府以油价暴跌导致政府财政困难为由宣布无限期推迟该项目。

2015 年 1 月，中国企业又在希腊遭遇挫折。新上台的激进左翼联盟党叫停了 9.5 亿美元的港口私有化项目，理由是战略基础设施应该掌握在政府手里。而中远集团已经进入了该项目的最后竞标阶段。

2015 年 7 月，新上台的斯里兰卡政府宣布取消中国投资 15 亿美元建设开发的科伦坡港口城项目。

这一系列事件既有偶然因素，又存在一定的必然性。在国内结构转型加速、中国企业进军海外热度升温以及中国海外资产结构多元化趋势日显的大背景下，中国企业海外投资风险，尤其是政治风险上升已成为不争的事实。中国矿业联合会常务副会长曾指出，中国海外矿业投资，大约有 80% 的失败率。中国出口信用保险公司总经理助理谢志斌在 2014 年莫干山会议上也表示，中国企业特别是民营企业"走出去"，70% 以上不赢利。

中国企业海外投资之所以频频受阻，原因是多方面的。

（一）内部因素

1. 对国际市场不熟悉，国际化程度较低

第一，部分企业国际化战略不清晰，谋划不足。有的企业对国际化认识不明确、战略不清晰，造成国际化盲动。有的企业对情况尚不明即对项目匆忙决策，甚至不惜抬高竞购成本，导致收购后财务压力巨大，企业经营困难。

第二，很多企业国际化程度偏低，缺乏海外投资经验。企业经营人员的素质较低，不通晓当地语言和文化，缺乏具有国际经济专业知识和熟悉当地法律法规、税收制度的经营管理人员。尤其是严重缺乏熟悉发展中国家当地政治社会经济状况的小语种复合型人才。海外公司雇员以国内员工外派为主，离实现"走出去"雇员本土化还有较大差距。

第三，风险防范意识有待进一步增强，风险评估能力有待提高。中国企业国际化起步晚、经验不足，大多数中国企业对国际化过程中可能产生的风险虽有意识，但防范措施不力。国内企业对于海外投资政治风险的评估仍处于起步阶段，评估能力较弱。目前，许多中国企业虽然设立了风险控制部门，但投资风险的研究人员人数很少，且分析能力不强，难以满足需要。中国企业虽然可以从驻外使馆和国内政策银行处获得有关国家风险评级的资料，但他们不属于专业性的风险评级机构，其信息采集过程的客观性和研究过程的科学性难以得到保证。国内的一些智库也开始提供海外投资的国别风险分析报告，但受多种因素的制约，其发布的报告对企业海外投资决策的参考价值不高。

2. 中国企业海外经营行为不规范，社会公关能力不足

中国企业特别是民营企业在海外经营过程中遵纪守法意识不足，行为不够规范，社会责任意识淡薄，影响了中国企业"走出去"战略的实施和中国作为一个负责任大国的形象。具体体现在：

第一，劳资纠纷频繁和劳动者权益保障不足。部分企业安全生产意识缺失，对从事危险行业员工的安全保护不足。还有一些企业套用国内经验，用金钱刺激鼓励加班、提高劳动强度和延长工时，无视当地法律，雇工不签合同，随意解雇当地人员。

第二，缺乏诚信和企业伦理道德。某些在海外经营的企业生产、销售假冒伪劣、质量低下产品，不时以次充好或降低产品质量标准。有的产品不符合国外的技术标准、安全标准、质量标准和环保标准。

第三，部分企业在"走出去"过程中缺乏合作共赢精神，不严格履行合同和恶意竞争的现象时有发生。近年来，国内企业的竞争也蔓延到了海外，在非洲、拉美、东南亚国家或地区，在基础设施领域的电站、大坝及公路铁路等项目，经常出现几家中国企业同时竞标，有的企业为了拿到订单，不惜采取低价策略，造成恶性竞争，肥水外流。

第四，对当地环境保护重视不够。不少企业在海外投资时并没有进行足够的环境影响评估，或环保意识薄弱，出现乱采滥伐或者非法走私当地资源到海外的现象，致使当地环境和生态遭到破坏。这经常遭致当地民众和反对党的抨击。

第五，在社会公关上存在一些认识误区和盲点。一些企业非常注重通过对当地政府官员进行公关，甚至采取贿赂的方式来获取投资开发项目，而不注重与当地民众的沟通交流，不重视与反对党、社团组织建立良好的人际关系。这种短期化、功利性强的"关系"思维方式对投资项目经营的稳定性和可持续性势必产生负面影响。一旦政党出现更替，中国企业很可能成为东道国国内政治斗争的牺牲品。有的中国企业，在出现问题后，往往不寻求合法手段来解决，而是采取贿赂等非正规途径来处理，致使问题非但没有得到解决，反而升级恶化。

3. 中小企业对外投资融资渠道狭窄，融资成本较高

中国对外投资企业的融资出现分化，大型国有企业及大型私营企业由于多为上市企业，"走出去"融资较为容易，而中小企业融资普遍困难，且融资成本偏高，导致企业在国际投资过程中缺乏竞争力。

4. 国内中介服务机构发展程度较低，而国际化专业中介机构的力量没有得到充分利用

国内会计、律师、咨询等中介机构发展程度较低，难以为国内企业的海外投资项目提供有效的尽职调查和中介服务。国内企业通常聘请外资中介机构进行尽职调查，而未充分利用国内的专业中介服务机构的力量。虽然外资机构的评估方法和标准是以欧美发达国家为基础的，未充分考虑中国企业对外投资所面临的独特风险，但鉴于其丰富的经验，还是可用的，但不应忽视国内的有关中介机构，应两者并举，也可组成国际与国内中介服务机构相结合的顾问团队，为企业"走出去"提供更有效的支持。

（二）外部因素

相对于内部因素，外部世界的不确定性和复杂性往往是企业面临的更大难题，即使对于已经在外耕耘许久的企业亦是如此，其中政治风险与法律风险是主要风险。《中国企业国际化报告（2014）》分析了 2005 年至 2014 年期间发生的 120 起"走出去"失败案例，其中 25% 是政治原因所致，有 8% 的投资事件在投资审批等环节因东道国政治派系力量的阻挠导致失败，有 17% 的投资事件是在运营过程中因东道国政治动荡、领导人更迭等原因遭遇损失。主要外部风险因素包括：

1. 中国企业作为对外直接投资领域的后来者，存在着明显的"后发劣势"

中国企业面临对的是一个被西方国家瓜分殆尽了的世界市场，优质资源几乎被发达国家企业所占据，不得不到那些政治风险高、社会制度体系不完备、经济发展水平低、投资环境较差和基础设施匮乏的国家去寻找机会。这导致中国企业海外投资者面临的政治风险明显大于欧美发达国家的企业，在机会选择和市场开拓方面处于明显的不利地位。

2. 投资项目所在的行业对风险大小的关键影响

敏感行业的政治风险显著高于一般行业。通讯、航空航天、能源、基础设施（港口、道路和水利项目等）属于敏感的投资行业，东道国政府对这些行业外来资本的态度较为谨慎。投资到海外电信业和汽车业的中国企业明显遭遇了投资阻力，而电信业是受到政治和监管因素阻力最大的行业。

3. 地缘政治因素的影响

目前，中国企业特别是国有企业的海外投资备受政治猜忌和质疑的困扰。在欧美发达国家，中国企业面临的主要政治风险是投资项目的安全审查。政府和社会对于中国投资动机的猜忌，以及东道国利益集团的排斥，严重妨碍了包括部分私营在内的中国企业的投资活动。如美国的安全审查导致大量中国企业并购失败。其中著名的案例有中海油并购优尼科、海尔并购美国家电生产商美泰克、西北有色并购美国优金公司，以及华为并购案等，都以并购失败告终。

在东南亚、南亚和拉美等新兴经济体，中国企业遭遇的政治风险主要体现在官员腐败、市场准入和政党轮替引发的政策变化等方面。在利比亚、南苏丹等一些战乱和动荡频发的国家与地区，中资企业面临着巨大的人员生命和财产安全风险。

三、构建多方合作的海外投资风险防控体系

根据日本财务省发表的统计数据，近几年日本对外投资大幅增长，同时还获得了很高的成功率，给日本企业带来了丰厚的回报，仅 2013 年日本海外直接投资收益达到了 682.41 亿美元。日本学者认为，日本对外投资成功率高有如下原因：

一是严格选择投资目的地。日本企业通常十分注重选择社会稳定、法律制度健全、劳动力素质高、诚信度较好、市场潜力大的国家和地区作为投资的首选目的地。

二是可行性调研深入细致、决策谨慎。日本在进行每一项投资之前，都要经过严密的可行性调研，极力避免各种风险。

三是优势产业、名优品牌先行。日本海外投资的项目基本上都是在国际上具有竞争优势，品牌知名度高，已经在国际市场上拥有一定占有率。

四是以大带小，关联企业跟进。日本企业的海外投资通常是大型骨干企业先行，然后带领相关零部件企业在海外投资设厂，形成一条完整的产业链。

五是拥有一大批优秀的经营管理人才。长期以来，日本形成了一整套行之有效的人才培养和管理模式，使一批训练有素、具有专业知识的高层次经营管理人才脱颖而出。

他山之石可以攻玉。为减少中国企业海外投资风险，提高中国企业识别、评估和管控海外投资风险的能力，使风险最小化和利益最大化，特作如下建议。

（一）企业层面

1. 积极通过内部建设全面提升自身国际化能力

一般而言，企业国际化过程可划分为 5 个阶段，即本土经营—出口导向—国际拓展—全球布局—世界公司，须循序渐进，成为世界水平的跨国公司不可能一蹴而就。企业从本土经营阶段到最终成为世界公司，不仅表现为出口更多产品、承包更多海外工程或收购更多国外项目，更是要做到研发、制造、营销、服务等全产业链的国际化发展，实现资产、员工、收入利润的全球分布。企业需要在不同阶段有针对性地加强在战略规划、管控、人力资源管理、品牌管理、企业社会责任、风险管理等方面的能力。

对于处于出口导向阶段的企业，国际化业务相对单一，对管控、人力资源管理和企业社会责任等能力的要求相对较小，企业应首先对自身水平、定位和发展战略进行审慎评价和规划，积极开展品牌知名度建设，注重国际风险管理。

2. 完善投资策略，与国内外企业联合"走出去"

中国民营企业可与国有企业及欧美跨国公司联合"走出去"，实现互利共赢，减少投资项目的受关注度和政治风险，尽量避免单独投标大型或特大型的投资项目。联合"走出去"的好处主要有 3 点：一是中国企业对外投资经验较为欠缺，在不熟悉国际市场的条件下，企业单独"走出去"将面临巨大的政治、社会和经济风险；二是学习跨国公司的国际经营经验，提高中国企业处理与当地政府、社会与居民之间关系的能力和技巧；三是缓解来自东道国的政治压力，降低企业的政治风险、社会风险和员工的人身安全风险。

3. 提高风险防范能力，积极应对政治风险

积极应对政治风险，具体方式可以分为 3 种。一是预防，避免在政局动荡、法制不健全的国家投资建设项目。一旦实施投资，应与执政党和在野党、中央政府和地方政府都维持良好关系，争取立法机关批准该项目甚至通过特别法律，尽量与当地企业合资，重视民意和媒体关系等；二是投保，包括向世界银行下属的多边投资担保机构（MIGA）或中国出口信用保险公司购买征收险、政府违约险、战争险等保险产品；三是争议解决，又可分为当地救济和国际仲裁。

此外，建议设立独立的海外投资风险评估团队，加大对国家风险研究的投入力度，构建对外投资国家风险评级、预警和管理体系，为国内企业降低海外投资风险、提高海外投资成功率提供参考意见和建议。

（二）政府层面

政府部门要认真为企业提供有力支持和系统服务。

1. 规范企业海外经营行为，完善对外投资促进体系

为降低中国企业面临的政治风险，中国政府应规范企业海外经营行为，提高企业的合规守法意识，完善政府对外投资促进体系。具体为：

第一，政府应采取切实的规范措施约束海外投资企业的行为，尤其是要研究针对海外中小民营企业合法合规经营的监管措施和奖惩机制，以确保中国海外直接投资企业积极履行社会责任，与东道国实现互利双赢。

第二，引导企业改进对外公关的方式。政权更迭带来的政策不确定性

风险在发达国家和发展中国家均存在，中国企业除与执政党保持良好的关系外，还要更多地接触在野党、社会团体，多参与社区公益活动，提高企业的社会美誉度。

第三，建立起全方位的对外投资促进和保护体系，加强国家对外投资立法，在国际投资保护、对外投资融资支持、外国市场准入、对外援助等方面提供系统的制度安排。

2．维护企业海外利益，降低企业对外投资的政治风险

中国需要有切实的行动和机制来维护中国企业的海外利益，降低针对中国企业的投资壁垒和政治风险。

第一，支持中国企业海外依法维权。当中国企业海外投资遭遇利益侵害时，中国政府各部门、驻外机构和使领馆要积极协调，协同运作，互相配合，支持中国企业在海外依法维权，要求所在国的政府切实保护中国企业的合法权益。

第二，修改和签订双边投资协定。目前，中国签署的投资协定主要是从投资输入国的角度拟定的，无法有效保护中国作为投资输出国的权益，需要重新修订和签署。未来一段时间，中国的工作重点应是推进与美国、欧盟的双边投资协定谈判。中国在准入前国民待遇和负面清单的承诺将推动中美双边投资协定谈判进入实质性阶段。在中美双边 BIT 谈判中，中国需要提出自己的谈判范本，重点纳入美国的国家安全审查制度，加强对这一制度的监管和规范，防止正当的"安全审查"被滥用，或者被政客和商业竞争对手所利用。

3．建立和完善海外投资保险制度

目前，我国尚未出台海外投资保险制度方面的法律，这不能适应中国企业海外投资高速发展的形势要求。相关政府部门应在总结实践经验的基础上，加快《海外投资保险法》的立法进程。同时要明确承保对外投资保险业务的机构。目前，中国出口信用保险公司是承保国内企业海外投资业务的主要保险机构，应大幅提高其注册资金规模，显著强化其海外投资保险能力。

4. 充分发挥香港在内地企业"走出去"过程中的中介和平台作用

在中国过去 30 多年的开放过程中，在商品转口贸易和吸引外商投资方面，香港成功扮演了内地与外部世界的桥梁和中介的角色。在国内企业大规模"走出去"的新时期，香港在缓解内地企业海外投资风险方面，具有明显的优势。

首先，香港中介服务体系完善，会计师事务所、律师事务所和咨询公司等多种服务机构高度聚集，且熟悉大陆和海外市场的法律和商业文化，能够为内地企业提供国际高水准的专业化服务，帮助内地企业克服由于会计准则和商业文化的差异所带来的投资障碍，降低内地企业海外投资的风险。

其次，香港中介机构有着广泛的国际网络，加上香港高度发达的信息资讯系统，能为内地企业提供国别形势和投资项目的详细信息以及全面的尽职调查、风险评估和法律咨询服务。

第三，香港良好的商业环境、制度和法律环境及其中西文化高度交融的传统，使其能帮助内地企业有效缓解在对外投资过程中所遭遇的文明和制度冲突。

鉴于此，中国政府可考虑从避免双重征税安排、税收减免、财政支持、适度放松内地香港两地资本流动管制等角度，出台相应措施鼓励内地企业与香港企业联合"走出去"。

（三）中介机构层面

推动本土对外直接投资服务机构发展，充分发挥其特色优势做好咨询服务工作。一方面，综合研究对外投资重点国别和行业领域的市场信息和国情变化，为企业国际化提供更有针对性的咨询和信息服务；另一方面，加强与各国相关机构的合作，共同发挥非政府组织的作用和影响力，为企业在海外投资排忧解难，尽可能地避免企业利益无端受损。

（国家开发银行　钟利红）

中国民营企业"走出去"融资模式的新特点

在经济全球化的趋势下，随着"走出去"战略的深入，民营企业加快产业转型升级，纷纷走出国门开展跨国经营。但是，民营企业融资难已成为阻碍其发展的最大瓶颈。在新常态的宏观背景下，为改善民营企业融资环境提供新思路，支持民营企业加快"走出去"步伐成为一项重要的课题。

一、新常态下民营企业的发展机遇

(一)"走出去"宏观经济格局

大规模"走出去"和高水平"引进来"并存，则是新常态下对外开放战略的重要特征。

据商务部和国家外汇管理局统计，2014年我国共实现全行业对外直接投资1 160亿美元，同比增长15.5%。在非金融领域的对外直接投资中，民营企业占40%，民营企业是"走出去"的生力军，有自身的特点，经营模式、管理机制都非常的灵活。

2014年以来，世界经济继续分化复苏，一些国家宏观经济形势发生积极变化。各国为吸收外资纷纷修改利用外资法规和基础设施合作政策，给我国民营企业"走出去"开展投资合作提供了难得机遇。同时，也有部分国家因欧债危机没有缓解、国际大宗商品价格持续暴跌等原因而出现经济下行趋势，少数国家还因国内大选、宗教问题发生了政治动荡，部分非洲国家发生了埃博拉病毒传播的危机，有些中东国家爆发武装冲突等等，增加了对外投资合作的风险。

（二）"走出去"在国内新常态下的利好条件

民营企业对中国经济进入新常态具有较为清醒的认识，积极适应经济发展新常态，加快转型升级、转变方式求发展，通过自身努力，成为调结构、稳增长的先行者。据国家统计局统计，2014 年，中国 GDP 增速为7.4%，创 24 年来新低。然而民营企业的收入和利润仍然保持较快的增长。同时，我国民营经济数量规模继续扩大，根据国家工商行政管理总局统计，截至 2014 年年底，全国私营企业共 1 546.4 万家，比 2013 年年底增加 292.5 万家，增长 23.3%。

同时，随着政府加快转变职能，民营企业的发展环境变得更加宽松且在加速改善，政策环境更加优化。2014 年以来，政府积极推进自身改革，简政放权、减少行政审批，为民营企业发展创造了良好环境。国务院接连出台放松市场主体准入管制、取消和下放审批权限、推行涉企收费清单制度等政策，如在工商注册登记和税收管理方面简政放权，为民营企业减少不必要的手续，提供更加快捷的服务等。为民营企业适应新常态、更好更快地"走出去"创造了条件。

民营企业天然优于国有企业的产权结构让民营企业在全球经济格局大演变中更有效率、更灵活、更富于冒险精神。民营企业紧紧抓住国际金融危机后的历史性机遇，充分利用国家扶持政策，审时度势、主动出击，对外投资合作取得新进展。民营企业正逐渐成为"走出去"的重要力量，呈现出集群式、多元化、规模性发展的特征，在技术、管理、人力、资金等方面的能力和水平有了一定提升，涌现出一批投资规模大、利润效益好的企业。

二、"走出去"融资环境的改善

党的十八届三中全会《中共中央关于全面深化改革若干重大问题的决定》（以下简称《决定》）提出对健全社会主义市场经济基本经济制度作了明确阐述，进一步强调必须毫不动摇地鼓励、支持、引导非公有制经济发展，特别强调要在权利平等、规则平等、机会平等的基础上开展竞争。为落实《决定》精神设立民营银行、发展互联网金融等一系列政策措施密集出台。

（一）民营银行由试点转为常态，助力民营企业"走出去"融资

发展民营银行是党的十八届三中全会明确提出的重大决策。2014 年 3 月，银监会正式公告批准首批 5 家民营银行试点方案。2015 年 6 月 25 日，浙江网商银行宣布正式开业，标志着首批 5 家民营银行已全部开门迎客。2015 年 6 月 26 日，国务院办公厅转发银监会《关于促进民营银行发展的指导意见》。从 2013 年申办民营银行开闸，到首批 5 家试点民营银行全部开门营业，再到《指导意见》正式发布，历经两年时间，民营银行由试点转为常态。

民营银行是金融系统释放改革红利的重要产物，体现了国家对小微企业融资的关注。民营银行的正式开展，为民营企业"走出去"提供了新的融资渠道，可在一定程度上缓解民营企业融资难、融资贵的问题。同时，民营银行的常态化运营也将促使整个银行业的体制、机制进一步朝着市场化的方向发展，为消除银行业的垄断现象提供了基础，倒逼传统商业银行对现有产品和服务进行改革，促使传统商业银行在信贷方面向民营企业倾斜，进一步缓解民营企业"走出去"融资的难题。

（二）以 P2P 网贷为代表的互联网金融迅猛发展，拓展了民营企业"走出去"的融资渠道

在国家决策层反复强调降低企业融资成本、化解民营企业融资难题的背景下，作为传统金融的有益补充，互联网金融以其独特的优势，成为民营企业"走出去"融资的重要方式之一。P2P 网贷作为互联网金融的重要形式之一，是以互联网技术为基础形成的新兴信贷模式，近年来在国内外迅速发展。其借贷方式方便快捷、成本较低且覆盖面广，为民营企业"走出去"融资提供了新的融资视角和渠道。

2014 年，国务院办公厅在发布的缓解企业融资成本高的 10 条意见中明确指出，尽快出台规范发展互联网金融的相关指导意见和配套管理办法，促进公平竞争。其目标之一就是引导互联网金融定位于为中小民营企业服务，找准自身发展的空间。目前，《关于支持互联网金融健康发展的指导意见》已经经过党中央国务院的批准，有望于近期正式公布。2015 年 7 月 4 日，国务院发布《关于积极推进"互联网 +"行动的指导意见》，大力支持互联网金融，倒逼商业银行转型。

发展以 P2P 为代表的互联网金融融资模式，既丰富了投资产品的形式和渠道，满足部分投资者"低门槛、低风险"的偏好需求，也更好地响应了降低民营企业融资成本的政策，推动民间借贷阳光化运作，缓解了民营企业融资难、融资贵的问题，有助于民营企业"走出去"开展跨国经营。

（三）中小民营企业直接融资力度明显增大

2013 年 7 月 23 日，国家发改委发布《关于加强小微企业融资服务支持小微企业发展的指导意见》，着重从股权和债券融资两方面支持中小民营企业融资。在股权融资方面，重点是确保符合条件的创业投资企业及时足额享受税收优惠政策，加快设立中小民营企业创业投资引导基金。在债券融资方面，支持符合条件的创业投资企业、产业投资基金及其股东发行债

券，专项用于投资中小民营企业。进一步完善"统一组织、统一担保、捆绑发债、分别负债"的中小民营企业集合债券相关制度设计，扩大中小民营企业增信集合债券试点规模。支持创业投资企业、产业投资基金、企业债券满足产能过剩行业的中小民营企业转型转产、产品结构调整、开拓国际市场的融资需求。这些措施对支持中小民营企业直接融资发挥了积极作用。此外，央行管理的银行间债券市场中的短期融资券、中期票据以及中小民营企业集优债券等的比重也明显增多。央行在信贷资产证券化常态化试点中，也将中小民营企业贷款纳入优先重点之列。

（四）密集出台各类扶持政策，支持民营企业"走出去"融资需求

在国内外经济形势复杂多变的背景下，国家保持了民营经济发展政策的连续性和稳定性。2014 年以来，国家和众多部门出台了很多针对中小民营企业的扶持政策，这些政策对支持民营企业"走出去"的融资需求具有重要作用。

1. 发展专项资金

2014 年 4 月 11 日，财政部、商务部、工信部、科技部印发《中小企业发展专项资金管理暂行办法》。专项资金的宗旨是，贯彻落实国家宏观政策和扶持中小企业发展战略，弥补市场失灵，促进公平竞争，激发中小企业和非公有制经济活力和创造力，促进扩大就业和改善民生。为加快扩大中小民营企业融资服务规模，缓解中小民营企业融资难问题，专项资金安排专门支出，运用业务补助、增量业务奖励、资本投入、代偿补偿、创新奖励等方式，对中小民营企业信用担保机构、再担保机构给予支持。这对于缓解中小民营企业融资难问题具有"四两拨千斤"的作用。

2. 新三板

2014 年 4 月 14 日，财政部、国税总局、证监会相继出台关于全国中小企业股份转让系统（新三板）政策。对于中小民营企业来说，新三板不仅为企业提供新的融资渠道，还可以引入战略投资者。在带来资金的同时，

引入规范的公司治理，为企业做大做强奠定资本与治理的基础。众多中小民营企业对新三板寄予厚望，一方面希冀通过新三板获得企业发展急需的资金；另一方面希望借助新三板来规范公司治理，优化股权结构，为"走出去"开展海外投资奠定基础。

3. 缓解融资贵

当前民营企业融资成本高的成因是多方面的，既有宏观经济因素又有微观运行问题，既有实体经济因素又有金融问题，既有长期因素又有短期因素，解决这一问题的根本出路在于全面深化改革，多措并举，标本兼治，重在治本。

2014年8月5日，国务院办公厅下发《关于多措并举着力缓解企业融资成本高问题的指导意见》。《指导意见》具体包括以下10个方面：保持货币信贷总量合理适度增长，抑制金融机构筹资成本不合理上升，缩短企业融资链条，清理整顿不合理金融服务收费，提高贷款审批和发放效率，完善商业银行考核评价指标体系，加快发展中小金融机构，大力发展直接融资，积极发挥保险和担保的功能和作用，有序推进利率市场化改革。该意见要求金融部门采取综合措施，着力缓解企业融资成本高问题，促进金融与实体经济良性互动。

4. 融资担保

2014年12月18日，国务院召开全国促进融资性担保行业发展经验交流电视电话会议。会上指出：发展融资担保是破解小微企业和"三农"融资难、融资贵问题的重要手段和关键环节，对于稳增长、调结构、惠民生具有十分重要的作用。要有针对性地加大政策扶持力度，大力发展政府支持的融资担保和再担保机构，完善银担合作机制，扩大小微企业和"三农"担保业务规模，有效降低融资成本。担保机构要为小微企业和"三农"融资提供更加丰富的产品和优质服务，促进大众创业、万众创新。

5. 其他

除上述政策之外，国家还在支小再贷款、所得税优惠、下调存准率、支持小微文化企业、小微企业贷款、营业税增值税减免、借款合同免印花税等方面予以政策支持。如此密集地出台有利于民营企业的相关政策，表明政府高度重视民营企业的发展需求，为改善民营企业的融资环境，在政策层面上为民营企业开辟"绿色通道"，进一步缓解了融资难、融资贵的问题，有利于中小民营企业更好地开展对外投资合作。

三、新常态下支持民营企业"走出去"融资的建议

我国民营企业融资难题由来已久，形成这种融资困境的原因众多。与发达国家相比，我国民营企业融资的主要问题体现在金融机构融资不足、政策性支持不够、民间金融力量薄弱、直接融资能力有限、担保机构不健全等几个方面。从企业内部因素看，如果想在短期内明显改善民营企业规模小、经营落后、抗风险能力弱等自身天然缺陷并由此提高企业"走出去"的融资能力是比较困难的。只能改善民营企业融资的外部环境，包括完善政府的扶持体系、增大商业银行等金融机构的支持力度等，以此更有效地缓解民营企业"走出去"融资困境。

（一）加大财税政策支持，提升资金支持力度

在财政政策上，为了鼓励更多的中国民营企业做好"走出去"活动项目的前期准备工作，中国政府可以对境外民营企业提供财政补贴，例如企业组团赴境外调查、对其境外员工进行培训时，国家可提供一定比例的补助金；为鼓励国内富余产能向外转移，建议国家比照资源回运费用补贴，对富余产能在境外投资的设备运保费给予一定比例补贴，对向境外转移富余产能民营企业在境外投资购置土地、建设厂房给予直接补贴。

在税收政策上，为了减轻民营企业的税收负担，可以借鉴一些发达国家的做法和经验，实行境外投资损失准备金制度和海外投资收入税收减免制度等。对于中国民营企业的境外投资、资源开发投资、境外工程承包，

允许将投资的部分金额计入投资损失准备金内，以免缴企业所得税；如投资受损，则可从投资损失准备金中得到补偿。

（二）借鉴国外先进经验，构建有序融资体系

构建有序的融资体系，对于促进民营企业的稳定发展具有重要意义。西方发达国家在此领域的实践，为我国根据国情，建设适合自己情况的支持民营企业发展的融资体系和金融体制，提供了有益借鉴。

西方发达国家对中小企业的金融支持，主要是通过建立多层次、多渠道的民间银行机构和非银行金融机构，政府服务于中小企业的机构或政策性金融机构则作为支持中小企业融资的一种补充。德国联邦和州政府、开发性金融机构德国复兴信贷银行和州担保银行、商业银行、工商协会和担保银行等，是德国中小企业社会化融资体系的参与主体。这些主体相互合作，形成了风险共担、收益共享的中小企业社会化融资体系。

美国联邦小企业管理局（SBA）通过向小企业提供担保，使小企业获得金融机构的贷款。日本、德国、意大利等，由政府出资建设或帮助民间组建专门为中小企业融资的金融机构。这些对我国成立专门机构，支持民营企业"走出去"有借鉴意义。

（三）构建扶持民营企业的法律保护、制度保障体系和专门机构

民营企业群体以中小企业为主。西方发达国家一般对中小企业均有较为全面的法律保护和制度保障体系。许多国家针对中小企业制定了一系列配套法律，并由法律来确定中小企业的基本政策和政府管理原则。日本先后制定了多种中小企业相关法律，形成了相对独立完善的中小企业法律体系。美国、法国、德国等也都制定了较为健全的中小企业法律体系，如《中小企业贷款担保法》、《中小企业振兴法》等。以美国的联邦小企业管理局（SBA）为例，SBA 是美国政府基于"扶持小企业的发展，以保持现有经济发展的活力和促进经济发展产生新的增长点"的发展理念，于 1958 年根

据《小企业法》所建立的"永久性联邦机构",在促进美国中小企业发展方面发挥了重要作用。

国际经验表明,成立专门机构服务于民营企业发展,颁布确保市场公平、有序竞争的相关法律,有助于维护公平自由的市场竞争环境,维护民营企业利益,保障民营企业"走出去"的海外权益,并有益于促进国民经济的全面发展。

(四)加强民营企业与银行的银企联合

我国国有商业银行的境外分支机构能力不足,布局不合理。从规模上看,商业银行在境外的分支机构网点少、规模小,增长缓慢,还不具备承担支持中国境外民营企业融资的能力。从地区结构看,中国的银行主要在发达国家设立分行,与中国企业在新兴市场国家投资增长迅速存在错位。特别是近年来民营企业在金融资源较为匮乏的非洲、东南亚等地进行资源开发、设立经贸合作区后,这个问题显得更为突出。从行业结构来看,境外机构贷款主要分布在消费信贷、房地产等行业,而中国民营企业跨国投资主要集中在服务贸易、工业生产加工、矿产资源开发等行业,存在资金分布不合理的问题。为此,"走出去"的民营企业可以借助跨国银行的力量实现银企联合式发展,满足在"走出去"中对融资和相关金融服务的需求。

中国民营企业进行海外投资,既需要融资支持,也需要国际结算等银行提供的金融服务。有关银行可在中国投资企业、投资项目相对密集的热点地区开设网点,为中国民营企业投资提供金融服务。除了中国银行对国际化经营经验丰富,可以作为海外投资金融支持和发展模式的最佳银行之外,其他有跨国化经营发展意图的商业银行,同样可以通过这种与中国"走出去"的民营企业、投资项目结合在一起"联合出海"的方式求得国际化发展。通过这种"伴随式"设点方式,银行一方面可以有效为中国"走出去"的民营企业提供全方位的金融支持与金融服务;另一方面借助中国"走出去"的民营企业、项目的业务量支持可以较快在当地立足，打开局面，实现银行自身的跨国发展，达到"双赢"结果。

（五）加大政策性银行对民营企业"走出去"支持力度

在民营企业"走出去"融资方面，存在一定程度的市场失效现象，即由于信息不对称和交易成本存在等各种因素，市场无法有效配置资源。专门为民营企业服务的政策性银行对纠正市场失灵至关重要。政策性银行是政府解决民营企业"走出去"融资过程中的信息不对称和降低交易成本的干预手段，为发达国家普遍采用，旨在帮助中小企业或民营企业解决融资问题。我国建立针对民营企业的政策性银行已迫在眉睫。对于支持民营企业"走出去"可能引发的信贷风险，应将其纳入国家实施"走出去"战略所应负担的政策成本予以总体评估。

首先，应进一步提高进出口银行等政策性银行支持民营企业"走出去"进行海外投资的能力，增加资本金，增强政策性银行抗风险的能力，切实做到为中国民营企业服务，为民营企业海外发展提供便利。

其次，加快政策性银行在境外设置分支机构的速度。在一些市场前景好、潜力大、商业银行不愿意设点的欠发达国家和新兴市场国家尤应如此。

最后，在现有业务范围内，加大对符合国家产业政策、有市场前景、技术含量高、经济效益好的民营企业"走出去"的支持力度。建立向民营企业发放贷款的激励和约束机制，切实提高对民营企业"走出去"的贷款比例。

（六）放松民营企业"走出去"的外汇管制

外汇管理部门要转变理念，按照科学发展观的要求，改变"宽进严出"的陈旧思维，树立外汇收支均衡的管理理念，稳步推进资本项目可兑换，拓宽资本流出渠道。应按照"走出去"战略的要求，改革现行外汇管理体制中与市场经济不相适应的部分，进一步完善外汇管理制度及人员出入境制度。允许企业购汇进行对外直接投资，取消汇回利润保证金，放松对对外直接投资企业利润再投资的限制等，为此应建立起更加科学的外汇管理制度。尤其要加大试点地区范围，使政策适用于大多数民营企业，给予民营企业对外直接投资外汇使用和结汇方面更多的自由和方便。现在政策要求境外投资企业调回利润结汇，但企业利润对于发展和竞争都很重要，如调回，很可能丧失市场机遇。另一方面，要简化我国商务人员出入境手续，为民营企业经营者开展国际商贸活动提供便利。进一步简化境外投资外汇管理手续，满足企业购汇进行境外投资的需要，允许企业在设立境外企业或正式进行境外收购前，将前期资金如开办费、律师费、保证金等予以购汇及汇出。

2015 年，世界经济复苏势头趋于改善，增长动力有所增强。但风险因素依然突出，国际竞争将更加激烈。中国经济开局平稳，但仍然面临下行压力，部分领域风险有所上升。总体来看，在新常态下，民营企业"走出去"具备稳定发展的条件。突破"走出去"融资难的瓶颈，更好地把握机遇，民营企业将迎来更加光明的发展前景，成为实现中华民族伟大复兴一个重要的支撑力量。

（商务部国际贸易经济合作研究院　张　哲）

中国民营企业国际并购

随着经营环境的日益改善，我国民营企业有了长足的发展，经济规模快速扩大。目前民营经济对我国 GDP 的贡献率已达 70% 以上，成为我国经济运行体系的主要组成部分，为海外投资提供了坚实的经济基础。近 5 年来，民营企业"走出去"步伐不断加快，国际并购蓬勃发展，国际并购数量已经在两年前超过国有企业，并购金额也逐年提升，成为我国海外并购中的一支生力军，国际并购已经成为民营企业"走出去"实现跨国经营的重要途径。

一、民营企业海外并购发展概况

1994 年以来，全球掀起了 5 次并购浪潮，我国民营企业积极投身其中。浙江企业家成为最早尝试海外并购的中国民营企业家群体，在早期的国际并购中扮演了重要角色，其中，万向集团、华立集团、金义集团等都是最早走出国门的民营企业。进入 2004 年，以联想集团并购 IBM 的 PC 事业部为代表，民营企业国际并购开始步入快车道，成为我国海外并购最具活力的队伍。根据公开资料统计，2001 年到 2007 年间，我国民营企业共完成了 39 起并购。2008 年金融危机造成的海外资产价格下降为跨国并购创造了良好契机，2008 年到 2010 年，我国民营企业 3 年间完成并购 59 起。

2012 年，民营企业国际并购加速提升，当年开展海外并购超过 110 起，同比超过 100%，远高于我国国有企业，并购金额达到创纪录的 200 亿美元。但总体来看，尽管民企并购数量占并购交易案件总数的 50% 以上，但并购金额却不足总并购金额的 10%，平均单个并购金额不足国有企业的 1/10。

2014 年，民营企业海外并购表现亮眼，当年伊始，复星国际斥 10 亿欧元巨资收购葡萄牙国有银行 CaixaGeraldeDepositos 旗下保险公司 80% 的股权，拉开了民营企业 2014 海外并购的序幕。安邦保险集团在 2014 年合计斥资 150 亿元人民币先后开展了 3 起海外并购，涉及酒店、保险、银行三大领域，引起了全球市场的关注，其收购的比利时德尔塔·劳埃德银行开业已有 260 余年历史，主要开展高端私人银行和企业金融业务。据普华永道统计数据，当年我国大陆民营企业国际并购交易数量，同比增加 30%，共计 145 宗，是国有企业的两倍多，公开披露的国际并购交易金额同比增长 94%，达到 147 亿美元，仅次于 2012 年。当年民营企业海外并购主要集中于以互联网、电信、媒体等为主的高科技行业、娱乐行业及零售与消费品等领域，主要目的在于寻找技术、知识产权和品牌购买以及更多多元化投资机会。通过对多家民营企业走访显示，这些并购仅仅是企业国际化战略的开端，未来它们将通过并购等多种形式继续推进企业的全球化布局。

就近年来的并购行业而言，近年来我国民营企业国际并购主要集中于互联网、制造业、金融等领域，与国有企业主要集中于资源能源类并购的特点不同。从图 9 可以看出，根据公开资料统计，2001 年到 2014 年间，416 起民营企业海外并购涉及 28 个行业，70% 以上的并购案集中在传统制造业、互联网行业，传统能源、清洁能源和零售服务业也是民营企业的投资重点领域。近两年来，民营企业对金融业的并购开始大幅提升，尽管并购案件数量有限，但并购金额庞大，占民营企业海外并购金额的比例较高。

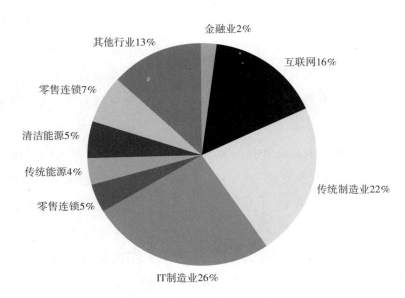

图9　民营企业国际并购的行业分布

资料来源：根据商务部研究院统计计算。

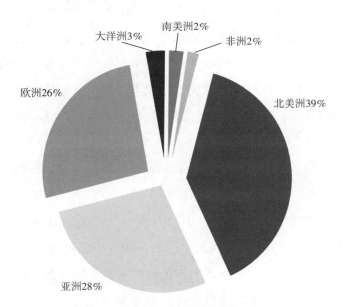

图10　民营企业国际并购的地区分布

资料来源：根据商务部研究院统计计算。

就近年来的并购地域分布而言，我国民营企业国际并购目前还是主要集中在发达国家和地区。民营企业一方面积极在北美、欧洲等成熟市场寻找优质并购目标，将海外的技术、品牌引入中国；另一方面，也开始向亚洲等新兴市场转移生产基地以及开发新兴市场。2001 年到 2014 年间 416 起民营企业海外并购案主要集中在北美洲和亚洲地区。其中共有 158 起在北美地区，且九成以上是美国公司；113 起在亚洲地区，以香港为主；此外，有 106 起案例分布在英国、德国等欧洲国家。此外，有部分企业在澳大利亚进行了矿业并购。（见图 10）

二、民营企业海外并购新特点

近年来，民营企业海外并购表现抢眼。在国际市场开展并购已经成为民营企业布局全球的捷径。相比以往，民营企业跨境并购数量显著提升，平均每两天就有一宗跨境并购发生。据汤森路透数据显示，近两年民营企业跨境并购占我国并购项目总数的份额达到了 84%，民企通过跨境并购实现全球产业链整合布局的战略已初步显现。民企近年来海外并购呈现以下几个特点。

（一）所涉及产业日益多元化，并购产业水平不断提升

随着我国企业对外投资日趋成熟，民营企业的海外并购已经由过去的制造业为主拓展到科技、金融、地产、农业、医疗等多个领域。早期我国民营企业跨国并购偏重于初级产品、中低端消费品、劳动密集型产品等制造业领域，而从近两年的情况看，大量企业开始涉足高新技术、金融及地产等领域。具体来看，中国公司在 2014 年的能源矿产类并购金额所占比重为 16%，科技、媒体和通信（即 TMT）行业的并购金额比重则为 21%。其中多数并购是由民营企业主导，如联想集团斥资 29.1 亿美元从谷歌手中收购摩托罗拉移动并以 21 亿美元收购 IBM 的 x86 服务器业务，成为我国

2014 年 TMT 行业海外并购的标志性事件。金融业海外并购也在近两年表现活跃，成为民营企业海外并购的一大热点，2014 年我国金融机构海外并购达到 30 起，较去年几乎翻番，合计金额超过 48 亿美元，其中仅安邦集团的海外金融业并购金额就超过 10 亿美元。农业、地产等相关行业也成为交易热点，复兴国际于 2012 年就以每股 24.6 欧元的价格收购了法国度假村集团"地中海俱乐部"股权。地产行业主要是通过海外并购投资布局国际房地产市场，以便迅速在国际房地产市场上实现品牌全球化、国际化的战略部署。2014 年伊始，绿地集团就宣布收购位于伦敦 Wandsworth 镇，总投资规模为 6 亿英镑的 Ram 啤酒厂开发项目，是中国企业第一次在英国投资于非商业地产项目。另外，万达董事长王健林也表示在未来 10 年内，每年都将会有海外投资项目。

（二）目的地逐渐多样化，但仍主要集中于美国、欧洲等发达国家和地区

2014 年，我国海外并购遍布全球 150 余个国家和地区。除中国香港、英属维尔京群岛和开曼群岛外，民营企业海外并购还是主要集中在美国、欧盟两个地区，对东盟企业的并购也有所提升。造成这一现象的原因主要有以下几点：首先，伴随中国经济转型升级的不断推进，各类企业主体对提升技术、打造品牌的需求不断提升，而美国和欧盟在技术和品牌方面拥有显著优势，通过在当地开展纵向并购，民营企业可以获取所需技术及品牌，更好地拓展产业链，进而形成垄断优势；其次，我国民营企业的主要出口市场集中在欧美发达国家，通过对这些国家企业开展横向并购，民企可以在向这些优势企业学习先进管理模式和科学技术的同时，适度削弱市场竞争，从而更好地抢占市场份额；再次，金融危机发生后，大量欧美企业陷入经营困境，形成了有效的并购买方市场，为民营企业在当地开展并购提供了良好契机，使企业能够以较低的成本并购部分海外企业。以纳通医疗为例，公司在 2010 年就以极低的价格收购了陷入经营困境的挪威骨科

材料公司 INION，获得良好成效。

（三）私募股权投资公司开始加速进入海外并购领域

根据普华永道的数据统计，近年来，我国私募股权基金开始大规模参与海外并购活动，活跃程度显著提升，2013 年参与了 25 宗海外并购交易，到 2014 年，这一数字就上升到 49 宗，同比增长近一倍，交易金额也在 2014 年达到历史新高，合计 143 亿美元，同比增长 1300%。就私募股权的投资重点领域看，消费导向性行业受到了各类私募的青睐。随着我国居民消费水平的不断提升和中产阶级的日益壮大，消费对我国经济的拉动效应将日益重要，健康农产品、高科技产品、高端消费品等领域的未来需求空间广阔，因此，大量私募股权公司开始注重对这些领域的投资并购。复星国际就先后收购了意大利顶级男装生产商 CarusoSpA 及希腊珠宝商 FolliFollie。弘毅投资则收购了英国餐饮连锁 PizzaExpress，创下了欧洲近 5 年餐饮行业交易规模之最。2014 年 2 月，弘毅注资美国好莱坞 STX 电影工作室，成为中国在好莱坞投资的第一人，同年 4 月又投资了美国云服务平台公司 Deem。由此可见，私募基金已经从过去的并购资金提供者以及海外并购技术咨询支持者转向操盘主导海外并购者。

（四）经验日渐丰富，融资渠道更加国际化和市场化

随着民营企业"走出去"步伐的不断加快，其海外并购的经验也更加丰富，从而使得企业能够以更灵活的方式获得并购融资支持，显著降低资金使用成本。部分企业通过在国际证券市场进行二次配售，发行海外债券，引入 PE 投资等方式获得并购所需资金，取得了较好的成果。如弘毅资本收购 PizzaExpress 所需的 15 亿美元资金主要就是通过与国际投行合作，由摩根大通给予收购贷款承诺，在伦敦债券资本市场融资所募集的，摆脱了以往主要依靠中资银行提供信贷资金支持的模式。未来，伴随着民营企业经营运作的不断成熟和日益规范，企业海外并购将更加娴熟，并能够通过

多种形式获得灵活的资金支持。

三、民营企业海外并购的问题

尽管民营企业近年来海外并购数量不断提升，并购操作手段日趋灵活，取得了骄人业绩，但民营企业受制于政策支持、经营规模、制度规范等方面的限制，在海外并购方面仍存在着诸多问题。

（一）审批流程复杂，并缺乏相应的海外投资保护政策

尽管在新修订的《境外投资管理办法》中对企业海外投资实行"备案为主、核准为辅"的管理模式，在一定程度上缓解了民企海外投资审批难的问题。但根据现行规定，民营企业海外并购还需有发展改革部门和商务部门的双重核准，在外汇资金使用方面还受到外管部门的严格限制，涉及不同行业的还要跨部门会审会签。虽然目前已逐步下放审批权限，但重复审批的问题实际并未解决，加之原有的审批范围、程序等没有根据形势及时进行调整，使得企业海外并购仍面临"层层解释、多头汇报"的窘境。企业海外并购审批流程过于复杂，增加了企业开展跨国并购的难度。此外，当前我国海外并购的管理体制更注重事前审批，而对于并购后的监管服务则相对缺乏，并缺乏适合民营企业海外投资保护政策。目前我国已经设立中国出口信用保险公司对海外投资进行承包，但其主要还是针对符合国家政策导向的重点项目，承保范围较小，限额较低，费率较高，无法满足民营企业的实际需要，增加了民企开展海外并购的难度。

（二）尚处于初级阶段，并购能力亟待提升

虽然民营企业海外并购意愿和能力日益增强，但总体而言，民营企业对外投资仍处于初级阶段，对海外市场缺乏了解，面临一系列海外并购难

题。首先，民营企业海外并购普遍缺乏总体战略布局，具有一定的盲目性。民营企业往往缺少国际化发展战略，盲目并购必然会导致投资受挫。其次，民营企业普遍面临并购时的出价、谈判等难题。由于企业对并购交易相关信息掌握不全面，缺乏充分的调研及中介机构支持，民企在并购时通常无法给出合适的收购价格，极易出现开价过低错失并购机会和开价过高造成经济损失等现象，如 2013 年双汇在收购史密斯菲尔德时就曾遭遇报价难题。再者，并购后的整合问题也是造成并购受挫的重要原因。不同国家在文化制度、行为习惯方面的差异会导致两国企业难以有机地融合，进而影响并购效果。我国民营企业普遍缺少专业的跨国经营人才，这也是制约企业海外并购的重要因素。

（三）融资难问题依然是民营企业海外并购中所面临的主要障碍

企业融资渠道匮乏、融资成本高严重制约民企"走出去"。尽管近年来有部分企业尝试通过国际市场寻求并购资金，但由于语言不通、融资标准高等问题，大量民营企业仍旧无法通过这一途径开展募资。而境内银行通常也无法为民企海外并购提供有力的支持，导致目前民企海外并购主要通过抱团出资海外并购、动用企业自有资金、利用国内私募基金 3 种方式进行融资，融资额度相对较小、成本较高，使得企业财务杠杆和经营风险大幅提高。国有企业可以借助地方政府出面协调境内银行以内保外贷的形式获得充裕资金，但民营企业在现阶段下，依旧无法享受和国企同样的市场地位和待遇。总之，资本市场的发展滞后无法为民企海外并购提供有效的融资方式，极大制约了民企海外并购的步伐。

（四）忽视并购项目的背景调查，对中介机构的利用有待加强

海外并购是一项非常复杂而且技术性强的系统工程，而我国民营企业跨国经营时间普遍较短，还未形成成熟的并购经验及模式，普遍没有借助各类专业机构指导自身海外并购的意识，从而缺乏对被并购目标企业的充

分调研及对企业所在国的全面了解，极易导致目标企业选择错误，形成并购风险。以 2009 年四川腾中收购悍马案为例。悍马由于高耗油率的问题在美国国内早已不受欢迎，在 2009 年就已接近停产。腾中没有了解这一情况，急于作出并购决定，结果蒙受很大损失。在实施海外并购之前，调查并购目标企业经营状况及所在国政治人文环境，对于企业海外并购至关重要。

四、推动民营企业海外并购的建议

针对民营企业海外并购存在的问题，继续推动中国民营企业规范、有效地开展跨国并购，完成民营企业国际化经营布局，应该加强和改进以下几方面的工作。

（一）进一步完善海外投资相关立法，简化审批程序

应进一步明确国家发改委、商务部和相应地方各级主管部门的职责划分，根据企业规模、并购项目金额及项目所属行业确定企业申报行政审批的主管部门，避免多重审批，多头管理。对于一些并购规模小、不影响国家安全及经济稳定的海外并购项目，交由省级商务主管部门备案即可。对海外并购中涉及的审批程序、外汇管制、保险支持、税收政策等问题在法律上予以明确，制定规范的操作方法及程序，给予民营企业必要的海外融资权，进一步放松对民营企业的外汇管制，并为民营企业海外并购提供必要的保障机制，完善海外投资保险制度，提供适合民营企业的海外投资保险产品，为民营企业海外并购提供更多信息监管服务，确保民营企业海外并购健康有序发展。

（二）加强中介机构及政府相关机构对民企海外并购的服务能力

与国外金融、会计、保险、法律、咨询等中介机构相比，我国这类中

介机构在项目寻找、财务解决、工程咨询、保险提供等方面都严重滞后，无法为企业提供高质量的中介服务。我国应积极推动境内中介服务机构"走出去"，推进中介机构的国际化进程，尽快打造一批具有一定国际美誉、高水平的跨国并购中介服务机构。一方面加强同国际知名投资银行、会计师事务所、律师事务所等中介机构的合作交流；另一方面大胆拓展国际市场，在完善自身国际化业务的同时为国内企业提供高质量的服务。政府还应充分利用海外的机构网络，进一步加强为企业提供对外投资信息咨询服务的能力，建立完善的情报体系和信息网络，尽可能掌握各国、各地区被列入破产倒闭和需要并购的企业情况，以便为我国企业提供全面而可靠的信息，帮助企业进行项目评估，从而准确进行并购决策，在跨国并购投资中取得更大的主动性。同时，应进一步发挥驻外机构的信息采集和商务联络功能，提升《对外投资合作国别指南》的公共服务功能，加强海外中资企业商协会的影响力，为民营企业提供可靠的并购信息，协助投资企业尽快融入当地经济社会。

（三）拓宽民企海外并购的融资渠道，提升企业融资能力

我国民营企业在进行跨国并购时，尚处于初级阶段，力量较弱，政府应加大对民企海外并购的融资支持，鼓励国家开发银行、中国进出口银行及各大商业银行扩大对民营企业境外并购的融资支持，扩大贷款规模，提升优惠幅度，对具有战略性意义的民营企业海外并购给予更多支持，降低准入门槛。有效利用中非发展基金和非洲中小企业发展专项贷款，加强对民营企业的支持力度。鼓励具备一定规模的民营企业、领先企业和金融机构共同合作，发起设立针对民营企业中小型境外并购的小额贷款公司。引导民营企业利用国际化的融资渠道，利用境外资金开展海外并购活动，支持有条件的民营企业在境内外上市融资，发行人民币和外币债券，以获得充足资金。

（四）加强海外并购能力建设，多层次、多角度进行系统准备与应对

首先，在战略层面上，民营企业应制定科学的海外并购战略，这是并购成功的基本前提。企业要根据自身的发展规划，明确企业国际化目标，科学制定海外并购战略规划，确定合适的并购时机，充分做好并购后的协同效应预测。其次，在战术层面，民企首先要选择合适的并购目标企业，综合考虑目标企业的出售动机、经营状况、未来发展及并购后的整合效应等。尤其要注意对目标企业出售动机的研究，对于财务性出售，如果目标企业在收购达成前解决了财务困境，那么企业很有可能单方面撕毁条约，对于战略性出售，企业则要抓住机遇。再次，企业还要做好国际公共关系工作，避免来自社会、政治及文化方面的利益冲突干扰。虽然民企的海外并购是市场行为，但极有可能受到来自歧视、偏见、政治因素等非市场因素的阻挠，如华为收购三叶就因为所谓的安全问题未能通过美国政府的审查。最后，企业要尽早聘请专业的中介机构进行充分的事前调查，为企业并购提供专业的咨询建议，同时依靠投资银行提供最优化的并购财务方案，降低财务成本，通过律师事务所履行相应法律程序，降低并购法律风险。在完成收购后，还要有效地开展并购后的整合工作，综合考虑多种因素，降低整合成本。

（五）抓住"一带一路"倡仪带来的机会，开展对沿线国家的投资并购

随着丝绸之路经济带和21世纪海上丝绸之路（即"一带一路"）战略的进一步推进，我国与沿线国家的经济合作将不断深化，投资并购机遇也将大量涌现。民营企业应该抓住这一重大机遇，更好地实现国际布局。2015年将成为我国对外投资具有里程碑意义的一年，预计本年度我国对外投资将超过吸收外资，成为净投资国。随着"一带一路"政策红利的逐步释放，基建、装备制造、农业合作等行业投资机会将显著增加。我国

在高铁、航空、核电、通信等高端制造业领域的全球领先优势愈发明显，这些企业对外并购具有更有利条件，前景更加广阔。加强与周边国家的互联互通是"一带一路"倡仪的重点推进工作，国内产能饱和与沿线国家的现实需求为相关产业"走出去"提供了现实与潜在发展空间，随着这些优势产业和富余产业的转移，将带动高科技和农业食品等领域的并购。在"一带一路"倡仪的大背景下，民营企业应结合自身优势，积极寻求对外投资并购机会，实现企业的发展壮大。

中国民营企业海外并购加速崛起。在国家政策的支持与引导下，未来将有更多的民营企业加入海外投资的队伍。随着政策的不断完善，民营企业将获得更多政府对跨国并购的支持。企业要做好国际化规划，利用自身体制灵活、决策迅速等优势，抓住机遇，合理进行全球布局。企业要加强自身并购能力建设，提升核心竞争力，更多地利用中介机构在海外并购方面的信息及资源优势，借助多种资源降低并购风险，最终实现企业在全球范围内的资源优化整合和完善网络布局。

（商务部研究院　何明明）

中国民营企业对外投资非商业风险及防范措施

自 2000 年以来，伴随着中央推动中国企业"走出去"战略的实施，中国逐渐成为世界瞩目的新兴直接投资来源地。2013—2014 年度，中国企业特别是民营企业的对外投资驶入快车道，呈现出"爆发式"的增长态势。与此同时，中国民营企业对外投资面临的风险也日益突出，特别是除传统的商业风险外，非商业风险所占的比重逐渐上升，成为影响中国民营企业大步走出国门和对外投资无法绕过的一道坎。

一、非商业风险概述

近年来，中国民营企业对外投资遭遇的非商业风险，部分地反映着中国民营企业对外投资的趋势。

（一）对外投资急剧增长

2013 年，受全球经济缓慢复苏和国内经济产业结构优化升级影响，中国企业对外投资延续近年来的高增长态势，表现惹眼。根据商务部统计数据，中国境内投资者 2013 年共对全球 156 个国家和地区的 4 522 家境外企业进行了直接投资，对外直接投资流量为 1 078.4 亿美元，同比增长22.8%，蝉联全球第三大对外投资国。对外投资存量也达 6 604.8 亿美元，排名从 2011 年全球第 17 位上升至 2013 年的第 11 位。联合国贸易与发展组织投资和企业司司长詹小宁曾公开表示：未来几年，中国对外投资将会出现一个质的飞跃。对中国而言，继续加大对外投资力度，已成为经济持续发展、再上台阶的必然要求。2013 年 11 月，党的十八届三中全会在《中共中央关于全面深化改革若干重大问题的决定》中明确把"走出去"确定为构建开放型新经济体制的新举措。2013 年年底，国务院修改了《政府核准的投资项目目录（2013 年本）》，进一步放宽了对外投资审批的限制。

在上述新举措的带动下，2014 年中国企业对外投资继续保持强劲势头。据商务部统计，2014 年中国非金融类对外直接投资为 1 029 亿美元，同比增长 14.1%。其中尤为引人注目的是，中国民营企业对外投资在 2014 年呈现出爆发式增长态势。据普华永道会计师事务所的统计数据：当年前三季度，民营企业海外并购交易数量达 120 宗，是国有企业数量的两倍之多。在前三季度国有企业海外并购交易金额首次出现下滑的背景下，民营企业海外并购交易金额却逆势而上，同比增长超过 120%，成为中国企业海外并购活动中越来越重要的力量。中国商务部 2014 年 10 月曾大胆预测：中国对外投资的一大发展趋势是民营企业将逐步取代国有企业，成为"走出去"的主力军。2015 年 1 月，商务部统计数据则显示，2014 年民企海外投资占到中国企业对外投资总额的四成。经过多年市场磨练，越来越多的民营企业已经积累了相当的国际化经验。部分民营企业已成长为具备全球视野、有能力整合全球资源、拥有核心竞争力的跨国公司。普华永道会计事务所的 2014 年前三季度统计报告称，中国民营企业已经开始向亚洲等新兴市场转移生产基地以及开发新型市场。它们开始更多地专注于高科技、电信和零售等行业，寻求更为多元化的投资机会。因此，随着民营企业将目光更多地投入国际市场，2015 年中国企业对外投资或仍将持续走高并愈发呈现多元化趋势。

（二）遭遇境外安全风险急剧增多

据不完全统计，2014 年上半年中国企业对外投资有六大项目遭遇不同程度的政治风险：希腊激进左翼联盟组成新政府，放言"重新评估与中远集团的合作"，所幸有惊无险；中国铁建牵头的中墨企业联合体中标墨西哥城至克雷塔罗高铁项目被取消，重新招标被无限期"搁置"；仅次于"迪拜龙城"的中国海外第二大综合商城"坎昆龙城"项目，被墨联邦环境保护署借口"触犯环保法规且长期欠缴罚款"下令全面停工；菲律宾政府借口"国家安全考虑"，中止中国国家电网参与菲律宾电网运营，中国国家电网在菲律宾的投资项目陷入尴尬；山东高速集团与香港富泰资产公司合组的共生财团收购位于法国西南部的图卢兹机场 49.99% 权益，引发图卢兹市民团体、工会和当地民选绿党官员联合诉讼；油价下跌致委内瑞拉财政状况持续恶化，中国作为委最大债权国，多年对委投资和贷款势成骑虎，风险剧增；斯里兰卡政府换届，新政府叫停中国交建投资的斯港口项目，接受调查，斯新总统访华后，经过我最高领导人直接做工作，斯方态度才有所缓和。由此可见，中国企业"走出去"的道路并非一帆风顺，遭遇的风险特别是非商业风险情况复杂而多变。特别是与国企、央企相比，民营企业规模较小，抗风险能力较弱。因此，如何在抓住机遇的同时趋利避害已成为民营企业对外投资亟待解决的一道难题。

二、非商业风险分析

相对传统的商业风险，非商业风险成因复杂、形式多样、事发突然且破坏力大。一项关于中国企业非金融类对外直接投资非商业风险指数的研究结果表明，以政治风险和文化差异风险为代表的非商业风险常常是导致民营企业对外直接投资失败的主要原因。此外，安全风险和自然灾害风险尽管发生率较低，其巨大的破坏力依然使这两种风险在风险指数排行榜上位居前列。因此，探究中国民营企业对外投资非商业风险防范的成因，以下 4 种风险类型将是重要的参考和考察指标。

（一）政治风险

政治风险是投资风险中的重要组成部分。西方发达国家对政治风险的研究由来已久。20 世纪 80 年代初，政治风险分析作为一项专业服务就已在美国蔚然成风，而且随着时间的推移和越来越多的具体实践，政治风险的内涵也在不断扩大。相比之下，中国民营对外投资遭遇的政治风险又呈现出鲜明的"中国特色"。其原因，一是相对于西方发达国家，中国企业对外投资是"后来者"。无论是在投资机会选择还是市场机会开拓方面，都处于不利地位。因为优质资源都被发达国家的企业所占据，中国民企不得不到那些政治风险高、社会制度体系不完备、经济发展水平低、投资环境较差和基础设施匮乏的国家去寻找机会。这些国家往往存在或暗藏各种各样的政治风险。二是随着中国综合国力不断增强，国家利益不断向全球扩展，国际影响力不断提升，西方发达国家和一些敏感的中小国家对中国企业投资日益敏感，担心中国借机扩大地缘政治利益，引发地缘政治风险。有统计认为，中国企业特别是民营企业"走出去"，70% 以上不赢利，最主要原因就是在东道国面临的各类政治风险。首先是中国持续崛起引发的地缘政治风险，其次是当地政局变化和政府换届引发的政策变化。

案例之一：中坤集团冰岛购地风波。2011 年，中坤投资集团计划在冰岛购买土地，以修建豪华酒店和生态度假村，不料却遭到冰岛方面的拒绝。原因是西方媒体大肆渲染炒作该集团董事长黄怒波的官方背景（黄下海前曾在中央部委任职），冰岛政府遂担心中坤投资集团的购地计划有可能成为中国政府实现地缘战略利益的掩护，进而威胁冰岛国家安全。经多方努力，2013 年 3 月，中坤投资集团董事长黄怒波才公开表示冰岛购地计划将要"出现转机"。

中坤集团投资遭遇的地缘政治风险还直接与北极地缘竞争相关联。进入 21 世纪，受全球气候变暖的影响，北极地区资源开发和航道商业运营的重要性日益凸显。2007 年俄罗斯在北极点海底插旗，引发环北极国家（指加拿大、丹麦、芬兰、冰岛、挪威、瑞典、俄罗斯和美国）纷纷加强在北极地区的军事部署，以强调本国在该地区的利益存在，这使北极逐渐成为国际政治的新热点。近年来，中国企业特别是民营企业以积极姿态介入北极地区资源开发，引发北极国家的不同反应。一方面，北极国家需要中国这个庞大的市场，而且把中国企业引入北极有利于增强它们的声索力；另一方面，挥之不去的冷战思维又使北极各国对中国企业的介入存有隐忧。中坤投资集团的购地行为便引发西方媒体铺天盖地的反对声浪。冰岛政府两年来举棋不定，也成为北极国家矛盾心理的最好诠释。

案例之二：华为集团被禁投标澳大利亚宽带网。华为集团本欲投标澳大利亚宽带网，但被澳政府借口"威胁国家安全"禁止。澳大利亚禁止华为投标，既有担心中国威胁其国家安全的心理作祟，也是配合美国实施重返亚太战略、追随美国"拒绝"华为的必然结果。尽管该短视行为遭到包括澳当地媒体在内的多方批评，但吉拉德政府依然不改初衷。

案例之三：江苏江阴市三元钢铁利比亚历险。如前所述，中国民营企业投资地多属不发达或欠发达地区。因此，除地缘政治风险外，东道国不时发生政局变动和政府换届，往往伴随投资政策和对外企态度变化，影响中国民营企业投资安全，有些企业因此遭受巨大损失，甚至血本无归。

三元公司主营废旧钢铁回收及重炼业务。2007 年 3 月，三元钢铁与利比亚卡扎菲政府签订投资协议，成立年产量 5 万吨的三元钢铁利比亚分公司，后追加为年产 30 万吨。为保证生产顺利进行，三元钢铁负责人在利比亚想尽办法拉关系、拜山头，同时招募一定比例的利比亚工人，力图把自身打造为符合利比亚劳工政策的外国企业；向政府部门官员赠送 mp3、花茶等小礼品，联络感情拉近距离；与卡扎菲的堂弟搞关系，以便背靠大树好乘凉。通过上述公关举措，三元钢铁利比亚分公司顺利投入生产，2011 年年初已经基本收回成本，预计年底可完全收回成本并有分成。然而天有不测风云，利比亚政局发生动荡，西方国家强力介入，特别是随后针对卡扎菲政权的战争，迫使三元钢铁于 2011 年 2 月撤离利比亚。战争结束后，利比亚因战后重建急需大量钢材，三元钢铁又从中看到巨大商机，再赴利比亚投资。然而祸不单行，2014 年 7 月利比亚政局风云再起，中国驻利比亚领事馆发布紧急通知，要求中资企业撤出利比亚。在使馆反复劝说下，三元钢铁无奈再别利比亚。据三元钢铁管理人员称，第二次撤离给三元钢铁造成不小经济损失。

三元钢铁案例反映出在高危地区投资的中国民营企业安全意识淡薄、富贵险中求的侥幸心理。尽管在首次赴利投资过程中，三元钢铁表现出较强的风险意识，积极寻求各方力量为其生产保驾护航。但终因安全风险管控预案缺失，特别是在卡扎菲政权的突然崩溃后束手无策，无奈只能慌忙撤出利比亚。卡扎菲政权倒台后，利比亚基本陷入无序状态。国家政局不稳，缺乏稳定的政治和经济秩序。面对此情此景，三元钢铁既没有总结上次的经验教训，更没有在二次投资之前进行专业的投资安全风险评估，"明知山有虎，偏向虎山行"，再次奔赴利比亚，最终再遭打击，无奈铩羽而归。

相对投资国的剧烈政局变动，因政府换届带来的政治风险较小，弹性和回旋余地也较大，但其风险损害同样不容低估，一样使中国企业遭受重大经济损失。例如，由中资企业投资的斯里兰卡科伦坡港口项目，就曾因斯政府换届而遭遇长时间搁置。经过多方交涉，被叫停的项目直至 2015 年 3 月才得到部分恢复。

（二）安全风险

作为世界投资领域的"后来者"，中国民营企业不可避免地对高危投资地"情有独钟"。美国《纽约时报》曾以数据图的方式指出，中国企业对外投资有风险偏好，当今世界风险最高的前 10 个国家，中国在其中 5 个国家是最大投资者。

在风险偏好投资模式下，投资所在地不良政治和社会环境，必然导致在当地中国民营企业遭遇巨大安全风险。尤其是，随着我国民营企业走出国门步伐加快，越来越多私营企业主、个体户也搭乘"走出去"的顺风车，出国淘金。但这些私营业主、个体户往往说走就走，行前对投资地知之甚少，更未接受正规安全培训或咨询，普遍存在风险防范意识淡漠、防范措施缺位、对投资国内政不了解等现象。近年，针对中国境外务工人员的绑架伤害、暴恐袭击案件频发，数量猛增。这种直接以人身伤害为特点的风险也就成为民营企业在对外投资过程中面临的安全风险的主要表现形式。

案例之一：中国民企点线科技公司遇袭颇具警示意义。2014年2月，位于赞比亚首都卢萨卡郊区的中国民企点线科技公司遭遇4名持枪歹徒袭击，造成中方员工一死六伤的惨剧。点线科技公司系河南家族企业在赞投资设立，遇袭中方员工均来自河南。赞比亚因长期经济落后、贫富悬殊、枪支泛滥，社会秩序混乱，刑事案件频发。点线科技公司身处治安状况极差的赞首都卢萨卡郊区，既没有警察护卫，也没有雇用当地保安，更没有配备枪支傍身，防范措施严重缺位。与之形成鲜明对比的是，跟它毗邻的一家浙江民营企业则因备有枪支而躲过一劫。

案例之二：华裔女老板母女菲律宾遇袭案同样发人深省。2014年5月22日，菲律宾南部巴西兰省伊莎贝拉市一家歌舞厅女老板林某及其女儿遭遇绑架。绑匪将林氏母女带到停泊在附近港口的一艘快艇上驶离，随后要求人质家属支付赎金3 000万比索（折合人民币400多万元）。事发后，伊莎贝拉市市长立即发布命令，要求安全部队采取一切可能措施营救两名受害者，当地警方和安全部队随即展开追捕行动。迄今未见下落。林氏母女于1994年赴菲，偏偏选择鱼龙混杂的娱乐业为投资对象。在菲经营娱乐行业并非易事，需打点多方关系，与当地政界、警方利益均沾方可行事。当地媒体曾分析，林氏母女之所以遭遇绑架，或为各方利益分配不均而惹祸上身。

另外，这些奔赴海外的私营企业、个体户们一般生活在投资国的基层，独立经营，缺乏主动联系中国驻当地领事机构的意识，因而无法及时接受我驻外机构定期发出的安全预警，在缺乏可靠的政治保护和依托的情况下，他们特别容易招致暴恐袭击和绑架伤害。

(三) 文化差异风险

落后地区和一些发展中国家也是中国民营企业遭遇文化差异风险的高发地。作为投资目的地，一些发展中国家的政治、法制、社会等项制度尚待完善，无法发挥过滤网的作用。中国民营企业轻而易举就可进入投资市场，对某些深层次社会问题，中国投资者初来乍到，也难以及时察觉。随着时间推移，潜在的社会问题便容易累积发酵，突然爆发，给投资企业带来颠覆性的后果。近年来，中国民营企业对外投资遭遇的文化差异风险尤为吸引眼球，主要涉及社会责任、环保责任、民间组织和媒体等方面。

案例之一：紫金矿业秘鲁历险惊魂。2007 年 4 月，我国紫金矿业、铜陵有色、厦门建发联合组成紫金铜冠投资有限公司，联合收购了英国蒙特瑞科金属股份有限公司 89.9% 的股权，实现了对其全资子公司——秘鲁特大型矿床白河铜钼矿的控制权。2008 年 12 月，紫金矿业从秘鲁政府获得开发白河铜钼矿及周边地区矿业的特许权。当地时间 2009 年 11 月 1 日凌晨 3—4 时，紫金矿业秘鲁白河铜钼矿勘探营地遭遇不明武装团伙袭击，大约 15—20 名武装分子闯入矿区，肆意纵火，并向两名保安人员开枪射击，造成两名当地执勤保安和一名营地主管死亡，营地其余人员安全转移。经调查，秘鲁政府认定此次袭击系当地极端反矿人士所为。

紫金矿业钼矿勘探地遭遇极端反矿人士袭击，归根结底是紫金矿业在对秘鲁国情不甚了解的前提下贸然投资的结果。作为发展中国家，秘鲁政局还算稳定。为鼓励外国投资者到本国从事资源开发，秘鲁政府曾颁布一系列优惠政策。在紫金铜冠完成对白河铜钼矿母公司的收购后，紫金矿业就进入秘鲁矿业市场。由于缺乏专业机构提供国别投资风险评估和项目投资风险评估的智力支持，紫金矿业的投资行为犹如盲人摸象，忽视了当地复杂的社会问题对投资的影响。其实，矿产所在地社区和土著居民一直强烈反对秘政府鼓励外国投资者的做法。他们认为，政府罔顾国民利益，纵容外国企业"掠夺"宝贵资源。他们抱怨这些外国投资者破坏当地居民生活环境，又拒绝与社区分享所得利益。早在紫金矿业遭遇袭击前，秘鲁多个矿业项目就曾因社区反对而搁置，甚至发生冲突事件。根据秘鲁法律，社区居民和土著人权益都受到保护。作为选票的重要来源，社区居民和土著人的意愿也能影响秘鲁政府。因此，袭击发生后，秘鲁政府只负责调查袭击真相，对社区居民和土著人的反对则无能为力。紫金矿业的勘探开发被迫陷入停滞。

事件发生后，紫金矿业及时总结经验、吸取教训，调整投资策略，主动承担起对白河铜钼矿周围社区和土著居民的社会责任，包括努力克服文化差异，熟悉当地政治、法律体系，改善与社区民众关系，提高他们对项目的接受度等等。该公司的努力最终获得回报，在 2011 年中秘建交 40 周年庆祝会上，紫金矿业被秘鲁驻华大使馆授予"加深中秘友谊特殊贡献奖"。随着投资环境的改善，紫金矿业白河铜钼矿勘探工作业已结束，开发工作正在展开。

案例之二：墨西哥龙城项目风波。相对紫金矿业案例遭遇的社会责任，墨西哥坎昆龙城案例则是涉及环境责任的典型。坎昆龙城是由中国和墨西哥企业共同投资兴建的拉美地区规模最大的中国商品集散中心。项目选址位于全球知名的海滩旅游胜地坎昆附近，环境非常优美。2014 年 8 月，墨西哥联邦环境保护监管局以"未取得联邦环评授权而开工建设"为由对坎昆龙城项目开出 724 万比索（约合 55 万美元）的罚单。监管局称，坎昆龙城项目投资者在一块湿地上建设公路，却从未提交土地使用的环境评鉴许可证，从未提交土地变更使用申请。此外，还砍伐 149 公顷红树林，触犯了生态平衡与环境及林业保护相关规章。监管局要求工程负责方立刻恢复被破坏的植被。坎昆龙城项目受阻。

本案例中，坎昆龙城投资者事先未能充分了解墨西哥环境保护监管局有关联邦环境授权的规定，在墨西哥环保部门的压力下，致使项目受阻。由于缺少针对国别和投资项目的风险评估，投资者对墨西哥政府对环境保护的重视程度一无所知。事实上，包括墨西哥在内的拉美国家普遍重视环境保护：一方面政府大力倡导，制定了严格的环境保护标准和政策；另一方面民众大力配合，环保理念已经深入人心。因此，中国民企赴墨投资，必须"入乡随俗"，企业的环保责任是不可僭越的红线。

案例之三：中企投资厄瓜多尔遭遇居民抵制。近年来，中国民营企业对外投资过程中与当地民间组织打交道的机会越来越多。许多大型跨国企业都乐于与投资地的民间组织开展合作，通过它们履行实践企业的社会责任。这已经成为国际通行的做法。然而中国民营企业囿于国情所限，缺乏与民间组织交往的经验。有些企业对民间组织存有偏见，主观上抵触甚至刻意回避民间组织。

2012年，由中企投资的厄瓜多尔第一家露天铜矿遭遇厄民间组织的反对。3月5日上午，多个民间组织联手冲击中国驻厄大使馆，希望引起中方注意。民间组织的矛头最初指向的是厄瓜多尔政府并非中国公司。这些民间组织在谴责政府不作为的同时尝试接触中国相关企业，但中国企业并未作出很好的回应，导致双方误判形势。民间组织遂采取了冲击大使馆这样极端的方式。倘若中国企业能够积极回应这些民间组织，与之展开必要的互动和沟通，结果可能就会有所不同。

案例之四：鄂尔多斯鸿骏投资柬埔寨万谷湖项目。除民间组织外，媒体的宣传力量也是不容忽视的一股势力。少数西方媒体受到政治经济利益等多种因素驱使，总是习惯性地放弃新闻媒体应有的客观立场，刻意报道有关中国的负面新闻。例如，2010年，柬埔寨苏卡库公司与柬政府签订了租赁开发合同，承担柬首都金边市中心万谷湖区改造建设项目。获得开发权后，苏卡库公司选定来自中国的民营企业鄂尔多斯鸿骏公司合作。因涉及土地产权、居民拆迁赔偿等多方面纠纷，苏卡库与鸿骏的合作协议公布后，当地居民多次举行抗议活动。"美国之音"等西方媒体借题发挥，以"柬埔寨人抗议中国公司拆迁"为题不分青红皂白炒作，声称中国投资对柬社会发展带来"负面影响"。相关报道激起柬埔寨居民的愤怒情绪，当地不明真相的民众把责任归到中国公司身上，并以抵制中国产品相逼要求解决问题。事实上，鄂尔多斯鸿骏公司只是投资方，并未涉及具体的拆迁事物。西方媒体的不实报道让中国公司蒙受了不白之冤。

总体而言，对外投资文化差异风险成因复杂，种类繁多，变幻莫测。社会责任、环保责任、民间组织和媒体力量只是中国民营企业这些年来遭遇较多的几种表现形式。发展中国家不完善的投资市场准入制度为文化差异风险的爆发埋下隐患，因各国具体情况不同，文化差异风险有多种表现形式。例如，在有特殊宗教信仰的国家，与宗教有关的一切事物也有可能成为触发文化差异风险的高压线。因此，对于投资地可能存在的文化差异风险，中国民营企业务必高度重视、谨慎对待。

（四）自然灾害风险

自然灾害风险主要指东道国特殊的气候与气象条件，引发自然灾害等等。根据其特点和灾害成因及减灾系统的不同，可以将自然灾害风险分为以下 7 类：气象灾害、海洋灾害、洪水灾害、地质灾害、地震灾害、农作物灾害、森林灾害。根据相关研究结果，中国企业海外投资自然风险发生概率仅为 0.01%。与其他类非商业风险相比发生概率较低，影响较小。然而自然灾害一旦发生，往往带来巨大经济损失。如 2013 年 1 月，莫桑比克洪水造成经济损失达 3 000 万美元。2013 年 8 月，巴基斯坦北部到南部城市卡拉奇骤发洪水，造成约 19 亿美元的经济损失。上述政治风险、安全风险和文化差异风险，在事前积极调研、咨询专业意见、寻求专业安全帮助，就能尽量克服或减少不必要的损失。但自然风险因其属性而较难预测，特别是一些突发的大规模灾害常常超出已有的预警能力，此类风险是最典型的不可抗类风险。此外，某些欠发达地区重大疫情容易引发普遍恐慌，使境外投资的中国民营企业蒙受非商业损失。

三、非商业风险应对措施

中国民营企业海外非商业风险应对是复杂的系统工程，需要官、民、商、学等各领域协同，发挥系统整体功能。

（一）要有世界眼光，跟踪世界政治、经济与安全形势的发展变化

对外投资的中国民营企业既要在商言商，也要在商思政。要及时把握世界和地区性地缘政治和安全形势的变化，避免贸然闯入高风险地区。也要跟踪投资所在国与中国双边关系的发展变化，熟悉中国对外经济政策法规，要把准大背景和主旋律，控制"走出去"节奏。

（二）增强风险意识，做好与风险共生共存的心理准备和物质准备

跨国经济行为与风险向来就是共生共存的一对孪生兄弟，中国民营企业对外投资行为亦不例外。民营企业必须清楚对外投资风险只可有限规避，无法完全回避。从事对外投资活动前，中国民营企业需审视自身实力，从心理和物质上做好准备。在非商业风险日益凸显的今天，中国民营企业应转变那种只考虑投资收益、市场风险、汇率风险、整合价值之类偏重于财务和经济回报的商业风险思考模式，对非商业风险有可能带来的投资损失、项目搁置、民众反对等后果，民营企业均应有充分的预估、预判和预案。

（三）加大安保投入，避免因小失大

中国民营企业赴外投资前，在投资目标国和目标产业的选择上应进

行周密的可行性调研，综合考虑产业优势、投资回报和安全风险。确定投资目标国和投资项目后，应做好投资风险评估，特别是针对国别和投资产业特点做好国别投资风险评估和项目投资风险评估。眼下，我国已出台高危行业提取安全费用的规定，但在财务制度中并未单列安全成本。民营企业也须积极推动会计制度改革，将风险成本纳入成本核算。依照发达国家的惯例，跨国公司对外投资安保费用约占投资额的 10% 左右。然而不少中国民营企业认为这样一笔投入花的是"冤枉钱"，也有民营企业心存侥幸，认为风险不一定会降临到自己头上。对中国民营企业而言，国外投资环境相对陌生。除传统的商业风险，政治、安全、文化差异、自然灾害等非商业风险层层叠加，复杂多变，稍有不慎就可能落得满盘皆输。因此，中国民营企业应加大安保投入，专款专用。做好风险评估，充分熟悉海外投资环境，宁可少赚，最大限度地避免或减少损失。

（四）强化队伍建设，优化安保机制

雇用专业的安保公司对身处高危投资地的企业员工进行安全培训、提供安全保护是欧美发达国家跨国公司采取的一贯做法。中国民营企业在安保方面投入的精力和物力相对较少，有的企业根本不知安保为何物。尤其是数量众多的私营个体户，经常在未接受任何安全培训的情况下奔赴高危地区。我国民营企业投资相对集中的国家有的政局不稳，有的派系斗争复杂，这些都对民营企业及其员工的安全构成严重威胁。因此，中国民营企业在"走出去"的同时应积极与国际接轨，加强境外务工人员的安全意识、安全知识技能方面的培训。设立专门的安全官员与我派驻投资国的领事保护机构、国内专业安全公司保持顺畅联络，遇到突发事件，及时寻求领事保护和专业救助。随时了解把握投资所在国的行业、政局、治安、疫情等日常警讯，做到先知先觉。

（五）加强纵横联合，避免行业内或中资企业间恶性竞争

孤立自处容易增加自身脆弱性，成为恐怖、盗抢、绑架等刑事犯罪的袭击对象。行业内和中资企业间恶性竞争尤其容易被人利用。相反，加强相互间联络沟通，抱团取暖，等于提前一步预警，多一层安全防护。尤其面对投资地各类黑社会，中资企业联合起来，至少能够互通信息，避免陷入孤立无助境地，遭遇各个击破。

（六）编织安保网络，发挥系统效应

客观上，中国民营企业"走出去"的大幕刚刚拉开，尚未像西方发达国家公司那样形成一整套成熟、流畅、全方位的对外投资安保网络。与此同时，中国国内安保行业受相关法律规定限制，更偏重于公共安全的保护，针对私人或企业提供的安保服务种类单一，个性化、国际化程度较低。中国民营企业在走出国门前没有形成良好的跨国安保服务消费习惯。因此，中国民营企业对外投资应学习并接纳发达国家跨国公司成熟的安保消费理念。以专业安保公司为依托，充分调动新闻媒体、学界专家等各方力量，构建个性化的安保网络，发挥安保系统效应。可与当地显赫部族、家族及各界名人建立联系，广植人脉。中国的安保企业也应积极投身于完善民营企业对外投资安保机制建设中，苦练内功，加速自身市场化和国际化进程，为中国民营企业对外投资保驾护航。

（七）完善风险预案，降低风险损失

正所谓"亡羊补牢，未为晚矣"。对中国民营企业而言，完善的风险预案是针对对外投资风险，特别是非商业风险的最后一道屏障。为了更有效地保护投资者的利益，减少风险损失，世界上的主要资本输出国都建立了海外投资保险制度。该保险通常由政府设立或政府资助建立独立的法人保险公司，为本国的海外私人投资承保政治风险，而不承担商业风险的保险

业务。中国人民保险公司、中国进出口信用保险公司已经开通了为中国企业对外投资提供海外投资保险的业务。而其他类型的非安全风险，中国民营企业仍需依靠专业安保公司在细致深入的风险评估方案基础上，针对投资目标国、投资项目和企业自身的特点，制定个性化、多元化的风险预案及善后措施，提前预警和规避风险，争取在风险来临后，能够妥善应对，将损失降到最低。

（北京顶针安全信息技术有限公司　王在邦）

中国传统优势产能与国际合作

中国经济进入新常态以来，产能过剩成了当下困扰中国产业结构调整和经济运行的突出矛盾。向外转移优势产能是缓解这一矛盾的一个有效途径。

最近一个时期，随着"一带一路"倡仪的实施，中国同巴西、哥伦比亚、秘鲁、智利、哈萨克斯坦、印度尼西亚、埃塞俄比亚、埃及、巴基斯坦等诸多国家在开展转移传统优势产能暨产能合作方面有了明显进展。国际产能合作已经成为当前中国对外经济合作的一个重要方面。

当前，中国正在由主要面向欧美市场出口劳动密集型产品，转向面向发展中国家、新兴市场出口高端装备制造产品、服务，以及资本、技术、标准的输出。推动中国具有规模、技术等优势的重大装备和优势产能"走出去"，可深化与扩大国际经贸合作，倒逼国内产业优化升级。

一、中国优势产能国际合作的形势与意义

(一) 形势

1. 中国优势产能国际合作的难度与机遇
目前，中国经济正处于真正的换挡期、结构调整阵痛期、刺激政策消

化期和产业结构升级转型攻坚阶段，各种不平衡、不协调、不可持续问题突出，并有陷入中等收入陷阱的危险。从供需结构看，消费对经济增长贡献率不断降低，投资效率也呈下降趋势。从产业发展潜力看，产业优化升级进展缓慢，钢铁、水泥、光伏、电力、电解铝、平板玻璃和船舶等行业产能过剩严重。产业创新能力和核心竞争力不强，战略新兴产业规模较小，环境污染形势依然严峻。

其次，西方国家推行再工业化战略，通过技术创新推动实体经济发展，给中国的产业转型升级带来挑战。此外，全球经济领域中的过度竞争也加重了中国解决产能过剩的难度。

然而，中国对外转移优势产能也存在有利条件。从主观因素看，中国拥有着全球最多的外汇储备和巨大数量的优势过剩产能，拥有基础设施及部分产业优势；从客观因素看，各类国家有吸收中国投资的需要，如新兴市场国家（尤其是非洲地区）的基础设施建设薄弱，发达国家由于陷入主权债务的泥潭，发展中实体经济面临资金不足而进展维艰，更难以拉动全球增长。中国正好可以借机利用外汇储备拉动全球增长，并通过资本输出带动向外转移优势过剩产能，以不断提升中国企业"走出去"的规模和内涵。

中国开展国际产能合作，体现了经济发展进入新常态的新优势。中国自 20 世纪 80 年代起从发达国家引进大量的产能，对经济发展起到了重大促进作用。经过几十年发展，中国已经成为世界产业大国。中国产业的突出优势是处于全球产业链中端，是高端技术与劳动力成本优势的集合，性价比高，符合发展中国家的需要和承接能力。高铁、核电等一大批产业，既有中国特色，也有世界优势，受到广泛欢迎。

中国开展国际产能合作，符合世界经济挖掘增长动力的迫切需要。当前世界经济仍处于国际金融危机后的深度调整期，复苏势头相当脆弱。推进国际产能合作，是应对世界经济下行压力的有效途径。同时，推进国际产能合作，也将促进有关国家科技创新，加快结构改革，为推动世界经济增长、促进全球贸易投资注入新的动力。

中国开展国际产能合作，也契合一些国家推进新型工业化的现实需求。国际金融危机充分暴露了过度发展虚拟经济的危险，各国纷纷聚焦实体经济，出台一系列制造业发展战略及规划。

2. 当前中国优势产能重点行业的现状

中国优势产能暨产能过剩行业在 10 年前就已经圈定。当时钢铁、电解铝、铁合金、焦炭、电石、汽车、铜冶炼行业产能过剩问题突出，水泥、电力、煤炭、纺织行业也存在着产能过剩的问题。中国国务院 2015 年 5 月 16 日发布《关于推进国际产能和装备制造合作的指导意见》，提到将钢铁、有色、建材、铁路、电力、化工、轻纺、汽车、通信、工程机械、航空航天、船舶和海洋工程等作为重点产能合作行业。

以钢铁行业的产能过剩情况为例：2014 年是中国钢铁业寻常而又不寻常的一年。寻常的是，中国钢铁业又走过了一个只有冬季的一年；不寻常的是，这一年中国钢铁业也发生了诸多非同寻常的事。中国钢铁第一省河北"壮士断腕"，5 年削减 8 000 万吨钢铁产能；山西知名民营钢企海鑫钢铁神话破灭；工信部公布钢企白名单，致使隐形多年的钢铁产能浮出水面；中国成为钢铁出口第一大国；"一带一路"刺激钢铁需求……

有官方数据显示，2014 年中国铁矿石进口量达 9.4 亿吨，预计 2015 年这一数字按照惯性将超过 10 亿吨。粗钢产量 2014 年超过了 8.2 亿吨，同比增长 1.67%。根据相关行业部门的统计数据，我国粗钢产能实际上已经接近 12 亿吨。与中国粗钢产量形成鲜明对比的是中国钢铁的需求量。据统计，2014 年我国折合粗钢消费量为 7.37 亿吨，同比下降 2.25%。在产量递增、需求量递减的严峻形势下，化解如此庞大的过剩产能，将是一项长期而艰巨的工作。

我国工业当前面临较为严重的产能过剩问题。传统产业过剩与新兴产业过剩并存。总量过剩与结构过剩并存。部分行业产能在总量过剩的同时，还存在着结构性过剩问题。由于行业之间存在千差万别，各行业内的产能过剩现象也各不相同。对重点行业，分门别类地对产能问题进行总量与结构性剖析，有助于深化对问题和矛盾的认识，正确提出解决对策，分类实施，有序推进。

（二）意义

1. 对中国的意义

"从经济意义来说，在本次危机前，我国的战略机遇主要表现为海外市场扩张和国际资本流入，我国抓住机遇一举成为全球制造中心。本次危机发生后，全球进入了总需求不足和去杠杆化的漫长过程，我国的战略机遇则主要表现为国内市场对全球经济复苏的巨大拉动作用和在发达国家呈现出的技术并购机会和基础设施投资机会。"这是 2013 年刘鹤在《两次全球大危机的比较》中强调的中国当前应抓住的战略机遇。这正是中国近期强调推进国际产能合作，装备制造业"走出去"的机遇所在。

以产能合作为契机，可以实现工业转型优化升级，并在现有传统优势基础上直接抢占国际产业链制高点。鼓励中国企业境外并购、投资以及产业转移，还可以加快人民币国际化进程，提高国内企业的海外竞争力，绿地投资还可以减少海外投资摩擦等等。

2. 对东道国的意义

这些国家多数是正在积极推进工业化的发展中国家。通过国际产能合作建设一大批紧缺实用的生产线，或是就地建设产业园区，进行资源深加工，延长产业链和价值链，带动合作双方中小企业和配套产业发展，是一举多得的好事。通过培育本土化的产业群，可以创造新的经济增长点。通过建设规模大、效益高的产业项目，可有力促进东道国招商引资，有效增加需求，积极扩大就业。通过加强当地基础设施建设，能够改善互联互通状况，缓解交通、能源、通信等发展瓶颈。

正如一些拉美、非洲朋友所说，开展产能合作为有关国家分享中国发展机遇带来新的契机，双方携手拓展基础设施、工业等领域产能合作，有助于推动实现地区整体发展繁荣，实现共同发展。

二、优势产能产业国际转移区域国别的选择

自国务院 2015 年 5 月初公布《关于推进国际产能和装备制造合作的指导意见》以来，国家发改委会同商务部等有关部门，正在督促相关部门、机构和地方政府抓紧制定相关的配套落实措施。正在制定中的《国际产能合作规划》将根据中国经济社会发展的总体要求，结合"一带一路"、双边基础设施互联互通、中非"三网一化"等，进一步明确国际产能合作的重点区域、国家和主要方向，为企业开展产能合作提供指导和帮助。

依照梯度转移理论，"一带一路"沿线的东南亚、非洲地区及拉美国家将是我国向外输出产能的主要承接地。中国对这些地区的产能合作显然有很大的发展空间。

（一）"一带一路"沿线国家

"一带一路"倡仪规划的推动是中国产业升级的必要，将有效化解国内产能过剩。丝路沿线的 64 个国家人口 30.5 亿、GDP11.52 万亿、人均收入 10 207 美元，市场空间大，消费能力强。"这些国家，比如哈萨克斯坦，很愿意承接中国的过剩产能"。

作为"一带一路"重点建设领域，产业、产能合作是中国和"一带一路"国家亮出的最重要的一张合作牌。一头连着活跃的东亚经济圈，一头连着发达的欧洲经济圈，途经 60 多个国家和地区，作为世界最大的经济走廊，"一带一路"倡仪谋划经济的共同发展。

"一带一路"将采取"点轴带动"发展模式，即通过核心城市节点，连接综合交通运输干线，并以其为发展轴线，带动经济带的发展。根据相关规划，将围绕已初步确定的包括南疆—巴基斯坦走廊、中亚跨国走廊在内的 4 条发展轴线，选择 30 至 50 个节点城市，根据自身发展优势和功能定

位，建立农业、工业、旅游等产业园区，形成"串珠状"经济合作格局。

目前优先发展的城市与城市群名录正在制定中，国内将主要是以西安为中心的关中城市群、以乌鲁木齐为核心的北疆城市群，并率先启动 50 个以基础设施建设为主的首期项目，积极推进亚欧路网中跨境骨干通道重点项目的建设。

在"点轴带动"发展思路下，"一带一路"未来发展轴线已进一步细化为包括中俄蒙、新欧亚大陆桥、中伊土、中巴在内的九大经济走廊，沿各经济走廊将建设重点产业园超 20 个。而海上丝绸之路的战略支点，除已公布的瓜达尔港、关丹港外，还包括西哈努克港、雅加达港等近 10 处。

20 余个重点产业园中，位于新欧亚大陆桥沿线的产业园区为"霍尔果斯经济开发区"、"哈萨克斯坦阿斯塔纳—新城经济特区"；位于中俄蒙经济走廊的则为"满洲里、二连浩特和绥芬河（东宁）、吉林延吉（长白）重点开发实验区"；位于中新（中南半岛）经济走廊的则包括"中码钦州产业园"、"马中关丹产业园区"、"印尼—中国综合园区"、"新加坡裕廊工业园区"等。

（二）非洲大陆

非洲大陆有 54 个国家，经济发展水平不一，政策不尽相同，但进入 21 世纪以后，联合自强、共谋发展成为非洲大陆主旋律，各国普遍进入快速发展期。中国越来越需要非洲，非洲越来越重视中国。非洲是中国外交战略的基石，是中国拓展发展空间的重要基地，是中国战略资源的重要保障地。

一方面，非洲市场可以为中国工业生产能力扩大释放空间；另一方面，非洲是中国劳动力密集型产业转移的最佳选择地。中国和非洲国家出于各自需要的产能合作迎来历史性机遇，将推动中非经贸关系在未来一段时间持续快速发展。

非洲有丰富的人力和自然资源，我们有非洲需要的资金、设备、技术、管理经验。中非产能合作既是中国发展的客观需要，也是非洲实现工业化、谋求自我发展的现实需求。经过 30 多年的改革开放，中国到了工业化中后期，产生了大量富余产能，积极拓展海外发展空间。而大多数非洲国家则处在工业化起步阶段，渴望引进这些产能，加快工业化步伐。它们对钢铁、水泥等产品需求旺盛，基本全部依赖进口。非洲希望借鉴中国发展的经验，提高经济自主发展能力，也期待中国发挥更大作用。

未来，中非互利合作，尤其是投资合作，将在产能合作的背景下加快发展。李克强总理去年访问非盟总部时提出，力争实现到 2020 年中非贸易规模达到 4 000 亿美元左右，中国对非直接投资存量向 1 000 亿美元迈进。中非产能合作由此迎来历史性对接。

（三）拉美地区

拉美地区看好的国际产能合作领域有：

1. 基础设施建设

拉美基础设施薄弱，且长期投资不足。据测算，为解决历史旧账，保障经济发展，拉美国家在 2012 年至 2020 年间，需在基建领域投资 3 200 亿美元，年支出规模应占其国内生产总值的 6.2%，而近 10 年，这一比例仅为 2.7%。

巴西已经连续 5 年处于经济低增长状态，非常希望在 2016 年里约热内卢奥运会之前，改善状况不佳的基础设施，包括公路、铁路、机场和码头等。此前巴西宣布，计划投入总额 657 亿美元，修建或扩建国内 7 500 公里公路，和 1 万公里铁路。墨西哥也表示，在 2013 年到 2018 年期间，预计在基础设施项目上的公共和民间投入，将超过 3 000 亿美元，其中 1/3 将用于电信和交通建设。

2. 装备制造业

大部分拉美国家过度依赖初级产品出口或旅游业。20 世纪 50 年代至 80 年代，拉美各国纷纷进入进口替代工业化阶段，关起门来发展民族工业，但成效不大。随后拉美开始去工业化，制造业急剧萎缩，占国内生产总值的比例从 1980 年的 27.8%，跌至 2009 年的 15.3%。拉美开发银行行长加西亚认为，拉美去工业化与当时国际市场初级产品价格长期维持高位有关，是资本过度向能源资源类产业集中，从而打击了制造业。如今，大宗商品价格回落，到了重振制造业之时，拉美国家应加强与其他国家产业合作，吸引外资，提升竞争力。

3. 中拉产能合作"3 乘 3"新模式

一是契合拉美国家需求，共同建设物流、电力、信息三大通道，实现南美大陆互联互通。中方企业愿与拉美企业一道，合作建设以铁路交通为骨干，贯通南美大陆，和加勒比各国的物流通道，以高效电力输送和智能电网连接拉美各国的电力通道，以互联网技术和新一代移动通信技术为依托，融合大数据和云计算的信息通道。

二是遵循市场经济规律，实现企业、社会、政府三者良性互动的合作方式。中拉都实行市场经济，产能合作应该走市场化路径，按照企业主导、商业运作、社会参与、政府推动的原则，通过合资 PPP 特许经营权等方式，进行项目合作，让有关项目尽快落实。

三是围绕中拉合作项目，拓展基金、信贷、保险 3 条融资渠道。中方将设立中拉产能合作专项基金，提供 300 亿美元融资，支持中拉在产能和装备制造领域的项目合作。中国愿同拉美国家扩大货币互换及本币结算等合作，共同维护地区乃至世界金融市场稳定。从资源对接，到市场对接，再到资本对接，中拉经贸合作，正由过去以贸易为主的单一引擎模式，向贸易、投资和金融三大引擎同步牵引模式升级。

近年来，中拉贸易大幅提升，从 2000 年的 126 亿美元，飙升至 2014年的 2 636 亿美元。截至 2014 年年底，中国对拉美的直接投资存量为 989亿美元。今年 5 月，国际货币基金组织预测，2014 年拉美经济增长仅为0.9%。同中国加强和扩大合作是拉美国家提振经济的一个重要外部因素。中拉合作潜力很大，前景广阔。

三、优势产能产业国际转移美日模式借鉴

产能合作应充分借鉴国际经验，尽量少走弯路。世界经济史上国际产能转移的大潮此起彼伏，法国、德国、美国、日本、韩国等都曾是产能转移的承接国和输出国。面对产能过剩的严峻形势，中国企业应借鉴美国和日本企业的做法，主动向外输出产能，将产能过剩的风险转化为推进经济全球化的机会。之所以选择美国、日本，是因为这两个国家一个市场化水平非常高，另一个市场发展和国家调控结合得比较好。

工业革命以来，日美等发达国家在产能国际转移方面形成了两种理论支撑的两种模式——美国"比较优势产业"转移模式和日本"边际产业"转移模式。从这两种模式，中国可探索出两条产能转移的路径。

（一）两种模式

工业革命以来，世界经历 5 次产能转移，基于产品生命周期理论和边际产业扩张理论，形成了两种不同的产业转移模式。

1. 产品生命周期理论与美国"比较优势产业"转移模式

美国雷蒙德·弗农的产品生命周期理论认为，一种产品与有生命的物体一样，具有诞生、发展、衰亡的生命周期。从 20 世纪 50 年代以来，美国产业转移出现了从"垄断→仿制→竞争替代→进口"4 个阶段演进。这种新产品的生产、出口通常由美国→加拿大、西欧、日本→有一定工业基础的新兴工业化国家（如亚洲"四小龙"）→发展中国家。在这种模式下，世界被分为两种类型的国家：一种是具有持续技术创新能力的发达国家，一种是没有技术创新能力的发展中国家。每种产品在其产品生命周期的不同阶段依次在这两种类型的国家生产并推动国际贸易发展。

2. 边际产业扩张理论与日本"边际产业"转移模式

日本产业国际转移走出了不同于其他资本主义国家的所谓"日本式道

路"。日本式对外产业转移是基于小岛清的边际产业扩张理论指导，对外直接投资应该从本国（投资国）已经处于或趋于比较劣势的产业（又称"边际产业"）依次进行。在区位选择上，应选择在国际分工中处于更低阶梯的国家或地区。战后日本通过 3 次产业大规模梯度转移，依次把成熟了的或具有潜在比较劣势的产业转移到亚洲"四小龙"、东盟诸国及中国东部沿海地区，形成了以日本为"领头雁"的产业链和贸易圈，塑造了"海外日本"的品牌。

3. 日美产业国际转移的不同特点

美国产能转移是为了获得垄断利润和占领世界市场，日本产业转移是为了获得自然资源和寻求低成本劳动力。两者不同主要表现在 3 个方面：一是选择的产业不同。"日本式"产业转移是从本国的"边际产业"开始依次进行。"美国式"产业转移是从"比较优势产业"开始的，即从垄断性的新产品开始的。二是产业转移主体不同。"日本式"产业转移主体，主要是中小型企业。"美国式"产业转移的主体一般是大型跨国公司，是将先进的尖端增长性企业向海外输出，是垄断企业发挥各种技术、资金、规模等垄断优势而进行对外扩张。三是经营方式不同。日本产业转移多采用合资方式进行。而美国大型跨国公司为了维持垄断优势、防止泄密，往往采取独资方式。

（二）"中国式"产业转移模式的两种选择

"走出去"是消化我国过剩产能的必然选择，中国产能海外拓展可走低端道路和高端道路两种模式。

1. 低端道路

通过"边际产业"向发展中国家转移，以获得资源、合理避税、消化过剩产能等多种利好。

一是将边际生产成本已递减的产业转移到东南亚、非洲、南美、东欧等国家，以消化过剩产能。现阶段，我们应该把在国际分工中处于更低阶梯的发展中国家作为中国"边际产业"转移的重点区域。钢铁、水泥、电解铝、平板玻璃、焦炭等产业边际生产成本已明显递减，对我们是负担，但对周边国家和其他发展中国家则是财富。

二是将出口依赖度较高的外贸产业向那些拥有出口免税区的国家转移，以合理避税。我国纺织、服装鞋帽、通信设备、计算机、化学工业等产业，对出口的需求依赖度高，应该将这类企业转移出去。目前非洲的摩洛哥、多哥、马达加斯加等国家拥有出口免税区，中国将外贸加工产业转移出去到这些国家，可以合理避税。

2. 高端道路

通过"比较优势产业"向欧美发达国家扩散，以获得技术、销售网络、规避"双反"和主权财富保值增值等多种利好。

一是中国"比较优势产业"投资发达国家实业，以获得全球销售网络。我国"比较优势产业"主要有两大类：一是我国具有的一些传统优势的产业，如中医中药、古典园林、传统食品等领域，这些都是我国专有的，任何国家都无法仿制、仿造。二是已具有世界知名品牌的产业，如在世界品牌百强已入选的 23 个品牌（CCTV、中国移动、工商银行、国家电网、海尔、联想、五粮液、中石化、鞍山钢铁等）。这些产业能够基于产品优势在发达国家市场上竞争。从国际环境看，目前欧盟应该是中国"比较优势产业""走出去"的最佳选择。与美国和澳大利亚相比，欧盟拥有先进技术、熟练劳动力、法律环境透明度较高的稳定投资环境，中国公司很少遇到审批麻烦。

二是通过委外加工、国外办厂的方式，规避"双反"压力。为规避"双反"，国内企业更是要向海外进行产业布局，通过委外加工、国外办厂的方式，应对来自贸易壁垒的挑战。如澳大利亚就是我国光伏优质过剩产能转移出处。由于澳洲没有光伏生产企业，中国企业不会面临与澳本土企业的竞争，不会产生类似欧美"双反"的贸易摩擦。

四、民营企业优势产能国际转移问题和对策建议

（一）民营企业优势产能国际转移常见问题

除了民营企业普遍面临的资金、人才、经验缺乏的老大难问题外，还要注意到以下三方面问题：

1. 商业习惯和项目规模不同

在国内操作项目，一般先要有详细的可研报告，方可立项。所以国内企业总是在向东道国方面要资料，而东道国总是在问你们要不要投资？其次是工业化规模差距很大，国内企业出于习惯，对生产规模的考量和计划往往比较远大，而东道国所能够提供的资料和数据，与支持这样大的考量与计划相差甚远，甚至都"上不了会"。结果是中国企业认为许多东道国的项目没谱，而东道国会觉得中国投资者没有诚意。

2. 文化和法律差异，信息不对称

许多东道国与中国的文化背景完全不同，国内企业往往带着国内的观念去外国投资，习惯性地以内地的视角去看待对方的事物。例如：中国民营企业到了东道国先找政府和当地官僚，殊不知许多东道国的政府和官僚根本没有中国政府那样的效率和执行力。结果往往是最初签约层面很高，接下来很难推进，有头无尾。加之，很多国家的法律法规有待完善，现在还无法让投资者"投资安心、经营开心、生活舒心"。还有，一部分国内企业接触不到足够的有用信息，不知道往哪里投，很多当地政府网站长期不更新。

3. 缺乏对当地原住民的意愿的关注

投资项目所在地的原住民是非常重要的因素。国内投资人关注点通常在东道国政府和地方官僚的意愿、有实力的合作者的意愿，而很少考虑当地原住民的意愿。而问题就会出在这里，原住民老百姓闹事背后的挑唆者

往往是那些官僚和当地合作者。如果事先考虑到这点，以很小的代价就可以安抚这些原住民，使得某些人无计可施。

（二）解决民营企业优势产能国际转移瓶颈的建议

1. 国家政府层面

第一，要充分考虑到民营企业面临资金、人才、经验缺乏的普遍性问题，协调企业对外产业投资要尽量"抱团出海"，并有序指导企业安排"产能走出去"。为此，政府需要制定国家层面的产能合作战略。

第二，政府要加强对企业的有效指导和培训，提高企业自信，使企业加深对东道国的法律、文化、规章制度等方面的了解。一些民营企业普遍反映，尽管政府有很多措施帮助企业产能出海，但企业仍不懂具体如何执行，主要问题是方法还不够得当，措施还不够细致到企业微观的层面。

第三，国家应有更优惠的措施，如在产能"走出去"方面设立专项基金，对民营企业进行融资上的支持。像在拉美地区，中国设立了中拉产能合作专项基金。

2. 民营企业自身层面

（1）研究和制定产能合作企业的战略目标和规划

我国的民营企业在对外投资产能过程中要具备战略意识，学习其他国家企业国际化走过的历程，并结合企业的特色，研究和制定"产能走出去"的战略目标和规划，防止盲目性。同时，企业应重视前期的调研工作，充分了解企业将来所面临的外部环境并审视企业的内部

（2）重视企业文化整合，学会主动融入当地文化圈和关系圈

民营企业在"产能走出去"之前应对东道国的经济、政治、社会情况进行深入的调研工作，充分尊重当地的宗教信仰、风俗习惯，并主动融入当地的文化圈和关系圈，进行企业文化整合。投资项目要由小到大逐步发展，最初投资规模和计划不要太大，先站住脚跟再图谋发展，以不断适应当地社会和经济等必须面对的各种复杂环境。

（3）树立社会责任意识和环保理念

履行社会责任，是企业发展的基础。对于民营企业"产能走出去"而言，更应当深化社会责任意识，还要考虑环境污染问题。不能污染东道国，要以符合或高于东道国的环境标准实施项目。尤其是对于"钢铁"、"水泥"、"玻璃"、"有色金属"等高污染高消耗行业来说，更需要将环境、社会等方面的议题融入到业务运营中，注重当地的民众声音，并采用有效方式与利益相关方沟通，承担应尽的社会责任。只有实现了经济效益和社会效益的双赢，民营企业才能在产能转移国树立良好的企业形象。

（中国民营经济国际合作商会　冯红成）

中国民营企业海外品牌研究

我国实行经济体制改革以来，GDP 持续高增长 35 年，已成为进出口贸易额最大的"世界工厂"和第二大经济体。期间很多民企品牌"走出去"开展国际营销，不同程度地锻炼和掌握了品牌竞争的技能。品牌是市场经济的必然产物，因竞争胜败或存或息。胜出的名牌给顾客良好的体验和深刻的印象，其产品／服务被屡屡重购。千百万民营企业是建树品牌的主角，它们的成败关乎国家经济体的盛衰。

一、改革开放以来民营品牌国际营销成就

20 世纪 80 年代里，广东、浙江、江苏等沿海地区诞生了较多的中小型民营企业，它们纷纷利用外贸出口加工的机遇得以发展。特别是 2001 年我国加入世贸组织，进出口经营权由审批制改为登记制后，中小民企的出口积极性更高。但伴随着较低的劳动力成本和工业水平，绝大多数出口产品都采用贴牌方式，靠进口国品牌实现销售，所获仅是约占零售价 1/10 的加工费。好在积累了产品知识和渠道关系之后，万向、华为、联想等先进企业从产品经销走上制造和出口之路。

90 年代初，家电业等产业借助于合资和合作方式迅速发展，企业纷纷学会了用进口技术和生产线制造优质产品，在与来华跨国公司的竞争—合

作中，一批知名度和美誉度较高的品牌应运而生。竞争也推动产业集中，受优胜劣汰的挤压，有远见的企业由此"走出去"，到海外寻找市场。海尔、TCL、美的等先进的民营和集体企业立志成为国际名牌。1999 年以来政府出台了一系列鼓励企业"走出去"的政策，也推动了中国企业的国际化进程。进入 21 世纪互联网时代，诞生了更多的民营企业。

全球领先的品牌咨询公司 Interbrand 运用经 ISO10668 国际认证的品牌价值评估方法体系评测并发布全球和一些国家的品牌价值排行榜。其"2015年度中国品牌价值排行榜"显示，2015 年的互联网品牌总价值相比上年上升 14.1%，已成为驱动中国品牌价值增长的新生力量和中国经济增长的重要引擎。在 2015 年榜单中，排名前 50 的民营品牌有腾讯（第 1 名）、阿里巴巴（第 2 名）、百度（第 10 名）、华为（第 13 名）、联想（第 14 名）等 16 家。

二、我国民企品牌国际竞争地位的提升及其原因

全球名牌是世界级优质产品或服务的标志，能够创造各国目标市场期待的价值，因而赢得较大的世界市场份额和经营绩效。虽然中国大多数品牌距离全球品牌地位还有较大差距，2008 年以来的全球性经济衰退抑制了我国民企的出口，但已有不少企业打入国际市场，取得了可喜的成绩，且本土巨大的市场规模给予它们坚实的支撑。海尔、联想等公司时而赢得全球行业市场份额第一、世界知名品牌的地位。华为、万向、三一重工、吉利、迈瑞、福耀等制造公司，阿里巴巴、腾讯等互联网企业及大疆、完美世界等天生全球企业的竞争力也越来越强。

（一）民营企业品牌的国际竞争地位

有关企业国际化进程，2014 年首次出版的《中国企业国际化报告(2014)》蓝皮书发布了"中国国际化 50 强"和"中国企业国际化新锐 50 强"两个排行榜。在前一个榜单中有 10 家，即 20% 是民营企业；在后一个新锐

榜单中，民营企业占 60%，即 30 家。

在全球层面，世界著名的 Interbrand 品牌咨询公司每年测评卓越品牌的品牌价值，评测结果被纳入引用最多的年度"百佳全球品牌榜"。时至 2014 年，Interbrand 第 15 届的榜单终于首次展现了一个中国品牌——名列第 94 位的华为。这是中国品牌走向世界的一个里程碑。该公司 2014 年实现 2 882 亿元人民币销售收入，278.7 亿元人民币净利润，其 65% 的收入来自海外市场，在海外的人才本地化率接近 80%，中层管理人员本地化率超过 20%，外籍员工总数接近 3 万人，属于名副其实的跨国公司。

（二）卓越品牌赢得竞争优势的关键原因

Interbrand 的评估方法主要分析为品牌价值作出贡献的三方面因素：
- 品牌产品或服务的财务表现（经济利润）；
- 品牌在影响消费者选择方面扮演的角色（品牌作用力）；
- 品牌在控制溢价或公司安全赢利方面的实力（贴现后的品牌强度）。

鉴于品牌强度源于产品品质和功效等产品价值，品牌作用力依靠广告等营销沟通来构建，品牌价值＝经济利润 × 品牌作用力 ×（贴现后的）品牌强度。其中的经济利润来源于公开披露的财务数据。品牌价值的构成因子之间存在着连锁影响（见图 11），即品牌强度牵动着品牌作用力，而品牌作用力又直接影响经济利润（即税后减去加权平均资本成本的净经营利润）。总之，这三套基本要素是一个完整协调的统一体，它们的总和构成品牌价值。

品牌价值 = 经济利润 × 品牌作用力 ×（贴现后的）品牌强度

图 11　品牌价值构成因子的连锁影响

资料来源："Interbrand's Brand Valuation Methodology"（Interbrand 品牌价值评测方法论），
Interbrand: http://www.bestglobalbrands.com/2014/methodology/，October 9，2014。

这个公式表明，品牌价值不仅包含财务绩效，还有导致财务绩效的产品和服务水平，以及所塑的品牌形象作用力，其总额的累积涉及企业经营的方方面面，即内部营销（企业对员工）、关系营销（企业对上下游企业）、整合营销（企业对顾客）和绩效营销（企业对社会）等全方位营销战略的实施。

按照上述逻辑分析我国先进民营企业国际营销和品牌的现有优势，其成就主要取决于以下因素：

1. 参与全球竞争的雄心

企业"走出去"参与全球市场竞争的雄心，显然是打造全球品牌的前提条件。先进的民营企业在国内市场面对全球领先品牌，不仅不甘落后，而且居安思危。华为创始人任正非提醒员工"下一个倒下的会不会是华为"；海尔张瑞敏始终感觉"如履薄冰"。这类先锋企业下决心要先"走出去"，然后"走进去"、"走上去"。

浙江萧山县农民鲁冠球早在 1969 年创办了铁匠铺（万向集团前身）后，在汽车万向节市场节节成功，其市场份额在 1980—1982 年间就达到国内领先。万向 1984 年就向美国出口产品，并为此于 1992 年成立美国子公司。华为技术公司 1988 年创立时只是香港和珠海交换机（PBX）生产公司的销售代理。两三年后，华为以自主研发和生产的交换机打入国内农村市场；1995—1998 年又以无线 GSM 技术占领主要城市，超过西门子和朗讯等跨国公司，在接入网市场占有过半市场份额。1995 年，华为就确立了成为世界一流企业愿景，1996 年赢得第一份来自香港的合同后，华为就将业务拓展到了俄罗斯和非洲。

在竞争激烈的机械制造业，民企国际化的雄心表现在速度上。成立于 1994 年的民企三一重工 2001 年实现国内市场份额第一，2013 年已在印度、巴西、美国、德国、印度尼西亚建立产业园，如今已排位全球第九，中国第二。深圳大疆创新科技公司成立 9 年来，几乎不靠融资也不求上市，年销售额已达 60 亿元人民币，占据全球市场份额的 70%。

2. 领导人卓越的学习能力

绝大多数民营企业领导人不曾在学校里学过企业经营和品牌竞争，其中的佼佼者却擅长捕捉国内外市场机会，带领员工把品牌越做越强。他们的创业和品牌竞争的智慧源于超强的自学和纠错能力，如杨焕明、汪建、李书福、宋郑还、徐航、池宇峰、任正非、张瑞敏、王石、马云等，分别在个人动手研发和企业管理方面自学成就卓越。

（1）产品研发

不少民营企业的创业历程是创始人发现市场机会，动脑动手，读书求师，解决技术和生产难题的过程。华大基因创始人暨董事长汪建1988年赴美后在德州大学和华盛顿大学做研究，1994年回国创办GBI公司，生产艾滋病诊断试剂。1996年他与从事遗传学研究的中国医学科学院教授杨焕明（2007年被评为中国科学院院士）酝酿参与人类基因组计划。华大基因的下属华大科技公司CEO、现年29岁的李英睿和39岁的董事合伙人王俊在《科学》、《自然》等专业期刊上已发表了数百篇论文。完美世界创始人池宇峰1993年毕业于清华大学化学系，大学期间边学习边创业，卖过报纸，开过化工厂。毕业后他从单机游戏做到网络游戏，目标市场也从国内扩展到全世界。

（2）管理创新

为汲取管理知识，掌握行业动态，杰出的民营企业领导人擅长向书本和同行学习。华为的任正非在公司创建前后，遇到难题就读书找答案。他涉猎广泛，思维敏捷，20多年来的上百次内部讲话和文章都是其自学心得和原创作品。任正非还善于和各方人员沟通，汲取有益思想。通过20多年实践，他的"思维方式变得系统、多元、宽容和灰度"；如今他在公司的主要工作是"读书、思考、交流和传播"。

大疆创新创始人汪滔2003年到香港科技大学攻读电子与计算机工程学系。从上大二起，汪滔就连续参加2004年、2005年两届亚太机器人比赛（Robocon），和队友荣获香港地区第1名、亚太地区第3名的好成绩。赛事不仅锻炼了技术创新能力，而且磨练了后来创业所需的团队组织协调能力。阿里巴巴创始人马云擅长捕捉商机：1997年就预见互联网前景广阔，离开经贸部电子商务中心，创办阿里巴巴B2B和淘宝网等。马云也擅长吸取从人才到资本的各种资源，并有出众的演讲和娴熟的英语沟通能力。这与他个人勤奋好学，以及先前当过英语教师的经历相关。百丽国际总经理盛百椒和好孩子董事长宋郑还在创业前曾经都是中学教师和校长。有过教师经历的还有新希望集团董事长刘永好、复星集团董事长郭广昌、敦煌网CEO王树彤等，这种经历也许对他们养成自学习惯和超常的判断、组织能力有着重要的影响。

（3）引智能力

先进的民营企业也都擅长引智。1996年在6位大学教授的帮助下，华为起草了《华为基本法》。自1998年以来，华为持续投入十几亿美元，请来美国IBM、埃森哲以及日本和德国的顶尖咨询公司和通用电气、惠普等多家世界级名企高管，给华为提供管理咨询，先后实施了五大类、几十个管理变革项目。华为进而将研发和供应链管理放在首要位置，得以“弯道超车”，快速成长为跨国公司。海尔发展历程中实施了10来项引进外国技术、管理专家的项目，不仅引进了成熟的技术成果，也带来专家的知识和经验。万科在专注住宅地产时，把美国最大的住宅开发商帕尔迪作为学习榜样。到2013年，万科拓展到商业地产时，美国另一领先房地产公司铁狮门又是其学习偶像。

3. 杰出的内部营销和管理机制

领导人的战略规划和愿景必须依靠全体员工才能实现。当很多企业仍在被家族利益囚箍，或难以摆平控股股东和员工利益时，华为、海底捞等民企经过多次主动改革分配机制，释放员工主人翁的工作热情，使其品牌竞争力不断提升。华为在成立后的27年里，逐步摸索出一套行之有效的“决不让雷锋吃亏”的激励机制。该公司具体实行了以下5条措施：

第一，全员高薪，激发员工潜力。第二，全员持股（虚拟受限股），形成企业内部的"全员利益共同体"。现有员工 15 万人，其中 7 万人拥有华为的股票。98.6%的股票都归员工所有，任正非本人持有的股票只占1.42%。每年所获净利的几乎百分之百都分配给全体股东。第三，大规模投入研发，每年保持营收的 10% 以上甚至远超过此数。第四，大量招聘高水平的研发人员，全力推进自主研发。第五，大量招聘市场一线人员，向全球市场全面出击。

华为管理层的决策机制也与时俱进。为避免由任正非一个人拍板造成失误，华为于 2004 年开始试行 1+6 人的 EMT（执行管理团队）轮值制；2011 年又进一步放权，实行以董事会领导下的轮值 CEO 制。

4. 善于发现和迎合海外顾客需求

华大基因、华为、海尔等先进企业对海外商机嗅觉灵敏，原因是它们不仅"走出去"，而且都能走进市场，领导人亲临或及时指派管理层人员深入外国市场，悉心观察分析市场环境和竞争态势，并能确定和迎合某些顾客群的需求。

全球最大的基因测序机构华大基因的前身是 1998 年发起并创立的中国科学遗传研究所人类基因中心组。1999 年他们代表中国正式加入人类基因组计划。创始人汪建抵押了个人资产，借来美国设备。随后与中科院等机构花了一年多时间共同完成了三号染色体部分，占总计划的 1%。2015 年，华大基因在 60 多个国家和地区已有 5 000 多人；收入从 2009 年的 3.43 亿元迅速升到 2012 年 11.05 亿元，其中海外收入占 30%—40%。无人驾驶飞行器（无人机）进入门槛极高。汪滔在 2005 年本科在学期间就敏锐地发现了民用无人机这一全球性小众市场，和两位同学开始研发"会飞行的相机"，两年后获得成功。2006 年，他和朋友靠筹集到的 200 万港元在深圳市成立了大疆创新公司。自 2012 年年底起，大疆推出的售价 1 000 美元的"Phantom"四翼直升机及系列产品行销欧美及全球市场，2014 年的全球销售额达 1.30 亿美元，预计 2015 年还能再增长 3 倍之多。

本着一切为了客户的价值观，华为 1998 年首次进入非洲后，就由制造商转变为完整解决方案的提供商。其定价仅比爱立信和诺基亚的低5%—15%，但服务回应速度极快，让客户们感到可以7天—24小时地依赖华为，成功地消除了"中国制造"的低价劣质印象。如今，华为的一线经理们以超强的市场渗透能力服务于世界170多个国家。

敦煌网的B2B贸易交易平台商业模式不同于收取会员费的阿里巴巴。买卖双方免费注册，发布产品信息，敦煌网则依靠双方实际交易额收取不同比例的佣金。公司靠提供全渠道服务，10年里从小做到大，实现了120多万国内供应商在线、3 000多万种商品、遍布全球224个国家和地区以及1 000万买家在线购买的规模。猎豹移动依靠"清理大师"（Clean Master）等一整套解决用户问题的网络应用工具切入全球市场缝隙。截至2014年8月18日，猎豹清理大师以出色的用户体验在GooglePlay获得超过1 300万用户评价，评分领先于谷歌地图、Facebook等明星应用。

5.大力投入研发，培育核心能力

企业给人类创造价值，靠的是技术和产品创新能力，因此这是全球企业品牌竞争力的关键。虽为市场后来者，优秀的中国民营企业经过20多年的艰苦奋斗，凭借以下大投入和面向全球的战略，已取得长足的进步。

首先，这些企业在研发上投入的人力和财力较多。华为在全球设有16个研发中心和着力于基础科学研究的实验室。到2014年，公司的研发队伍已有7.6万人，占员工总数的45%。从1992年起，华为坚持将每年销售额的10%—14%投入研发，近10年累计研发投入1 900亿元。截至2014年年底，华为累计获得专利授权38 825件，累计申请中国专利48 719件，累计申请外国专利23 917件，90%以上专利为发明专利。华为在2014年入选全球百强创新榜。目前华为在中国企业发明专利授权含量位居第一位，美国专利授权量达前50位，欧洲专利授权量达前15位。

深圳迈瑞生物医疗电子公司有全球员工8 500多人，研发人员超过2 000人，已在全球设立10个研发中心，每年的研发经费会超过总营收的10%。1991年以来，迈瑞以年均15—20款的速度，已开发近100余项新品，申请 1 700 余项专利技术，其中有 200 多项为国际专利。迈瑞的产品已远销 190 多个国家和地区，营收的 58% 来自海外。

科研和产业相辅相成的华大基因，其主业是从基因大数据中总结规律，造福人类。"炎黄计划"项目抽取了千人样本，花费 4 年时间和 1 亿元，绘制出中国人的个体全基因组序列图。为开展百万人样本的基因组测序，华大通过出让旗下华大科技子公司 42% 的股份，融资 13.98 亿元人民币，得以在 2013 年以 1.17 亿美元收购了美国纳斯达克上市公司 CG，从而打通基因测序产业链条，大幅度降低基因测序价格。在华大基因，每台 80 万美金，137 台 Hiseq2000 测序仪是其火力最猛的"重型武器"。

像完美世界（北京）、大疆创新等一些高科技公司，成立伊始就是面向全球市场的天生全球化企业。它们的创始人多是有过本科或硕士生计算机专业的训练，一毕业就抓住了天时地利的创业机遇，建筑公司的核心能力。

完美世界 2004 年成立时，就针对海外市场空缺研发了有自主知识产权，以中国文化为主题的网络游戏，并迎合各国用户的审美观，加以技术包装和美化。这些游戏因而达到文化特色和国际价值观的平衡，吸引了众多用户。公司上市的第一款游戏《完美世界》至今已在线 9 年，仍然广受各国玩家喜爱。大疆创新创始人汪滔在本科毕业设计演示时，他创作的无人机摔了下来。他不气馁，奋战半年后，第一台样品 2006 年 1 月成形，即在航模爱好者论坛上赢得订单。自 2009 年起，大疆每年都有新品问世。2012 年被扩展到大众消费市场大获成功的是，到手即飞的世界首款航拍一体机"大疆精灵 Phantom 1"。大疆的员工队伍在过去两年间从 300 人增加到 3 500 人，其中研发部门有 1 000 人，申请了数百项专利。2014 年间公司声名鹊起：其不同系列的产品先后被评为英国《经济学人》杂志"全球最具代表性机器人"之一、美国《时代》周刊"2014 年度十大最佳器具"（Top 10 Gadgets）和"年度十大最佳科技产品"、《纽约时报》"2014 年杰出高科技产品"等。

6. 擅长汲取全球资源

（1）人才资源当地化

企业在海外运营和营销，人才最重要。先进的民营企业在实践中发现，因文化、语言差异以及对东道国市场社会、法律环境知识的缺乏，本国驻外经理经常力不从心，犹如"活鱼放到了沙滩上"。在海外开展绿地投资的万向、海尔和在海外建立研发中心的华为、迈瑞等公司都把人员当地化作为重要的战略。

第一，管理层和员工当地化。

万向集团的海外子公司万向美国主营汽车零部件制造销售和清洁能源等产品。目前在美国 14 个州有 28 个制造车间，员工 1.25 万名，年销售额达 35 亿美元。1998 年拥有认证证书的专业管理咨询专家盖瑞·威斯尔被引进公司后，迅速在公司内部建立起一套适合美国金融资本需要且行之有效的运营体系，很快取得了美国当地金融界的信任和支持，随即获得公司高速发展所需的资金。当年，万向美国公司的销售收入就突破 3 000 万美元。此后被聘为首席运营官和财务长的威斯尔参与了公司的一系列收购、投资活动和技术项目引进工作。

海尔在美国硅谷的设计中心、纽约的营销中心、南卡罗来纳州的生产中心仅用了一年半时间就实现了人员本地化。成立于 1995 年的海尔美国贸易公司、2014 年成立的海尔美国全资子公司和海尔北美公司的总经理等管理人员，以及工业园 200 多名工人都是美国人。15 年来依靠这些当地的经理和工厂工人，海尔家用空调以 20% 的市场份额位居美国市场第二，其中移动式空调以 26% 的市场份额位居第一，窗机空调以 16% 的市场份额位居第二。2014 年市场业绩总额已为 1999 年的 16 倍，年平均增幅约为 20.3%，近 6 倍于美国经济发展增速。

第二，吸引各国科技人才。

为提高产品质量和档次，海尔、华为、迈瑞等不少企业通过海外的研究中心聚集外国的科研人才，获得研究成果和独创的新品。迈瑞公司会根据产品需求设立海外研发中心，聚集当地和周边的本土和华裔人才。华为公司在研发中，依靠俄罗斯研究所和法国研究所优秀的外籍研究员，主攻基础数学研究。他们的成果为华为的 2G、3G 研究做出重要贡献，进而诞生了分布式基站和 SingleRAN 两大架构式的颠覆性产品。大疆创新公司通过举办全球产品开发大赛发现和汲取研发人才。起始于 2014 年的大疆创新"DJI 开发者大赛"于 2015 年 8 月举办了第二届。大疆创新为来自美国冠军队颁发了高达 10 万元的现金奖励，还给一些优秀学生提供了实习及工作机会。

第三，吸引营销精英，开拓全球市场。

为迅速开拓国际市场，小米科技于 2013 年 10 月成功聘请前谷歌 Android 产品管理副总裁雨果·巴拉出任小米副总裁，负责国际业务拓展以及与谷歌 Android 的战略合作。国籍为新加坡的 DST 前合伙人周受资，曾主导完成了国际投资基金 DST 对小米的投资，也于 2015 年 7 月加入小米，担任首席财务官（CFO）。2013 年 9 月以来，阿里巴巴先后挖来了 Facebook（脸书）前高管之一，公关经理阿什利·赞迪（Ashley Zandy），曾任百事可乐公司的全球企业沟通执行副总裁的吉姆·威尔金森（Jim Wilkinson），以及前投资银行高盛副主席迈克·埃文斯，分别担任集团全球业务的副总裁和总裁。

（2）借交易捷径，合法获取专利

第一，专利交换或交易。

为赢得技术和产品进步的速度和效率，华为等先进的民营企业认识到，后来者没有必要什么都由自己做，而应适时购买和交换技术。华为采取的高效战略是用自己的应用专利换来高通、爱立信的核心专利；或者为获得知识产权合法使用权向美国高通公司等公司支付费用，累计超过 7 亿美元。同时华为对标准和专利进行持之以恒的投入，以求掌握未来技术的制高点。截至 2009 年，华为占 3GPP 基础专利的 7%，居全球第五。在 LTE 专利方面，华为已跻身全球前 3 位的基本专利拥有者。华为在国际标准化组织中的话语权也随之上升：2001 年，华为加入 ITU（国际电信联盟）；截至 2009 年已加入 GPP、3GPP2、ETSI、IETF、OMA、IEEE 等 91 个国际标准组织，并在这些标准组织中担任 100 多个职位。

第二，及时购并企业。

全球市场竞争焦点之一是新技术和新产品的研发速度。如能及时收购同业落败者的资产，企业就能以一定的资本省却自行研发和营销的时间，在技术、销售渠道和品牌声誉等方面迅速上台阶。

万向集团开创了中国民营企业收购海外上市公司的先河。该公司自 1984 年起就为万向节专利最多的美国舍勒公司贴牌生产汽车万向节。1987 年万向开始向日本、意大利、德国销售自主品牌产品。2000 年 10 月，万向美国与美国 LSB 公司联手收购了舍勒的品牌、技术专利、专用设备及渠道等所需部分。2001 年，公司斥资收购了已在纳斯达克上市，生产制动器的 UAI 公司 21% 的股份，将 1 000 名新员工召到了麾下。截至 2014 年，万向美国已收购约 15 家当地企业，投资遍布美国 14 个州，涉及汽车零配件制造、不动产、新能源和私募基金等 30 多家企业，近 3 年还收购了两家电动车及相关企业。如今，万向子公司已分布到美国、加拿大、英国、德国、巴西、墨西哥、委内瑞拉等多个国家和地区。正如万向美国总裁倪频所说，万向得以快速发展是因为它"打通了国内外资源，使资源在嫁接、转移、互换中，得到了有效的放大和提升。这种在全球范围进行资源有效组合与配置的能力，很大程度上弥补了万向在单一资源上的不足，甚至在某些领域内形成了中国公司无法竞争的优势"。

华大基因于 2013 年 3 月完成对 CG 的全额收购，补上了其在基因检测设备方面的短板，打通了基因检测的产业链，大幅降低了基因测序成本。迈瑞迄今已并购海内外企业 13 家，其中的美国企业使迈瑞快速进入全球先进的生命信息监护、移动彩超、骨科材料等领域。浙江吉利控股公司于 2010 年 8 月以 15 亿美元从汽车巨头福特手中购买了瑞典老牌汽车公司沃尔沃 100% 股份及知识产权等相关资产。目前看来，吉利收购沃尔沃，快速提升技术水平，赢得竞争优势的目标有望实现。2014 年沃尔沃全球销量为 46.59 万辆，营业利润约合 2.72 亿美元；这是沃尔沃过去 8 年里最好的成绩。在 2014 年中国百强跨国企业跨国指数排行榜中，吉利汽车公司仍居首位，达到 67.61%。三一重工也通过一系列跨国并购提升了品牌的国际地位。2012 年以 3.24 亿欧元对德国普茨迈斯特公司（PM）的并购，获得其 90% 股权，从而享有高档的 PM 品牌、熟练的一线技术工人和现成的销售网络等协同效应。

第三，擅长合作。

在海外市场，与利益相关者形成合作是快速达到彼岸和规避风险的必要桥梁。

研发领域：几乎所有的先进国际化民营企业都积极引进并努力提升自主研发技术的能力，同时合作和有偿借力也已成为它们扩展研发资源的有效策略。完美世界从 2013 年 7 月起实施了 PWIN 全球投资代理计划，即在尊重知识产权的基础上通过全球游戏创业项目评选大赛，在全球范围内选取最具创意的移动游戏和最具潜力的创业团队，进行投资，以期共赢。截至 2014 年，完美世界已经投资 21 家企业，代理了 16 款产品，有多款产品出口到 100 多个国家和地区。大疆创新也已免费推出软件开发套件，让后来的开发员和程序员能在其平台上加入 3D 地图、实时视频传输等新应用。2014 年 11 月，大疆开放了 SDK 软件开发套件，瑞士一家专门做地图测绘的公司，通过接入大疆开放的 SDK，用无人机在一个区域上空飞一圈就能完成对此区域的 3D 地图重建。这种双赢合作促进了产业生态系统设计能力的整体提升。

开通渠道：进入外国市场所需的销售渠道通常是靠合作和借力打通的。1996 年前后，好孩子依靠一款全新设计"爸爸摇，妈妈摇"婴儿车，赢得和美国第二大婴儿用品制造商多利儿旗下 COSCO 公司的战略合作。借助于双方共建的联合品牌"Cosco By Geoby"，产自中国的好孩子童车在美国市场销售。该产品由此直接打入沃尔玛、凯玛特、反斗城等美国最大的连锁超市，很快占有近 40% 的市场份额。小米科技 2014 年在印度延续了在国内和台湾富士康形成的密切代工合作关系，生产廉价手机。小米同时还和印度最大手机零售商 The Mobile Store 合作，在指定的商店销售小米手机；先后同 Flipkart、亚马逊和印度电商 Snapdeal 合作，在它们的在线平台出售手机。一系列当地化和合作策略，使得小米手机在不到一年的时间里达到印度市场份额位列第三。

7. 高效的整合营销沟通活动

国际市场的后来者往往没有丰厚的资金，无力效仿借巨额广告打开市场的策略。进入 21 世纪后，越来越多的中国民营企业在跨国营销中采取了相对理性的整合营销沟通战略，其中比较突出的是围绕品牌接触点，获取国际认证、参加国际展会、举办新品发布会、配合广告实施体育赞助等公关活动。这些沟通方式的整合应用为企业带来了较好的沟通效应和投入产出比。

（1）国际认证

鉴于国际国内行业标准不同，获得国际认证相当于得到国际市场的通行证，因而被视为"走出去"的第一步。

百富计算机技术是提供全电子支付销售点（EFT—POS）终端机及解决方案的供应商暨港股上市公司。该行业的招标进入标准很高。百富 2001 年成立后不断投入研发，赢得自主知识产权的产品和技术专利近 100 项，同时积极寻求行业国际认证的通道和培训。成为亚洲第一家取得 EMV 认证的 POS 终端供货商后，百富就赢得韩国订单，并于 2003 年开始进入香港市场。认证带给百富的绩效显然：据尼尔森统计，百富在 2014 年全球支付终端机出货量达到 300 万台，稳居全球第三大 POS 供应商地位。百富已在 80 多个国家和地区售出超过 700 万台电子支付终端，其海外市场份额也在持续增长，所占营业额百分比已从 2012 年的 22% 增至 2014 年的 42%。

（2）国际展会

企业"走出去"伊始缺乏渠道，参加国际展会是寻找进口或分销合作者的有效沟通方式，比广告等方式的精准度和投入产出比高很多。20 世纪末至 2012 年间，参加各业国际展会的企业年年增加。据贸促会统计，2013 年的参展规模虽然有所降减，全国还有 102 家组展单位共赴 75 个国家实施经贸展览会计划 1 492 项，参加出口展会的企业多达 47 494 家。其中，参展最积极的还是民营企业。

华为通过 1994 年首次参展尝到甜头，参加 1996 年第八届莫斯科国际通信展对开拓俄罗斯市场又起了关键的作用。此后华为每年都要参加各种国际通信展览，把它作为渗透全球市场的主要沟通手段。2011 年至 2015 年 9 月，华为主办的会展和论坛有 27 次，平均每年 5—6 次。其中的 IP 展会、国际通信展会都是每年定期举行一次，期间的系列活动包含主题演讲、专场研讨会、点对点技术交流以及参观访问等丰富内容，都对华为传播产品信息、提高品牌影响力具有累积效应。

（3）公关活动与广告的配合

公关活动是无偿使用大众传媒的维系企业与顾客等各方关系的活动。在跨国营销中，不少民营企业将新品发布会、体育和娱乐活动赞助、慈善捐助等公关手段与广告相配合，付出不多，却得到了成倍的传播效果。

第一，新品发布会。

不同于靠广告投放上市新品的传统，小米在中国也开启了用新品发布会推介新品的苹果式公关方式。它不仅大大降低了营销成本，而且还能高效地吸引粉丝和社会关注，提高顾客的参与度和忠诚度。小米在印度市场仍用发布会推介 4i 手机，会前会后在 Facebook 和推特网页与顾客频繁沟通，与报纸头版广告形成的整合营销沟通氛围导致印度顾客排队参会和抢购的效应。

第二，体育和娱乐活动赞助。

赞助体育明星或运动容易吸引眼球。力帆集团进入喜爱足球赛的越南市场后，就把越南头号球星黎玄得请进力帆俱乐部。2001 年 11 月黎玄得在重庆踢进一个球，越南所有的媒体都争相报道这位"民族英雄"，力帆品牌也随之得到广泛的宣传。摩托车是越南的主要交通工具。2001 年 12 月 30 日，力帆举行了试车手驾驶力帆 150GY 型摩托车成功飞跃越南母亲河红河的车技表演，力帆名声大振，也进一步拉近了和越南消费者的距离。美国人多数喜欢篮球及 NBA。我国企业联想、海尔、李宁、匹克等先后与 NBA 结盟合作，提高了这些品牌在美国乃至全球的知名度和美誉度。在盛行板球的印度，TCL2005 年 4 月赞助印度和巴基斯坦对决的板球赛，球场边频繁滚动的"TCL"广告牌提升了品牌在当地的知名度。娱乐营销是 TCL 近年的海外品牌建设项目，TCL 已和多个好莱坞大片联合推广变形金刚、复仇者联盟以及 X 战警等。TCL 还从 2013 年起连续 10 年冠名赞助好莱坞中国大剧院，扩大了 TCL 在海外的品牌认知度和影响力。

（4）巧妙投放广告

电视广告、报纸、杂志等纸媒曾经最易吸引观众，但单位广告费很高。如今它们的地位已被互联网各种视频所替代，路牌等交通媒体却仍被路过的消费者关注。

第一，路牌广告。

海尔美国 1999 年在美国成立时，试图借道拥有全美 2 700 多家连锁店的沃尔玛零售系统，但起初很难被接受。后来公司经理在沃尔玛总部对面竖起海尔广告牌，沃尔玛高层领导终于在注意到海尔后，同意和海尔谈判。经过一系列谈判和检验，终于允许海尔的产品进入沃尔玛零售店。

第二，视频广告。

进入 21 世纪第一个 10 年后，长时间浏览手机或电脑屏幕已是全球多数中青年消费者的生活方式。视频广告及微电影适用于跨国营销，性价比也很高。迈瑞在公司网站投放了不少高清的医疗—品牌理念和医疗产品宣传片、迈瑞产品国际版创意片，也用在产品推介会上。视频的图文和动画效果通常具有特别的感染力，对提升品牌形象功不可没。

（5）社交媒体互动

随着移动及时通信在全球广泛流行，社交媒体互动已是当今全球市场的重要营销沟通方式。众人感兴趣的信息还因其"病毒"效应迅速疯传，中国先进的民营企业都已认识到这一市场动向。华为、联想、小米等科技公司都已在世界头号社交媒体 Facebook 上建立粉丝页，把它作为一个面向全球市场的窗口及互动营销和服务的工具。猎豹移动在短短一年里，已把猎豹清理大师 Facebook 官方主页粉丝运营到过千万。

三、互联网时代我国民企品牌和世界名牌的差距

上文总结了 35 年以来中国先进的民营品牌的显著业绩和竞争优势的主要因素。但中国品牌为何最近才开始进入最佳全球品牌排行榜？原因大致有以下几点：

（一）对全球品牌的认知不足

迄今我国还有很多企业和营销服务公司以为"品牌只不过是标识和口号"，或"品牌就是广告和传播"。这种狭窄的品牌认知使他们舍得在广告、公关等营销沟通方面投资和下力，而在提高本品牌产品/服务的效用和质量方面缺乏足够的资金和智力投入。

（二）对全球市场的贡献不显著

同时，依靠中国庞大的消费市场，很多著名品牌还没有走出国门。有些品牌依靠海外资本的支持，在国内做得风生水起，但在海外市场动作甚少。甚至在各自行业全球市场份额已经领先的海尔、联想等公司，其份额的主要来源还是本国；比较世界最大的电商平台阿里巴巴、最大的实时通信平台腾讯、第二大搜索引擎百度、小米等世界知名的互联网企业，它们销售收入的主体也都是来自本国市场。国际化程度较高的只有华为（来自海外市场的收入达 65%）和收购了沃尔沃的吉利（跨国指数达 67.61%）。

（三）技术和产品创新虽有进步，差距仍大

中国不少知名品牌大而不强。在国际市场上，中国品牌多年来享受了劳动力成本的优势，以价格取胜，但也因此缺乏提升技术和产品创新能力的动力。麦肯锡全球研究院2015年7月发布的《中国创新的全球效应》研究报告详述了我国企业技术和产品创新能力的进步表现和迄今的国际差距。

该项研究将创新分为4类。研究发现，中国企业在客户中心和效率驱动创新的领域优势最大，其中家用电器、互联网软件及消费电子等6个行业超越了全球同行，玩具、纺织品、家具等低附加值产品制造企业及国外公司的签约组装公司已在全球占有领先地位。在以资本密集为特征的效率驱动型行业，中国企业也占有领先地位，如太阳能电池板组件、纺织和通用化学品。建筑机械和电气设备等知识密集型行业的竞争力也与日俱增。

在工程技术型中获得政府订单的B2G领域（即企业到政府），企业（多为国企）通过"获取—消化—改善"国外技术提高了创新能力并获得全球优势，如高铁列车、风电和电信设备等行业。华为、迈瑞和大疆创新属于工程技术型民营企业，但工程技术型中的汽车、医疗器械、汽车制造行业相对落后。全球领先高附加值品牌的主要来源是依靠基础研究成果的科学研究型行业，出成果难度大，需要大投入。上文提及的华大基因属于科学研究型，属于极少数，中国企业总体在半导体、生物技术和品牌药行业占全球收入的比例极小。

综上所述，中国企业在客户中心型和效率驱动型领域已有较强的创新优势，而在依靠工程技术和科学研究创新行业的差距仍大；在科学研究型行业，迄今的创新进步是最小的，亟待加倍努力。

（四）全球营销能力的差距较大

在全球营销方面，我国先进的民营企业已经取得了很大进步，具体表现在汲取全球资源和开拓国际市场方面。但鉴于存在文化和语言差异，国

际营销人才仍然匮乏，因此在以下环节仍然存在明显的"短板"。

第一，知己不知彼。多数企业对目标市场疏于研究，因此对顾客群的消费行为特征的描述比较粗陋，难有精准营销的设计。

第二，习于跟随模仿。多数企业缺乏强烈的定位意识，因此品牌缺乏独特个性，非价格竞争能力有待提高。

第三，跨文化沟通能力差。虽然很多企业能够抓住机遇，购并欧美落败的企业。但收购后与原外企员工的融合成为一大难题，亟待具备外语能力、理解外国文化的管理人员开展内部整合。在智能互联的环境中，企业还需要此类人才开展诸如社交媒体营销等顾客发展和维系工作。

（对外经济贸易大学国际商学院　傅慧芬、赖元薇）

中国民营企业能源与矿业资源境外投资报告

2014 年中国对外直接投资首次突破千亿美元，达到 1 160 亿美元（同比增长 15.5%），若加上中国通过第三方进行的海外投资，则总额约 1 400 亿美元。中国境外投资总量第一次超出外资引入（1 196 亿美元），成为资本净输出国，被称为中国企业"走出去"的元年。中国企业大规模"走出去"将成为不可阻挡的趋势。投资海外获取能源矿产资源连续多年成为中国企业"走出去"境外投资的热点。

一、基本概况

由于全球经济复苏乏力与中国经济转型带来的大宗商品市场的持续低迷，传统能源矿业投资在 2014 年涉资规模和交易数量均大幅减少。但传统能源和矿产资源仍然是推动中国企业对外投资的主力之一，发生了多宗大型交易。

从具体类型看，投资仍以石油天然气、有色（尤其是铜矿）和贵金属（尤其是金矿）为主；从区域来看，仍集中于澳大利亚、加拿大、中亚以及非洲地区。2014 年一些比较大的交易包括：五矿资源牵头的中国联合体以 58.5 亿美元的价格收购秘鲁嘉能可斯特拉塔公司的拉斯邦巴斯铜矿项目；宝钢资源澳洲有限公司与澳洲 Aurizon 公司组成联合体，以约

11.4 亿澳元的价格全面收购铁矿石生产商 Aquila；广晟有色以 14.6 亿澳元的价格收购澳大利亚资源公司 PanAust 50.1% 的股权；中石化以 12 亿美元的价格收购俄罗斯卢克石油公司所持的卡斯潘资源 50% 的股权；汉能太阳能集团有限公司以 11 亿美元的对价收购加纳 Savanna Solar 公司加纳太阳能发电项目 70% 的股权；洲际油气股份有限公司以 5.25 亿美元的价格收购哈萨克斯坦的马腾石油股份有限公司 95% 的股权；复星国际以 4.89 亿澳元的价格收购澳洲上市公司 Roc Oil 100% 股权；中国河北中铂铂业有限公司以 2.25 亿美元的价格收购东部铂业旗下位于南非的全部铂族金属矿资产；中国熔盛重工集团控股有限公司以 21.84 亿港元的价格收购吉尔吉斯 Central Point Wordwide Inc 60% 的股权；延长石油以 2.3 亿加元的价格收购诺瓦斯能源公司全部已发行的股份；中国石油天然气股份有限公司下属的凤凰能源（Phoenix Energy Holding）以 11.84 亿人民币（折合 1.9207 亿美元）收购加拿大 Athabasca Oil 的 Dover 油砂项目 40% 的股权；中广核矿业以 1.33 亿美元的价格收购了哈萨克斯坦 Semizbay-U 项目。

2014 年，共公布近 100 家企业参与海外能源、矿产投资，传统的国有企业仅占 30% 左右，其余为多元化的投资主体，尤其以内地和香港上市矿业公司为主。民营企业日益成为我国能源和矿产海外投资的重要主体，在矿业资本市场上表现了强劲的活力。

2014 年，中资海外能源、矿产投资项目共宣布 114 宗（不含失败或撤销项目），其中，意向投资额在 1 亿美元以上的项目有 48 宗，总意向投资额为 462.66 亿美元，平均每个项目意向投资达 3.74 亿美元。

2014 年公布海外能源、矿产投资项目数最活跃的矿种依次为：油气 41 宗、有色金属 24 宗、贵金属 17 宗、煤炭 10 宗、黑色金属 6 宗、新能源 5 宗、稀有稀土金属 4 宗、非金属 2 宗等。有色金属和贵金属合计项目数达到 41 宗，占比达到 35.96%。（见图 12）

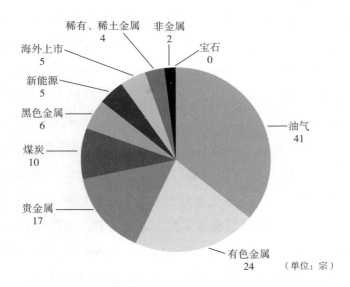

图 12 2014 年中资海外各矿种宣布和完成项目数统计图

资料来源：中国矿业联合会。

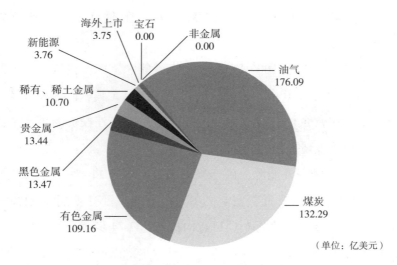

图 13 2014 年中资海外各矿种投资意向金额统计图

资料来源：中国矿业联合会。

投资意向总额由大到小依次为：油气（包括传统油气、页岩油气和致密岩油气）176.09 亿美元、煤炭 132.29 亿美元、有色金属 109.16 亿美元、黑色金属 13.47 亿美元、贵金属 13.44 亿美元、稀有稀土金属 10.7 亿美元、新能源 3.76 亿美元。（见图 13）

2014 年完成的海外能源、矿产投资项目为 51 宗，总投资金额为 183.28 亿美元。完成项目数为总宣布数的 44.7%，完成投资金额为其投资意向总额的 39.6%。该项统计表明中资海外项目投资成功率是较高的。

2014 年，海外油气资源完成投资项目总数为 17 宗，在完成项目数方面居首，总投资金额为 71.67 亿美元，占比为 39.10%。完成项目数以及投资金额等方面都高于其他矿种，每个项目平均投入达到 4.22 亿美元，是 2014 年中资海外投资最热门的一类矿产资源。其后依次为：有色金属 10 宗、贵金属 8 宗、黑色金属 4 宗、煤炭 2 宗、新能源、稀有稀土金属 2 宗和非金属 1 宗。（见图 14）

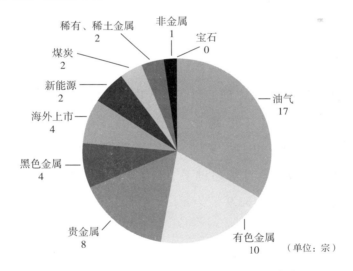

图 14　2014 年中资完成海外各矿种项目数统计图

资料来源：中国矿业联合会。

投资金额最高的矿种为有色金属，为 75.12 亿美元，占比为 40.99%。其余依次为：油气 71.67 亿美元、黑色金属 13.47 亿美元、煤炭 13.11 亿美元、稀有稀土金属 5.10 亿美元、新能源 3.76 亿美元、贵金属 1.04 亿美元。（见图 15）

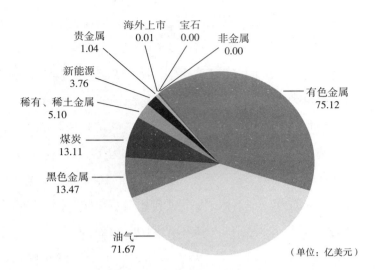

图15　2014年中资完成海外各矿种投资金额统计图

资料来源：中国矿业联合会。

（一）海外能源投资

目前，中国海外油气类能源投资累计投资额最大的国家是加拿大，截至2013年年底约为330多亿美元，占到中国海外能源投资总额的14.6%。其后依次为澳大利亚、巴西、美国、哈萨克斯坦及伊拉克，中国在这几个国家能源直接投资额累计都超过了100亿美元。中国在上述6个国家能源投资总额累计达到1 133.9亿美元，恰好超过中国海外能源投资总额的一半。

中国在海外进行能源投资的公司相对比较集中，2004年以来海外能源投资额超过1亿美元的公司大约有40多家，其中累计投资最多的是中国石油化工集团公司，达到628亿美元，随后分别是中国石油天然气集团公司、中国海洋石油总公司、中国化工进出口总公司及中国投资有限责任公司，这5家公司海外能源投资额累计达到1 747亿美元，占中国海外能源投资总额的77%。中国海外能源投资主体几乎都是央企。油气投资的主要目的地为转型国家（中亚、俄罗斯地区）及北美（分别占投资额的67%

和 23%）。

2014 年，三大石油公司的海外并购大幅放缓，全年新项目收购金额不到 30 亿美元，比 2013 年下降近 90%。而与之相反，民营企业投资增加。民营企业投资额由 2013 年的 35.3 亿美元增加到 2014 年的 58.42 亿美元，民营企业在油气投资中金额与比例双增加。12 例境外油气投资中 10 例来自民营企业，投资额合计 20.67 亿美元，占总额的 53%，较 2013 年大幅增加。

2014 年跨行企业油气投资达到 16.36 亿美元，较 2013 年增长一倍以上。油气投资的增长与国家油品进口政策放宽的预期有关，有意介入国内油气领域的企业提前布局海外。

2014 年，宣布和完成油气投资项目分布见图 16，主要集中于美国和加拿大两个北美洲国家。从宣布和完成的投资金额（见图 17）来看，北美洲国家在油气投资方面的优势更加显著，2014 年公布中资向墨西哥、加拿大、美国 3 个国家的油气投资项目总额占总油气投资项目额的 61%。

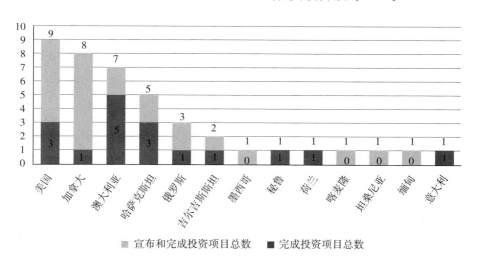

图 16　2014 年中资向海外各国油气资源投资项目数统计图

资料来源：中国矿业联合会。

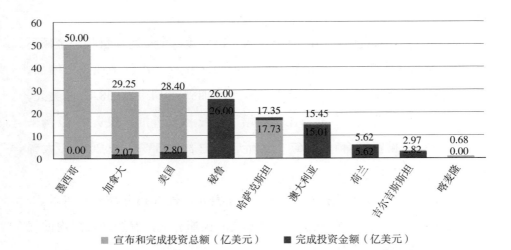

图17 2014年中资向海外各国油气资源投资金额统计

资料来源：中国矿业联合会。

中国在加拿大、美国、巴西及澳大利亚的能源投资增长稳定性较好，未来向南北美洲及澳洲集中的趋势比较明显。

继2010年油气当量权益产量首次突破7 000万吨，境外油气权益产量快速增长，2014年中国石油企业的海外油气权益量超过了1.3亿吨，是2009年的1倍。

"贷款换石油"模式合作成为亮点，中国政府和企业以政府间合作推动能源合作，通过"贷款换石油"等方式加快海外投资步伐，先后与哈萨克斯坦、俄罗斯、巴西等国签订了相关贷款合作协议。

（二）海外固体矿产投资

矿业企业是第一批"走出去"的实践者，经过多年的积累，世界矿产资源丰富的地区都留下了中国企业的足迹。（见图18）"中国需求"一直是全球矿业行业景气的重要推手。全球经济增速放缓，特别是新兴经济体增速放缓致使全球矿业面临重大调整。然而，动荡的时代往往孕育新的发展机遇。五矿联合体以58.5亿美元向嘉能可收购秘鲁拉斯邦巴斯

（LasBambas）铜矿交易是中国矿业迄今为止金额最大的海外并购，成为中国矿业海外并购的新标志。

图 18　世界主要矿产资源分布以及中国主要项目分布（黑色三角）

资料来源：海外矿投网。

　　2014 年海外固体矿产资源投资项目共宣布 68 宗，按投资矿种：铜 14 宗、黄金 14 宗、煤 10 宗、镍 6 宗、铁 6 宗、铀 5 宗等（见图 19）；完成 30 宗，按矿种分别为：黄金 7 宗、铜 5 宗、铁 4 宗、铀 3 宗、镍 3 宗、煤 2 宗，其余矿物如锂、锆、铂金、稀土等则各有 1 宗。（见图 20）意向投资金额方面，2014 年神华集团和五矿联合体分别公布 1 项对海外煤和铜矿的巨额投资，使对煤和铜的投资总额明显高于其他矿物。（见图 21）完成的投资项目即对铜、铁、煤、锂、铀、镍、黄金的投资额均超过 1 亿美元。（见图 22）

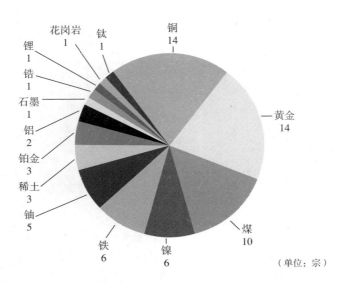

图 19 2014 年中资宣布海外固体矿产资源投资项目数统计图

资料来源：中国矿业联合会。

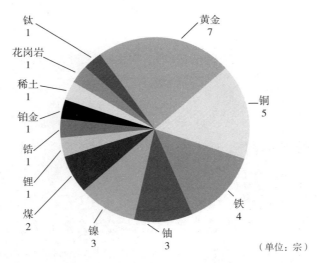

图 20 2014 年完成海外固体矿产资源投资项目数统计图

资料来源：中国矿业联合会。

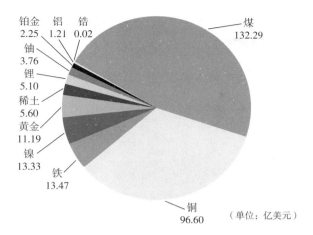

图 21　2014 年中资海外固体矿产资源意向投资金额统计图

资料来源：中国矿业联合会。

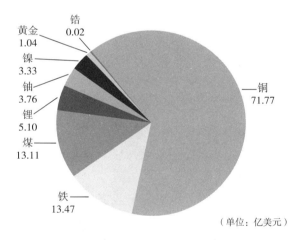

图 22　2014 年完成海外固体矿产资源投资金额统计图

资料来源：中国矿业联合会。

二、民营企业海外能源矿产资源投资面临
　加快发展的机遇期

近年来民营企业投资于海外采矿业和能源业的比重有较大增长，能源、

矿产等资源类行业成为对外并购热点。通过收购海外能源矿产资源来满足国内对能源和矿产资源持续增长的需求成为一种趋势。中国民企投资海外能矿资源越来越频繁，处于加快发展的机遇期。

首先，以中国为首的新兴经济体，随着自身经济的发展，对全球资源的需求逐步激增。到 2025 年全球新增的消费人口将超过 18 亿。随着各类天然资源开采越来越逼近现有产能的极限，增能增产需要更大投入。预计到 2030 年，为进一步开发石油、天然气和矿产资源，全球需要 11 万亿至17 万亿美元的额外投资。这大约是历史投资水平的两倍以上。这为能源矿产行业海外投资创造了广阔前景。

其次，全球资源需求激增和供给日渐乏力，这种求大于供的态势为中国民营资源企业提供了难得的机遇。中国民企在这一领域大有可为，已取得好的成绩。近年来，中国企业对全球资源供给的重要性在不断增强。2008年中国在全球金属矿业产量的份额从 1989 年的 5% 增长到了近 15%。尽管中国企业的主战场仍在国内，但许多公司已经开始积极进军海外。截止到2010 年，共有 75 家中国企业完成了 218 起对外国矿业公司的并购交易。

第三，"一带一路"倡仪为民企"走出去"提供了新的广阔空间。

2013 年 9 月至 10 月，国家主席习近平提出建设新丝绸之路经济带和21 世纪海上丝绸之路（以下简称"一带一路"）的战略构想后，"一带一路"旋即成为了全世界关注的热词，也成为了我国经济发展新的重要引擎。而到了 2014 年 3 月，国务院总理李克强在《政府工作报告》中提到抓紧规划建设丝绸之路经济带和 21 世纪海上丝绸之路后，标志着作为国家战略的"一带一路"开始在 2015 年进入实质性操作阶段。

丝绸之路经济带和 21 世纪海上丝绸之路重大倡议是综合当前国际国内形势推出的重大举措，对于促进沿线各国经济繁荣与双边、多边区域经济合作具有重要意义。而矿产资源领域合作是"一带一路"的重要组成部分，是将地理毗邻、资源优势转化为经济增长优势的关键领域。"一带一路"倡仪将重点加强与沿线国家在基础设施、经贸、产业投资、能源资源、金融、人文交流、生态环境等多领域、多方面的合作。"一带一路"倡仪的实施，将为我国矿业投资"走出去"提供新的平台，将给我国经济尤其是民营矿业企业发展带来新的机遇，注入新的动力和活力。随着"一带一路"倡仪开始进入实质性操作阶段，如何加快我国矿业投资安全高效地"走出去"则成为重中之重的大课题。

为此，中国有色地质调查中心主任王京彬指出，从全球矿业发展趋势上看，虽然矿产品价格在短期内出现了低迷形势，但长期将震荡上升，特别是在"一带一路"倡仪提出后，将提振全球矿业市场。2015年至2017年将是低风险资源扩张的重大机遇期。"一带一路"沿线矿产资源丰富，勘查开发潜力巨大，区内矿产资源近200种，价值超过250万亿美元，占全球的61%，拥有巨大的投资机会。此外，"一带一路"是全球经济发展最活跃的地区，也是全球最大的能源资源消费区，未来需求增长潜力巨大。在全球矿业持续低迷的大背景下，"一带一路"倡仪的实施将给矿业发展带来机遇，而借助"一带一路"倡仪加快我国民营企业矿业投资走出去，将有效弥补我国资源环境不足的问题。

三、民营企业能源资源领域境外投资的特点与趋势

(一) 矿业海外并购更加活跃，但大额交易数量减少

矿业并购的高峰往往随矿产资源价格的高峰而至，2000年到2012年并购活跃期，也是矿产品价格不断攀升的区间。2013年至2014年，随着矿产品价格下跌，并购活动相应减少。2014年上半年，中国矿业企业对海外并购依然秉承谨慎态度，由于受矿产价格低迷影响，全行业产能扩张的紧迫性下降。交易双方对估值的不同看法也延长了达成交易的时间。这种情况在2014年下半年或2015年发生变化，很大程度上由于产品价格回升及企业缩减成本、提升效益的举措成效显现。随着矿产品价格提振，矿业

并购活动也将恢复高潮。

政策环境对海外投资更加友好。国家发改委在 2015 年 5 月开始实施新的海外投资管理机制，投资额低于 10 亿美元的海外交易只需备案，不再需要审批。同时，新的境外投资管理办法放松外汇要求，并简化审批环节。这些举措无疑降低了民营企业海外并购的行政障碍，对交易活跃度起到促进作用。

大额并购的时代已经过去。市场上"世界级"的矿业资产越发稀缺，资产剥离在一段时间内为主导，出于对财务风险和政策环境风险的考虑，大型并购项目在市场上踪影难觅。

（二）铜矿和黄金成为海外并购潮主角

矿业海外投资矿种发生明显变化，黄金和铜矿很可能取代铁矿石成为最受欢迎的投资及并购目标。

中国企业对海外铁矿石和煤炭企业或资产的兴趣减弱。铁矿石下游行业的钢铁业正经历产能过剩和转型期，铁矿石需求增速已经明显落后于产量。截至 2015 年 5 月底，全国进口铁矿石港口库存达 11 588 万吨，再创历史新高，而铁矿石进口价格已经从以往 140—120 美元 / 吨降到 70 美元 / 吨以下。6 月份探底 65.75 美元 / 吨的阶段性高位后，受中国 A 股市场下挫的影响，铁矿石期货连续触及跌停板，截至 7 月 8 日，普氏 62% 铁矿石指数报收 44.5 美元 / 吨，创下自 2009 年以来的新低。

与之形成对比的是，中国民营企业对海外铜和黄金项目的并购增多。从需求预期来看，中国经济增长虽然放缓，但仍将大力推进城市化，铜的下游行业如建筑、输电基础设施、汽车、家电将首先受益。从供应预期来看，全球资本紧缩，随着铜矿项目和专业铜矿公司变得日益稀少，包括力拓推迟扩大蒙古 OyuTolgoi 铜矿的计划，铜矿市场可望自 2016 年产生缺口。

2013 年中国已经成为全球最大黄金市场，全年黄金消费量增长 41%。未来中国黄金需求增长主要来自两方面；第一，国民实际收入增加及个人财富累积，加之中国传统文化影响，民间对金饰和黄金的投资需求前景保持强劲；第二，中国外汇储备约 4 万亿美元但结构不平衡，其中黄金占比仅为 1%、美元资产占比 70%，其余由欧元、英镑和日元资产构成。中国人民银行正在将部分外汇储备分散到黄金市场以降低外汇风险。

　　中国民营企业已经开始在全球布局黄金与铜矿。近年来，在稳定强劲的需求推动下，中国企业对铜矿和黄金的热情将有增无减。（见图 23）即便是 2014 年下半年到 2015 年上半年，在全球矿业趋冷，并购活动相对低迷的大背景下，中国矿业公司仍然加快了"走出去"步伐。例如，紫金矿业集团公司继 2013 年 4 月收购了澳大利亚上市公司 Norton Gold Fields 公司之后，2015 年 5 月 26 日，又与艾芬豪和巴厘克两大国际矿业巨头签订协议，分别以 25.2 亿元人民币和 18.2 亿元人民币的对价，取得艾芬豪旗下的世界级超大未开发铜矿刚果（金）卡莫阿铜矿的 49.5% 股权和巴理克旗下大型在产金矿巴新波格拉金矿 50% 的权益，两个矿山的铜资源和金资源储量分别为 2 416 万吨、285 吨。紫金矿业与上述两家公司"握手"结成战略合作关系，联手开发世界级超大铜矿、金矿。

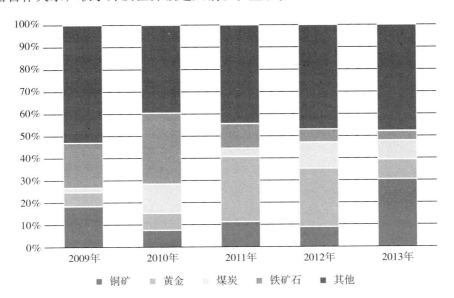

图 23　2009—2013 年中国金属及矿业企业海外并购目标矿种变化（以交易数量计算）

资料来源：汤森路透。

（三）企业更加关注初级阶段项目

一直以来，全球范围内矿业资产收购以在建或投产项目为主，企业对初级阶段项目缺乏兴趣。2014 年以来，企业比较可以接受早期项目投资，特别是如果对方在未来有更大规模的募资需求以满足其后续的开发和生产。（见图 24）。

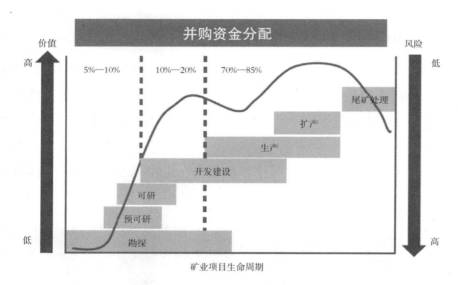

图 24 矿业并购风险价值评估

据 SNL 公司观察，到 2014 年 8 月为止的大宗商品并购交易中，没有资源量或储量数据的早期金矿项目交易出现大幅增加。2013 年上半年，全球只有 2 笔初级阶段金矿交易，而 2014 年这一数字上升至 32 笔，总体金矿交易也由 2013 年同期的 37 笔增加至 75 笔。这些数据表明，矿企在以更高的价格剥离非核心金矿资产，而资金充足的公司也开始利用初期项目较低的估值积极收购。

从成本角度来讲，已投产金矿项目的投资成本约为 221 美元 / 盎司，初级项目投资成本约为 112 美元 / 盎司。初级阶段项目后续建设也会产生高额成本，但通过勘探和可行性研究证实的新探明储量，除了可以为企业提供源源不断的矿山供应，还将大大降低每盎司的投资成本。

新常态下，中国民营企业对初级阶段项目的兴趣逐渐提高，因为中国企业正以更长远的眼光审视海外并购战略，并试图在满足近期生产目标的同时建立长期项目资源管道。而初级阶段项目的价格较低，矿企在未来矿产品价格攀升时更容易实现溢价。

另外，在项目初级阶段进行投资，意味着中国民营企业可以更深入地了解对被收购企业的管理、组织结构、文化和项目管道，为后续更大规模的投资跟进打下坚实基础。

初级阶段项目投资有风险高、回报高、投资回收周期长等特点。企业需要充分识别各类投资风险，包括投资国的政策风险、法律风险以及融资风险等，并结合自身实力合理安排自己的海外项目投资组合，避免出现"一损俱损"的局面。

（四）参与海外项目方式更加多样

以现金全盘收购的方式似乎不再流行，其他矿山投资形式越来越受到中国民企投资者青睐，包括参股而非控股、引入财务投资者、签订承购协议等方式。

过去，中国企业倾向于控股并购，而现在中国企业特别是民营企业正改变以往财大气粗的姿态，取而代之的是伙伴关系。各种迹象表明，这种新模式将更被广泛接受。以多样化方式参与海外项目可以降低风险，参股非控股的形式意味着目标企业的管理和运营由对方负责，中国企业则有机会利用目标企业在勘探、开采和管理方面的专业知识。

除了传统矿业企业，以民间投融资建立的矿产投资基金也参与到矿业企业海外并购。由于经济大环境不景气导致许多海外上市公司及其矿产资源核心资产处于价值洼地阶段，矿产投资基金与矿业企业合作参与海外矿产勘查与开发阶段的项目投资，希望当未来市值恢复后获得更高溢价。

此外，中国的工程、采购和施工（EPC）公司也将加大对海外矿山的投资。早在 2012 年，中铁建成立中铁资源，担保厄瓜多尔米拉多铜矿项目，以增加未来收入来源。采矿作业的基础设施建设密集性鼓励中国矿业企业与 EPC 公司合作。中国政府将推动 EPC 企业参与海外矿业投资，因为这将有助于中国以基础设施项目换取资源通路，同时提升中国与资源国的地缘政治关系。

四、民营企业能源资源境外投资存在的问题、风险与挑战

根据中国矿业联合会相关评估，中国企业"走出去"成绩并不理想，对海外资源的获取能力比较弱，成功率仅 20% 左右，至今没有形成对国内资源需求的有效供给，我国民企也概莫能外。中国企业"走出去"海外资源开发失败多、成功少的主要原因在于国际化人才储备不够，企业国际运营能力和经验不足；时机把握不准，获得项目质量欠佳；国内矿产勘查标准与国际标准脱节；公共信息服务较弱，企业获取信息渠道过窄，缺少政府支持；融资渠道单一，保险制度缺位；政治风险防范意识和防范能力弱等。民营企业境外投资正处于加快发展的重要阶段，既面临着重要的机遇，也存在诸多困难和挑战。

（一）政治风险与挑战

政治风险与挑战既包括外国政府对投资收购开展国家安全审查和反垄断调查等，也包括政治不稳定所带来的风险。从 2005 年中国海洋石油总公司以 185 亿美元收购美国优尼科公司（Unocal Corporation）遭到政府干扰以失败告终开始，每年中国海外能源投资都有因受到政治因素干扰而不成功的案例。从 2005 年至今，据不完全统计，中国海外能源投资因受到干扰而导致没有成功交易的项目投资额累计超过 800 多亿美元，以项目投资额来估算，中国海外能源投资因受到干扰而没有成功交易的比

例约为 25%。

由于中国海外能源投资者几乎都是国有企业，而世界上很多国家都会对外国国有企业投资收购本国资产的行为进行国家安全审查，导致一定比例的海外能源投资项目受到政治干扰而失败。中国企业在进行海外投资时应保持低调，强化投资的纯市场经济行为以及与对方互利共赢的特点，提高公司的透明度，尽可能把潜在的干扰影响降至最低。

另外，有些国家政治不稳定，如一些中东、非洲国家各种矛盾不断，甚至发生战乱，这些对我国投资企业员工的人身安全、财产安全以及生产安全会带来严重威胁，如一些国内企业这几年在苏丹、利比亚等国家的投资由于政治动乱而造成严重损失。

(二) 经济风险与挑战

经济风险与挑战既包括当地税务、财务的适应性问题，也包括投资经济性评价的适应性问题，还包括汇率、预算、定价等风险。海外不同地区的税务财务以及经济评价等都与国内有一定的差异。充分重视财税务、经济性评价等方面的差异和深入理解适应当地的相关规则，才能作出恰当的投资决定，规避不必要的风险。中信泰富在西澳投资的项目，就是由于对当地移民政策、环保法律要求缺乏充分了解，导致实际成本超出预算很多，最后即使项目投产也很难收回投资成本。

(三) 矿业法律法规及投资环境风险与挑战

随着经济增长，各国秉承绿色矿业发展理念，纷纷出台有关法规，以确保矿业可持续发展。如巴布亚新几内亚实行闭坑计划，要求采矿权人申请勘查或开采许可证时需要开展社会影响评估和环境影响评估。柬埔寨制定了《小规模及手工采矿管理办法》，强化矿山企业的环境治理和社会责任，且与联合国开发计划署共同监管小型开采项目。印度尼西亚近年来提高了矿产资源开发的环境准入门槛，于 2009 年制定实施了《国家空间规划》，并将是否符合《国家空间规划》作为矿产资源开发的前置条件之一。这些无形中增大了企业准入的难度。

面对复杂的矿业合作环境，我国在境外矿业投资方面也存在一些问题。全球矿业资源治理主要由西方国家制定规则与机制，使之成为实现其自身利益的工具。我国对国际矿业游戏规则制定缺乏主动权，对我国境外勘查开发造成不利影响。

具体到资源层面，根据加拿大弗雷泽研究所公布的 2013—2014 年全球矿业投资环境调查，"一带一路"沿线资源丰富国家在被调查的 112 个国家及地区中排名多数位于中下水平，显示了较高的矿业投资风险。

五、意见与建议

（一）妥善处理与投资所在国当地政府的关系

我国资源企业在国际化进程中备受各方关注。在我国资源企业的实力与日俱增的当下，妥善处理与投资所在国当地政府之间的关系至关重要。

首先，企业必须加深对东道国的认知，包括地质、社会、经济、制度等与自然资源直接相关的方方面面。也要认真评估东道国财政对于自然资源利润的依赖性，以及相关竞争性因素，如该国在特定资源的全球成本曲线上的位置及对全球供给的重要性等，以备有的放矢地做工作。

第二，企业必须审慎评估自身对东道国经济发展的贡献度，并衡量自己的绩效是否达到各利益相关方的期望。

最后，麦肯锡全球研究院认为资源企业的上述举措都应当被视作与东道国构建良好关系的一部分，而这项关系贯穿整个开采项目始终，往往延续数十年。至于企业应如何为东道国作出有效贡献，麦肯锡全球研究院从与开采业客户合作的经验中归纳出几个核心指导原则，包括审慎考虑合同。要全面客观地向当地政府介绍情况，强调合同项目对于当地经济所能作出的贡献，确保成功签署合同，不会出现反复。

(二) 吸取教训，提高自身竞争力

我国政府部门和矿业企业特别是民营企业应注意吸取以往经验教训，着力国际合作人才培养与团队建设，注重自身能力的提高，增强国际市场竞争力。

一是加强和重视规划研究的指导作用。开展国家层面的海外资源开发战略研究，制定相关规划，用于指导海外资源开发，增强海外资源开发工作的协调性和系统性。

二是成立或指定专门机构具体负责海外资源开发的相关工作。应有一个以服务海外资源开发为宗旨的专门机构。具体负责政策制定、实施、监控；整合国内各类相关资源；协调解决与企业"走出去"相关的具体事务；加强矿产勘查开发国际合作的引导与服务；争取专项经费，做好顶层设计。

三是建立专门的国家支持基金。用于海外项目的规划研究和前期投入补贴、项目投资补助和注资、贷款贴息、担保补贴、项目短期损失补贴、人才培养和科技研发补贴等；对母公司在税收和用汇方面提供相应的优惠和便利政策。

四是加强外交支持力度。为矿企获取项目取得所在国投资优惠政策和政府支持提供外交保障。

五是支持国内矿企和金融机构积极参与海外资源开发，拓宽境外矿产勘查开发融资渠道，打造境外矿业勘查开发合作金融平台。

六是重视对资源获取方式的研究。改变境外资源利用方式的单向思维模式，从单一资源开发向产能合作转变，在资源保障方式上从控制资源向控制产业发展，更加注重市场竞争力，实现规模化、专业化、财团化"走出去"。

（三）加强"一带一路"矿产资源合作

1. 深化合作搭建稳定平台

我国应根据各国差异化需求制定矿业投资政策，全面参与矿产资源领域全球治理体系，变政府主导为引导，加强基础评价、风险监测和信息共享服务，搭建矿业合作的稳定平台。

2. 增强文化包容与合作意识，有的放矢地制定矿业投资政策

"一带一路"沿线国家有4种文明、上百种语言。在矿业企业"走出去"过程中，必须从目标国的角度出发，承诺在不对当地文化和生态环境造成影响的情况下，将矿业投资与推进资源丰富国家工业化进程、提高当地生活水平和就业机会等联系起来。特别是要注重不同国家的差异化需求，不宜将5个中亚国家看作一个整体，将10个东盟国家看作一个整体。而应充分考虑这种差异，并据此制定相关的政策措施。

3. 全面参与矿产资源领域全球治理体系，并提高深度与广度

积极参与联合国、亚太经合组织、上海合作组织等重要国际组织关于矿业倡议、规则等研究制定工作，从"规则接受者"向"规则制定者"转变，并争当发起人，提出类似亚投行的矿业国际倡议。

4. 加强我国矿业企业社会责任建设

通过制定面向行业的企业社会责任标准，引导矿业企业更加关注社区、环境与可持续发展，塑造负责任的矿业开发形象。

5. 政府从主导型向引导型转变，加强基础评价和信息共享服务

一方面，充分利用我国地质调查领域的优势，推进"一带一路"基础地质调查与信息服务工作。另一方面，集成整合各类地质信息资源，建立面向"一带一路"的地质基础数据库，加强信息资源积累与更新。建设服务于"一带一路"的地质信息服务平台，组成地质调查数据服务网、全国地质资料信息网等网站群，并与各有关国家实现信息互联互通、全球共享。

6. 加强"一带一路"沿线矿业风险监测评价，搭建矿业合作的稳定平台

"一带一路"沿线国家找矿潜力巨大，应建立境外资源丰富国家的矿业政策法律库，及时关注其能源资源政策变动情况。持续开展矿产资源领域"走出去"风险监测评价，识别矿业投资面临的主要风险，建立风险监测评价体系，研判境外投资地区存在的风险及其等级，进行风险提示和预警。在此基础上，充分利用中国国际矿业大会、中国—东盟矿业合作论坛等重要矿业项目交流平台，加快国内外企业矿业投资与经贸合作的推介和对接，促进实质性项目的交易合作。还应以此为契机，加强与中亚、南亚等"一带一路"沿线资源丰富国家与地区的合作，向这些国家派驻资源参赞，加强为当地矿业企业服务。

（中国民营经济国际合作商会　高　辉）

"一带一路"为民营企业"走出去"提供新的机遇

"一带一路"与民营企业"走出去"

共建"一带一路"中的能源资源合作

中亚矿产开发与丝绸之路经济带

"一带一路"为民营企业"走出去"提供新的机遇

"一带一路"倡仪旨在把我国经济的发展与其他国家的发展结合起来，通过我国的投入和带动，动员各方的积极性，打造新的发展空间，创造新的发展引擎。

"一带一路"倡仪适应国家深化改革、扩大对外开放的根本需要，为解决经济在新常态下如何升级，提供了新的路径，对经济持续稳定发展有重要意义。李克强总理在 2015 年的《政府工作报告》中特别强调，企业要在"走出去"中提升竞争力，抓紧规划建设"一带一路"，推出一批重大的支撑项目，加快基础设施互联互通，拓展国际经济技术合作的空间等等，这些无疑给我国企业"走出去"带来新的机遇。与此同时，我国企业的国际化步伐正在不断加速，各行各业都在寻找机会全球市场布局，我国企业的对外投资事业正大踏步进入新的发展时期。

一、我国企业"走出去"已成新常态

金融危机以来，全球经济呈现多轨复苏态势，美日欧等发达经济体增长动力增强与新兴经济体经济增速下滑并存，整个世界经济仍处于调整期，国际投资环境复杂多变。在这一大背景下，我国政府积极作为，不断提高开放型经济水平，力推对外投资便利化，完善"走出去"政策促进体系、服务保障机制和风险防控体系建设，为企业境外投资创造更加宽松的环境。越来越多的企业抓住国内外产业结构调整的机遇，放眼全球，积极开展对外投资合作，不断提升跨国经营意识和能力，保持了对外投资合作的持续稳定发展。2013 年，我国对外直接投资流量首次突破千亿美元，达到 1 078.4 亿美元，对外直接投资存量达到 6 604.8 亿美元，对外直接投资分布占全球国家（地区）总数的比重为 79%，覆盖 184 个国家（地区）。在我国境外投资的企业中，民营企业数量占 82.9%，投资额约占 50%，且境外并购逆势上扬，对外投融资渠道多元化并向新兴市场延伸。通过 10 多年的海外打拼，我国民营企业基本渡过了艰难时期，实现了由找饭吃到找营养、由长个头到长肌肉的有效转变。"走出去"已成为我国企业特别是民营企业提高国际竞争能力和成长为具有较强实力跨国公司的必由之路。跨国公司是经济全球化的重要载体，在经济全球化背景下，一国拥有的跨国公司数量和规模是衡量其经济发展水平的重要标志，也是该国赢得国际竞争优势、获取支配全球资源权利的重要工具。因此，我国企业"走出去"不仅是自身发展壮大的内在要求，也是国家适应经济全球化潮流的必然选择。

对应我国经济新常态，企业"走出去"在今后几年也会步入新常态。这个新常态概括而言之是我国对外投资量超过吸引外资量，成为净资本输出国，我国"走出去"投资的增速将继续维持高位。过去我国对外直接投资较多集中在发展中经济体，亚非拉占绝对比重，而现在发达经济体包括日本、美国、欧洲成为重要以至主要投资对象，对其投资增速远高于发展中经济体，有的年份对其投资增速甚至有时高达 100% 以上。未来几年我国企业"走出去"将以技术、营销网络、研发平台为目标，伴随全方位、多领域、高速度的特性步入新常态。

经过 10 多年的发展，我国民营企业的海外投资主要呈现出以下 8 个特点：一是投资占比超过国企。民营企业参与的海外并购数量快速增长。在我国境外资产超过 2 万亿美元的总量中，民营企业已超过一半以上。从 2009—2011 年的不足 44% 上升到 2012 年的 62.2%，首次超过国企。二是投资增速不断加快。统计数据显示，从 2009 年起，我国民营企业海外投资并购增速不断加快，到 2013 年的 5 年间，民营企业海外并购总额约 510 亿美元，增长 600% 以上，与之相应的是海外并购总额从 2005 年至 2012 年复合增长率为 31%，其中仅 2012 年就高达 255 亿美元，是 2008 年的 7 倍，增速远高于我国整体对外并购水平。三是投资领域逐步拓宽。民营企业境外投资已由最初的以矿产资源和商业服务为主逐渐向更多领域拓展，其中商业服务、金融、采矿、批发零售、交通及制造业等 6 个行业占比最大，约占全部行业的 88%。四是投资规模迅速扩大。过去 5 年中，民营企业单宗交易平均金额由 3 630 万美元增至 1.78 亿美元，增幅近 4 倍，由初期的小规模、低水平收购，发展为大规模、高等级的海外并购，如我会会员企业吉利集团并购沃尔沃、三一重工并购德国普茨迈斯特、力帆集团布局非洲、科瑞集团收购全球第二大碳酸锂矿山、振发新能源中标澳洲最大太阳能发电项目、复星国际先后以 44 亿元人民币买下美国第一大通曼哈顿广场和以 10 亿欧元成功竞标葡萄牙最大保险公司若干保险资产，以及双汇国际以 71 亿美元收购全球最大猪肉加工企业史密斯菲尔德等。五是成功探索积累经验，不断发展壮大。经过多年的探索，民营企业逐渐积累起宝贵的境外投资经验和教训，涌现出一批成功的明星企业，如中兴、华为、海尔，以及我会会员企业联想集团、吉利集团、复星国际和三一重工等。它们的一条共同经验就是敢于"走出去"参与国际竞争、开拓海外市场，学习和获取国外先进的技术和管理经验，提高自主创新能力。如联想集团从 2004 年并购美国的 IBM 公司开始短短 8 年间，就跨入全球顶级电脑企业行列，跻身全球 500 强。六是创新能力大幅提升。科技是第一生产力，民营企业之所以能在强手如林的国际商战中占有一席之地，得益于科技和人才。它们站在世界科技发展的潮头，重视在美、欧、日等当今世界科技人才聚集之地建立研发中心、培养引进人才。如联想、华为、海尔等分别在美、日、法、意和印度等国建立 IT、信息、通信、医药、服装等研发中心，广揽人才，迅速缩小了与世界优秀人才水平的差距。实践表明，我国民营企业境外投资要取得长足发展，必须占据国际人才、科技和产业高地，这是我国企业境外投资发展的成功之道。七是大中小企业齐上阵。民营企业投资在各个领域全面开花，形成点面结合、大中小并进的投资格局。我国现有近万家民营企业在全球 160 多个国家和地区投资监理了 10 000 多家企业，几乎涵盖了衣、食、住、行、乐等各个领域。它们中的大多数规模不大，利润有限，却是投资国所必需的，因为它们的投资经营改善了当地民生，推动了经济发展，促进了国家间的友好关系。八是海外竞争独具优势。国有企业在海外并购时可能会被贴上"中国政府"的标签，往往因政治因素而阻力重重。与国有企业相比，民营企业因政治和舆论等因素造成的投资障碍要少得多，因此具备了更多竞争优势。

二、民营企业参与"一带一路"条件已经成熟

当前，国内国际形势的发展为民营企业参与"一带一路"建设提供了有利条件和广阔的空间。一是目前的全球经济形势依然呈现疲软态势，欧美经济尚未恢复到国际金融危机和欧债危机爆发之前的水平，特别是深陷泥潭的希腊债务危机更使得欧洲经济雪上加霜，这促使欧美一些发达国家更加重视发展实体经济，加大招商引资力度，很多的欧美企业也在积极地寻找外部资金的支持。在此情况下，我国的民营企业通过"一带一路"项目到海外投资、并购机会便相对增多，且交易成本降低、投资环境改善，为民营企业"走出去"开拓国际市场提供了良好的契机。二是国内新一轮经济发展为民营企业"走出去"参与"一带一路"建设提供了新的机遇。在我国经济进行深层次结构调整的背景下，化解产能过剩成为促进企业"走出去"的新动力并且得到了相关部门的大力支持。我国企业"走出去"将助推多行业产品的出口，加快消化国内过剩产能，同时加快对外投资和转型升级的步伐。三是民营企业参与"一带一路"是积极拥护践行中央打造中国经济升级版的适时之举。党的十八大之后，中央多次强调要打造中国

经济的升级版，要让企业的转型升级成为我国经济发展的新引擎。民营企业很多属劳动密集型和资源密集型行业，资源消耗比较大，附加值比较低，转型升级的压力尤其大。民营企业抱团"走出去"，实施上下游、跨地区重组，开展品牌、技术等方面整合，推动产业优化，学习先进的管理经验和商业模式，无疑是实现自身转型升级的重要途径之一。

另一方面，经过十几年的沉淀，我国民营企业"走出去"积累了丰富的宝贵经验，资金实力愈加雄厚，技术和产业规模不断增强，使得我们的民营企业在"走出去"的过程中越来越得心应手。一是从被动出海到主动出击。与一二十年前私营经济迫于生计压力而出海闯荡相比，今天越来越多的民营企业以更加成熟、更有目的性和国际化的视角来制定海外发展战略。据统计，在我国民营企业500强中，主动"走出去"的占50%，而在我会会员企业中这一比例更是高达80%以上。二是从单打独斗到抱团出海。为抵御风险，民营企业创造了抱团"走出去"的新形式，它们打破行业和体制界限结成企业联盟，包括民营企业与民营企业联合、民营企业与国有企业联合，组成产业链集群、优势互补集群，以及建立境外工业园区等方式都是近年来创造的民营企业抱团"走出去"的有益尝试。近几年我国抱团"走出去"的企业比例显著上升，如我会会员企业华旗资讯倡导的"爱国者国际化联盟"集合了数百家企业组成抱团出海联盟；各地地方政府或商会组织企业境外考察和投资，如广东省贸促会带领70家中小企业赴海外考察等都是积极的探索；而境外工业园区的建立则为我国企业在海外投资建厂提供了政策保障和机会，如在泰国、新加坡、马来西亚、越南等东南亚国家，在埃塞俄比亚、尼日利亚、埃及、赞比亚等非洲国家，以及在俄罗斯远东地区都建有各类工业园区。三是从盲目投资到先期调研。民营企业经历无数的经验教训，越来越重视对海外投资的先期调研工作，包括对投资环境、投资项目、商务信息、市场分析，以及当地政治、文化、风俗、宗教等因素的调查，显著提高了海外并购的成功率。如前所述吉利、复星、双汇和引起世界轰动的联想收购IBM等一大批民营企业海外收购的成功，无一不是事先进行了缜密的调研，这标志着我国民营企业海外并购开始出现由盲目到自觉的转变，无疑具有里程碑的意义。四是从自生自灭到自我防护。我国民营企业早期的海外投资与并购存在着极大的盲目性，既不了解国际投资的游戏规则，也不甚了解所在国的投资环境、政策及文化背景，更没有风险、维权和自我保护意识，只要有项目，就轻易出手，结果成功率很低，有些甚至血本无归。经过多年的实践，民营企业大大增强了风险意识和防护能力。五是从孤军奋战到借助平台。民营企业越来越多地借助政府平台、商会平台和国企平台开展海外业务成为一个新趋势。近些年，随着国家层面鼓励和扶持民营企业"走出去"的力度不断增强，使民营企业能够更多地借助政府的支持平台更加便捷和放心地"走出去"；随着商会自身建设的完善和服务能力的提升，特别是随着政府简政放权和职能下放，商会将承接政府部门下放的部分职能和审批权限，使民营企业能够借助商会平台更多地获得"走出去"的信息和签证、项目、风险防范和法律援助等方面的服务；同时，随着国家混合所有制的实施，民营企业也能够更多地借助实力雄厚的国企平台"走出去"。这些新的转变，为更多的民营企业参与"一带一路"建设提供了更具操作性的借鉴和参考。

三、"一带一路"为民营企业"走出去"搭建了新的平台

在国家"走出去"战略中，民营企业走向哪里？怎么走？"一带一路"倡仪的实施为我国民营企业"走出去"明确了方向。随着"一带一路"建设的推进将给予企业在政策、金融上的支持，民营企业通过参与其中获得一定的利好。

"一带一路"西至西欧地区，南段可达非洲东海岸。这片广阔的区域包括东南亚、南亚、中亚、西亚、北非以及中东欧地区的 60 多个国家。除我国外，共涵盖 30.8 亿人口，GDP 规模达到 12.8 万亿美元，分别占世界的44% 和 17%，是世界经济最具活力的地区。在诸多沿线国中，GDP 超过 5

000 亿美元的国家只有 6 个，其他多为新兴市场与发展中国家，因此后发优势强劲，发展空间极大。"一带一路"构想一旦变成现实，将成为世界跨度最长、最具发展潜力的经济走廊。2013 年年末，"一带一路"沿线国家中 FDI 吸收存量达到百亿美元以上的共有 43 个，占据 64 个国家的大半，其中，吸收存量达到千亿美元以上的国家有新加坡、俄罗斯、波兰、印尼、印度、沙特、泰国、土耳其、马来西亚、捷克、匈牙利和阿联酋等国（按存量大小排序）。同时应该看到，"一带一路"大多沿线国家尚处在工业化初期阶段，不少国家的经济高度依赖能源、矿产等资源型行业；而我国处于产业链的相对高点，有能力向这些国家提供各种机械和交通运输设备等。在"一带一路"建设中，我国将在沿线国家发展能源在外、资源在外、市场在外的"三头在外"的产业，进而带动产品、设备和劳务输出。这不仅会有效实现我国优质富余产能的向外输出，也会促进国外新兴市场的快速发展。

"一带一路"将开创国际政治经济合作新模式。"一带一路"的"开放、包容"特征体现在诸多层面。在地域上，"一带一路"立足亚洲，从我国向中亚、东亚、南亚、西亚、北非，以及中东欧方向辐射，以欧亚大陆为合作平台。在合作伙伴选择上，以沿线国家为主要对象，同时又不限于沿途国家和地区。在合作行为模式上，本着平等、共商、共建、共享、互利共赢的原则，共同制定时间表、路线图，一道推进"一带一路"建设。"共赢"是"一带一路"追求的根本目标，体现了我国外交的重要原则。习近平主席 2014 年在中央外事工作会议上指出，"我们要坚持合作共赢，推动建立以合作共赢为核心的新型国际关系"，"坚持互利共赢的开放战略，把合作共赢理念体现到政治、经济、安全、文化等对外合作的方方面面"。我国坚持新发展观、新安全观，致力于合作共赢的新型国际关系。"一带一路"合作模式的提出，再次体现了我国新时代特色的创新思维。我国历来主张摒弃集团政治、零和博弈的冷战思维，主张建立不结盟、不对抗、互利共赢的伙伴关系。我国提出"一带一路"倡议的初衷，在于同周边国家分享我国和其他新兴市场国家的发展成就和发展经验，实现欧亚地区所有国家的共同发展、共同繁荣，实现经济增长联动，打造利益共同体、命运共同体和责任共同体。习近平主席多次强调，"中国梦是和平、发展、合作、共赢之梦，我们追求的是中国人民的福祉，也是各国人民共同的福祉"。王毅外长形象地说道，"一带一路"不是中国一家的"独奏曲"，而是各国共同参与的"交响乐"。换言之，"一带一路"是中国与广大沿线国家致力于共同圆梦、追求美好愿景的宏伟蓝图，为21世纪全球经济发展提供了新动力、新契机。

　　"一带一路"为区域经济发展带来新动力，有利于资源高效配置、市场深度融合，有助于带动沿线国家和地区经济的发展。在欧亚大陆，"一带一路"相对于其他区域经济合作机制，既不是竞争关系，也不是替代关系，而是增加了资源、市场和运输大通道等多项便利，结果必将切实拉动各种多边机制的合作。丝绸之路经济带与欧亚经济联盟是合作关系不是对立关系。两者各具优势，互为补充。2013年9月，习近平主席提出经济带倡议的同时，特别强调，中国不谋求中亚地区事务主导权，不经营势力范围。在共同推进丝绸之路经济带建设方面，中俄两国领导人取得了共识。2014年2月，普京总统表示，俄罗斯愿将跨欧亚铁路与"一带一路"对接，创造出更大效益。2014年5月，中俄元首在共同发表的联合声明中明确指出，丝绸之路经济带与欧亚经济联盟不是竞争关系，而是合作关系。中俄将积极寻求两者之间共同获益项目的对接。中国同中亚国家和俄罗斯互为重要的贸易伙伴，深化经济合作是彼此共同利益的需要。历史上，中亚许多城市就是古代丝绸之路上的重镇。欧亚经济联盟是高度一体化机制，而丝绸之路经济带是通过项目带动的合作，追求的是在大型基础设施、交通、能源、金融等具体领域的深度合作与交流，两者互补性强，通过合作，定能齐头并进，共创辉煌。

　　"一带一路"不具有强制性，遵循自愿原则。寻求在互利互惠基础上进行目标协调、政策沟通、拓展合作。"一带一路"的构建不是搭建新机制，而是同有意愿参加合作的沿线国家依托现有平台、双边或多边机制，以点带面，从线到片，逐渐推进。"一带一路"建设的核心在于实现沿线国家之间的政策沟通、道路联通、贸易畅通、货币流通和民心相通。"五通"之中，实现沿线国家之间道路的互联互通建设是优先方向。习近平主席指出："如果将'一带一路'比喻为亚洲腾飞的两只翅膀，那么互联互通就是两只翅膀的血脉经络，是优先发展的领域。"我国政府极为重视"一带一路"建设，并注重在"一带一路"建设中充分体现"亲、诚、惠、容"的理念。习近平主席一再重申：推进"一带一路"建设，要诚心诚意对待沿线国家，做到言必信、行必果。要本着互利共赢的原则同沿线国家开展合作，让沿线国家得益于中国发展。

"一带一路"与沿线国家经济发展战略高度对接。"一带一路"倡议构想的提出顺应了经济全球化、区域经济一体化的时代潮流，反映了相关国家扩大对外经济合作的客观诉求。丝绸之路经济带沿途多数国家都处于经济转型和经济发展的关键时期，密切同周边国家在经济领域的合作是各国的现实选择。我国倡议为各国经济发展带来历史契机，并得到 60 多个国家的积极回应。中亚地区是古代丝绸之路的要道，也是现代丝绸之路的枢纽。中亚国家均为内陆国，长期以来对外经济往来受到极大限制。丝绸之路经济带的构建有助于中亚国家早日实现国际运输通道多元化的梦想。丝绸之路经济带与多数中亚国家发展战略高度契合。2012 年 12 月，哈萨克斯坦提出了 2050 年前国家发展战略。该战略的最重要目标是，哈萨克斯坦在 2050 年前跨入世界发达国家 30 强的行列。哈萨克斯坦将利用地域优势，积极挖掘国际过境运输潜力，加大对交通领域投资力度。2014 年 11 月，纳扎尔巴耶夫总统发表了最新国情咨文，推出了"光明大道"的经济政策，其核心内容是加快交通基础设施建设，打造公路、铁路和航空一体的现代化交通运输网络。纳扎尔巴耶夫总统特别强调了互联互通在经济中的重要意义。

"一带一路"已经步入务实合作新阶段。为解决"一带一路"构建进程中的资金瓶颈问题，我国推动成立了亚洲基础设施投资银行和丝路基金。2014 年 10 月 24 日，中国、印度、新加坡等 21 个国家正式签署文件决定成立亚投行。亚投行的法定资本为 1 000 亿美元，初始认定资本目标是 500 亿美元左右。2015 年 6 月 29 日，57 个亚投行意向成员创始国代表在北京正式签署《亚洲基础设施建设投资银行协定》，开启了亚投行正式成立的倒计时。该行预计在 2015 年年底前正式成立。亚投行签约国家达成的共识是，通过亚投行支持亚洲国家基础设施建设、促进地区互联互通、推动区域经济发展。2014 年 11 月 8 日，国家主席习近平宣布，中国准备出资 400 亿美元成立丝路基金。2014 年 12 月 29 日，丝路基金有限责任公司注册成立并开始运行。公司注册资本为 615.25 亿美元。丝路基金将以股权为主的市场化方式运作，投资基础设施、资源开发、产业合作、金融合作等。我国的"一带一路"倡议及其推出的一系列措施日益唤起沿途国家的极大热情。除丝绸之路沿岸国家积极响应和支持我国有关建设丝绸之路经济带的倡议外，许多亚太国家纷纷与中国对话，积极参与海上丝绸之路的项目磋商。2014 年 11 月 8 日，首届"加强互联互通伙伴对话会"在北京举行。孟加拉国、老挝、蒙古国、缅甸、塔吉克斯坦、柬埔寨、巴基斯坦等七国领导人，以及上合组织秘书长、联合国亚太经社会执行秘书长出席会议。在此次会议之后，有些海上丝绸之路重大项目已开始启动。

四、民营企业参与"一带一路"面临的风险与挑战

"一带一路"倡仪的实施，为我国企业"走出去"创造了难得的历史机遇和广阔的发展前景。国家层面的战略部署，为企业"走出去"提供了战略性的规范平台，可以预期，"一带一路"倡仪的实施必将大大改善我国企业特别是民营企业在"一带一路"沿线国家和地区的经营环境，降低跨国经营风险，让民营企业通过"走出去"开拓境内外两个市场，获取更大的

成长空间。得风气之先的中国企业应把握机遇，顺势而为，及早作出关乎企业长远发展的战略抉择和发展蓝图，助力"一带一路"的顺利实施。企业在参与"一带一路"建设的过程中，要有长远战略考量，建立一套全面、灵活、长效的评估机制。要积极行动起来，加快加大"走出去"步伐，用市场换资源，要大力加强和扩大同驻在国合作，做到你中有我，我中有你，努力创造合适的商务模式、赢利模式和可持续发展模式。

"一带一路"倡仪的推进主要依靠我国企业"走出去"，对于广大企业来说，搭车"一带一路"、大踏步迈出国门既是机遇，也是挑战。企业在"走出去"的过程中，与以往相比，面临的国内外环境更加复杂，其中包括来自投资国政治、经济、社会等方面的多种风险，对投资国的投资环境进行全面而审慎的认识和评估便显得极为重要。在"一带一路"沿线的很多国家（地区）往往政治动荡不定、民族宗教对立、武装冲突频繁、恐怖主义猖獗，使"走出去"的企业面临很大的政治风险。同时，东道国出于意识形态和偏见以及保护本国企业的考虑，针对他国的投资保护主义依然严重存在。如利用市场准入、劳工等各种壁垒人为设置障碍，限制企业在能源、高科技、金融等领域的投资活动。因此，"走出去"的企业要主动学习和了解投资国相关的法律、法规，要依法经营，重信守约，注意维护国家和企业的自身形象。要尊重当地的宗教和风俗习惯，妥善处理与投资所在国政府、社会各阶层和民众的关系，主动履行企业的社会责任，与当地居民和谐相处，互利共赢。

民营企业"走出去"还面临诸多问题。一是境外协调管理机构缺失。我国民营企业"走出去"开展跨国经营和海外投资，由于没有一个机构进行相互之间的协调管理，使民营企业境外投资出现无序与无助。在缺乏组织和规划的情况下，不少民营企业盲目地随机而动，在利益与利润的驱使下，经常出现一哄而上，"一窝蜂"的现象，造成资源浪费。二是融资困难。我国资本市场的不成熟及在融资上的多方限制阻滞了民营企业海外投资的融资途径。银行信贷管理体制的不完善也难以通过银行贷款来充实海外投资的固定资金和流动资金，我国现行的金融监管制度严格限制资本项目的跨国流动，这些障碍的存在直接导致了民营企业的融资难问题，造成了"走出去"发展的瓶颈。三是审批程序复杂。民营企业向外汇管理部门申请办理境外投资外汇资金来源审查，无论是材料要求还是办理程序都比较烦琐、复杂。企业要提供项目可行性研究报告，经注册会计师审计的上年度资产负债表及损益表等。这对于融资渠道不畅，大多依靠民间渠道融资的民营企业来说，无疑捆住了企业力图做大做强的手脚。四是信息和服务不到位。由于民营企业特别是中小规模的民营企业普遍缺乏资金、人才、渠道，对投资所在国的市场状况、投资环境、风土习俗、合作伙伴不够了解，对国际投资的运行规则、法律制度不够熟悉。另一方面，国家各部门之间没能实现数据交换和信息共享，资源没有得到有效整合。综上造成的信息匮乏和不对称，极易导致企业战略决策错位，甚至重复投资。五是跨国经营人才不足。民营企业的跨国经营存在障碍，主要表现在文化差异方面，民营企业海外投资时经常会习惯性地忽略对外投资中文化冲突带来的影响，而一旦潜伏在和平友好面纱下的矛盾被不可预见的原因激发，造成的损失将无法估量。因此，民营企业"走出去"急需既懂经营管理又懂当地风土民情的综合型人才。六是企业本身存在的问题。有的企业对外投资具有很大盲目性，有的工程匆匆上马，由于前期调研不够，致使后期问题不断，最终陷入停顿或者承受巨额亏损，有的甚至面临国际官司。还有一些企业缺乏责任意识，施工质量差，不注重环境保护，不注重社会责任，不注意回馈当地社会，不遵守当地法律、法规和文化习俗，缺乏公关意识。由于不善于和媒体打交道，甚至害怕媒体，很多企业虽然做了不少好事，但是当地和国际的媒体报道却很少。七是国际经济环境变化间接影响企业对外投资。如人民币升值导致我国企业产品的国际竞争能力下降，影响其在国际市场中份额的维持和扩大；随着经济全球化背景下贸易不平衡的进一步扩大，许多国家纷纷运用反倾销和反规避制度、保障措施、特保和反补贴等措施设置贸易壁垒。一些国家（特别是发达国家）还利用知识产权、劳工标准、技术壁垒、绿色贸易壁垒等措施限制对我国的进口。最后，贸易顺差极易引发贸易摩擦，从而影响我国对外贸易的整体发展。

五、对策建议

一是海外拓展若没有比较优势不要盲目"走出去"。在谈到企业"走出去"时，有企业家曾经说过："出去用的是走这个字，走这个字是动词，要想走路，首先身体要健康，没有健康的身体走在路上生病，只能死在路上。"不同的国家（地区）有不同的地域文化、政治文化、人文文化和商业文化，这些都需要深入了解。在"走出去"的过程中，也会面临激烈的国际竞争，这就迫使企业思考，自己的核心优势在哪里，如果没有比较优势，那企业的"走出去"就没有意义。我国企业要"走出去"，更要"走进去"和"留下来"。我们的企业要学会融入当地社会文化，履行社会责任，为当地环保、就业作出贡献，积极扶助弱势群体，成为当地人喜欢的企业，进而实现从"走出去"到"留下来"的转变。

二是要利用多方资源综合把控境外投资风险。2014 年中国对外投资 1400 亿美元，成为资本净输出国。在我国企业国际化过程中，往往面临着发达国家由其环境责任标准形成的绿色壁垒，导致企业国际化进程遭遇阻碍；而在发展中国家，由于对其环境和社会问题前期缺乏了解，后期容易造成矛盾积累导致的群体性事件爆发，容易给企业造成较大的经济损失。此外，在与 NGO、公众和媒体沟通，以及信息披露方面，我国企业的认识不足、沟通不到位，增加了环境和社会风险的爆发概率和风险损失。近 5 年来，外交部领事保护与协助案件数量年均约 3.5 万—4 万起。从企业自身建设角度，建议形成"境外投资国别风控指引"，通过事前风险预警，促进"走出去"的企业从项目初期就考虑可能的环境和社会风险。从金融机构角度，建议金融机构运用其信息优势，对客户履行环境责任提供评价和咨询服务，支持企业建立环境和社会风险全程管理机制和能力。建议保险机构根据"走出去"企业的需求特点，设计环境风险保险产品，推动企业形成环境保险责任与企业社会责任的良性互动机制。为了构建突发事故应急机制和弱势群体临时保护机制，建议建立"走出去"企业风险应急基金，强化社会救助。

三是政府和主管部门宜在政策上加强支持力度。企业"走出去"离不开政策的支持，针对重点行业，特别是战略新兴行业，加大财税金融支持力度，简化审批手续，把政府导向和市场平台结合起来。

四是企业参与"一带一路"建设要有准确而清晰的自身定位。要树立正确的义利观，做真诚合作的好伙伴。"一带一路"是一个深度融入世界经济的重要战略，旨在构建一个包容性的发展平台，互利共赢是这一战略的重要原则。走出国门的中国企业，要自觉遵守这些原则，秉承和平、交流、理解、包容、合作、共赢的精神洽谈合作。要树立利益共同体和命运共同体意识，在"走出去"的过程中，真诚交友，愉快共事，既要重视"量"的扩大，也要重视"质"的提升，还要重视交朋友，不断提高中国品牌和"合作好伙伴"的国际认知度和美誉度。要建立积极的发展观，做勇于创新的先行者。与其寻觅政策的洼地，不如及早占领创新的高地。建设"一带一路"需要更多的先行者，不畏艰险，敢打头阵。"走出去"的民营企业更应有胆有识、言出必行，充分运用改革开放以来获得的经验，在复兴丝绸之路和重塑世界政经格局的过程中，勇于迎接新挑战，敏于感受新事物，善于解决新问题。要创立包容的价值观，做中外交流的好使者。"一带一路"是对古代丝绸之路的传承和提升，具有深厚的历史渊源和人文基础。民营企业在参与"一带一路"建设过程中，还应通过公共外交、人文交流，密切与投资国人民的关系，为企业营造良好的"域外场"。在复兴海陆丝绸之路的过程中，人文交流是实现"民心相通"的重要途径。中国企业在泽遗千年的漫漫丝路上，一方面要传播中华文化，讲好中国故事，为全球经济的发展贡献东方智慧。另一方面，还要善于学习人家的长处，通过文明互鉴做公共外交的参与者和中外交流的友好使者。

国家"一带一路"是互尊互信之路、合作共赢之路、文明互鉴之路。"一带一路"的美好愿景与务实行动带来的将是信心和机遇。"一带一路"建设正受到我国经济发展"信心指数"的强劲支持，我国民营企业借助"一带一路"建设一定能为国家经济发展作出突出贡献。

（中国民营经济国际合作商会　李志刚）

"一带一路"与民营企业"走出去"

2013 年 9 月和 10 月，习近平主席在出访中亚和东南亚国家期间，先后提出共建丝绸之路经济带和 21 世纪海上丝绸之路的重大倡议，得到国际社会高度关注。经过不断丰富和发展，党的十八届三中全会明确提出了加快"一带一路"建设，努力形成全方位开放新格局的重要构想。加快"一带一路"建设，有利于促进沿线各国经济繁荣与区域经济合作，加强不同文明交流互鉴，促进世界和平发展，是一项多利多赢造福世界各国人民的伟大事业。

作为中国企业国际化的重要力量，民营企业在中国对外投资中的份额稳步增加，"走出去"意愿强烈。"一带一路"倡仪为包括民营企业在内的广大中国企业提供了难得的机遇。为抓住机遇，民营企业需要充分发挥自身优势，有效应对挑战，实现国际化的升级发展，为提升我国全球资源配置能力和竞争力提供有力支撑。

一、"一带一路"的理念与主要原则

"一带一路"是中国提出的促进区域内国家协同发展的重要倡议。无论是其倡导的理念、坚持的原则，还是涵盖的联通方式，都体现着互利共赢的思想，并以其开放和包容的特性，获得有关各国的欢迎和支持。

(一)"一带一路"的重要理念

实现"一带一路"构想既要继承历史上沿线国家间经贸合作的理念与实践，又要根据新时期的时代特点和各国新的国情积极进行创新和开拓。其建设和发展是一项系统工程，而非简单的单一领域或少数国家间的合作。促进各国实现经济要素有序自由流动、资源高效配置和市场深度融合，是"一带一路"构想的重要理念和根本出发点。

经济要素有序自由流动是"一带一路"合作的基础。旨在通过沿线各国政府的协调合作，打破商品、服务、资金、人员、技术等经济要素在沿线国家的流动壁垒，降低要素流动的成本，为"一带一路"各国企业合作提供必要条件。由于国与国在经济发展阶段、资源禀赋特点等方面差异较大，短时期内完全消除流动壁垒可能对部分国家造成冲击。这就需要做好引导和规范，循序渐进实现经济要素的有序流动。

资源高效配置是发挥"一带一路"区域合作效果的基本要求。通过各国资源的高效配置，充分发挥各方的潜力和优势，在促进整体利益的同时也促进了各方自身的发展。实现资源高效配置需要市场在区域内发挥关键作用，减少经济主体跨境配置资源的难度。这需要各方为资源的高效配置健全法律法规保障机制。只有这样才能增强市场信心，保护投资者的正当权益，打击侵权行为，从根本上保障沿线国家经济合作不断上升新台阶。

市场深度融合是"一带一路"建设的长远目标，需要各方的持续努力。市场的深度融合是经济一体化的高级阶段，会大幅提升"一带一路"国家整体的国际地位，增强抗风险能力。市场的深度融合还可以有效降低供给与需求间不匹配的周期性问题，在保护生产者利益的同时也为消费者提供更多的选择。

(二)"一带一路"的主要原则

"一带一路"坚持共商、共建和共享的基本原则，积极推进沿线国家发展战略的相互对接，以新的形式使得亚欧非各国联系更为紧密，推动各国间互利合作迈向新的历史高度。

坚持共商原则就是要在"一带一路"发展的重要问题上充分听取域内各方的声音，避免单一或少数国家将自身想法强加于其他国家。共商原则是民主精神的重要体现，与中国及广大发展中国家始终奉行的和平共处五项原则相吻合，有利于打消一些经济体量较小、竞争力较弱国家参与"一带一路"发展时的顾虑。坚持共商需要建立相应的平台，既可以是区域对话平台，也可以通过双边进行协商交流。共商的结果可以优化"一带一路"的发展路径，同时保障各方积极参与。

坚持共建原则就是要充分发挥沿线各国的主观能动性和能力，为有效建设"一带一路"作出各自的贡献。"一带一路"建设内容丰富，留给各方的发挥空间很大。作为"一带一路"的倡议者，中方需要积极发挥自身在发展经验、工程建设能力和资金等方面的优势，但要形成协同、可持续的动力则离不开各方的共同参与和积极贡献。亚洲基础设施投资银行（以下简称"亚投行"）获得域内、域外国家的广泛参与，实际上已经成为各方协同共建"一带一路"的重要机制之一。

坚持共享原则就是要使得"一带一路"建设的成果为各方所共享，尤其需要注意避免不公平的经贸安排，避免与防止出现成员间经济贸易地位不平等。只有各参与者都能真正从"一带一路"的发展中获益，才有可能增加各方持续参与的动力，形成不断升级发展的良性循环。对于资源较丰富的国家，"一带一路"可以为其提供更为广阔的需求市场，增强其经济发展的动力；对于资源较少的国家，"一带一路"可以使其及时获得必要的发展资源，促进其经济活力的提升。

（三）"一带一路"的联通方式

发展"一带一路"，促进各国间各种形式的"联通"，既是重要条件又是阶段性目标。习主席在哈萨克斯坦对丝绸之路经济带建设提出了政策沟通、设施联通、贸易畅通、资金融通、民心相通等 5 种方式，为各方探索"一带一路"发展空间确定了发展维度。

政策沟通体现在政府间发挥协同作用的意愿与努力。各国为发展经济出台有关政策，应加强事前沟通与协调，避免相互掣肘，以确保政策上协调配合，行动上协同合作，促进共同利益最大化。

设施联通可以为经贸合作提供更为便捷的物流硬件支撑，为沿线各国提供更多基础设施以更快地发展自身。政府可以发挥引导作用，促进项目对接，标准与规范互认和加大财政支持力度；包括民企在内的社会资本也可以通过 PPP 或 BOT 等方式参与市场发展机会，增强项目生命力。

贸易畅通是"一带一路"建设未来相当长时期内的重点。要以市场为基础，努力发挥各方资源要素优势，建立公平互利和稳定发展的国与国贸易关系；不断改进政府贸易监管模式，面向未来调整贸易便利化措施，确保各国贸易活动畅通进行。

资金融通是"一带一路"深化合作的重点，能为促进沿线各国经贸关系提供资金保障。加强货币合作，减少对美元等域外货币的依赖性，有利于增进各国经济及经贸活动的自主性，为金融机构提供跨境融资创造良好环境，还有利于降低企业在域内的融资成本，提高经济活力。

民心相通是"一带一路"发展的人文目标。经济发展的根本目的是为了提高人民生活水平，只有符合人民利益的经济活动才有生命力。"一带一路"还为促进国与国之间文化、教育、医疗、卫生、宗教等方面的交流和合作提供平台，为各国扩大合作提供深厚的民意基础。

二、"一带一路"的主要地区和行业

历史上的丝绸之路曾有效促进了沿途国家的商品交换。相比而言，"一带一路"倡仪构想宏大，为各方经济合作长期持续发展提供的空间更加广阔。这一战略构想涉及地域辽阔、国家众多、行业广泛、特点突出，模式多样、形式灵活，为民营企业发展提供了无比广阔的空间。

（一）"一带一路"途经的主要地区

根据 2015 年 3 月国务院授权发布的《推动共建丝绸之路经济带和 21 世纪海上丝绸之路的愿景与行动》（以下简称《愿景与行动》），"一带一路"涉及 3 条"带"和 2 条"路"。3 条带分别是：（1）中国经中亚、俄罗斯至欧洲（波罗的海）；（2）中国经中亚、西亚至波斯湾、地中海；（3）中国至东南亚、南亚、印度洋。2 条"路"分别是：（1）中国沿海港口过南海到印度洋，延伸至欧洲；（2）中国沿海港口过南海到南太平洋。可以看到，无论是"带"还是"路"，都是穿越广泛区域后与大海相连。应该认识到，"一带一路"并不是封闭的区域，而是通过大海实现与全球经济体紧密相连。"一带一路"途经的主要地区有 6 个，分别是东南亚、南亚、中亚、中东、中东欧和俄罗斯，都有着鲜明的地缘特点。

东南亚国家经贸一体化程度相对较高，是中国企业"走出去"最早也最集中的区域，与中国有着长期传统的经贸和人文交往，华人经济在许多国家都占有较为重要的位置，能够为中国企业提供较为快速的进入渠道，基础设施互联互通需求较强且东盟推进力度较大。

南亚地区人口总量庞大且增长较快，有较为巨大的增长潜力。中巴经济走廊、中印缅孟经济走廊和大湄公河等次区域经贸合作平台，以及南亚国家对于承接中国产业转移、促进本地区工业化的积极态度，为中国企业"走出去"创造了不少机会。

中亚地区地理位置关键，地缘政治敏感，传统上是美俄争夺的区域。该地区国家实行对外经贸关系多发挥其丰富资源优势的需求的愿望较强。以哈萨克斯坦、白俄罗斯为代表的独联体国家表达了积极推动与中国双边经贸合作的强烈意愿，希望通过"一带一路"建设打通出海通道。

中东地区是世界油库，也是传统的火药桶，资源问题、宗教问题、巴以冲突、伊朗核问题旷日持久，伊拉克、叙利亚问题和也门冲突持续发酵，伊斯兰国恐怖主义的兴起加剧了局势的紧张。但中东海湾地区在海合会（GCC）框架下开展合作取得明显成效，沙特、阿联酋等产油国财力雄厚，基础设施建设需求旺盛。

中东欧是发展中经济体和转型经济体相对较为集中的地区。区内国家发展经济愿望强烈，部分加入欧盟国家受欧盟地区结构性金融支持而获得更强的发展动力。乌克兰冲突导致区域局势恶化，美欧与俄罗斯相互制裁增加了中国企业开展投资合作的风险。

俄罗斯是区域内体量庞大、有着较强传统影响的国家，在美欧制裁下寻求经济结构调整和转型升级的愿望更加迫切，积极推进和加强欧亚经济联盟，希望通过整合区内资源实现发展。在远东地区和中蒙俄通道建设上存在较大空间。

（二）"一带一路"影响的主要行业

"一带一路"丰富的内涵和沿线国家的巨大差异为合作创造了广阔的空间，也为不少行业的双向投资、贸易和人员往来创造了良好机会。在新常态下，中国企业与沿线国家间的产业合作有代表的产业包括：农业、两高产业、交通基础设施、制造业和服务业。

"一带一路"沿线的农业国和具有较强农业发展优势的国家数量较多。许多国家将发展农业作为鼓励外资的重点，亟须外商加强对包括粮食、经济作物、林业、畜牧业、水产业和海洋渔业等产业的投资，希望通过技术合作提高生产效率。它们与中国农业企业具有较强互补性，合作前景广阔。

两高产业在中国经济中发挥了重要的作用，对产业体系的完善、经济发展和贸易出口能力的保障提供了重要支持。随着中国经济结构的转型，产能过剩矛盾突出，环境保护要求更加强烈。"一带一路"可以为能源资源加工贴近产地提供更好支持，促使产业发展重心合理转移，提高经济效率并促进协同发展。

交通基础设施是"一带一路"发展的重点领域。通过互联互通不仅可以有效提升区域内物流运输的效率，还可以为相关企业创造发展的空间。在亚投行、丝路基金等专项资金机制的支持下，中国企业参与相关工程项目有更多机会，并会带动包括工程设计、施工、配套、机械设备等相关产业的发展。

制造业是中国产业的重要优势所在。"一带一路"沿线国家的工业化需求强烈，这为中国制造业企业"走出去"提供了良机。伴随制造业"走出去"，一些生产制造能力向沿线国家转移，既可以取长补短，有利于促进双方的互利共赢合作，还可以结合当地的要素资源特点实现创新发展，提升双向经贸合作水平。

服务业是"一带一路"经贸合作的重要领域。在中国经济结构转型升级过程中，发展服务业、扩大服务贸易出口是中国经济发展的新方向。建设"一带一路"为中国与沿线国家服务业发展提供了极为有利的条件与环境，有利于促进各自产业的升级换代和经济结构转型，是实现各方互利合作和共同发展的良好模式。

三、"一带一路"为民营企业带来的重要机遇

"一带一路"作为重要的国家战略，获得了沿线国家的广泛认可和支持，也促进了相关合作机制的发展，给中国经济带来了新的可喜变化。民营企业以其灵活的决策和善于把握机遇的能力，将在"一带一路"建设中获得更多的发展机遇。

（一）各国政府鼓励外资发挥更大作用

应对危机冲击，各国政府寻找新的经济增长点，对合作的期待增加。未来相当长的时期，全球经济仍将处于再平衡的周期。发达经济体复苏态势仍不看好，发展中国家面临外部市场需求收缩的新挑战，都需要更多外部支持。基于这种经济形势，各国仍将欢迎外资进入，这给中国企业"走

出去"创造可持续发展的空间和机会。有利于中国民营企业获得一段较长相对稳定的境外发展周期。

（二）中国倡导的区域经贸机制稳步推进

近年来，中国倡导区域和双边经贸机制安排稳步推进，为民营企业开拓海外市场打开大门，提供保障。亚投行获得域内域外国家的高度认可，57 个创始成员国彰显了各方对加强亚洲基础设施金融支持的积极性，也大幅提升了中国的影响力。对沿"一带一路"的自贸区建设、升级与整合，将服务各方发展需要，提升要素资源配置能力，也减少了中国企业进入沿线国家的阻力，为其顺利发展提供了有利条件。作为"一带一路"的两端，中欧之间正在进行的双边投资协定（BIT）谈判有重要意义，将整体提升双方的经贸合作，并为"一带一路"沿线国家的经贸合作增添活力与动力。

（三）中俄全面合作进入历史最好阶段

欧盟继续延长对俄制裁至 2016 年 1 月，直接影响俄罗斯与欧盟的经贸联系。在乌克兰问题难有较好解决方案的情况下，俄罗斯东向合作的意愿大大增加，为此专门设立以中国为重点的远东发展部，大力开展对华包括高速铁路在内的大型基础设施项目合作，在市场准入等方面给予中国企业相对优惠的条件。中俄全面战略协作伙伴关系提升到历史最好水平，双边政治、外交、军事、经贸、金融合作全面展开，不断取得新突破；俄罗斯主导的欧亚经济联盟与"一带一路"的对接获得高层认可和推动。这些为中国企业在俄的发展带来前所未有的良机。俄罗斯自身广阔的地域和国内经济发展区域不平衡，也使中国企业在俄可以大显身手。

（四）基础设施建设潜力巨大

"一带一路"沿线国家普遍存在基础设施落后的问题，对经济发展形成较大制约。加强基础设施建设是"一带一路"建设的主要重点领域。这有利于物流通畅，提升物流配送效率和发挥资源禀赋优势。同时，沿线国家通过基础设施的互联互通，可以打通出海口，增大出口能力和获得更强的全球资源要素保障能力。再者，"一带一路"的建设有利于释放经济发展的潜力，服务沿线国家改善人民生活水平的愿望，通过工业化和城市化创造更多的发展机会。这是各国实现发展目标的重要前提条件。中国企业具备较为丰富的基础设施发展经验，施工和配套能力较强，可以把握机会获得更大的发展空间。

（五）人民币国际化进程加快的支撑作用

长期以来，人民币币值始终保持稳定，经历了亚洲金融危机和最近一轮金融与经济危机的考验。人民币价值形成机制不断完善，与国际主要货币的兑换更为便利，通过货币互换机制和人民币离岸金融中心的建立逐步增加了国际影响力。越来越多的国家对人民币的接受度不断增加，涉及政府储备、贸易结算和金融投资领域。"一带一路"为人民币国际化提供了很好的推广环境，有利于形成与商品流动相适应和配套的资金流，可以为中国企业提供更为有效的支撑。随着人民币在跨境经贸合作中应用的日趋广泛，人民币金融产品种类和规模增加，也有利于企业减少经贸合作的汇率风险。

（六）产业跨国转移需要加大创新力度

"一带一路"区域内的直接投资过程伴随着中国企业"走出去"进程，是产业链跨境延伸和要素资源合作加速配置的必然结果。以制造业为主的产业跨国转移符合投资母国和东道国的双方经济利益。但是，产业链的延伸并非直接将生产制造基地搬迁，而是需要更多的适应性调整。现在，与产业链延伸相适应的调整措施如境外经济贸易合作区、边境经济合作区、跨境经济合作区、中国—白俄罗斯工业园等经贸发展平台业已建立，促进了企业集群式发展；沿线国家政府也将根据中国企业的特点和需要调整相关政策、完善支撑服务，为中国企业开展和扩大投资提供便利。

（七）信息技术发展支撑跨境经贸合作

信息技术大幅提升各国经济效率和社会福利，为服务贸易发展奠定基础。现代交通技术的进步提高了商务人员实地考察和开展业务的能力，高速无线网络通信技术为促进服务贸易提供了更多可能。这些为中国企业跨越广阔地理空间开展经贸合作提供更有效支持。在中国通讯企业的积极努力下，"一带一路"沿线国家的通讯环境得到大幅改进，中国企业开展跨国投资和经营的能力因此大幅增强。企业可以通过信息技术消除信息传导时滞，充分把握市场机遇，利用国内信息资源和计算能力及时处理并寻求最优解决方案。信息技术也使得企业间协同更为便利，有利于发挥各自优势。

（八）协商经贸规则制定提升全球影响

全球经济再平衡提供规则重构的重要机会。G20机制在协调应对危机冲击中发挥了关键性作用，发展中国家尤其是新兴经济体的声音影响增大。在面向未来谋求发展的过程中，"一带一路"沿线地区作为全球最具活力的区域，将在全球规则的更新升级中有更大的话语权。包括区域全面经济伙伴关系协定（RCEP）、亚太自由贸易区（FTAAP）等在内的经贸协定代表了未来区域合作的方向。通过协商制定符合区域发展规则，在很大程度上决定未来的经贸环境。这些规则可能更符合中国企业，从而为中国企业的国际化发展提供更为有效的支持。

四、"一带一路"对民营企业提出的主要挑战

同时也必须认识到，"一带一路"也对中国企业提出了不少挑战。总体实力相对较弱的民营企业可能在经验、实力和信息获取能力上处于相对较弱的位置，需要做好充分的准备加以应对。

（一）域外势力介入导致风险集中频发

尽管"一带一路"并不针对任何第三方，仍然受到各方的关注和干预。在美国、日本等国的政府和非政府组织（NGO）的介入下，"一带一路"地区局势更为复杂。埃及、泰国的所谓民主化进程反而导致国家经济动荡、人民生活水平下降；中国企业在缅甸通过法定程序获得的密松水电站项目被无限期搁置，中缅油气管道的正常运营面临不稳定因素；斯里兰卡港口城项目受阻；东海、南海局势因美军介入和 G7 声明干预而趋于复杂化。一些原本具备良好合作基础的国家也存在发生风险的可能性。

（二）领土领海争端影响区域经贸合作

随着资源开发需求的增加，"一带一路"区域内国家间的领土、领海争端有升级趋势。不仅中国与周边国家存在领土和领海争端，"一带一路"域内其他国家间的争端也不易解决，对我国企业的投资发展带来了不利影响。国家电网投资菲律宾国家电网的经营期大幅缩短；中越领土、领海纠纷造成越南国内反华浪潮；中印领土争端难解影响中国企业在印度的投资。克什米尔冲突导致印巴长期对立，泰国、柬埔寨柏威夏寺主权争议悬而未决，以及东盟内部其他国家间的领土领海争端等等，都可能对"一带一路"建设产生负面影响。

（三）资源分配异议增加冲突爆发概率

在整体资源相对稀缺的情况下，"一带一路"沿线国家实力和经贸需求的增加导致各方对资源的需求更为迫切，可能加剧国家间对有关资源的争夺，甚至因此发生冲突。除了领土和领海争议地区所埋藏的资源外，跨境资源分配的矛盾值得多关注。其中水资源跨境分配的矛盾尤为突出，如大湄公河、雅鲁藏布江水资源分配问题，相关国家在合理利用水资源和开发水利资源方面存在分歧，部分下游国家基于气候变化，要求限制上游国家对水利资源的利用，如果无法协调，很可能导致国家间关系恶化。

（四）欧债危机动摇欧元区一体化基础

受经济危机的持续影响，欧元区面临前所未有的挑战，特别是如希腊退出欧元区，很可能造成连锁反应。这不仅直接冲击与之密切相连的欧盟其他成员国的金融系统，并将对欧元和欧盟整体的国际信用造成严重影响。希腊经济短期内难以出现根本性改善，可能有损中国在希投资。如中国远洋受让希腊比雷埃夫斯港的过程一波三折，影响了投资者的信心和长期运营的愿望，对后续企业的进入和发展不利。卡梅伦的连任增加了英国退出欧盟的可能性，欧盟正在面临自成立以来最大的发展危机，可能严重影响中企对欧投资决策。

（五）政府更迭导致投资合作环境变化

"一带一路"区域内国家的政治体制存在较大差异。多党制国家选举引发的政府更迭可能导致国与国间关系出现较大调整，使得企业投资合作的环境发生重大变化。斯里兰卡原总统拉贾帕克萨在换届选举中失利，新任总统西里塞纳调整对华和对印度的态度，宣布重新评估中交建设的科伦坡港口城项目，为企业正常经营带来较大影响。泰国政权更迭使得中泰之间的大米换高铁项目经受波折。受此干扰，中国与东盟交通基础设施互联互通也遭遇挑战。民营企业对政治风险的抵御能力尤为不足，部分企业过于重视与执政党交流沟通，最终可能会面临更大风险。

（六）恐怖活动升级凸显人身安全风险

以伊斯兰国为代表的恐怖主义活动明显升级，它不仅组织结构严密、机制健全，在政治上通过明确的立国目标召集跟随者，且其有效利用金融市场和文物黑市交易获得大量资金和武器装备对区域内正常商业活动造成根本性破坏。除了恐怖组织直接占领区和交战区域外，由伊斯兰国在各地引发的更多恐怖袭击直接增加企业外派人员人身安全风险，重挫后续企业的投资信心。此外，近年来中国工程师遇袭或遭遇绑架案件屡发，海盗袭击商船事件频生，特别是从利比亚到也门，北约和沙特的空袭行动造成平民重大伤亡，都对企业和有关国家的投资造成冲击，甚至导致当地经济活动停滞，企业投资严重受损。

（七）话语模式不同增加相互沟通难度

"一带一路"沿线国家发展历史差异较大，多已形成相对固定的发展模式和管理体系。体系的差异和话语模式的不同大幅增加了彼此间沟通的难度。域内仍有国家尚未成为 WTO 成员，其国内的法律体系和经贸管理模式与 WTO 成员国有很大不同，即便出现贸易争端也很难通过 WTO 的争端解决机制协商解决。各国产品和服务的标准体系也呈多元化，体系间对接难度较大。例如铁路轨距标准就存在宽轨、标轨和窄轨等诸多不同，难以解决现有铁路系统的对接联通问题。这些给原本实力较弱的民营企业参与合作带来很大挑战。

（八）债务集中增长增加未来偿还风险

随着各类贷款余额的增加和还款期的逐渐到来，一些"一带一路"沿线国家面临的偿债压力显著上升，还款问题严重。国际大宗商品市场的持续疲软严重影响资源型国家的经济收益和还债能力。如果引发债务危机，将沉重打击该国整体经济，并使在这些国家投资的企业遭受重大损失。如果采取减免债务的方式，则不一定能够从根本上改变偿债困难的现状，而且可能引起其他国家的效仿。在这些国家发展的民营企业，也可能会因为政府间项目受阻而出现业务无法延续的风险。

五、对策建议

面对"一带一路"带来的机遇和挑战，中国民营企业应明确自身的发展目标，用好各种资源，积极开拓市场，通过国际化增强自身的全球竞争力。

（一）以愿景蓝图为重点，探索企业特色发展道路

围绕《愿景与行动》列明的重点合作方向和领域，根据企业自身资源优势和国际化发展需求，利用对市场信息的反应较快、决策机制灵活的优势，在"一带一路"中寻找适合自身发展的机会，逐步形成有自己特色的发展模式，实现绩效最大化。企业"走出去"应能够支持自身国际化发展目标的实现，减少盲目性。

（二）创新导向发展思路，把握重点关键市场领域

在现有发展经验的基础上，开阔思维，利用各类资源禀赋和要素差异，实现优化组合，挖掘市场蓝海，积极探索适合企业自身特点和需求的创新发展道路。根据沿线各国对"一带一路"认可和支持程度的不同，优先选择把握重点关键市场，用好中国与东道国政府的相关法律政策，保护知识产权，以获得更好的发展机会。

（三）灵活股权合作模式，积极用好各类金融资源

在"走出去"合作中，民营企业应采取更为灵活的股权合作模式，积极同东道国企业兴办合资公司，共同分享投资收益和承担风险。通过当地的合作伙伴处理企业与东道国各方的关系，降低投资的敏感性。同时根据实际情况，使用包括国内、东道国和国际金融机构的资源，降低融资成本，为企业发展提供多元支持。

（四）避免短期利益导向，换位思考注重长远利益

民营企业在"一带一路"沿线国家投资合作过程中，应注重与当地社会的协调，严格遵守东道国法律法规，尊重文化差异与风俗习惯，承担必要的社会责任。企业应做好换位思考，决策时注重对东道国的环境保护，增加对东道国的技术外溢，支持相关配套产业发展，保障企业的可持续发展，避免为获得短期利益不顾长远、"一锤子买卖式"的投资行为。

（五）积极用好当地资源，引入社会服务以降低风险

民营企业在投资合作中应避免将国内生产模式简单复制，要减少外派人员，为当地劳动者和相关企业创造更多发展机会，使其能够更多共享投资发展的成果。同时，要通过市场竞争更有效选择合作对象，并充分搞好社会服务，以尽可能多地掌握必要的信息，减少因为信息不对称导致的投资风险。

（六）加大人才培养引进，有效参与沿线商业活动

注重人才对民营企业长期发展的重要作用，加大对人才的引进和培育。企业的竞争实际上是人才的竞争。包括语言、跨文化交流、企业管理、专业领域等各类人才是企业成功发展的根本保障，应加大培养和引进力度，为他们提供更多的发展机会，并双管齐下，本国和东道国的人才培育和使用并重，开辟双向人才交流通道。只有这样，才能使得企业在国际化道路上走好走稳走远，在激烈的竞争中立于不败之地。

（商务部研究院 周 密）

共建"一带一路"中的能源资源合作

丝绸之路经济带和 21 世纪海上丝绸之路(以下简称"一带一路")是我国深化与沿线国家开展区域合作的宏伟构想,包括经济、社会、文化等诸多方面。不仅将拉动包括中国在内的各国经济发展,也将提升沿线地区整体的经济社会发展水平。在"一带一路"建设中以能源资源(以下简称"能资")合作为抓手,不论从我国与周边国家经济结构的禀赋、社会发展需要和互补优势的角度,还是我国与周边国家已经具备的合作基础和条件来看,都是最为现实和可行的。因此,应将能资合作置于"一带一路"建设的优先方向,着力加以推动。而搭建涵盖大周边地区开放性的能资合作平台,畅通各层次的对话渠道,制定合作规则,确定务实的合作项目,则是开展能资合作和保障其可持续运营的重要途径。当前,推进能资合作既要抓住难得的发展机遇,也要妥善应对严峻挑战。能资合作是一个具有战略属性和长期合作的领域,既需要日积月累的扎实推进,也亟待我们去探索和实践。

一、能资合作在推动"一带一路"建设中的重要意义

(一) 为区域经济合作和各国可持续发展提供长期动力

推动与"一带一路"沿线国家能资合作,深化我国与资源国、过境国

的互利共赢关系，利于实现我国能资供给的多元化、运输的安全与便利化、定价机制的合理化。这对于保障我国能资安全、拓展发展空间、支撑经济持续健康发展具有重要意义。同时，发挥我国与资源国、过境国的互补优势，建设能资基础设施，既可帮助资源国振兴能资产业，也可为我国资本和技术增值提供机遇；进而为沿线国家提供广阔的经济增长空间。这也正是能资合作作为发展引擎的长期动力所在。

（二）能资合作有助于推动各国形成命运共同体

"一带一路"沿线集中了一批重要能源生产国，这些国家急切需要实现能源销售的多元化、引进中国能源技术和投资，进而利用中国经济成果发展自己，加快建设本国能资基础设施。沿线国家在能资、市场、资金及技术方面与我国具有较高互补性；深化该领域合作符合各方发展利益，利于促进地区共同发展和繁荣。同时，能资合作具有战略属性，我国与资源国、过境国在传统能源、新能源、铀、金属矿产、能源运输、水利、电力等方面的深入合作，具有外溢到经济、社会各领域的潜力，从而推动"五通"、增强双边战略互信。这既有助于实现我国经略周边、打破围堵、维护国家安全的战略目标；更对深化我国与周边各国双边关系，形成命运共同体具有重大推动作用。

（三）有利于维护沿线地区的和平与稳定

能资领域的相互依赖及其辐射效应，可成为沿线地区和平的"压舱石"；沿线地区一些国家经济、社会发展薄弱，而能资合作对其振兴经济、发展社会事业作用巨大，这对于维护地区政治稳定亦具有重要意义。此外，一些沿线国家对中国快速发展尚有较大疑虑；而能源资源合作为我国践行"亲、诚、惠、容"周边外交新理念和"睦邻、安邻、富邻"的周边外交政策提供了有利平台。我国可借此向沿线国家展示我国打造友好稳定、共同富裕的地区环境的诚意，从而逐步化解部分沿线国家对中国快速发展的不适应感，建构利于地区和平稳定的话语环境。

（四）有助于建立公正合理的国际能源新秩序

加强与"一带一路"沿线资源国、消费国、过境国间能源合作，对于提振我国在全球能源治理中的地位具有重大推动作用。与沿线国家达成公正的能源交易规则和定价机制，推动落实能资运输"过境自由、非歧视、不妨害"原则，进而形成和构建区域能源合作机制，利于加强我国在全球能源问题中的话语权，推动国际能源秩序更为公正、合理、高效。此外，能资合作涉及国家多、辐射领域广，可成为地区多边能源合作机制建设的基础；并可借此打造环周边国际能源战略协作平台。这对于推动我国与沿线国家形成独特的能源供需板块，改变严重失衡的国际能源战略格局意义重大。

二、"一带一路"开展能资合作的内涵

（一）能资合作的内容

从能资种类的角度来看，能资合作以能源合作为重心，进而涵盖能资的全部种类。其中，能源包括煤炭、石油、天然气等化石能源，以及核能、风能、水能、太阳能、地热能、海洋能以及生物质能等非化石能源。资源则包括矿产和非矿产两类，前者既包括化石能源，也包括各类金属、非金属矿产；后者既包括非化石能源，也包括水资源、生态资源如渔业、林业资源等。中国与沿线各国在资源禀赋、资金、技术等方面互补性强，且都面临推动经济社会发展的历史任务；各方在各种类能资，尤其是油气资源合作方面均有很大潜力。

从能资产业环节的角度来看，能资基础设施建设、勘探开发、贸易、道路与管线运输、运输安全、冶炼加工、营销渠道等上、中、下游环节，

均可以成为中国与沿线各国的合作领域。在上游领域中，中国的资本、技术同"一带一路"沿线国家的资源禀赋间具有天然互补性；中游领域中的运输及其安全是各方共同的重要关注点；下游的市场和高附加值产业合作则可将各方利益牢固捆绑在一起。中国与沿线各国在能资产业各环节的合作，将为带动整个沿线地区的区域合作提供动力。

（二）能资合作的特点

首先，能资合作具有经济性。能资首先具有大宗商品功能：各类能资是沿线各国谋求经济发展、社会进步必然大规模生产和消费的商品，也是各国间国际贸易增量的重要来源。其定价机制、贸易与结算方式、运输成本等因素深刻影响各国经济社会发展成本。同时，石油的金融功能日益彰显：石油成为投资组合的重要部分，石油期货市场和石油定价规则成为大国博弈场域，石油价格受期货市场影响加深，金融衍生工具介入石油商贸使其成为套利工具。沿线地区集中了一批重要能源生产与消费国，其合作也将涉及能源的金融功能。

其次，能资合作具有外溢性。能资领域的国际合作涵盖大宗商品贸易、交通及能源基础设施、跨境油气管线建设与运营、能资定价规则等领域，并可外溢到诸多产业经济部门及关税、金融、法律等方面的合作。

最后，能资合作具有战略性。对于主要能资生产国，能资出口往往是重要的财政来源；对于消费国，能资进口直接关系到经济、社会的可持续发展。双方在能资领域的合作事关国家安全、政治稳定全局。因此，能资合作也经常成为国家间博弈的战略筹码，以之达成重要政策目标。

（三）合作方式

中国与"一带一路"各国开展能资合作的具体方式，可以概括为实体项目合作与软环境构建两类。实体项目包括扩大能资贸易规模、合作进行勘探开发与基础设施建设、开展能资道路运输合作、共建共营油气管线、冶炼加工与市场合作、共建共营新能源设施及相关技术合作等。近年来中俄间达成的石油增供协议和东线供气协议、中国与土库曼斯坦达成的天然气出口协议，以及中国环周边跨国油气管线的修建，均是能资实体项目合作的典型案例。继续落实、深化、开拓能资务实合作，将充实区域合作的内涵。合作软环境建设则包括投资与贸易便利化、交易本币化、创新合作模式、提升双多边关系、构建良好国际条法和舆论环境等。

三、在"一带一路"开展能资合作面临的机遇与挑战

当前，在"一带一路"推动中国与各国开展能资合作，既有难得的机遇，也面临严峻的挑战。

（一）机遇

1. 发展合作是地区主流

习近平主席在2013年10月召开的周边外交工作座谈会中指出，"我国周边充满生机活力，有明显发展优势和潜力，我国周边环境总体上是稳定的，睦邻友好、互利合作是周边国家对华关系的主流"。尤其是"一带一路"沿线主要涵盖中国大周边地区，以和平、合作、发展为主流的国际形势是推进地区能资合作的重要机遇。

首先，中国与沿线国家间的政治互信逐步加深。中国先后与俄罗斯、哈萨克斯坦、吉尔吉斯斯坦、塔吉克斯坦解决了历史遗留的边界问题，为双边和多边关系的友好发展夯实了政治基础。在我国与一系列周边国家确立战略合作关系之后，近期以来，中俄签署《中俄关于合作共赢、深化全面战略协作伙伴关系的联合声明》，两国关系上升到了前所未有的高度；中国与文莱确立战略合作关系；中国与土库曼斯坦、塔吉克斯坦、吉尔吉斯斯坦、蒙古国都建立了战略伙伴关系。

其次，"一带一路"沿线国家多以振兴经济为优先方向，愿意通过合作

谋求共同发展和繁荣；在经济全球化浪潮中，区域合作进程加快。近年来，中国与沿线各国在经贸、能源、文化、社会、环境保护、非传统安全领域的功能性合作已经越来越密集。

再次，地区热点问题总体可控，地区安全形势趋稳。中亚国家都与中国建立战略伙伴关系，双边关系向好；中印签署边防合作协议，加强了领土争议的危机管控能力；伊朗核问题谈判出现新机遇，达成阶段性成果；欧亚经济联盟进程取得实质性成果，呈现一体化的发展趋势；上合组织积极探索，力图在区域合作中取得进展。

近年来中国与周边一些国家虽出现纠纷，但出于未来发展的考虑，地区国家并无意与一个上升的大国反目。

2. 中国在"一带一路"沿线地区的影响力增强

首先，中国与沿线各国经贸关系日益密切。中国经济保持良好的上升势头，对地区经济的拉动作用和贡献逐年增长，无疑向近邻国家释放出积极的信号。"中国已经是120多个国家和地区最大的贸易伙伴，每年进口2万亿美元商品，为全球贸易伙伴创造了大量就业岗位和投资机会"。2013年，中国对俄罗斯的贸易额已接近900亿美元，与中亚五国的贸易额为502.8亿美元，与后者增长率为9.4%。

中国与周边国家睦邻互信和务实合作深化，越来越多的周边国家希望能够分享中国的发展机遇。相对于欧美经济复苏缓慢而言，中国投资能力增长，在制造业和基础设施等领域的技术及管理经验丰富，这也激发了相关国家的合作热情。

其次，沿线国家与中国经济、社会发展呈高度互补性，与我国开展能源合作的愿望增强。资源、市场、资金以及技术的互补性使中国与周边国家经贸合作具有巨大的发展空间。俄罗斯正面临经济发展与国家转型的难题，亟须扩大出口、引进投资。哈萨克斯坦正在实施工业创新发展战略，并开始把引资和合作重点向非资源领域转移。蒙古和其他中亚国家均把发展交通、矿产品和农产品加工、轻工业、服务业置于经济发展的优先内容，对"中吉乌铁路"及相关公路网建设抱以期待。中、俄、蒙三国推进经济走廊的前景看好。南亚国家与中国在基础设施和科技领域合作潜力巨大，打造地区国家期待的"中巴经济走廊"与"孟中印缅经济走廊"将会盘活整个区域的经济融合并推动互联互通建设。

再次，国际能源形势变化提升了中国市场的地位。在美加快推进能源独立的背景下，其对中东、中亚油气产区的依赖度降低。2008年以来，美国自中东的石油进口累计减少了16%。与此同时，中国、印度等新兴经济体成为全球能源消费的稳定增长源，占据全球能源消费增量的绝大部分，成为中东、中亚石油最重要的战略买家。在此背景下，中东、中亚产油国有意向我国开放油气上游产业，以能源合作带动与我国经贸合作，进而推进自身经济结构调整的愿望强烈。而中国适度开放能源下游产业与市场，对沿线资源国吸引力更为巨大。2014年年初的乌克兰危机促使美欧意图制裁俄罗斯能源部门、减少自俄能源进口，这将促使俄罗斯更加看重远东市场，深化与中国的能资合作。

3. 深化能资合作基础良好

首先，中国与沿线国家已有大量制度化经济合作。近年来，上海合作组织框架下经贸合作不断深化；"区域全面经济伙伴关系协定"、"中日韩自贸区"两项谈判也在2013年取得了积极的进展。同时，中国与周边国家积极参与APEC、G20、金砖国家等多边合作机制。通过推动地区能资合作不断深化发展，现有国际机制的内涵将更加丰富、基础也更为牢固。

其次，沿线国家对中国认同度提高，地区国际政治话语环境良好。在和平崛起过程中，中国政府一直重视同周边地区各国发展友好关系。中国奉行与邻为善、以邻为伴和睦邻、安邻、富邻的周边外交方针，近期更是提出坚持奉行正确的义利观和"亲、诚、惠、容"新理念，意在同周边各国共同营造平等互信、包容互鉴、合作共赢的地区环境。中国外交日渐展现出的自信、开放和负责的大国风范，务实有效的睦邻友好政策和推动建设和谐周边、和谐世界等新理念已为越来越多的国家所理解和接受。

再次，中国与沿线国家能资合作成果丰硕。2013 年，中俄能源合作达到新高度，双方共同致力于构建牢固的中俄能源战略合作关系，并达成长期原油供应协议并就天津炼化厂合作达成协议、原油增供协议、俄罗斯通过东西管道向中国供应天然气协议，中石油购入俄亚马尔液化天然气项目股权协议及核燃料协议。中国与土库曼斯坦、哈萨克斯坦等中亚国家的油气贸易逐年扩大，A、B、C、D 4 条于中亚地区跨境进入我国的油气管线初步建成或开工。中国与中东传统油气产地的能源贸易也保持了稳中有升的趋势。中国与沿线国家既有的能资贸易及相关产业合作，为进一步营建共同利益奠定了基础。

（二）挑战

中国提出"一带一路"倡仪构想既给沿线地区国家带来前所未有的机遇，同时在周边环境时刻变化发展的形势下，也存在一些瓶颈和隐患。

1. 大国博弈造成的负面影响

首先，美国全球战略向亚太倾斜，推行"亚太再平衡"战略，力图挤压中国的发展空间。美国对中国崛起的疑虑和偏见仍深，鼓吹东亚地区局势不稳的根源在于中国军事力量的快速发展及其对外政策的愈发强硬。美2013 年涉华军力报告称："中国宣称其崛起是和平的，没有追求霸权和扩张领土的愿望。然而，由于中国不断增长的军事力量缺乏透明度，该地区对中国意图的担忧持续加深"。一些美国学者建议美国在军队部署、军事技术、能源等方面加强美日同盟以制衡中国。由此，美国以"亚太再平衡"为名，在中国周边地区排兵布阵，强化军事联盟，破坏了该地区开展能资合作的政治环境。

美国主导"新丝绸之路"计划，大力介入地区事务。此外，为了牵制中国，美国在南亚、中亚指责中国主导的合作项目存在环境、古迹保护隐忧，给项目实施制造障碍。

其次，中国与中亚各国深化能资合作可能引起俄罗斯的疑虑，担心其主导的欧亚经济一体化进程受阻。俄罗斯将中亚地区视为其重要的战略后方，推动与中亚国家的经济一体化进程，是俄罗斯对外政策的重要考量。"俄罗斯对外政策的优先方向是进一步巩固独联体，致力于加强独联体地区一体化进程，优先任务是建立欧亚经济联盟"。2013 年，吉尔吉斯斯坦、塔吉克斯坦申请加入俄罗斯、白俄罗斯、哈萨克斯坦三国关税同盟；亚美尼亚正式加入关税同盟。俄主导的欧亚经济联盟取得重要进展。中国与中亚各国能资合作深化发展，互联互通建设不断取得成绩，俄罗斯对此难免疑虑。例如，俄罗斯担心"中吉乌铁路"使用的标准轨与俄式轨不能衔接，导致中亚国家增加对俄离心倾向。中国与中亚各国达成大宗能资贸易协定、拓展上下游合作领域、加强互联互通建设，都使俄罗斯产生类似担忧。如何在丝绸之路经济带能资合作中与俄罗斯互利共赢、助其充实欧亚经济联盟、避免恶性竞争，是能资外交工作的一个挑战。但令人欣慰的是，2015 年习主席访问俄罗斯期间双方签署《丝绸之路经济带与欧亚经济联盟对接的联合声明》，将会对双方开展合作产生积极影响。

再次，印度对中国在区内地位的上升有所顾虑，且两国间在国际能资贸易中存在竞争。印度非常重视其南亚影响力，并积极发展与中亚、东南亚各国的双、多边关系。近年来，印度陆续强化与印度尼西亚、缅甸、日本的双边关系，并积极与东盟深化合作；努力扩大与哈萨克斯坦等中亚国家的能源贸易规模，并深化上下游合作水平。

作为发展中大国，印度加强与"印太"区域各国关系与能资合作，是合乎国际政治、经济规律的；但又难免与中国产生竞争。2013 年 7 月，《印度斯坦时报》就曾发文质疑中国与哈萨克斯坦在卡沙甘油田项目中的合作，是"抢了印度的合同"。避免与印度发生零和甚或负和竞争，同样需要良好的能资外交工作。

2. 边界和水资源争端的负面影响

"一带一路"涵盖广大海陆区域，面临尚未解决的海界、陆界和水资源争端挑战。首先，周边个别国家受域外大国和地缘政治影响较深。其次，我国与个别周边国家间尚存边界问题。日本在钓鱼岛归属问题上挑衅中国的主权。我国南海水域受别有用心的敌对势力挑唆，形势复杂。中印边界问题至今没有根本解决，双方对此总体上能保持冷静、克制，但一些具体事务中难免出现摩擦。日本与韩国也有独岛等领土争议。部分中亚国家间的领土纠纷时常激化，成为地区不稳定的因素。

再次，丝绸之路经济带沿线部分国家间存在水资源争端。中国与哈萨克斯坦间存在跨界水资源问题。此外，南亚和中亚国家间水资源争端更是久拖不决，存在爆发冲突的隐患。

3.“一带一路”沿线国家存在不稳因素和安全隐忧

首先，我国周边地区涵盖的南亚、中亚及西亚均处在欧亚大陆的“不稳定弧”上，社情民情复杂，矛盾叠加，热点时有爆发。2014年美国及北约已开始从阿富汗撤军，地区恐怖势力蠢蠢欲动。域内外国家围绕阿富汗前景的博弈错综复杂，阿富汗国内未来安全形势不明，冲突外溢的可能性增加；其与巴基斯坦交界地区暴力事件不断，影响地区稳定与经济合作。中国境内外“东突”、“藏独”民族分裂势力遥相呼应，采取政治颠覆与暴力对抗相结合的方式，大肆进行分裂新疆和西藏的破坏活动，影响边疆安全稳定。中国与中亚国家之间的油气管网及人员安全面临考验，对我国经济社会稳定构成全局性影响。

其次，一些国家政权交接形势不明，且其国内民族、宗教、政治角力复杂，存在动荡隐忧。哈萨克斯坦、乌兹别克斯坦政权将逐渐进入敏感的交接期，其国内各政治力量间的矛盾仍在发酵，中亚地区的地缘环境酝酿着新变化。政治形势的变化对中国与相关国家开展能资合作、进行大项目建设等潜存负面影响。

第三，东北亚地区，朝鲜核危机时有爆发，半岛局势持续紧张。日本国内的军国主义势力滋长，美日构筑军事同盟，都成为影响周边合作的制约因素。

总而言之，推动“一带一路”沿线的能资合作符合时代发展的趋势，不仅将拉动各国的经济发展，也将提升周边地区和"一带一路"沿线地区整体的经济社会发展水平。实践证明，搭建涵盖沿线地区开放性的能资合作平台，畅通各层次的对话和沟通渠道，制定可行的合作规则，确定务实的合作项目，是开展能资合作和保障其可持续运营的重要途径。当前，推进能资合作既要抓住难得的发展机遇，也要妥善应对严峻挑战。能资合作是一个具有战略属性和长期合作的领域，既需要日积月累的扎实推进，也亟待我们去探索和实践。

（中国国际问题研究院　石　泽）

中亚矿产开发与丝绸之路经济带

中亚与我国毗邻，包括哈萨克斯坦、吉尔吉斯斯坦、塔吉克斯坦、土库曼斯坦和乌兹别克斯坦 5 个国家，总面积 400 万平方公里，总人口 6 500 万。中亚是世界上矿产资源丰富的地区之一，特别是有色金属、多种矿产储量位居世界前列。中亚国家独立以来，中国与中亚国家建立了良好的国家关系，各领域的合作都在发展，但相较于能源合作，在矿产资源方面的合作明显滞后，有待于今后加以改变。2013 年 9 月，习近平主席在访问哈萨克斯坦时，提出了丝绸之路经济带的倡议，至今已引起了广泛关注。我们应该以丝绸之路经济带所倡导的新理念和新的合作方式，重新规划与中亚国家在矿产领域的合作，从战略意义来讲，与中亚地区矿产资源合作的意义，不次于能源领域。

一、中亚的矿产业

中亚是丝绸之路经济带上的重要地区，与新疆接壤，与我国西北的交流有地利之便。中亚五国中，有 4 个——哈萨克斯坦、吉尔吉斯斯坦、塔吉克斯坦和乌兹别克斯坦是上海合作组织成员国，这使它成为上合组织的核心地区。

至苏联解体前，中亚地区已完成了初步的工业化，其经济社会发展水平明显超过了周边地区。苏联时期，在计划经济体制下，对全苏进行了经济区域划分，全苏分为 19 个经济区，现中亚地区有两个，即哈萨克斯坦经济区（包括哈全境）和中亚经济区（包括其他四国）。这两个经济区的主要产业基本相同：农牧业、矿产、冶金、机械制造、石油天然气、电力（特别是水电）、食品、纺织等，在全苏占有重要地位。下面主要介绍一下中亚的矿产业。

矿产业在各国国民生产中占有重要地位（土库曼斯坦情况有所不同）。中亚矿产资源丰富，有多个矿种在世界上具有重要地位。中亚的重要矿产大都是苏联时期探明的。中亚是苏联矿产资源勘探和开发的重点地区之一，20 世纪 30 年代就进行了大规模的地质调查，60 年代又开始进行了以成矿区为中心的地质—地球物理—成矿规律的综合研究工作（以乌兹别克斯坦、哈萨克斯坦为主要地区）。这些大规模的基础工作为进一步探明中亚矿产资源打下了良好的基础。同时，也发现了一些有很好前景的矿产地质构造。在苏联时期，中亚已完成了地质普查、矿产普查和成矿区（带）地质详查的基础工作。例如，哈萨克斯坦在 20 世纪 60 年代就已基本完成了 1∶20 万的地质填图（我国是 90 年代初期），重要矿区的 1∶5 万地质测量，编制了"哈萨克加盟共和国及毗邻地区地质图"、"哈萨克斯坦成矿区预测图"等重要图件，为一些有前景的地区转入大比例尺矿产预测和大型构造—成矿带的全面综合性研究准备了必要的条件。苏联时期在中亚地区的矿产地质工作取得了巨大的成绩，不仅在中亚发现了一批有价值的矿床、矿点，而且在理论和方法上有不少创新，在大地构造、成矿理论、勘探技术、开采与冶炼等领域取得了很多成果，受到了世界的关注。

进入 80 年代后期，由于经济等原因，中亚的矿产地质工作逐步放慢了步伐，甚至陷入停顿。至苏联解体和 90 年代初，基本上完全停止，大量工作在未取得结果或阶段性成果时就中止了。这为今后的工作留下了许多困难，主要原因是：第一，队伍失散。当年参与工作的业务骨干大都退休或离开；第二，相当一部分资料因种种原因丢失或损坏（如岩芯、标本等）；第三，一些重要工作是多个机构联合进行的，特别是由加盟共和国与全苏的机构合作进行的，苏联解体后，许多重要资料留在了俄罗斯；第四，一些工作原先是跨界进行的，不同地段之间的资料遗留在不同国家。这些问题，使得对原先的工作难以完整地了解和继承，不得不重新开始，这无疑会增加工作的难度以及资金、时间成本。苏联解体后，中亚矿产业严重萎缩，在国民经济中的比重不断下降，但也有少数矿种的开采冶炼在不同国家发展迅速，如吉尔吉斯斯坦的黄金、哈萨克斯坦的铀等。表27是中亚在世界矿产储量中占有主要地位的一些矿种的简况。很明显，中亚矿产资源最丰富的国家是哈萨克斯坦。

整体而言，中亚各国矿产业还没有走出低谷，还需要大量投资、技术才能够振兴。

表27　哈、吉、乌三国主要金属类矿产资源储量在世界上的排名

	黄金	银	铜	铀	铅	锌	钨	钴	铝土	铁	锰	铬	汞	锑	铼	镉	钼	重晶石
哈萨克斯坦	9	2	3	2	2	1	2	5	10	8	2	1			4	7	9	1
吉尔吉斯斯坦	7												4	1				
乌兹别克斯坦	4	4	11	7														

资料来源：根据 Mineral Commodity Summaries2012，U.S.Geological Survey，Reston，Virginia：2012（1）等综合。

中亚的稀土矿产具有很大的潜力。近年来，已有多个国家开始参与中亚的稀土矿产勘探，如2013年起，日本国家油气和金属公司开始在中亚五国进行稀土矿勘探，项目投资总额将超过70亿美元。另外，东芝、住友等大公司也参与了此项工作。与此同时，俄罗斯近年来也在加快复兴本国稀土矿业的发展。

二、中亚国家的矿产业国际合作

（一）与独联体国家的合作

中亚国家的矿产业国际合作，首先是与独联体国家进行的，这主要是由于苏联时期产业联系的继承。当时，不少矿产业的生产链是处在不同加盟共和国的，特别是高端生产主要分布在苏联的俄罗斯、乌克兰等发达地区。1997 年 3 月 27 日，通过了《独联体国家矿业宪章》（Горная хартия государств-участников СНГ），同时签署了对矿产资源进行研究、勘探和应用的协议，并建立了它的执行机构——独联体矿产勘探、利用和保护政府间委员会（Межправительственный совет по разведке, использованию и охране недр），成员有亚美尼亚、白俄罗斯、格鲁吉亚、哈萨克斯坦、吉尔吉斯斯坦、摩尔多瓦。委员会每年召开会议，主要任务之一是推动实现宪章和协议的法律保障。委员会努力促进区域性的科学—技术合作，在协调跨界矿床的相关工作方面也做了一些工作。根据宪章和协议，有关国家也进行了一些合作，但乌兹别克斯坦和土库曼斯坦不是宪章和协议签字国，基本上也没有参加有关的合作。俄罗斯与中亚国家之间的合作较多，哈萨克斯坦也介入了塔吉克斯坦和吉尔吉斯斯坦的矿产业。但从整体看，中亚国家与独联体其他国家的矿业合作规模不大，水平不高，即使是俄罗斯在中亚矿业方面的投资也很有限。独联体国家间尽管签了多个协议，但实质性的合作很少。

（二）与西方的合作

西方发达国家，除美国和加拿大、澳大利亚之外，大都是矿产资源贫乏的国家，从国外获取矿产资源有其长期的传统，早在殖民地时期就开始了。因此，它们在这方面有丰富的经验。加上资金、技术、管理、人才诸方面的优势，使它们很容易在矿产及矿产品市场上占有重要地位甚至是垄断的地位。西方国家很早就立足国外矿产资源来解决自己的生产和社会需求，并建立了完备的体制，保证国家的经济安全。可以说，它们进入中亚矿产业是出于一种传统的敏感，也是对现实的深度了解。这是我们应该学习的。

西方国家在中亚国家独立后不久，即积极在矿产业投资，从勘探、开采到冶炼全程介入。以哈萨克斯坦为例，据有关资料，独立以来，哈共接受外资约 1 824 亿美元，主要来自西方。其中美国是最大的投资者，投资额占总量的约 40%。在西方投资中，55% 投到了采掘业，特别是石油和天然气的勘探、开采；15.3% 用于加工工业；12.9% 是租赁服务业；10.3% 投向金属冶炼。可以看出，矿产的开采和冶炼是仅次于石油、天然气的投资领域，表明西方资本对这些行业及资源的重视。西方在哈萨克斯坦的投资倾向大体上也代表了在中亚的投资情况。由于哈萨克斯坦矿产资源丰富，加之局势稳定，经济增长较快，投资环境相对较好，因此，西方在中亚的投资 80% 给了哈萨克斯坦。表 28 说明了这一情况。

截至 2012 年 12 月 31 日，外国对哈投资总额为 1 824.17 亿美元，其中对矿产业投资额为 256.17 亿美元，占对哈投资总额的 14%。

西方国家对中亚矿产业的投资是全方位的，且规模大，参与早，已经在某些国家的主要矿种生产中占有优势。如吉尔吉斯斯坦的黄金，哈萨克斯坦的铀等。

下面简单介绍一些介入中亚矿产业的外国公司。

（1）Celtic Resources

从事金矿的开采和生产业务。组建于 1994 年，总部位于英国伦敦。2008 年 1 月 30 日，Celtic Resources 作为 JSC Severstal-Resource 集团旗下的一家子公司开始运转。公司的业务遍及哈萨克斯坦、爱尔兰、俄罗斯和英国，在哈萨克斯坦的勘探项目包括肯套金矿和基础冶金工程，阿库杜克（Akkuduk）、支兰迪（Zhilandy）和伊特穆伦（Itmuryn）的钼矿项目，斯托克的金矿和冶金项目。

表28　截至 2012 年 12 月 31 日外国对哈矿产业投资情况

（单位：百万美元，%）

国家	投资额	占比
荷兰	6 182.3	26.6
英国	4 231.6	16.5
中国	3 152.3	12.3
美国	3 101.4	12.1
维尔京群岛（英属）	1 823.8	7.1
加拿大	1 387.4	5.4
俄罗斯	706.1	2.8
开曼群岛（英属）	581.0	2.3
德国	547.0	2.1
罗马尼亚	541.4	2.1
根西岛	363.7	1.4
马来西亚	360.6	1.4
其他国家	20 08.5	7.8
合计	25 617.2	100

资料来源："截至 2012 年 12 月 31 日主要伙伴国对哈萨克斯坦投资情况"，商务部，http://kz.mofcom.gov.cn/article/ztdy/201304/20130400085999.shtml，略有改动。

（2）Celtic Resources Holdings Plc

总部在爱尔兰的都柏林，在伦敦 AIM 上市，公司在东哈萨克斯坦拥有"苏兹达里"（Суздаль）和"热列克"（Жерек）两个金矿，2006 年生产约 2 吨黄金。Celtic 还拥有哈萨克斯坦绍尔斯克钼矿 50% 的股份。

（3）Oriel Resources

总部位于伦敦，是一家主要从事铬矿和镍矿冶炼和加工的公司。其主要业务是在前苏联国家——主要是哈萨克斯坦和俄罗斯联邦——从事优质铬、镍和其他合金产品的收购和加工。

（4）Global Gold

该公司是一家从事金矿和铀矿勘探、冶炼、开发的国际公司，其业务和子公司遍及美国、加拿大、智利等国，在中亚有业务，但具体情况不详。

（5）Sofremines

公司创建于 1955 年，是一家专门从事矿产能源产业的公司。公司总部位于法国和尼日利亚，可以进行所有种类矿石的开采。公司项目覆盖欧洲、非洲、中亚、亚洲、大洋洲、拉丁美洲和北美洲。

（6）Avocet Mining Plc

Avocet 公司是一家专门从事金矿的开采、提炼工作的公司，在马来西亚、印度尼西亚和塔吉克斯坦均获得了金矿的开采项目。

（7）Hydro Aliuminium

是挪威著名的跨国工业集团公司 Norsk Hydro 两个子公司中的一个（另一个是 Hydro Energy），它是世界上最大的铝业公司之一，与塔吉克铝业公司（TALCO）有合作。

（8）Newnont Mining Corporation

Newmont 矿业公司于 1921 年成立于纽约，是世界制金业的领军企业，业务覆盖北美、南美、澳大利亚、印度尼西亚和加纳等。除此之外，公司还参与了一些金矿的开采和品位鉴定。前几年曾与乌兹别克斯坦谈判以进入乌的黄金产业，但未果。

（9）Oxus Gold

1996 年成立于英国，2001 年在伦敦证券市场上市，专门在中亚地区，尤其是乌兹别克斯坦进行矿产资源勘探和开发，是乌兹别克共和国唯一公开认可的可以在其国内开采金矿的公司。目前占有了乌兹别克斯坦的克孜勒库姆地区的阿曼泰套金矿 50% 的股份。

它拥有两家全资子公司：Oxus Resources Corp 公司和 Norox Mining

Co.Ltd 公司，分别参与乌兹别克斯坦阿曼泰套金矿和吉尔吉斯斯坦杰鲁伊金矿的勘探开发项目，但在合作中遇到了不少问题。

（10）Eni

埃尼集团是世界最主要的上下游一体化经营的跨国石油公司，近年来也在中亚介入矿产业。

（11）Centerra

Centerra 公司建立于加拿大多伦多市，是一家以金矿开采为主要业务的公司。Cenerra 公司广泛参与全球金矿的勘探、开采、发展和运作，是中亚和前苏联地区最大的西方制金公司。目前，Centerra 公司在位于吉尔吉斯斯坦的库姆托尔金矿、蒙古的 Boroo 金矿和 Gatsuurt 金矿进行开采。

（三）与中国的合作

改革开放以来，我国经济持续快速增长，一些重要的金属产量已名列世界前茅，并在世界总产量中占有重要比例。以最重要的钢、铜、铝 3 种金属为例，2014 年，我国钢产量达到 8.23 亿吨，铜产量 764 万吨，铝 2 752 万吨，分别占世界产量的 49.5%、33.2%、52.1%。在金属产量逐渐提高的过程中，我国矿产资源不足的问题也日益尖锐地表现出来。据中国矿业联合会的资料，我国 45 种主要矿产资源人均占有量不到世界人均量的一半，如铁矿石为 42%，铜矿为 18%，铝土矿为 7.3%。另据资料，2013 年，铁矿石、铜矿和铝土矿的进口依存度已分别达到 58.7%、约 73%、74%，而且在稳步增长（以上数据综合了不同资料，不同资料之间对同一数据的表述有出入，特予说明）。坦言之，中国除了稀土和煤炭资源而外，其他矿产资源都缺乏，而我们所缺的矿产，大多在中亚有丰富的储量，而且中亚与我国毗邻，是世界上离中国最近而又矿产资源丰富的地区，因此，与中亚国家在矿产方面的合作应成为丝绸之路经济带战略构想中的重要内容。在过去一些年中，我们与中亚国家已开展了具有一定规模的矿产业合作，其中与哈萨克斯坦为主，到 2012 年，中国对哈萨克斯坦采矿工业的投资为

28.40 亿美元，名列第三。但整体而言，合作的规模和水平都还有很大的开拓空间。

从前文的论述可以看出，中国与中亚国家的矿产业合作是落后于西方国家的，随着中国相关产业的发展和技术水平的提高，加之中国所具有的地缘优势，中国应该在此方面有更多的作为。

三、西亚中东矿产资源概况

随着丝绸之路经济带的倡议被越来越多的沿线国家所接受，我们也应该考虑与中亚相邻地区的矿产合作。下面介绍一下西亚中东矿产资源较丰富国家的矿产概况。

（一）阿富汗矿产资源概况

目前，阿富汗已探明的矿藏有 1 400 多种，包括能源类、金属类和非金属类，但储藏量和分布很不均衡。总的来说能源类比较少，油、气、煤都不多，而金属类非常丰富，而且绝大部分处于未开发状态，概述如下：

1. 金属矿产资源

（1）铜矿

阿富汗各地均有铜矿发现，其中从喀布尔省延伸到卢格尔省的铜矿带，是世界上现已探明的巨型铜矿之一，可以和赞比亚的铜矿带媲美。经前苏联勘探，该铜矿带长达 110 公里，品位在 0.6% 以上的矿石储量估计在 10 亿吨以上。目前在上述两省已有多个铜矿被探明，最具开采价值的是位于喀布尔市以南 30 公里处的艾纳克铜矿。该铜矿面积约 6 平方公里，已探明矿石总储量约 7 亿吨，平均含铜量 1.65%，约 1/3 的储量品位高达 2.37%，铜金属总量估计达 1 133 万吨。

艾纳克铜矿为世界第五大、亚洲第一大铜矿矿床，这里铜的开采历史已达到 2000 年，在它的附近也还有 30 多个铜矿点。该铜矿区目前虽然荒无人烟，但交通方便，水源充足，大部分可露天开采，建矿条件简单。前苏联为开发此铜矿曾进行了长达10多年的勘探和试开采工作。

（2）铁矿

位于巴米扬省的哈吉加克地区的铁矿储量巨大，是世界级的大铁矿。该铁矿延伸总长达600公里，大约有16个分离的矿体，由赤铁矿和磁铁矿组成，平均品位达到62%。据说不经选矿可直接冶炼。探明储量5亿吨，预测总储量超过20亿吨。但矿区大部处于近4 000米的高海拔地区，交通不便，开发相当困难。前苏联曾打算进行开发，但始终没有实施。

（3）锂矿

阿富汗锂矿丰富，多集中在楠格哈尔省。较大型矿山有乌鲁兹甘省的塔哈洛尔（Taghawlor）锂、锡矿，拥有上亿吨的储量。贾马纳克（Jamanak）锂矿储量近3 000万吨，均未进行任何开发。

（4）金矿

在北部塔哈尔省有砂金矿床（目前有手工开采），喷赤河谷据估计蕴藏了20—25吨的砂金。最著名的有塔哈尔省的萨姆迪（Samty）金矿，该金矿矿体长约8 000米，宽约1 500米，矿砂总量约7 000万立方米。该矿已开采多年，接近枯竭。

（5）铬矿

阿富汗拥有丰富的铬矿，最为集中的是洛迦省的马赫穆德加兹（Makhmudgazi）铬矿和洛霍尔（Loghor）铬矿。铬矿石平均含量42%，总储量近万吨，均未进行任何开发。

（6）其他

除上述矿藏外，阿富汗的铍、铅、锌、锡、镍、汞，及一些稀有金属如钨、铷、钽、铋、铌、铯都有一定储量。

2007年，美国地质调查组公布阿富汗非燃料型矿产资源报告，证实阿富汗地区蕴藏了丰富的铜、锂、铬、黄金、铁矿石、铅、稀有金属等资源，共约200个矿床，有89个属于易开采与便利使用的富矿。

2. 非金属矿产资源

硫黄、重晶石、大理石、绿宝石、青金石等矿产在阿富汗有丰富的储量，另外还有丰富的宝石矿，包括海蓝宝石、祖母绿、红宝石、绿宝石，特别是世界上很稀有的紫锂辉石和翠绿锂辉石。多年来，不少宝石被非法出口到印度和巴基斯坦市场。此外，还发现多种稀有金属矿：铍、铊、锂、钽、铌等。

到目前为止，阿富汗的矿产储量仍然没有准确的数字。但这并不影响阿富汗矿藏巨大的吸引力。2008 年，中国冶金科工集团公司和江西铜业公司组成的投资联合体在喀布尔与阿富汗政府签署了艾纳克铜矿开发项目协议。作为协议的附加条件，中冶集团计划为阿富汗修建第一条铁路，这条铁路将把阿富汗、乌兹别克斯坦和巴基斯坦连接在一起。如果该工程完工，无疑可以对阿富汗的经济发展与丝绸之路经济带的建设发挥重要作用。

（二）伊朗矿产资源概况

伊朗是一个矿产资源比较丰富的国家，除油气资源外，还有大约 68 种矿产资源，其中已探明储量是 370 亿吨，潜在储量约有 570 多亿吨，其矿产资源总储量位居世界第 15 位，亚洲第三，中东第一。部分矿产资源除了满足国内需求外，还大量出口。但是由于基础设施落后、国际经济制裁、地理环境特征等多方面的原因，伊朗的采矿业并没有得到应有的发展。以下简要介绍伊朗除油气外的矿产资源。

1. 煤炭

储量大约有 60 亿吨，主要分布在伊朗北部、东部与东北部的拉扎维呼罗珊省（Razavi Khorasan）、科尔曼省（Kerman）、塞姆南省（Semnan）、马赞德兰省（Mazandaran）和吉兰省（Gilan）。在东阿塞拜疆省（East Azarbaijan）、伊斯法罕省（Esfahan）和德黑兰东北部也有少量分布。伊朗虽然煤炭资源储量丰富，但是国内开采量很小，甚至无法满足国内需求，近年来还要从中国、澳大利亚等国进口大量的煤炭。

2．金属矿产资源

（1）铁矿

根据美国地质调查局（USGS）于 2015 年发表的最新统计数据，伊朗的铁矿石储量大约在 25 亿吨左右（平均品位约 56%），约占世界总储量的 0.8%，位列世界第 10 位左右。伊朗的主要铁矿公司一般都以其主要矿区命名，包括古哈尔·赞密（Gohar Zamin）铁矿公司、伊朗中部高原铁矿公司、戈尔·格哈尔（Gole Gohar）钢铁有限公司、查多尔·马鲁（Chador Maloom）矿业和工业有限公司、三甘·马尔卡兹（Sanghan Markazi）矿业公司等。

（2）铅锌矿

伊朗大约拥有全球 3% 的铅锌矿储量，广泛分布于伊朗北部和中部，其中位于伊朗西北赞詹省的安古朗（Angooran）矿区与位于伊朗中部的麦赫迪阿巴德（Mehdiabad）矿区的储量和质量都是世界级的。根据伊朗矿业发展与革新组织（IMIDRO）的统计，伊朗目前的铅锌年产量大约在 70 万吨左右，开采潜力和前景仍然非常诱人。在政府吸引外资投资采矿业的背景下，澳大利亚、印度和加拿大等一些采矿公司参加了该国的多个铅锌矿项目。

（3）铜矿

伊朗的铜矿石储量约 26 亿吨，约占世界总储的 4%—5%。这些铜矿石平均品位约为 0.8%，主要分布在中东部地区。与世界其他地区的铜矿资源日益枯竭的现状形成鲜明对比的是，伊朗的铜矿资源开发才处于起步阶段。其铜矿资源的主要开发者是伊朗国家铜业公司（NICICO，National Iranian Cooper Industries Company），比较著名的有号称亚洲第二大的萨尔切什迈（Sarcheshmeh）铜矿，以及尚处于起步阶段的梅杜克（Medook）铜矿和松贡（Sungun）铜矿，铜矿尚未开采。

铜矿、铁矿与铅锌矿是伊朗政府重点开发的矿产资源。伊朗比较丰富的矿产资源还有锰矿、钼矿、钨矿、锡矿、铝土矿、镍钴矿、银矿和铀矿等。

3. 非金属矿产资源

伊朗的非金属类矿产资源丰富，主要的矿产种类都可以找到。其中，天然石膏储量约 17 亿吨，产量位列世界第三，可以满足中东地区大部分的建筑需求；重晶石储量也相当可观，大约为 1 650 万吨，约占世界总储量的 0.05%。此外，明矾石（10 亿吨）、长石（100 万吨）、萤石、石灰石（72 亿吨）、硒、硫磺和硅（200 万吨）储量也比较可观。

总之，伊朗矿产资源丰富，但是开采水平较低，部分开采的矿产资源甚至不能满足国内需求。近年来，伊朗政府也试图通过私有化，吸引外资等手段加快国内采矿业的发展，但是持续的经济制裁使得这些措施的作用大打折扣。

（三）土耳其矿产资源概况

土耳其的石油和天然气等能源类矿产资源不多，但是该国的部分金属类矿产资源，尤其是一些非金属类矿产资源，在世界上占有一定地位。

1. 煤炭

土耳其的煤炭资源各地或多或少均有分布，大部分是品质较差的褐煤，无烟煤较少。截至 2012 年年底，该国共探明 140 亿吨的褐煤储量，而这些褐煤储量中又约有 68% 杂质较高、热量较低。其中，位于土耳其南部的阿芙森—艾尔比斯坦（Afsin-Elbistan）煤田拥有土耳其境内大约 46% 的褐煤储量。土耳其政府曾就该煤田的开发与中方接洽过。而该国已发现的无烟煤煤田主要分布在黑海沿岸的宗古尔达克省及周边地区，据统计，该地区的无烟煤储量达 13 亿吨。

2. 金属矿产资源

（1）黄金

土耳其是黄金需求量较大的国家，几乎每年都要从国外进口。根据土耳其能源和自然资源部的数据，该国可以利用的黄金储量约 840 吨，这些金矿主要分布在爱琴海地区、黑海东部地区和安纳托尼亚高原东部地区。根据土耳其的地质结构和金矿形成模型，土耳其的黄金储量潜力可达6 500吨，按此计算，土耳其的黄金储量将成为世界第二，但是这只是一种比较乐观的估计。目前，澳大利亚和加拿大的金矿企业都参与了土耳其的金矿开发。

（2）铀钍矿

土耳其目前在5处矿区发现铀矿9 000吨左右，约占世界总储量的0.1%左右。由于其矿床条件及储量不大，因此没有大规模开发。与铀矿相比，土耳其钍矿的质量状况较好。钍矿是一种具有前景的能源矿藏，是潜在的核燃料，近年来，世界各主要国家都加大了勘探开采钍矿的力度。根据官方数据，土耳其探明的钍矿储量约38万吨，平均品位约0.2%，储量位居世界最前列。这些矿床主要分布在埃斯基谢希尔省的锡夫里希萨尔地区，并有一些稀土矿共生。但是由于与之相关的技术问题尚未解决，这些钍矿尚未得到充分的开采和利用。

（3）其他

此外，土耳其的铬铁矿（总储量为2 500万吨，占世界总量的5.2%）、锑矿、银矿（1 100吨）、菱镁矿（储量为4 900万吨，居世界第6位）也在世界市场上占有一席之地。其他主要金属矿产资源如铜、铅、锌、铝土矿、锰、汞和钨等有一定储量。

3.非金属矿产资源

（1）硼矿

根据土耳其能源与自然资源部的官方数据，土耳其的硼矿资源储量约有30亿吨，占全球总储量的72%到73%左右，无论数量还是质量，都位居世界首位。大部分已经探明的矿床分布于土耳其安纳托利亚高原西北部的屈塔希亚省、巴勒克埃西尔省和埃斯基谢希尔省。土耳其的硼矿资源主要由土耳其爱硼矿业集团（ETI Maden）负责开采、加工、销售和出口，该集团也是世界上最主要的硼矿企业，满足了世界市场的大部分需求。

（2）天然碱

天然碱是土耳其的另一种优势资源。根据土耳其能源与自然资源部的最新统计，由于 2007 年又在安卡拉省新发现了一些大型矿藏，土耳其可以开采的天然碱储量达到 9 亿吨左右，仅次于美国，位列世界第二位。这些矿床主要分布于安卡拉省和梅尔辛省，其中，位于安卡拉省的贝帕扎里矿区是储量世界第二、亚洲第一的天然碱矿。

（3）天然石材

据统计，土耳其的天然石材种类丰富，根据不同的颜色和材料可以划分出 600 多种，占世界天然石材总储量的 40%。其中，主要的产品有大理石、石灰石、砾岩、缟玛瑙和花岗岩等。根据目前的数据，土耳其约有 40 亿立方米可开采的大理石、28 亿立方米可开采的孔石和 10 亿立方米的花岗岩储量。土耳其的天然石材在世界市场上占有重要地位，每年对外出口大量的建筑石材，包括中国在内。

此外，土耳其比较丰富的非金属类矿产资源还重晶石、黏土和硅砂等。

（四）中东其他国家矿产资源概况

中东地区虽然石油与天然气极其丰富，在世界能源市场上举足轻重，但是除土耳其和伊朗之外，其他中东国家大部分种类的矿产资源都比较匮乏。不过，部分国家个别种类的矿产资源值得关注。

1. 金属矿产资源

（1）钾矿

以色列和约旦的钾矿储量和产量在世界上均占有一定的地位。目前尚缺乏有关于以色列和约旦的可开采的钾矿储量的确切数据，但是根据美国地质调查局（USGS）的估计，以氯化钾计，两国的储量均在 4 000 万吨左右。以色列在 2014 年的钾矿产量约为 250 万吨，主要由以色列化工集团（ICL）从死海中取出加工处理，该集团是以色列最大的化工企业，拥有对该国所属的死海资源的开采权。约旦目前的钾矿年产量约为 110 万吨，主要由阿拉伯钾肥公司（APC）生产。

（2）铀矿

近年来，约旦陆陆续续在国内发现了一些储量比较丰富的铀矿。根据最新数据，约旦目前探明约有 14 万吨可以利用的铀矿，此外，在磷矿中还蕴含有大约 5.9 万吨铀，这使得该国成为中东地区铀矿储量最为丰富的国家，在世界上也位居前列。约旦的主要铀矿位于该国的中部地区，法国阿海珐集团、澳大利亚力拓集团和中国核能集团都曾参与过该国的铀矿勘探工作，该国目前的主要勘探采掘工作由 2013 年新成立的约旦国家铀矿公司（JUMCO）负责进行。

（3）其他

此外，各国或多或少还有一些铁矿、铜矿、铅矿、锌矿、镁矿和铝矿分布。部分中东国家，尤其是沙特阿拉伯，正在积极利用石油美元发展国内的铝矿和铜矿开采业以及相关的冶炼业。

2. 非金属矿产资源

（1）磷矿石

中东地区有一条巨大的磷矿石带绵延在约旦和叙利亚等国，储量十分可观。与世界其他国家和地区相比，该地区的磷矿开采整体上处于扩大产能的阶段。在不久的将来，该地区磷矿石开采的地位会进一步提升。

约旦目前是该地区最重要的开采国之一。据统计，约旦可开采的磷矿石储量在 13 亿吨左右，约旦磷矿公司（JPMC）是该国最主要的磷矿石生产企业，目前年产量保持在 600 万吨左右，位列世界第五。

叙利亚国内探明约有 18 亿吨可利用的磷矿石储量，也曾是世界主要的磷矿出口国，而从产值上讲，磷矿曾经是叙利亚的支柱产业。但是近年来由于内战和经济制裁等方面的原因，产量下降到 100 万吨左右。该国的磷矿石开采主要由政府组建的磷矿总公司负责，主要矿区位于赫尼菲斯和谢尔卡亚。

此外，以色列的储量约 1.3 亿吨，2014 年产量为 360 万吨；沙特的可开采储量约为 2.11 亿吨，目前年产量 300 万吨左右；伊拉克的储量在 4.3 亿吨左右，目前年产量约 250 万吨。

（2）溴素

以色列是世界上最主要的溴素生产国，主要从死海中处理卤水提取溴素，其 2013 年产量达 17.2 万吨，位列世界第一。该国最主要的溴素生产商是以色列化工集团（ICL），该集团也是当今世界的溴素领导企业之一。

与以色列一样，由于邻近死海，约旦也是世界上重要的溴素生产国之一，其 2013 年的产量达 8 万吨左右，次于以色列和中国，位于世界第三。该国的溴素生产主要由约旦溴集团（JBC）加工处理，美国雅宝公司（Albemarle Corp）参与了该国溴素生产的投资。

（3）其他

除此之外，中东各国也或多或少生产一些天然石材、水泥和黏土等，但是储量和产量都不是特别高。如伊拉克，据其工业与矿产部（MIM）的估计，它有大约 80 亿吨石灰石、12 亿吨高岭石、6 亿吨自然硫磺、3.3 亿吨白云石、1.3 亿吨石膏和 7 500 万吨石英砂等。但是这只是一种比较乐观的估计，该国大部分矿产资源并没有得到充分开发，只开采了少部分来满足国内需求。

四、几点看法

第一，中国和中亚国家的经济贸易合作是全方位的，而今后矿业合作会不断扩大。随着在丝绸之路经济带建设中"五通"（政策沟通、道路联通、贸易畅通、货币流通、民心相通）倡议的逐步实现，会为矿业合作提供更多的支持。对此，应该把矿业合作放在丝绸之路经济带（包括上海合作组织的经济合作）的大框架下做整体规划。

第二，矿产业的生产链很长，包括勘探、开采、选矿、冶炼、金属加工、运输、销售等，目前中国在中亚国家的矿产业主要是开采，也就是上游产业。今后，应该更多地考虑下游产业的合作，做到高低端并重。

第三，我国矿产资源不足的问题是长期存在的，建立我国的矿产储备是一项必须实行的战略任务。在与中亚进行矿产业合作时，应同时兼顾这一使命。

第四，矿产业生产周期长，投入大，前期的勘探工作更有诸多风险。为了鼓励企业在中亚矿产业的投资，减少风险，国家应该设立中亚矿产开发基金。

第五，矿产业的前端工作，如勘探、开采、选矿等，多处于不发达的地区，在进行矿产开发时，需充分考虑当地的利益。

第六，矿业生产是高污染行业，要充分考虑环保问题。

第七，在与中亚国家加强矿产合作的同时，也应重视同中亚毗邻国家特别是有丰富矿产资源但开发程度很低的阿富汗的矿产合作。

关于民营企业在中亚的矿产合作问题。提出几点不成熟的看法供参考。第一，参与中亚大型矿床开发生产的机会已经很少了，民营企业的目标应放在中小型矿床上，特别是在矿种选择上要多做论证。第二，由于自身条件的限制，民营企业参与全产业链的合作显然能力不足，应选取自己力所能及的某个环节参与。第三，要多考虑联合参与，把不同民营企业的资金、技术、人员依特点、优势和需要组合起来，如有可能，尽量与大型企业合作，这样可以提升参与能力，提高效率，降低成本，减少风险。第四，民营企业在风险评估方面，要留有更大余地。第五，加强自身队伍的培养。经验告诉我们，民营企业在境外遭遇的麻烦，不少是由于自己企业在各方面水平不高造成的，要改变那种"短、平、快"的投资意愿，要有长期经营的理念和做法。第六，认真了解中亚国家与其他国家矿产合作的情况，学习有益的经验。民营企业虽然在资金、技术、人员方面有劣势，但也有经营灵活、合作方式多样的优点，只要扬长避短，是可以有所作为的。

总之，与中亚国家的矿产业合作有其自身的特点，要本着"亲、诚、惠、容"的精神，以互利共赢为目标，认真调研，慎重决策，选好目标，长期合作，使与中亚国家的矿产业合作在丝绸之路经济带建设中发挥应有的作用。与中东国家的矿产合作，也应遵循同样的原则；还应考虑到，与中东国家的矿产合作对我们来讲，是一个新领域，基本没有基础，需要做更多的准备。

（兰州大学中亚研究所　杨　恕）

案例分析

案例一：抢抓"一带一路" 正泰放飞"兰卡梦"

在国家提出"一带一路"倡议的契机下，越来越多的浙江企业"走出去"，力图把企业做强做大，成就品牌国际化。作为中国工业电器行业产销量最大企业之一的正泰集团股份有限公司（以下简称"正泰集团"）也不例外，自 2006 年和斯里兰卡电力公司 CEB 合作开始，正泰集团在斯里兰卡取得了跨越式发展，逐步实现其宏伟的"兰卡梦"。

一、背景介绍

正泰集团始创于 1984 年 7 月，现有员工 23 000 余名，下辖 8 大专业公司、2 000 多家国内销售中心和特约经销处，并在国外设有 50 多家销售机构。产品覆盖高低压电器、输配电设备、仪器仪表、建筑电器、汽车电器、工业自动化和光伏电池及组件系统等七大产业，广泛服务于电力、建筑、冶金、石化、水利、航天、航空、电子等关系国计民生的行业领域。在国内，正泰集团有 2 000 余家供应商，2 000 多个营销网点；在国外，设立了欧洲、中东、美洲的营销网络，并架设了 40 多家销售机构，产品远销70 个国家。作为中国工业电器行业产销量最大的企业之一，正泰集团综合实力连续多年名列中国民营企业 500 强前 10 位，年利税总额连续 3 年名列中国民营企业纳税百强前 5 名。"正泰"商标被认定为中国驰名商标，四大系列产品跻身"中国名牌"。

随着"一带一路"建设工作逐步推进，作为沿线省市的浙江，抢抓这一战略激发新一轮的对外开放。正泰集团也希望通过这一良机，实现企业全球化布局。

"一带一路"是指丝绸之路经济带和 21 世纪海上丝绸之路。

"一带"有 3 个走向，从中国出发，一是经中亚、俄罗斯到达欧洲；二是经中亚、西亚至波斯湾、地中海；三是中国到东南亚、南亚、印度洋。"一路"重点方向是两条，一是从中国沿海港口过南海到印度洋，延伸至欧洲；二是从中国沿海港口过南海到南太平洋。

中国推行的"一带一路"倡仪成为正泰集团全球化新的契机。"一带一路"沿线国家共约 46 亿人口，经济总量 21 万亿美元，其中大多数都是发展中国家，正泰集团的产品质量、服务、价格在这些市场上具有很强的竞争力，增长空间和潜力巨大。

斯里兰卡位于亚洲南部，是南亚次大陆南端印度洋上的岛国，在地理位置上具有得天独厚的优势：是古代丝绸之路的重要一环，在 21 世纪海上丝绸之路中也具有独特位置。同时，斯里兰卡也是 SAARC 南亚区域合作联盟的成员国之一，在税收、物流等方面具有优势。它对正泰集团全球化战略来说，堪称是一个典范。

除了在斯里兰卡等国家的布局，为抢抓"一带一路"建设先机，正泰集团已于去年 11 月在陕西咸阳建立正泰电气产业园，在甘肃、青海、宁夏、新疆等地也都建立了太阳能发电站，在东南亚以及印度也开始建立太阳能发电站。通过生产、物流、商流、信息流的有机结合，正泰产品和服务能够对市场作出快速反应，在丝绸之路经济带建设中大显身手。

根据正泰集团的全球化布局，它还将在北美、欧洲设立集研发、市场、物流、生产于一体的区域总部基地；在南美、中东、俄罗斯、非洲等新兴地区设立区域工厂。

正泰集团已开始在欧洲进行并购整合。南存辉表示："欧洲出现了技术高地，但它在发展当中遇到很多金融上的困难，特别是它现在的金融成本、资金成本很便宜，是资金的洼地。这时候对中国有实力、有条件的企业是最好并购的时机。"正泰集团2014年年初就在德国收购了全球最大的太阳能光伏电厂。

除了自己的全球化布局，正泰集团也"内联大、外联强"，积极"抱团""走出去"。2015年3月，正泰集团参与发起"绿丝路基金"，致力于丝绸之路经济带生态改善和光伏能源发展。同时，由浙江省工商联牵头组织，以正泰集团为主要发起单位的浙江民营企业联合投资有限公司（简称"浙民投"），已于4月7日正式创立，将关注并积极参与"一带一路"在内的重大项目投资、并购。

正泰集团透露未来5年的国际化发展战略目标是：到2020年，海外销售额占全球同类企业总销售收入的40%，在国际市场上达到领先地位，产业布局上实现更多的本土化生产，同时建立从渠道到团队更加多元化的业务模式，给客户提供全面而系统的配套服务。

二、案例解析

（一）有利因素

1."一带一路"倡仪逐步落实

近年来，"一带一路"倡仪从顶层设计和规划走向逐步落实。

（1）领导人大力推进

2013年9月和10月，习近平总书记在出访中亚和东南亚国家期间，先后提出共建丝绸之路经济带和21世纪海上丝绸之路的重大倡议。2015年2月1日，推进"一带一路"建设工作会议在北京召开。中共中央政治局常委、国务院副总理张高丽主持会议并讲话。2015年博鳌亚洲论坛开幕式上，习近平发表主旨演讲，表示"一带一路"建设不是要替代现有地区合作机制和倡议，而是要在已有基础上，推动沿线各国实现经济战略相互对接、优势互补。中央领导的重视与亲自推动，给"一带一路"建设提供了强大动力。

（2）交通大布局延伸

2014 年 12 月 26 日，兰新、贵广和南广 3 条高铁同时开通运营，扩大了我国的高速铁路网。此前，国家发改委批复了位于宁夏、甘肃、安徽、新疆、内蒙古等地的公路建设项目和中西部地区的机场和铁路建设项目。2015 年，交通运输部决定梳理"一带一路"、京津冀协同发展、长江经济带等国家重大战略规划中的重大项目并率先启动。这些将贯通和完善国内"一带一路"交通网络。

（3）"丝路基金"尘埃落定

国家利用外汇储备大额投资丝路沿线国家的基础设施建设和互联互通，并通过"丝路基金"市场化的运作模式、当地政府和社会的支持及国际多边机构的影响力，促进"一带一路"沿线国家经济发展，实现我国外汇储备的保值增值。"丝路基金"还有利于加快中国资本账户开放和人民币国际化进程。目前，中国已与"一带一路"相关国家或组织签署了一系列协定，如中国与多国互签的促进和保护投资协定，与印度、孟加拉国等签订的亚太贸易协定等。随着"一带一路"沿线国家的贸易、投资进一步便利化，中国与沿线国家的经济金融合作将更为紧密。

（4）与周边国家产能合作

中国与周边其他国家实现电力等领域产能合作也打开了新思路，利用不同国家的能源优势，进行优势互补，实现能源资源合理配置。

2.浙江积极参与

（1）宁波—舟山港货物吞吐量世界第一

宁波地处海上丝绸之路和长江经济带的交会处，紧邻亚太国际主航道要冲，处于辐射"一带一路"和长江经济带沿线城市的战略区位；舟山则地处南北海运大通道和长江黄金水道的"T"形交汇要冲，有长达 160 多公

里的深水岸线可开发利用，中国境内的 7 条国际航线 6 条经过这里。宁波
还与 218 个国家和地区建立了贸易投资关系，2014 年口岸进出口总额达到
2 186 亿美元，自营进出口总额达到 1 047 亿美元，其中对"一带一路"沿
线国家贸易额、累计投资额分别占全国的 2.5% 和 3.6%，已与 45 个"一带
一路"沿线国家城市缔结友好城市。

2015 年 2 月，交通运输部、浙江省人民政府联合审查通过《宁波—舟
山港总体规划（2012—2030）》，根据规划，宁波—舟山港港区将重新调整。
仅 2014 年，宁波—舟山港完成货物吞吐量 8.73 亿吨，同比增长 7.9%，连
续 6 年蝉联世界第一；当年单港集装箱吞吐量首次跻身世界第五；长江经济
带 90% 的油品、45% 的铁矿石都经此流转。

全国人大代表、浙江省委常委、宁波市委书记刘奇表示："宁波具备建
设'港口经济圈'的良好基础，将加快甬金铁路、沪甬跨海铁路等项目以
及海铁联运综合试验区建设，打造宁波—华东地区集装箱海铁联运'黄金
通道'和'甬新欧'贸易物流线，使宁波港成为多式联运的国际枢纽港。"

（2）民企是中坚力量

民营企业是实现"一带一路"倡仪落地，加快中国经济发展的中坚力
量。民营企业参与"一带一路"建设，可加快民企"走出去"进程，提高
国际竞争力，有效应对经济新常态，且可淡化我国企业海外投资的政府
色彩，避免外界过度解读和误解，其独特作用不可替代。民营企业必须
发掘和准确把握自身优势，实现自身优势和区域优势资源及要素的结合，
形成比较优势和竞争优势，多方携手"走出去"，开辟多元化的投融资渠
道，将"一带一路"倡仪转化为实实在在的契合自己的市场发展机会，促
使项目在沿线国家真正落地。

（3）带动浙江发展

"一带一路"是国家第四轮开放的核心。作为沿线省市的浙江，抢抓这
一战略机遇将激发新一轮的对外开放。在经济转型的关键期，跳出浙江布
局全球，是增加新的经济增长点、实现浙江新一轮经济腾飞的战略举措。

3. 正泰战略布局

从正泰集团上市公告中可以看到，未来 10 年，正泰集团将围绕"创世界名牌，圆工业强国梦"的目标，推进全球化、并购整合、智能制造三大发展战略。

积极推进全球化战略包括：适时启动在欧洲设立集研发、市场、物流、生产于一体的区域总部基地；研究推动在南美、中东、俄罗斯、非洲等新兴地区设立区域工厂；开展与国内外科研机构和高等院校的合作，构建全球研发体系。

大力推动并购整合战略包括：充分利用上市公司优势，以及各类政策性银行及商业银行的资本资源，与各类专业机构开展合作，抓住全球经济复苏过程中的有利时机，加快"走出去"步伐，积极开展海内外并购。大力推动智能电气、工厂自动化、智能制造、新能源储能、新材料、智能家居等领域的投资并购。

有序实施智能制造战略包括：积极参与"中国制造 2025"规划，有序推进机器换人工程，着力研发体系构建、产品质量提升与产品标准化建设，推动信息技术和工业自动化的融合，在研发、生产、采购、销售等主要环节推进数字化、智能化，提高效率效能，从而提升企业综合竞争能力。

全球化战略位居正泰集团三大发展战略之首。在正泰集团的经营计划中可以看到，公司将全力推进国际化战略，提升品牌国际影响力。第一，着力开展全球行业市场研究：密切关注相关行业与竞争对手的发展态势，制定国际市场发展规划，推行各渠道个性化的商务政策，建立健全海外销售运营规则。第二，搭建国际业务与投融资平台：强化正泰电器香港公司的运作功能，加快欧洲、北美工程应用中心和埃及等海外区域工厂建设。第三，拓宽国际业务渠道：强化驻外销售机构的完善与管理，健全分销网络，加快办事处制度与廉政建设步伐，设立阿尔及利亚、印度等地办事处。第四，完善品牌管理体系与机制：科学规划"正泰"、"诺雅克"企业识别系统（CIS），制定品牌传播策略和计划，对品牌定位深度挖掘和精准提炼。

第五，创新品牌传播与推广方式：规范各产业专卖店品牌形象，注重样板工程建设，积极参与行业专业展会，锁定重点行业，以精准媒介传播"正泰"、"诺雅克"品牌，强化品牌传播效果评估，实现品牌价值最大化。

（二）"兰卡梦"过程

近些年来，正泰集团在斯里兰卡取得了跨越式发展，斯里兰卡是正泰集团全球化战略中的一个重要布局，也是中斯商贸合作共赢的一个标志。

1."本土化"成效显著

自 2006 年和斯里兰卡电力公司 CEB 合作开始，正泰集团在斯里兰卡走出了一条鲜明的品牌本土化之路。

（1）总部发挥关键性作用

在运营管理模式上，正泰集团在斯里兰卡建立了 CHINT POWER 公司，成功组建了本土化精英团队和资深电器行业专家队伍。在渠道拓展方面，正泰集团总部协助 CHINT POWER 公司在最近 4 年内，累计举行了 8 场专业展会、50 多场推介会，开展了 40 多辆运输车的车体广告，创设了 4 个品牌网站，布局了 1 000 多个店招。从店招的展示、开展推荐会，到组织当地电工来正泰中国工厂参观，总部在经过评估后都会分担一些费用，并安排好专业人士接待讲解。

据正泰电器亚太区总经理刘万根介绍，在市场规划方面，公司每季度都会派专人到斯里兰卡与 CHINT POWER 团队一起开会，围绕本季度的正泰产品销售指标、品牌推广、斯里兰卡相关行业的发展趋势等进行信息分享、业务讨论，并为下一季度的主要工作作出规划。

（2）CHINT POWER 公司运作

CHINT POWER 公司在斯里兰卡创建了极富特色的"电工俱乐部"，采用独特的管理模式，1 名代表＋数百名当地员工属地化操作。CHINT POWER 公司通过在斯里兰卡各地开展推介会，将参加推介会的当地电工发展成为"电工俱乐部"会员。目前，"电工俱乐部"会员已经有 3 000 多名，在业内名气"响当当"。目前正泰斯里兰卡 CHINT POWER 公司雇员达到 100 人，已进入全国 25 个县区的 3 000 多家分销店面，遍布斯里兰卡各主要地区。在市场占有率上，据正泰斯里兰卡 CHINT POWER 公司总经理 Rakulan 介绍："目前正泰在斯里兰卡电工民用市场占据近 10% 的市场份额，位居当地十大最受欢迎品牌前列。"

（3）产品的竞争力

许多国际知名平台都是在中国生产，但是价格昂贵。而同样"Made in China"的纯正中国企业正泰集团产品线齐全，拥有各项创新，技术领先于同行，且价格更便宜，在斯里兰卡市场很有竞争力。

2. 放飞"兰卡梦"

2015 年 2 月，斯里兰卡被确定为中国"一带一路"的沿线国家，与中国一起共建 21 世纪海上丝绸之路，并签订了双边自由贸易协定（FTA）。虽然目前在斯里兰卡发展势头喜人，但正泰集团并未止步，还有着更为宏伟的"兰卡梦"。正泰集团未来的"兰卡梦"将分三步走：首先，计划于 2015—2016 年完善斯里兰卡境内的分销网络布局，努力实现高压产品入网国电；其次，打算于 2017 年在斯里兰卡建立仓储物流中心，并考虑于 2018—2019 年设立区域工厂，完成两条组装线的建设。最后，到 2020 年，实现与印度市场的联动，从而形成产品组装生产与物流互补，力争成为斯里兰卡的品牌之冠。

三、思考与启示

（一）"一带一路"实现能源合作

人类社会发展史也是一部能源开发史，"一带一路"的提出也是为了实现国家资源之间的有效配置。随着全球经济一体化，国际间的能源合作也越来越密切，越来越广泛和深入。我国的经济经过几十年的快速发展，在能源装备制造、能源项目运维、能源人才储备、能源前沿技术研发、资本积累等领域走到了国际前列。"一带一路"倡议和"能源革命"强调的国际合作战略的高度契合，推动着我国的能源工业走到国际合作大舞台的中央。与"一带一路"沿线国家之间的合作，除了油气、煤炭等偏重传统能源的合作，更要重视风能、太阳能、核能等偏重新能源的合作。"一带一路"上相当多的国家是发展中国家，电力比较缺乏，而我国在电力装备、电力规划、电力工程施工和电站应用等方面水平都相当高。通过"走出去"，可以促进当地电力事业的发展，同时带动我们电力装备的出口。对于电力行业，传统发电靠的是水力和火力，在未来的布局中，国家应该更加重视新能源的开发与利用，推动太阳能等光伏项目的发展。

具体来看，我国能源参与国际合作需要包括物流、基建、装备、金融等各个领域的相互配合。正如能源在社会经济各领域处于重要的基石位置，能源发展也同时与各领域密切相关。民营企业必须抓住全球经济缓慢复苏过程中的有利时机，加快"走出去"的步伐，聚焦与主业相关的产业和高新技术产业，积极开展海内外并购。同时，加强国际工程队伍力量，积极推进全球光伏电站、EPC 工程总包、输配电工程投资建设；开展与国内外科研机构和高等院校的合作，构建全球研发体系。

(二) 风险防范

世事皆存风险，国际能源合作亦然。借鉴正泰集团的"走出去"经验，我国能源企业在开展国家合作过程中必须最大限度地规避以下风险：

1. 市场竞争的风险

中国低压电器市场持续快速增长，但行业整体上呈集中度不高，大多数产品同质化竞争严重。而国外主要低压电器生产企业已通过建立区域工厂、并购国内企业或设立销售代理的方式进入中国市场。跨国公司携技术与管理优势继续大力扩张，导致该市场竞争主体更加多元化，竞争形势也将更趋激烈。面临着内忧外患的竞争环境，本土制造企业必须转型升级，不断通过技术创新、专业化以提升市场竞争力。

2. 国际业务拓展风险

目前许多民营企业主要以贸易出口模式开拓国际业务，必须把握国际间政治、经济和其他条件的复杂性，如贸易壁垒、贸易规则等问题，因为这些多重不确定因素可能导致公司国际业务开拓过程受到影响。在开拓国际业务方面，企业应该严格遵守所在国家和地区的法律法规，尊重当地人民的文化传统，并同当地政府和工商界积极建立良好的关系，以获取产品市场准入资格。同时，公司还要建立国际业务危机应急预案，以保障公司合法利益，规避国际业务拓展风险。

3. 汇率波动风险

一般民营企业产品生产都由国内厂家完成，从原材料采购到生产加工成本都以人民币计价，但国际业务多以美元和欧元结算。因此，人民币汇率波动将直接影响公司出口业务的赢利能力，而人民币汇率可能会因政府政策转变及国际政治和经济发展而发生改变。随着公司逐步加强国际业务开拓力度，预期国际业务占比将不断提升，汇率波动带来的相关风险也将逐渐增强。所以企业可以从这几方面做好风险防范：高度重视人民币汇率形成机制改革，加强跟踪研究；争取与客户共担人民币升值所带来的损失；增加外汇负债，平衡外汇收支；开展人民币套期保值业务；加大汇率风险管理等。

（三）民企借力"一带一路"

"一带一路"建设中，国家与沿线国家会有许多政策方面的对接、合作与支持。今后随着亚投行的设立，金融支持也会跟上。这样好的机遇需要民企筹备周全后积极行动。首先可以积极与央企、国企合作，利用这些企业在技术、品牌等方面的优势以及在当地积累的经验；还可以与国外公司合作，依托其在当地已经积累的资金、人才等优势，实现本企业在当地"本土化"发展；组团"走出去"，民企合作在当地搭建平台、体系，构成完整的产业链，实现共同发展。

（南开大学现代管理研究所　李亚、黄积武）

参考文献

［1］《浙江正泰电器股份有限公司 2014 年年度报告》2014 年。

［2］赵晶：《2015 年："一带一路"走向实质进展》，《经济参考报》2015 年。

［3］新华社：《"绿丝路基金"在京启动首期募资 300 亿元》，中央政府门户网站 2015 年。

［4］潘杰：《抢抓"一带一路"谋发展浙江蓄力欲再现丝路辉煌》，浙江在线 2015 年。

［5］王妍婷：《"一带一路"推动能源互联互通》，中电新闻网 2015 年。

［6］刘礼文：《掘金"一带一路"正泰集团在斯里兰卡"落地生根"》，浙江在线—浙商网 2015 年。

案例二：新希望的海外发展之路

一、背景介绍

（一）行业背景

　　新希望集团的主营业务主要分为饲料、畜禽养殖、屠宰及肉制品、金融投资4个部分。经过多年的规模扩张和发展，新希望已经形成了严格的专业化管理和有限的多元化发展的"四轮驱动"战略。农牧业与食品作为新希望的第一主业，其中包括饲料、养殖、乳业、食品加工等，已经形成较为完整的三大产业链：猪产业链、禽产业链、奶产业链。饲料是新希望集团的核心业务，处于公司农牧产业链的最上游。近年来，中国饲料行业也由高速发展转为低速发展，宏观经济形势及养殖业的不景气，使得中国大部分饲料企业的增长放缓；农业部等主管部门对饲料企业的生产条件进行严格限制，淘汰不达标企业，饲料企业退出市场增多；畜禽养殖是新希望集团的重要业务，在公司农牧产业链中居于中间位置。生猪养殖，全行业经历了近5年来最为惨淡的一年，亏损程度最深，平均猪价最低，亏损时间最长，惨淡的行情降低了养殖户的补栏积极性。家禽养殖，过去几年的疫情影响逐渐消退，肉禽市场价格从2014年第二季度上扬，养殖户积极补栏，肉、雏鸡价格反弹。此外，两大行业自律组织"中国畜牧业协会禽业分会白羽肉鸡联盟"与"中国畜牧业协会白羽肉鸭工作委员会"在2014年年初和年末先后成立，这将会进一步促进肉鸡、肉鸭行业的引种规模优化与行业有序发展；屠宰及肉制品加工业务在公司农牧产业链中贴近消费终端，宏观经济疲软与居民收入增速放缓使中国肉类消费需求下降。整体来看，饲料、畜禽养殖、屠宰及肉制品分别位于产业链的上中下游，目前呈现出以下共同点：一是消费需求不足带来产品销售和库存压力加大的风险，经济增长回落对消费信心和部分人群的就业会造成一定影响，对包括肉类等商品的消费需求下降。二是产品价格下降的风险。饲料、肉类等产品属于大宗商品，在经济疲弱的背景下，大宗商品需求难以快速回暖，将导致价格震荡下行。三是生产经营压力加大。饲料、屠宰等行业属于产能过剩、利润率较低的行业，资金占用量大，而在经济增速放缓的背景下，行业融资难、融资贵，生产成本上升，加大费用分摊和资金占用，会进一步压缩企业赢利空间，导致整个产业经营困难加重、效益下滑。四是中国可耕地面积的不足、环境污染以及农业运营分散的现状造成了目前中国缺乏拥有集种养殖、生产加工、配送、销售等为一体的公司，各类公司运营较为分散，在一条价值链上的每一个环节都趋于独立经营，缺乏协同效应。

（二）公司背景

新希望集团创业于1982年，其前身是南方希望集团，是刘永言、刘永行、陈育新（刘永美）、刘永好四兄弟创建的大型民营企业——希望集团的4个分支之一。在南方希望资产的基础上，刘永好先生组建了新希望集团。

新希望集团有农牧与食品、化工与资源、地产与基础设施、金融与投资四大产业集群，集团从创业初期的单一饲料产业，逐步向上、下游延伸，成为集农、工、贸、科一体化发展的大型农牧业民营集团企业。

在农牧与食品方面，新希望集团是中国最大的农牧业产业集群，是中国最大的农牧企业之一，也是中国最大的肉蛋奶供应商之一。拥有猪、禽、奶三大产业链；已经具备2 660万吨饲料生产能力、8.5亿只家禽加工能力、850万头生猪加工能力。从资产规模和年销售收入来看，新希望位居中国饲料行业第一位。新希望在新农村建设中不断探索"公司＋基地＋农户"的农业产业化生产模式和三链两网建设：猪产业链、禽产业链、奶牛产业链、农村营销电子商务网、农村金融服务网。在猪产业链方面，新希望在山东海阳、四川江油、荣昌种猪场的建设中，取得了社会和国家的广泛认同，并且以西部、长三角、珠三角、京津唐区域为主，建立了遍布全国的生猪养殖服务体系。在奶产业链方面，已建立11个奶源基地，10个直属奶牛场，拥有10万多头奶牛，液奶生产能力超过80万吨，设备从瑞典、法国、德国进口，包装从美国和瑞典进口，符合世界卫生组织要求。

在化工与资源方面，新希望于2006年9月成立新希望化工投资有限公司，是从事磷化工、氯碱化工、钾化工、煤化工等生产和投资管理的集团性公司。化工投资公司拥有1家上市公司，直接控股9家子公司，间接控股或参股11家公司。新希望化工正在矿产资源的开发与利用、循环经济与环境保护上下功夫，不断开拓化工相关产业链，目前正分别向氯碱化工的后向一体化和磷化工的前向一体化延伸，以期逐渐形成磷化工、氯碱化工、钾化工和煤化工的产业格局。

在地产与基础设施方面，经过10余年发展，截至目前，新希望集团已在成都、上海、昆明、南宁、贵阳、大连、沈阳和呼和浩特等城市完成房地产开发面积300多万平方米，正在开发和待开发项目达200多万平方米，累计总投资达100亿元。

在金融与投资方面，新希望集团是在中国民营企业中较早投资金融业的企业之一，下属新希望投资有限公司，是中国民生银行（SH600016）的第一大股东。作为专业的投资管理平台，厚生投资管理了新希望产业投资基金（Ⅰ）和新希望产业投资基金（Ⅱ）以及厚生新兴产业投资基金。新希望产业投资基金专注于大农业、泛食品领域的投资，其投资人包括淡马锡、ADM、三井、华西希望集团、德龙集团等。

二、案例分析

2014 年，新希望集团制定了饲料生产体系发展战略规划来打造公司饲料品牌，创建中国饲料行业生产体系标杆。其饲料业务上主要包括：推进产品瘦身计划，优化产品结构，关闭部分效率较低的工厂，加强研发与优化配方等，目标是提升产品竞争力和赢利能力，提升饲料工厂生产的效率与专业水平。

针对中国当前经济疲软给行业带来的负面效应，新希望集团采取了以下措施：一是转变战略，调结构、促转型，全面推进创新与变革。在农牧端，淘汰落后产能，进行产品瘦身，坚持有效经营，控制成本，同时加强高端料业务，提高饲料赢利水平；在消费端，提升畜、禽肉冰鲜品比例，做大终端平台，推动渠道多元化发展，加大食品深加工业务的比重，强化终端需求表达，体现产品溢价能力。二是针对国内饲料市场发展放缓、市场利润率下降的问题，新希望集团加快了在国外建立饲料企业的步伐。目前，公司已在越南、菲律宾、孟加拉、印度尼西亚、柬埔寨、斯里兰卡、新加坡、埃及、土耳其、南非等国家建立了公司，随着 2014 年在海外市场继续加大投入，陆续有一批饲料工厂投产或新建。公司的海外业务取得了较好业绩，其饲料产品的销量、销售收入都有明显增长。

本案例分析的主题是新希望集团的国外市场开拓，或者说国际合作的进程。

（一）中国对外投资发展现状

从 1999 年至 2013 年，我国对外直接投资净额逐年攀升，增速惊人，2005 年首次突破 100 亿美元，2006 年首次突破 200 亿美元，2010 年突破 600 亿美元，截至 2013 年创 1 078.4 亿美元的历史新高。

截至 2013 年年底，中国 1.53 万家境内投资者在国（境）外设立 2.54 万家对外直接投资企业，分布在全球 184 个国家(地区)，较上年增加 5 个；中国对外直接投资累计净额（存量）达 6 604.8 亿美元，较上年排名前进两位，位居全球第 11 位。我国直接对外投资呈现出如下几个特点：第一，除对欧洲地区投资下滑外，对其他地区均呈不同程度的增长。2013 年，中国对欧洲地区的投资 59.5 亿美元，同比下降 15.4%；对拉丁美洲、大洋洲、非洲、亚洲分别实现了 132.7%、51.6%、33.9%、16.7% 的较快增长；对北美洲投资较上年实现 0.4% 的微增长。第二，对外直接投资覆盖了国民经济所有行业类别，租赁和商务服务业、金融业、采矿业、批发和零售业、制造业，五大行业累计投资存量达 5 486 亿美元，占我国对外直接投资存量总额的 83%，当年流量占比也超过八成。从行业结构看，历史上以资源类投资为主，近几年来制造业的比重出现较为明显的上升，不过服务业所占比例还是比较低。发达国家对外投资一般也是先集中在资源行业，然后转移至制造业和服务业。比照这一规律，中国对外投资目前仍处于第一阶段，但已出现了向第二阶段进发的趋势。第三，非国有企业占比不断扩大，国有企业流量占比降至四成。截至 2013 年年底，在非金融类对外直接投资 5 434 亿美元存量中，国有企业占 55.2%，非国有企业占比 44.8%，较上年提升 4.6 个百分点。2013 年，非金融类对外直接投资流量 927.4 亿美元，其中国有企业占 43.9%，有限责任公司占 42.2%，股份有限公司占 6.2%，股份合作企业占 2.2%，私营企业占 2%，外商投资企业占 1.3%，其他占 2.2%。第四，境外企业销售收入实现两位数增长，对东道国贡献突出。2013 年，中国非金融类境外企业实现销售收入 142.68 亿美元，较上年增长 14.5%。2013 年中国境外企业（含金融类）向投资所在国缴纳的各种税金总额达 370 亿美元，同比增长 67%。2013 年年末境外企业员工总数达 196.7 万人，其中直接雇用外方员工 96.7 万人，占 49.2%，来自发达国家的雇员有 10.2 万人，较上年增加 1.3 万人。

(二) 新希望海外发展之路

中国企业"走出去"的动机包括以下 3 个方面：第一，扩大企业的发展空间；第二，其中多数企业目的是开拓市场而非争夺资源；第三，国际化经营对于民营企业更为重要。新希望的海外发展历程也是沿革以上几个动机展开的。

在国家鼓励和支持中国农业企业"走出去"的大背景下，新希望集团力推国际合作战略。1996 年，新希望派员到越南考察。1997 年，派员到缅甸考察，探寻在当地投资建设饲料厂的可能性。到 1998 年，新希望在国内饲料行业已居于领先地位，基本完成国内战略布点，其闲置资本的投资方向成为企业发展的新课题。此时正值东南亚爆发金融危机，东南亚诸国货币纷纷贬值，我国人民币坚挺，正是投资东南亚的好机会。新希望集团派驻项目小组对越南南方饲料市场、生产厂家、用户情况，包括政策、法律等进行全面调查。1999 年，通过两年多对越南市场的全面调查，新希望第一个海外分厂——胡志明市新希望饲料有限公司成立，标志着新希望国际化战略的正式开始。到 2002 年，新希望饲料产业有大约 15% 的收入来自海外；2006 年这一比例上升到 35%。到 2008 年，新希望已经在越南、孟加拉国、印尼、菲律宾等国建立 12 家海外分公司。自 1999 年在海外开设第一家工厂起，经过 10 余年的探索发展，新希望集团至今已在越南、菲律宾、孟加拉、印度尼西亚、柬埔寨、斯里兰卡、新加坡、埃及等 16 个国家建成或正在筹建 50 家公司或项目。

从产能的角度来看，早期的海外发展多集中在饲料领域，截至 2013 年，工厂总产能达到 200 万吨，海外销售饲料超过 80 万吨，实现收入 26 亿人民币。中后期的海外发展逐渐开辟了多元化渠道，以饲料为主，并且适度实现产业链配套发展。在所有海外项目中，大部分为饲料生产项目，从已公告的项目来看，仅 3 个为养殖项目，分别为 2009 年越南北宁项目、2011 年孟加拉农牧公司和 2013 年的印尼农牧公司。其中孟加拉农牧公司产能为 3 000 万苗 / 年，印尼农牧公司为 30 万套种禽 / 年。印尼公司项目的投建，是为了配合印尼雅加达公司的肉鸡饲料销售，完善了禽产业链的布局。

近几年来，新希望的海外发展呈现出如下几个特点：第一，公司海外业务从 2012 年开始明显提速，区域布局从东南亚向欧洲延伸。2014 年公司首次进入俄罗斯市场，投资 12 000 万元在莫斯科和叶卡捷琳堡建立 16 万吨饲料生产项目，预计 2015 年将投产，还投资 8 990 万元设立波兰公司，新建 18 万吨的饲料项目。若两个项目顺利实施，公司海外区域布局将从东南亚延伸至欧洲，未来或许会有更加广阔的空间。第二，新希望进入海外市场的方式从过去的自主投资（新建）向兼并收购的方式转变。例如，2013 年新希望集团收购澳大利亚大型牛肉加工商 Kilcoy 畜牧业公司（KPC）多数股权，成功进入澳大利亚市场。2015 年，新希望集团旗下新希望乳业与新西兰皇家农科院（AgResearch Ltd）在新西兰哈密尔顿花园签署战略合作协议。与新建相比，兼并收购的方式为新希望带来了更多的优势：节省投资时间，使其迅速进入东道国；帮助其获得更多的市场份额，减轻竞争压力；有效利用被收购企业原有的管理制度和管理人员。第三，注重打造产业链整合，从早期的饲料领域向肉制品及奶制品领域多元发展。2013 年收购的 KPC 公司为澳大利亚第四大牛肉加工商，其 10% 多的销售额供应本地市场，80% 多供应美国、日本、韩国、中国等海外市场。新希望对 KPC 的收购不仅可以为 KPC 公司均衡其销售市场、促进产品深加工以提高附加值，也帮助新希望进一步实施海外拓展战略，打造"饲料生产—畜禽养殖—屠宰—肉制品加工"产业协同一体化经营格局，有效地克服畜禽养殖经营的波动性，形成较为完整的、可控的、可追溯的产业内循环体系，并保障饲料与食品安全。2015 年，新希望集团携旗下新希望乳业与新西兰皇家农科院在科研方面的合作，将进一步提升企业科研水平，推进新的国际化战略，且将推进新希望"打造中国鲜奶第一品牌"的品牌战略，完善其"上游—加工—终端产品"的全产业链布局。

三、思考与启示

（一）优势与启发

1. 战略眼光与机遇意识

新希望决策层在企业发展面临选择的关头，较好地把握住国家实施"走出去"战略的精神和抓住东南亚爆发金融危机这一有利于投资东南亚的良机，及时决策进军海外拓展新的发展空间。正是这种战略眼光和机遇意识，才使得他们抢先进军海外市场，从而实现了产品和品牌双丰收。当然，新希望进军东南亚市场之前已经对该市场完成了两年时间的深入调研，并且对周边其他国家进行了充分考察，在此基础上作出决策，实现了海外投资的初战告捷。

在之后新希望海外发展的历程中，这一战略眼光、机遇意识使新希望始终能够站在行业先锋的位置。2014年11月，国家主席习近平在结束二十国集团（G20）领导人峰会行程之后对澳大利亚展开国事访问，双方共同宣布中澳自由贸易协定谈判实质性结束。中澳自由贸易协定的签订标志着中澳在农业和食品及其他各个领域的合作将迎来新的历史机遇。在此背景下，新希望集团对澳投资，对"上游—加工—终端产品"的全产业链进行布局，首先在澳大利亚维多利亚州建设万头奶牛规模的牧场。据了解，此前国内不少企业已把触角伸向澳洲和新西兰，但迄今为止新希望乳业是首家确定在澳投建万头牧场的乳企。据悉在自贸协定签订前的一年里，新希望乳业高层就开始频繁考察澳洲，其间，与澳大利亚Perich家族及其所属牧业公司和自由食品集团（FFG）等多家企业深入交流，酝酿磋商在澳投资合作及建设项目事宜。

从2011年至2013年全球主要奶粉出口国各年奶粉出口量，可以发现在全球主要奶粉出口国中，新西兰占比最大，权重最高，因而新西兰自然环境、宏观经济政策等变化，都会给全球乳业市场造成比较大的波动。例如 2013 年 4 月，新西兰遭遇了 70 年来最严重的干旱，导致新西兰原奶价格大涨。

而中国国内 80% 以上的奶粉都来源于新西兰，在 2013 年占据了全球乳品进口额约 20% 的中国，因为国内乳制品人均消费量近几年持续上升，正在成为推动全球乳业市场增长的主要引擎。在此背景下，为了减少对新西兰奶源的依赖，增加对非新西兰产奶国家和地区的合作，将有利于稳定奶源的进口成本，对国内乳业而言有百利而无一害。积极开拓欧盟、美国和澳大利亚这 3 个地区，与之开展友好互赢的合作，将是未来国内乳企的一大趋势。由此可见，新希望第一个选择澳大利亚维多利亚州建设万头奶牛规模的牧场，体现了其超凡的战略眼光。

2. 金融先行的并购思路

2010 年，新希望集团联手德龙钢铁集团、华西希望集团等发起设立了新希望产业基金 I 期（人民币基金），专注于国内农林牧渔产业的投资。新希望借助其产业基金，在 2011 年 3 月成功并购了新西兰第二大农业上市公司——PGGWrightson，交易金额涉及 2 亿美元。该公司主要经营种子、畜牧业等，其草种业务位居南半球第一。这一海外并购正好可以帮助新希望解决草种的缺乏和各种技术难题。随后，新希望集团又与广东高科技商会和几家深圳民营企业发起设立了厚生新兴产业投资基金，也是人民币基金。

为了加快"走出去"的步伐，2011 年年底，新希望集团又与世界银行、日本三井物产、国际四大粮仓之一的 ADM、新加坡淡马锡等联手发起设立新希望产业基金 II 期，为价值 2 亿美元的美元基金。3 只基金的共同特点是都专注于大农业、泛食品、大消费领域的投资，均由厚生投资负责管理。美元基金目前投资主要集中在澳洲牛肉产业并购、高端金枪鱼捕捞等领域，并在新西兰进行了多次小型投资尝试。

3. 基于产业链的并购思路

中国企业，特别是民营企业的发展，大多都会经历这样的一条路线：从最初的产品品种单一、缺乏管理和有效的制度建设、局限于小格局的地方性小企业，发展成为相同产业多元产品、管理改善、注重区域或全国布局的区域性、全国性企业，并最终走向多产业链多元产品的全球化布局的大企业，无论是产品还是产业布局都经历一个由小到大、由浅入深的过程，新希望集团也是按照这一路线发展的。从最初单一的生产饲料为主的小型民营公司，成长为目前集合了饲料、畜禽养殖、屠宰及肉制品等各个增值环节的完整产业链的发展模式，并通过海外兼并重组实现产业链上下游的全球一体化协同发展和利用全球资源实现最优的生产销售模式与跨越式增长。这一思路支持新希望一步步完成产业布局走向全球化舞台。中国改革开放中成长起来的一批民营企业大多沿着这一思路完成了跨越式发展。随着新希望全球化格局的进一步构建与完善，其发展路线应该是产业链的多元化，从畜牧农林产业链向其他产业链延伸和扩张，从相关产业链走向非相关产业链，最终实现多元产业链共同发展。但在新希望下一阶段的发展路径选择中，应当特别关注对于产业链的选择，而不是盲目的多元化发展，比如可以从畜牧业作为入口，选择其他相关且价值高的产业链，并以关键增值环节作为切入点。在当今社会，企业迅速发展壮大离不开兼并与重组，对于全球化格局的大企业更是如此。新希望在布局多元产业链的时候也应当特别关注并购重组的路径选择，可优先选择曾经辉煌过的昔日全球500强企业作为目标并购企业。

（二）风险与挑战

1. 要素的组织和掌控能力

由于中国可耕地面积的不足、环境污染以及农业运营的分散等，造成了目前缺乏拥有集中养殖、生产加工、配送、销售等为一体的公司，各类公司运营较为分散，缺乏协同效应，因而中国企业要想做大做强，海外并购成为必经之路。然而，对于企业来说，海外并购中真正的资源不是土地、农场，而是形成生产要素的组织与掌控能力。主要能力体现在以下两个方面。首先是农业食品企业可以全球化布局、全球采购。中国的农业食品行业在量上、质上、成本上都需要全球化做补充。应对全球化的冲击，需要中国企业有一定的预判性。在这方面，中国企业能力尚待提高。其次，是与国际大型食品等企业合作。2013 年，新希望集团与看似完全不相关的日本最大的便利店连锁企业——"7–11"在重庆有了某种直接意义上的关联：成立合资公司，以"7–11"品牌共同开拓重庆的便利店市场，计划未来几年在重庆开出 1 000 家以上的便利店。在外界看来，零售业有非常大的现金流，虽然利润不高，但其占有平台和资源的优势不可估量，这是新希望染指零售业最重要的原因。

那么，新希望近些年来的一系列海外并购是否充分实现了其要素组织和掌控能力呢？我们从新希望近两年的年报中也可以简单推测一下：2013 年新设子公司当期利润基本为负，如新希望老挝有限公司、新希望棉兰股份有限公司、新希望印度尼西亚农牧有限公司当期实现的净利润分别为约–218 万人民币、约–282 万人民币、约–55 万人民币；2014 年新设子公司当期利润基本为负，如新希望尼泊尔农业经济有限公司、新希望波兰有限公司、新希望农业（埃及）有限公司当期实现净利润分别为约–215 万人民币、约–115 万、约–163 万。新并入子公司当期大量亏损似乎反映了新希望的要素及资源整合能力存在问题。这是新希望集团亟须解决的。

2. 技术、市场、管理及利益格局的把控

无论从并购前的技术分析还是并购后的整合运营来考虑，跨国并购都是一件比较复杂的事情，蕴含着较大的风险。失败的案例屡见不鲜。美国著名企业管理机构科尔尼公司多年的统计数据显示：只有 20% 左右的并购能够实现最初的设想，80% 左右的并购都以失败告终。中国企业也不例外，并购后的风险问题不容忽视。目前，新希望集团还在以每年设立 10 家海外工厂的速度加速扩张。快速的海外扩张背后，不仅需要强有力的资金支持，还需要管理当局对于所在国市场、技术及当前利益格局进行综合把控。是否能够通过海外并购实现技术升级，带动产业链的集群效应，扩大公司在当地的市场占有率和取得地方既得利益群体的支持等问题，对于新希望的海外扩张或者海外并购的成功与否有着重大的影响。例如，新希望2013年收购澳大利亚大型牛肉加工商Kilcoy畜牧业公司（KPC），在完成并购后采取了全新运作模式，保留了KPC完整的管理团队，作为100%控股的中方甚至没有往KPC派驻一个人。这样的运作模式很大程度上避免了并购前后的文化与管理理念的冲撞，合作1年多来，KPC的中国客户数量已经翻倍，出口中国的产品增长30%—50%。这说明此次并购并没有使KPC的经营受挫，整体来看是比较成功的。而KPC在谷饲牛肉方面先进的技术与质量标准又可以反馈新希望，使公司能够迅速获得国际领先的技术水平。新希望在中国的发展又为KPC进一步开拓中国市场提供了无限的可能。近年来中国消费者对牛肉的需求量逐年攀升，此次并购为新希望的国际化布局及在国内食品类行业长足发展提供了更大的空间。然而，并不是所有的并购案例都可以通过简单的保持原有的管理团队，来避免并购带来的动荡。毕竟企业选择并购的模式其最终目的是为了对被并购企业的控制权，借鉴其管理和核心技术，增加产品在当地的市场占有率，最终实现全球化的目标。因而，管理与文化的融合势在必行。但新希望并购后保证被并购公司原有管理团队及员工保持不变不可能是普遍现象。跨国并购虽然很可能带来一系列的管理问题，但是企业依然需要积极面对，而且跨国并购后的企业要明确自身的核心竞争力。因为跨国公司一般具有技术、金融、管理、资源等方面的整体优势，企业应充分发挥自己的优势，趋利避害。同时，还要注重培养整合后的企业创新能力，强化企业的核心竞争力，在世界市场上占据一席之地。具体来说，在技术方面，要积极引入被并购企业的核心技术，用以开发国内产业链的优势资源，同时要重视并购双方的技术互补，例如新希望集团可以借鉴KPC在肉制品的加工、贮存及保鲜方面的优秀技术，并积极引入KPC的技术人才，帮助新希望集团改进其原本相对落后的技术。资金也是决定并购能否实现的关键因素。新希望在这方面成立了专门的基金，并形成了专业的资金管理团队，具有强大的资金实力支撑并购的实现。并购后的管理融合更极端重要，是并购能否实现目标的关键环节。企业进行跨国并购仅是扩张的开始，整合好收购后的企业才是扩张成功的保证。并购后的整合问题，包括建立共同的企业使命及企业文化，合理配置人力资源，将并购双方的生产布局、业务流程、营销渠道等合为一体或使之更加合理，以及重新调整组织结构等方面。从一定程度上看，对被并购的企业如何进行经营管理，如何在并购之后能够真正消化吸收以获得"双赢"，是并购企业面临的更为重要的实际问题。由于中国企业在国内的并购浪潮兴起不久，国内企业的海外并购更只有短短几年的历史，因而普遍缺乏足够的海外并购经验和整合被并购企业的能力。

新希望集团在未来的海外并购过程中依然应当重点关注并购后的整合问题。无论是资金注入还是技术引进、市场扩张，都要充分考虑并购双方的政治、制度与文化等各方面的差异，实现物质资源与人才资源的有效利用与充分开发，力图达到并购双方的"双赢"。在海外并购的企业选择上，应当充分考虑企业产业链思维的匹配融合。既要保证产业链各环节的相互依存和协同运作，又要适时剥离增值空间小、对产业链整体影响微弱的其他环节，最终达到合理分工，协调配合，求取效益最大化。

（南开大学现代管理研究所　李亚、谢雪燕）

参考文献

[1] 魏巍：《刘永好：做农业超级"IBM"》，《经理人》第70—72页。

[2] 赵昂等：《新希望走出去初见成效》，《走出盆地》2003年第6期。

[3] 胡林强：《新希望的国际化企图》，《中国牧业通讯》2004年第5期。

[4] 冯帆等：《由新希望集团看中国民营企业"走出去"》，《华商》第29—30页。

案例三：阿里巴巴"让天下没有难做的生意！"

一、背景介绍

阿里巴巴（英语：Alibaba Corporation；纽交所，证券代码"BABA"）是由马云和其他17个合伙人于1999年一手创立企业对企业（B2B）的网上贸易市场平台。2003年，马云建立的个人网上交易平台（B2C）淘宝网开始运营，并提出"让天下没有难做的生意"的口号。马云曾说：我们提出让天下没有难做的生意以后，我们就把这个作为阿里巴巴推出任何服务和产品的唯一理念。紧接着2004年10月，阿里巴巴投资成立支付宝公司，面向中国电子商务市场推出作为中介的安全交易服务。2012年7月23日，阿里巴巴宣布调整淘宝、一淘、天猫、聚划算、阿里国际业务、阿里小企业业务和阿里云为七大事业群，组成集团CBBS大市场。2014年9月19日，阿里巴巴登陆纽交所，以每股68美元的发行价，成为美国融资额最大的IPO。其中上市业务并不包含支付宝。

从下列阿里巴巴的大事年表可以看出其发展的非凡历程：

1999年，马云带领下的18位创始人在杭州的公寓中正式成立了阿里巴巴集团。

1999—2000年，阿里巴巴从软银、高盛、美国富达投资等机构融资2 500万美金。

2003 年，在马云位于杭州的公寓中，个人电子商务网站淘宝成立。

2004 年，在线支付系统支付宝问世。

2005 年，阿里巴巴集团与雅虎美国建立战略合作伙伴关系。同时，执掌雅虎中国。

2007 年 11 月，阿里巴巴网络有限公司在香港联交所挂牌上市。

2007 年 11 月，阿里巴巴集团成立网络广告平台阿里妈妈。

2010 年 3 月，创立大淘宝战略，由来自淘宝、支付宝、阿里云计算成员和中国雅虎的高管组成了大淘宝战略执行委员会。

2011 年 6 月，阿里巴巴集团拆分淘宝网：淘宝网（taobao.com），淘宝商城（tmall.com）和一淘（etao.com），以更精准和有效地服务客户。

2012 年 6 月，阿里巴巴网络有限公司正式从香港联交所退市。

2012 年 7 月，阿里巴巴集团宣布将现有子公司的业务升级为阿里国际业务、阿里小企业业务、淘宝网、天猫、聚划算、一淘和阿里云 7 个事业群。

2012 年 9 月，阿里巴巴集团完成对雅虎初步的股份回购并重定与雅虎的关系。

2014 年 9 月 19 日晚，阿里巴巴登陆纽交所，证券代码为"BABA"，价格确定为每股 68 美元。这项交易成为全球范围内规模最大的 IPO 交易之一。

2014 年 10 月，阿里集团在中国取得了"双十一"注册商标。

支付宝在阿里巴巴上市过程中扮演着重要的角色。

支付宝（中国）网络技术有限公司是由阿里巴巴集团在 2004 年 12 月创办的国内领先的独立第三方支付平台。

截至 2012 年 12 月，支付宝注册账户突破 8 亿，日交易额峰值超过 200 亿元人民币，日交易笔数峰值达到 1 亿零 580 万笔；自 2014 年第二季度开始，成为当前全球最大的移动支付厂商。它一直致力于为用户提供"简单、安全、快速"的支付解决方案，现在 PC 端和移动客户端均可使用，旗下有"支付宝"与"支付宝钱包"两个独立品牌。在 2014 年"双十一"购物狂欢节中，支付宝（全球移动支付）交易笔数达到 1.97 亿笔，同比增长 336%。

二、案例解析

（一）支付宝在阿里巴巴集团中的角色

1. 阿里家族的老大

有人说支付宝才是阿里巴巴集团的杀手锏，这一说法不无道理，主要是由于支付宝在阿里巴巴集团的发展过程中的特殊地位。2003 年淘宝网诞生，2004 年支付宝诞生，而支付宝就是为淘宝运营保驾护航的。其最主要的作用就是买卖双方的担保中介角色，成为买卖双方资金互通的桥梁。当买方拍下商品，将货款先打到支付宝，买家收到货品，并且确认收货时，货款将由支付宝打给卖家。这样既避免买家付了货款收不到货，又确保了卖家发了货能收到货款。这样就保证了交易双方的切身利益，同时也提供了安全、规范的网购环境，还可为买家卖家提供交易资金记录的查询和管理，保证交易有秩序有保障地完成，且可向用户提供银行账户和支付宝账户之间的资金划转业务，操作简单方便快捷。

2. 阿里的"大金融梦"

2014 年 10 月 16 日，阿里小微金融服务集团以蚂蚁金融服务集团的名义正式成立，旗下的业务包括支付宝、支付宝钱包、余额宝、招财宝、蚂蚁小贷和网商银行（筹）等。目前蚂蚁金服每天的支付笔数超过 8 000 万笔，其中移动支付的占比已经超过 50%，每天的移动支付笔数超过 4 500 万笔，移动端支付宝钱包的活跃用户数为 1.9 亿个。一方面阿里金融服务需要在支付宝的母体中进行，两者需要大量的工作沟通和数据配合；另一方面也只有紧密地借助支付宝的资源，金融服务才能有进一步的深化空间。围绕线下的消费与支付场景，支付宝钱包还推出"未来医院"、"未来商圈"、"未来出行"等计划，拓展不同应用场景。马云正在用实际行动铸造着他的"大金融梦"。

在 PC 端和移动互联网时代，手机淘宝和支付宝钱包一直被称为阿里巴巴手中的两张王牌，源源不断地给阿里巴巴导入客户流量，并对阿里巴巴集团其他的业务提供保障。阿里巴巴上市之后，马云为阿里巴巴制定了移动化、国际化、平台化 3 个战略目标。有人说支付宝钱包的身份越来越像阿里海外布局的开路先锋，这一点都不夸张。支付宝的国际化和阿里巴巴电子商务的国际化是密不可分的。

12 月 1 日，支付宝宣布推出"海外交通卡"服务，现在新加坡 Nets 卡、泰国 Rabbit 卡、韩国 T-money 卡和澳门通卡已与支付宝达成接入合作。

阿里巴巴推出支付宝交通卡主要目的有三：一是强化阿里巴巴一站式旅游服务的能力；二是通过支付宝为在线旅游导流，在阿里巴巴平台总交易额（GMV）中，在线旅游占有的地位越来越重要；三是阿里巴巴集团国际化。随着支付宝"海外交通卡"的推出，阿里巴巴在海外市场也走得越来越远。

（二）阿里巴巴与雅虎的爱恨纠葛

1. 第一阶段：一拍即合

阿里巴巴方面期望得到雅虎梦寐以求的搜索技术，打造完整的电子商务链并获得资金支持。雅虎中国则需克服"水土不服"与亟须振兴雅虎中国的团队和人才。

于是双方在 2005 年一拍即合。阿里巴巴集团出让股份 40% 给美国雅虎，得到雅虎中国公司以及 7 000 万美元。这是一起典型的股权融资。

对于这次并购，雅虎 CEO 杨致远曾表示，雅虎中国要在中国取得成功，必须拥有非常强的本地管理能力，而马云和他的团队正是中国最好的互联网团队。为此，杨致远支付了 10 亿美元资产，同时换得了 40% 的阿里巴巴集团股权。马云方面也成功地为阿里巴巴集团在单一的信息收费模式之外，寻找到了更广更多元的赢利模式，并借助搜索、邮件、社区、门户乃至当时新兴的 Blog、RSS 等 Web 2.0 工具，增加 B2B、C2C 等业务的深度和广度。引进雅虎作为控股股东，阿里巴巴集团可不断获得最新的信息技术。同时，雅虎在国外发达的网络优势和品牌效应契合阿里巴巴集团的国际化战略，将使阿里巴巴集团的本土化与国际化更好地结合。

2. 第二阶段：矛盾导火线

雅虎中国业务自从合并入阿里巴巴集团之后，一直处于下滑趋势，并没有与阿里巴巴集团的相关业务（例如 B2B）形成协同效应，阿里巴巴集团也没有获得急需的搜索技术。最终在与百度分手后，搜索上的短板对于 B2B 和 C2C 业务发展均形成了明显的障碍。在此背景下，阿里巴巴集团一直寻求脱离美国雅虎大股东的控制，曾多次向大股东雅虎提出回购股份，但均遭遇拒绝。

阿里巴巴集团为了自救，实施了环环相扣的三大步骤。

其一，支付宝脱离阿里巴巴集团。

2011 年 5 月 11 日，雅虎公司在其一季度财报中披露，阿里巴巴集团在未获董事会批准的情况下，已经将支付宝的所有权转让给由马云控股的浙江阿里巴巴电子商务有限公司。阿里巴巴对支付宝的重组是为了尽快获得监管部门的牌照。支付宝此前接近 70% 的股权被美国雅虎和日本软银公司控制。

2011 年 5 月，支付宝获得中国人民银行颁发的首批第三方支付牌照。面对大股东的质疑，马云（阿里巴巴集团创始人、董事局主席兼 CEO）辩称，此举是为了遵守央行关于 VIE（协议控制）的规定，以争取支付宝的第三方支付牌照。

根据相关资料，2009 年 6 月 1 日，阿里巴巴集团和浙江阿里巴巴进行了第一次转让，支付宝原股东、阿里巴巴集团全资子公司 Alipay Ecommerce Corp 向浙江阿里巴巴转让了支付宝 70% 的股权，作价 2 240 万美元（折合 1.67 亿元人民币）。支付宝由外商独资变为中外合资企业。浙江阿里巴巴由马云和谢世煌全资拥有，马云控股。Alipay 与浙江阿里巴巴保持"协议控制"（即 VIE）关系。2009 年 7 月 24 日，阿里巴巴董事会以纪要形式授权管理层通过股权结构调整来合法获取支付牌照。

2010 年 8 月 6 日，双方进行了第二次转让，Alipay 将剩余 30% 的股权转让给浙江阿里巴巴，作价 1.6498 亿元。交易完成后，浙江阿里巴巴共支付 3.3 亿元将支付宝收为全资子公司。关键是第三步，2011 年一季度支付宝终止和阿里巴巴集团的协议控制，此事为管理层单方行动，当大股东得知此事时，已经既成事实，只能谈判事后补偿了。

其二，阿里巴巴上市公司私有化。

阿里巴巴 2007 年 11 月 6 日在香港上市，以 13.5 港元为发行价，融资额为 15 亿美元，主要用作战略性收购及业务发展，余下资金将用作发展内地及国际现有业务、购买电脑设备及一般营运资金等。2012 年 2 月 21 日，阿里巴巴集团发出私有化要约，将从香港联交所摘牌。阿里巴巴在港交所公告中称，阿里巴巴集团向在香港上市的阿里巴巴网络有限公司 1688.HK 发出了私有化要约，准备以每股港币 13.5 元的价格购买在外流通的股票，从而实现 B2B 的私有化。该价格与 2007 年年底上市发行价持平，预计将耗资 190 亿港元。公告还显示，阿里巴巴集团目前持有上市公司阿里巴巴 73.45% 的股份，照此计算，阿里巴巴将收购余下 26.55% 股份。2012 年 5 月 25 日，该"私有化"计划在阿里巴巴网络股东大会以 5.89 亿股数，占整体 95.46% 的赞成票通过。6 月 8 日，阿里巴巴网络股票正式停止交易。2012 年 6 月 15 日，开曼群岛大法院正式批准阿里巴巴网络有限公司私有化计划，撤销阿里巴巴在香港联交所的上市地位，并于 6 月 20 日下午 4 时生效，在香港上市的阿里巴巴网络有限公司（俗称阿里巴巴 B2B 公司）在港交所正式退市。这也意味着阿里巴巴集团旗下目前无一家上市公司。

其三，美国雅虎股权回购。

阿里巴巴 B2B 私有化和在香港退市，其实是为了阿里巴巴集团回购大股东美国雅虎的股权扫清道路。由于退市后解决雅虎问题不需发布公告，从而可以关起门来从容打"虎"。私有化也降低了雅虎阿里股权问题的解决难度，在董事会层面达成一致比同时牵扯资本市场要简单很多。

阿里巴巴 B2B 退市后，大股东雅虎很难通过公开信息了解阿里巴巴集团的真正运营情况，大大增加阿里集团管理层的信息控制力，从而在股权回购谈判中使得管理层居于主动地位。私有化后，财务数据不需要公开，雅虎所持股份估值将是个难题。同时，通过控制权的增加以及信息的不透明，管理层可以强制要求大股东转让股权，否则，管理层有一系列的办法可以"合理合法"地侵害大股东的利益。在这种局面下，美国雅虎被迫将对阿里巴巴的战略投资转为财务投资并寻求退出，从而解决了雅虎股权回购的难题。

3. 第三阶段：股权回购案

2012 年 5 月 21 日，阿里巴巴集团与雅虎联合宣布，双方已就股权回购一事签署最终协议。阿里巴巴集团将动用 63 亿美金现金和不超过 8 亿美元的新增阿里集团优先股，回购雅虎手中持有阿里集团股份的一半，即阿里巴巴集团股权的 20%。如果阿里集团在 2015 年 12 月前进行 IPO，阿里巴巴集团有权在 IPO 之际回购雅虎持有的剩余股份中的 50%——即10% 阿里集团股份，或允许雅虎在 IPO 时公开出售。在 IPO 禁售期后，阿里巴巴集团须向雅虎提供股票登记权，并在雅虎认为适当的时机协助其处置所持有的剩余股权。

交易完成后，软银和雅虎在阿里巴巴集团的投票权将降至 50% 以下。同时，作为交易的一部分，雅虎将放弃委任第二名董事会成员的权力，同时也放弃一系列对阿里巴巴集团战略和经营决策相关的否决权。阿里巴巴集团公司董事会将维持 2：1：1（阿里巴巴集团、雅虎、软银）的比例。

此前，雅虎持有阿里巴巴约 40% 的股权，软银持有约 29% 股份，马云及管理层持有约 31% 股份。交易完成后，雅虎持有阿里巴巴的股权比例将降至 20%，而马云及管理层持股将达到 51%，成为阿里巴巴第一大股东。

值得关注的是，按照 2012 年 5 月的回购价格，雅虎 20% 的股权价值 71 亿美元，也就意味着阿里巴巴集团的整体估值为 350 亿美元。未来如果阿里巴巴集团上市，则剩余的 20% 股权的价值肯定要高于 71 亿美元，换言之，截至目前，雅虎所持有的阿里巴巴集团 40% 的股权价值至少为 142 亿美元。

而在 7 年前，阿里巴巴向雅虎中国出卖股权时，雅虎用 10 亿美金换得了阿里集团 40% 的股权。以此计算，7 年之后，雅虎当年投入的 10 亿美元变为 142 亿美元，升值超过 14 倍。

4. 第四阶段：阿里巴巴上市

2014 年 9 月 19 日，阿里巴巴在纽约证券交易所正式挂牌上市，股票交易代码为"BABA"，发行价为每股美国存托股（ADS）68 美元，以此计算阿里巴巴市值将达到 1 748.28 亿美元。截至收盘，阿里巴巴股价暴涨 25.89 美元报 93.89 美元，涨幅达 38.07%。在阿里巴巴上市后，一些雅虎的投资者有可能转而直接投资阿里巴巴，而雅虎的股价将受到压力。

Wind 资讯统计数据显示，9 月 18 日、19 日两天时间，雅虎股价从 43.05 美元／股跌至 40.93 美元／股，跌幅为 3.90%。9 月 19 日阿里巴巴上市当天，雅虎股价直接下挫。尽管雅虎本身的股价下挫，但它仍是阿里巴巴的重要股东，随着阿里巴巴在纽约上市后股价飙升，雅虎仍获利不小。凤凰财经评论说：单以阿里巴巴的发行价 68 美元计算，减持股权后的雅虎共计获得 82.76 亿美元，如果扣除 38% 的资本利得税之后，雅虎获得的现金将达到 51.31 亿美元。有分析人士指出雅虎首席执行官玛丽莎·梅耶尔（Marissa Mayer）可能会利用新获得的资金进行收购，努力使业务加速增长，并改变投资者对雅虎股票的黯淡预期。

支付宝为何没同阿里巴巴集团一起纽约上市，马云是这样说的：由于多种原因，阿里巴巴没有办法在纽约 A 股上市，但是希望未来支付宝能够在中国 A 股上市，让中国股民能够直接分享到支付宝发展的成果。支付宝上市的一个主要原因，是能够让公司治理更加透明化，让股民、用户来监督这家公司，共同参与建设这家公司。

（三）阿里巴巴为何弃港赴美

阿里巴巴离港是双方理念制度不合所致。香港是亚洲乃至世界金融中心，又背靠经济快速增长的中国大陆，是各类公司上市的理想之所。阿里巴巴集团在2007年曾在香港上市。该集团实行"特殊合伙人"制度，即同股不同权，也就是"合伙人"的投票权远远大于持有与其相同股份的非合伙人的投票权，以确保"合伙人"选出的董事即使持有少数股份也能控制董事会。马云和该集团高层认为，"合伙人"制度能维护和传承其行之有效的使命、愿景和价值观，使阿里集团运作更灵活、更有竞争力，发展越来越好。但这种制度同香港资本市场的规矩与传统做法相违背。因此，当阿里集团在2010年将这种制度作为上市建议向香港联交所提出时，被其断然拒绝。而阿里集团这种独特的"合伙人"制度可以被美国股市接受。因为美国证券市场的多层次多样化的设计可以满足不同企业的融资要求，要求和限制条件少。只要3个券商愿意为这只股票做市即可；美国证券市场的规模是中国香港、新加坡乃至世界上任何一个资本金融市场都不能相比较的优势；美国股票市场拥有极高的市盈率、大量的风险投资等对中国企业来说都是非常有吸引力的。因此，阿里集团弃港赴美上市是其不二选择。

三、思考与启示

（一）阿里巴巴上市的启示

1. 产品和服务的创新

创新是企业发展不竭的动力之源。阿里巴巴取得巨大成功，主要靠不断创新。阿里巴巴从15年前年交易额仅1亿元的电子商务网站，发展到现在成为中国最大的网络公司和世界第二大网络公司，仅2014年"双十一"

购物狂欢节就实现交易额 571.12 亿元人民币，这是一个奇迹。如果没有创新，就不能创造这样的奇迹。阿里巴巴模式颠覆了传统的商业模式，是一个全新的企业模式。它改变了国人的消费习惯，并影响到生产、批发、零售等整个产业链。

2003 年，马云在美国哈佛的一次演讲说："第一，我不懂技术；第二，我不做计划。但我取得了成功"。这种观点让人出乎意料之外，一个把阿里巴巴经营得顺风顺水的企业家，竟然开口说我既不懂技术又不做计划。但是听完之后我们又深感这在情理之中：用户既不是工程师又不是企业家，怎么懂那么高深的技术，只要操作简单用户能用好就行了。这本身就是在倡导一种创新的新观点。

阿里巴巴集团特别注重产品和服务创新。

阿里巴巴集团一直立足中国市场，通过先进的管理技术和大数据、云计算，以及先进的风险预测模型，为用户提供安全可靠、方便快捷、使用灵活的用户体验。如余额宝一方面既可正常消费买东西，另一方面还可获得投资收益，大受用户欢迎。这无不体现其创新精神，使阿里巴巴始终走在同行业的前列。随着阿里巴巴集团在美国上市，这一庞大的电子商务产业帝国还需继续深化和拓展，加大创新力度，以继续以快人一步的步伐前进。

2. 创业团队建设

阿里巴巴集团是一个将团队建设、企业文化建设融入骨子里面的企业。它不仅在创立之初为鼓励员工努力工作实行员工持股计划，并把这种思想贯穿始终。这十分有利于增强企业凝聚力，使之上下都能以企业为家。阿里巴巴是一个最富于团队精神和进取精神的企业。同时，马云还着力打造一个有活力和朝气、富于创造精神的团队。他认为，一个有规模、有影响的企业必定要有一批相对固定的员工和领导一起打拼，但"工作不能太专心"，"不能太专注于事业"。这又是一种"颠覆性"的观念。但这种"颠覆性"却是启人思考的创新意识。作为团队成员，努力工作是本分，但不能一天到晚只想着工作，否则，人就会变成"工作机器"，流于死板，了无生气，无法让企业具有旺盛的生命力。只有既努力工作又能从中跳出来，活跃生活和思想，就可能迸发创造的激情和灵感，使工作和事业在创新中突破。马云这种独特的用人观，培养了一个智慧型团队，这是阿里巴巴集团不断创新和取得骄人业绩的重要因素。

（二）对上市制度的几点建议

1．放宽上市条件

《公司法》规定的中国企业的上市（主板）要求，很多企业特别是中小企业只能望而却步。《公司法》对企业上市要求的规定主要有以下几点：

（1）公司的总股本达到 5 000 万股，公开流通的部分不少于 25%；

（2）公司在最近 3 年连续赢利；

（3）公司有 3 年以上的营业记录；

（4）股东规模控制在 200 人之内；

（5）公司无形资产占总资产的份额不能超过 20%。

《公司法》这些规定虽然在一定程度上保护了投资者的利益，但对有需求的企业在国内上市也有不利影响。《公司法》应该与时俱进，根据新情况加以调整与完善，对上市企业更好地起到推动和保障作用。

2．简化审核手续

中国目前更采取审核制，在企业向中国证监会提出上市申请后，由证监会对申请企业的资格进行审核，符合条件的才予以批准上市，而这个过程是相对漫长的。一方面有着上市愿望的企业众多，另一方面证监会每年审核批准的上市企业又数量有限。这就造成了亟须上市融资的企业需要漫长的等待。根据统计，每年在中国大陆本土上市的企业不到 100 家，而已通过证监会核准并在排队的企业每年近 400 家，更多的企业则还处在向证监会申请的阶段。

3. 加强制度建设

上市公司应成立由董事会秘书负责的投资者关系管理部，制定投资者关系管理制度和投资者关系管理手册，使信息披露工作更加细致和全面。包括建设内部数据库、建立相关职能部门定期的内部信息传递程序、建立相应的外部信息采集程序等措施。同时，应加强信息沟通，增加透明度。企业应主动向投资者通报经营和财务状况、经营战略、企业文化等方面的确切信息，并听取意见反馈，及时改进不足，以集思广益不断完善经营管理工作。

4. 完善公司治理，提高股权意识

虽然我国有关中小投资者保护的法律制度业已初步形成，但仍有待于不断完善和强化的空间。对投资者及投资者关系管理尤其是对中小投资者权益的保护是每一家上市公司的重要课题，其解决之根本方法在于完善上市公司法人治理，倡导股东主义，提高股权意识。

（南开大学现代管理研究所　李亚、胡娟花、黄积武）

参考文献

[1] 扬子晚报网 http://www.yangtse.com/keji/2014-05-11/104154.html。

[2] 凤凰财经 http://finance.ifeng.com/a/20140922/13133338_0.shtml。

[3]《在海外成功上市的企业为何不在 A 股上市，玄机何在》，http://stock.cngold.org/c/2014-05-21/c2559381.html。

[4]《从 Facebook 双层股权结构看：如何实现控制权》，腾讯财经 http://finance.qq.com/a/20120524/004543.htm。

[5]《马云合伙人制保卫战不稳定的双层股权结构》，http://www.techweb.com.cn/business/2013-09-30/1340085.shtml。

[6]《国内、香港、美国上市条件比较》，IPO 俱乐部 2014 年 12 月 3 日，消息来源

广深港法律智库。

[7] 王宏宇：《支付宝 VIE 的罪与罚》，《南方周刊》2011 年 7 月 8 日。

[8] 《马云坚持拒绝港交所开出的限制条件阿里巴巴年内在港上市无望》，凤凰财经 2013 年 10 月 8 日。

[9] 阳淼：《阿里巴巴 71 亿美元成功从雅虎"赎身"》，《新京报》2012 年 5 月 22 日。

[10] 《阿里巴巴 B2B 私有化大棋：整合管理风格重建生态》，《第一财经日报》2012 年 2 月 24 日。

[11] 徐洁云：《阿里巴巴高价赎身：为下一个 2 000 亿 IPO》，《第一财经日报》2012 年 5 月 22 日。

案例四：地产国际化进程

一、背景介绍

近年来中国已成为全球资本输出大国，对外房地产投资增长迅速。自2008年至2014年6月，中国对外房地产投资增长了200多倍，投资总额达337亿美元。中国地产国际化已成一股汹涌的潮流。其中涌现出一批有大作为的明星企业。

绿地集团是上海市国有控股特大型企业集团，成立于1992年7月18日。创立20年来，通过产业经营与资本经营并举发展，已形成房地产主业突出，能源、金融等相关产业并举发展的产业布局。

2013国际化战略元年，绿地几乎是以摧枯拉朽之势布局海外四洲九国十二城。启建济州岛六大核心项目之一的绿地韩国健康旅游城；进驻澳洲悉尼、墨尔本，绿地中心超高层公寓落子悉尼市中心，当年火爆预售；相继斩获美国洛杉矶中心区大都会项目、纽约布鲁克林大西洋广场项目，不断刷新中国房企在美最大投资；布局东南亚，签署收购泰国曼谷、芭提雅三大综合社区项目；当年，自主酒店品牌"绿地铂骊"登陆欧洲；"绿地香港"在香港联交所鸣锣上市，成功搭建海外融资平台，加速融入国际市场。2014年是稳健提速与收获之年，新进英国伦敦、加拿大多伦多、马来西亚新山；追资澳洲、韩国，竞标布里斯班大型城市综合体项目；一批项目启建并收获，洛杉矶绿地中心正式开工，济州项目首批产品交付，优异品质成为韩国市场新标杆；两家绿地酒店分别落户洛杉矶和悉尼，绿地国际酒店管理集团成为首个落户悉尼发展的中国酒店集团。

2014 年 11 月 17 日，绿地集团董事长、总裁张玉良在澳大利亚应邀出席二十国集团（G20）首脑峰会系列活动。期间举行的中澳工商界 CEO 圆桌会议上，习近平主席与澳大利亚总理阿博特共同接见张玉良董事长等中澳企业家代表并听取了绿地集团关于海外投资发展情况的汇报。作为澳洲近两年最受关注、最炙手可热的外资投资方之一，绿地的出席并无意外，而绿地亦底气十足地用这样一串数字为自己踏上世界舞台铺筑台阶：世界 500 强第 268 位，全球范围内房地产在建面积超过 7 500 万平方米，总投资超过 600 亿美元（海外项目总投资超 200 亿美元），持有酒店超过 100 家。今年海外业务销售收入将达 200 亿元，明年再翻倍……毫无疑问，世界正拥抱中国资本。以绿地为代表的中国企业正日益走向国际舞台的中央。

地产业的国际化拓展战略并不是由绿地集团单独进行。

在同年的 2 月 18 日，铁狮门房地产公司与万科集团共同宣布，双方已成立合资公司，共同开发美国旧金山富升街 201 地块（201 Folsom Street）的高层豪华住宅公寓项目。该项目是全球最大的房地产开发商万科集团首次在北美市场的投资。2013 年 4 月 16 日，新加坡吉宝置业宣布，与万科结成战略合作伙伴。万科将通过子公司出资 1.355 亿新元（约合 6.78 亿元人民币）现金，收购吉宝置业在新加坡东部丹那美拉一个 726 套公寓的住宅项目 30% 的权益。同年 8 月，万达宣布在伦敦建造酒店的计划，两年来万达宣布的海外投资规模高达数百亿元。SOHO 中国董事长潘石屹以个人名义投资纽约的商业地产。中坤集团董事长黄怒波将旅游地产开发到了遥远的冰岛。12 月，富力发布公告称，其全资子公司以人民币 85 亿元收购了马来西亚柔佛州新山地区一块 116 英亩的住宅及商业物业地块。碧桂园在马来西亚的投资项目已经从最初的 2 个增加到 5 个，投资总额已经高达 100 亿元人民币。中海外在伦敦收购写字楼，耗资约 2 亿英镑。业界戏评："中国房产商这是称霸全球的节奏吗？"

地产行业评论人李咏涛认为，国际化首先是企业战略，即管理者具备全球视野，主动拥抱国际化带来的影响和变化，这对很多地产商来说是不小的挑战；其次是在运营上采取国际化措施，并力争在全球范围内配置资源，开拓业务；第三是建立具有国际影响力的产业品牌。

目前，美国房地产市场已进入经济复苏周期，投资占 GDP 总额已从几年前最低谷时期的不到 1%，上涨到如今的 1.1% 左右。这已恢复到 2000 年左右的水平，距离 2008 年大萧条之前 1.9% 左右的高位还有不少距离。在投资者看来，这意味着其中尚有不少上涨空间。

现在，中国企业如投资美国商业地产，可选择购买股份进行权益投资，或收购一些管理得不好的大楼。就融资模式而言，国际市场有着更加宽广的渠道，在国内刚刚起步的地产基金（主要是 PE），在欧美市场已非常成熟。在国内较早开展地产基金业务的盛世神州房地产投资基金董事长，已在美国注册一个总融资额 2 400 万美元的项目，投资亚特兰大和芝加哥的地产项目。该基金资产配置中大约 1/4 到 1/3 由外币构成，这显示中企地产国际化渠道之广阔。

地产国际化的战略实施，离不开香港这个资本市场或曰跳板。2014 年以来，招商、万科、金地这 3 家老牌内地房企，加上中粮地产，已先后在香港获取了壳资源，为下一步扩张打下了基础。金地更是借钱买壳，让业界刮目相看。

香港的融资平台受到这些企业的关注和投注，是因为香港资本市场有诸多金融产品，可以让每年拥有固定现金流的商业项目打包融资。这很好地解决了国内商业地产有着固定现金流却无法快速回笼资金的难题。充分利用海外资本市场，也是由房地产国际市场的特征决定的。

二、案例解析

自 2012 年以来，包括绿地、万科、万达、碧桂园、中建、中铁在内的 10 余家企业，已在海外拥有房产项目或确定投资计划，投资规模已达上百亿美元。其根本动机是看好国外发展机遇。

万科创始人、董事会主席王石表示，在经历金融海啸之后，美国市场正在渐渐回暖，现在正是投资美国市场的最好时机。绿地掌门人张玉良同样认为欧美的经济回暖是促使绿地布局海外的重要原因。他直言："当前欧美等国经济加速复苏，而中国经济增速却在放缓，二者之间存在'剪刀差'，所以绿地认识到目前正是中国房地产企业进行海外投资的黄金窗口期"。

在开发商解释是因为看好国外市场才"出走"时，某研究中心研究经理朱一鸣却认为原因是："进入 2011 年，国内房市调控日益严厉，国内房市行情逐步进入小寒冬，行业竞争日益激烈，企业利润大幅下降。在此背景下，部分企业开始将目光瞄向海外。"美国睿阁投资顾问公司管理合伙人、中国区总裁吴向宏表示："国内房地产可能存在泡沫，而美国房地产正处复苏前期的情况下，中国房企投资外国项目显然是理想时机。考虑到人民币继续升值的空间已经不大，甚至未来有明显贬值可能，这类投资即使单纯从对冲避险来说，也是很好的策略。"

中国房企的"出海"，不仅仅是战略布局上的考虑，更重要的是想利用国内房企在销售渠道的资源优势，吸引国内高端职业客群到海外置业投资，从而这些房企也可以在国际市场上获得收益。国际化投资主要有如下优势：

第一，开拓市场，分散市场风险。部分大型房企的全国化布局基本完成，需要进行国际化战略布局。

第二，从国外投资项目来看，多为旅游地产项目，而锁定的客户多为国内客户，企业也可借此整合产业链，吸引国内客户投资。

第三，当前国际资本市场融资环境相对宽松。部分国内房企通过在香港或境外上市，建立境外业务发展融资平台，在欧美房地产市场开始逐步复苏与回暖之际，开展海外房产投资业务，借机布局国际房地产市场。

第四，国内限购、限贷、房产税等房地产调控政策频繁出台，投资客投资海外可以规避国内投资风险。

第五，大部分海外的土地和房产都拥有永久产权，且生活、教育环境相对国内具有一定的优势，对投资者和开发商都具有很大的吸引力。

三、思考与启示

（一）海外经营特点

各房地产企业海外经营战略各有特色。

1. 主动调整战略型

虽然房企"走出去"已经成为趋势，但是目前仍然是试水阶段，存在很多不稳定因素。因为"走出去"同时也常常面临着海外政局、当地法律、市场环境以及环保要求等复杂因素影响。海外开发仍需谨慎对待，投资步伐不宜过大。而事实也验证很多房企的海外项目并非一如当初地进展顺利。绿地、碧桂园、万科、复星等房企在海外业务拓展中，均遇到了一些问题。其中碧桂园据此调整了经营目标。

2014 年凭借在马来西亚热销百亿元成功晋身千亿房企俱乐部的碧桂园，今年的海外业务遇到寒流。2014 年热卖的碧桂园马来西亚金海湾项目，今年遭遇部分购房者退订，原因是一些客户未能申请到贷款。海外政策风险隐现，相比银行拒贷引发的退房事件，更令人担忧的是政策变动带来的风险。马来西亚雪兰莪州出台新政策，通过抬高购房门槛防止外国开发商大举进入，也让公司在当地的项目面临一些尴尬。面对不利的市场形势，碧桂园首席财务官吴建斌为公司设定了 10% 的限额，即海外投资比例占总投资额不超过 10%。随着海外市场风险逐渐暴露，放缓扩张速度实现稳扎稳打并积累经验，对于公司未来在海外更好地发展有利。

2. 绿地海外业务在困难中崛起

根据绿地方面公布的数据，除了国内的销售额之外，"世界的绿地"2014年在海外的销售计划是200亿元。预计此计划有望完成。如此，年末绿地销售业绩将超越万科，跃居全国房地产行业之首。

在海外开拓市场时，绿地并非一帆风顺。据《投资时报》报道，在2014年7月31日召开的上任首次记者会上，韩国济州岛新知事元喜龙明确表示，对总部位于上海的中国绿地集团在济州岛开发的"梦塔"（绿地济州梦想大厦）项目，将采取"不允许建设"的强硬态度。《北京商报》的报道还透露，元喜龙曾表示，中国目前投资济州岛的大项目属于"投机资本"，担心未来中国人在济州圈地将其变成中国城，因而将大幅提高外国人通过购买房地产获得济州岛永居权的条件。为此，绿地紧急做了一系列公关工作，并在绿地韩国公司施工建设过程中，竭力避免扰民，还在当地大做公益事业，努力融入当地社会，赢得认同。这些工作最终获得了成效。后来绿地集团与济州国际自由城市开发中心（JDC）在韩国济州签署谅解备忘录（MOU），在济州岛健康医疗城区域扩大投资。元喜龙也改变了反对态度，会见了绿地集团董事长张玉良，表示将支持绿地的投资。

绿地能成为中国房地产行业龙头老大不是偶然的，它有一套成功的经营之道。

其一，区域深耕：从多点布局向深耕发达国家、核心区域转变，从先期试水性质的单体项目开发，向系统化投资布局转变。绿地以经济发达国家和人口集聚较快的城市为主要目标市场，聚焦经济活跃、市场成熟、人口集聚、投融资便利的海外国家和地区。

其二，自主开发：不作财务投资，培育自有团队。"'蜻蜓点水'式的财务投资不是绿地要做的模式，可持续的竞争力需要以实体开发、自有团队为依托。"这是绿地经营的理念。它信奉自主经营，海外项目的核心管理团队基本由集团派驻，旨在打造一个属于自己的国际化运营管理团队。

其三，多方共赢：令投资地及消费者充分受益。绿地认为，跨国投资中，多方共赢是走向可持续的唯一途径，并正以实践惠及当地国及消费者：一是促进当地经济发展；二是改善当地就业状况；三是提升当地城市功能。

其四，购买客户的全球化：虽然，中国开发商在资金实力方面远远优于海外同行，但从绿地在韩国的一波三折，也可以看出要想真正在海外获得很好的投资收益，光有资金实力是不够的。本土化是包括绿地在内的所有房企在海外开拓业务的最大门槛。不过，客源本土化和全球化的开拓，依然是绿地面临的一项重要任务。不仅仅是英国项目，绿地在海外的其他项目目前也在减少华人客户的比重，提升非华人客户比例。中国房地产协会经营管理委员会副秘书长宋延庆认为，类似绿地这样在海外快速扩张的企业，仅靠中国籍客户的消费是不够的，必须把市场做得更大，开拓更多的全球客户资源。依托国内市场特别是富裕及中产阶层，"做中国市场的海外延伸"的销售模式，是绿地进入海外市场初期确保赢利的极佳切入点。

3. 万科海外低调经营

与绿地、万达等房企激进的海外扩张相比，万科的海外发展策略则显得相当谨慎。截至目前，万科在美国纽约、旧金山与新加坡分别拥有 3 个项目，如果算上中国香港的两个项目，万科已经在 4 个海外城市实现布局。但至今仅有美国旧金山与新加坡项目已经开售。万科的海外业务在公司销售额占比低至微不足道的 1%。然而，在万科总裁郁亮看来，销售规模并非万科拓展海外市场的主要目的，他更希望万科能借助海外拓展的机会学习世界级优秀企业的成功经验，协助公司进一步提升管理与营运能力。

与万科的内地项目从拿地到开盘仅 8 个月的速度相比，海外项目进展相对缓慢。相对于万科今年或将达到 2 000 亿元的销售体量，海外业务的贡献并不起眼。万科向记者表示，由于在售项目较少，预计今年海外销售占比不超 1%。目前公司的海外投资处在试水阶段，业务规模比较有限，公司的发展重点还是在国内，对海外市场也没有设定硬性指标。

万科把海外市场看成学习平台。万科认为"国际化是万科的长期发展方向，不只是为了盖房子、赚点钱"。公司拓展海外业务的目的主要在于增进对海外市场和商业模式的理解，通过合作学习国外优秀同行的专业能力和管理水平，进一步提高万科的实力。万科在出海布局之时，大多选择联手当地最具实力的房企，无论是中国香港的新世界发展、美国铁狮门与汉斯、新加坡的吉宝置业，所有这些合作伙伴无一不是当地顶尖的房地产开发商。

与碧桂园、绿地积极自建销售渠道相比，万科在美国和新加坡的项目都是由合作方操盘，万科仅以参股的形式跟进项目日常运营。万科明确表示"万科现阶段的海外扩张目的很清晰，就是把海外市场作为学习平台和主业补充"。克而瑞研究中心分析师朱一鸣向记者表示，国外房地产市场大多已经过了遍地黄金的时代，很难赚取高额利润。但恰恰是由于市场的高度成熟，海外开发商往往擅长于将金融与房地产紧密结合，以及更专业的分工，这些经验能帮助国内房企经营能力再上一个台阶。

4. 复星地产海外当收租公

作为复星集团在房地产领域的投资及管理平台，复星地产从 2013 年开始涉足海外地产。和同时期涉足海外投资的绿地、万达、万科不同，复星地产并不是以开发销售方式获利，而是收购国际性城市地标物业。复星地产选择的城市包括伦敦、纽约、东京、中国香港等全球金融中心。复星地产通过对目标当地的平台公司展开收购，选择资产价格较低的时段进入，目前为止都是以出租的方式获得赢利。

2013 年，复星集团在海外展开两笔物业投资，投资目标都是国际性都市的标志性建筑。先是以 6 450 万英镑收购伦敦金融城 Lloyds Chambers 办公楼。当年 10 月，又以 7.25 亿美元收购位于美国纽约的大通曼哈顿银行总部大楼，即第一大通曼哈顿广场。2014 年 9 月，复星地产通过收购日本 IDERA 资产管理公司，完成了对日本东京天王洲花旗银行中心的收购。IDERA 将作为该物业的资产管理者。

目前，复星地产的海外投资分别分布于伦敦、纽约、东京和中国香港，均为全球金融中心。资产类型包括核心物业、资产管理公司、地产开发等。对于城市的选择，复星地产目前已经进入的城市都是世界级的中心城市，房地产市场比较透明，具有良好的法律治理，同时在人才储备、融资、市场等方面都具有比较好的基础。

5.风险和挑战

包括房企在内的中国投资者在全球化的进程中面临一系列挑战，主要表现为政府对资本流动的控制、人才短缺、企业组织和管理文化的差异、陌生的海外法律和监管环境、税收等问题。海外拓展房地产市场是不少房地产企业在行业在国内下行期的重要选择之一，以此弥补企业在国内市场的销售下滑。然而，这种看似突出重围的市场抉择或许没有想象中那么美好，风险堪忧。本土房地产企业在海外的项目中，整体客户群的结构有缺陷，如何真正地将企业战略融入海外市场是一大考验。投资海外市场风险很大，政治的不确定性是最大的风险，稍有不慎就可能导致项目的失败。中坤集团冰岛买地的失败案例就给准备进军海外市场的国内开发商提供了经验。

（二）建议

对于"走出去"房企如何有效应对风险和挑战，保持向上发展势头，仲量联行提出的下述建议是很有价值的。

第一，需要对海外市场及有关企业有清醒认识、深刻了解及作好投入的充分准备，应当事先进行深入的土地市场调查，认真地进行投资现状分析。然后进行综合分析和研判，最后作出是否适合投资、如何投资以及投资的具体步骤的决策。

第二，如何有效规避风险也是企业的必修课。政治风险、经济风险、法律风险都是摆在房地产企业面前的拦路虎，如何有效降低风险系数，是房企海外投资的当务之急。

第三，需要灵活采用海外地产投资方式，实行海外企业本地化战略，加强对投资所在国的公关策略。一方面多雇用当地员工，另一方面尽量实现企业原材料采购本地化。特别是在海外投资过程中须注意塑造自己在当地良好的公众形象，积极履行在当地的企业社会责任。

第四，可以通过保险手段减少系统风险产生的损失。企业可以通过加入保险等方法减少房企海外投资的风险，对部分系统风险在一定程度上进行控制，为企业的境外投资提供国际保障。

（南开大学现代管理研究所　李亚、韩雪、张媛媛）

参考文献

[1]《2014 年中国房地产市场发展三大趋势分析》，中商情报网 2014 年 8 月。

[2]《房企海外业务调查谁是 2014 年地产龙头?》，《每日经济新闻》2014 年 10 月。

[3]《陈哲携手铁狮门万科首度试水北美市场》，经济观察网 2013 年 2 月。

[4]《丁辉中国房产企业海外"攻城"引热潮逃避国内房产泡沫》，新华网 2013 年 12 月。

[5] 李鹏:《龙头房企发力地产国际化》，新浪新闻 2013 年 5 月微博。

[6] 仲量联行:《房企争相出海建议实行海外企业本地化战略》，搜狐焦点网 2014 年 3 月。

案例五：暴风影音 VIE 架构

一、背景介绍

目前上市不久的"妖股"暴风科技（300431.SZ）正在 A 股市场创造一个奇迹：自 3 月 25 日上市到 5 月 5 日，已连续创造了 29 个涨停，股价也从发行价 7.14 元暴涨至 148.27 元，市值已达 178 亿元，市盈率 424.2 倍，甚至在逼近行业老大优酷土豆的市值（33.79 亿美元，约 207 亿元）。

A 股上市的乐视网（300 104.SZ）的市盈率已达 290.7 倍，市值更突破千亿元，已是优酷土豆的 5 倍。早前上市的中文在线（300 364.SZ）也已创造 25 个涨停，市值近百亿元。

除暴风科技、乐视、中文在线外，当前分众传媒、盛大游戏、完美世界等正筹备回归 A 股。老牌社区天涯爆出筹备新三板，连一向文艺范的锤子科技也被投资人劝说冲击新三板。

国内资本市场如此之火，以至于易凯资本 CEO 王冉感叹道：优秀创业公司选择 A 股或者新三板必将成为难以逆转的趋势。

众多互联网企业想分享暴风科技、乐视在 A 股中的盛宴，就必然要拆除 VIE 架构。现实问题是，如何拆除 VIE 架构？腾讯科技此文或许能给众多互联网企业一个满意的答案。

暴风案例：IDG 美元基金换成人民币基金

说起暴风科技如今在资本市场的无限风光，也得说说当初暴风科技在资本市场的不如意。

暴风科技招股书显示了其设立 VIE 和拆除 VIE 的全过程：

2005 年 8 月，冯鑫团队注册成立酷热科技，作为视频软件开发、运营主体。

2006 年 5 月，冯鑫团队在投资人指导下设立境外公司 Kuree。同年 8 月及 12 月，IDG 分两次投入 300 万美元，获得 Kuree 的 32% 股权（冯鑫持股 36.17%）。

2006 年 9 月，Kuree 收购暴风影音的软件、技术秘密及商标、域名。不久，暴风影音知识产权与酷热科技积累的技术一起被注入冯鑫团队控制的暴风网际。

2007 年 7 月，Kuree 再次向 IDG 融 500 万美元。融资完成后，IDG、冯鑫分别持有 Kuree 的 43.1% 和 31.5%，财务投资者持股开始高于创始人。

2008 年 11 月，IDG 联合经纬投入 600 万美元，资本话语权进一步加强。到 2010 年 1 月，IDG、冯鑫、经纬及员工分别持有 Kuree 的 37.7%、33.5%、7.4% 和 11.2%。

在优酷土豆烧钱大战之际，暴风科技团队面临议价能力不足、融资额偏低、话语权随股比迅速流失等问题。一句话，暴风科技当时不被看好，后在 IDG 熊晓鸽（微博）建议下回归 A 股。

这时候，暴风科技需要消除 VIE 架构：股东中的美元基金需退出，人民币基金要接盘。

到 2010 年 6 月，暴风科技与和谐成长、金石投资等新投资者达成协议，各方以 4 148 万美元的价格从 IDG、经纬回购股份。到 2012 年暴风科技才完全消除 VIE 架构，成为内资企业。

如今暴风科技在资本市场火爆，美元基金却错失良机。为何美元基金当初愿意退出？既然 IDG 退出暴风科技，为何熊晓鸽又与暴风科技 CEO 冯鑫一起出现在暴风科技上市现场？

这一切的答案在于，IDG 并未完全退出暴风科技，而是其美元基金换成人民币基金。当前暴风科技的第二大股东和谐成长基金即为 IDG 旗下人民币基金，其仍持有 10% 左右的股份。

资料显示，IDG 在 2010 年完成募集总规模为 35 亿元的人民币基金——和谐成长投资基金，其中全国社会保障基金理事会出资 12 亿元，中科院下属单位国科控股出资 10 亿元。

二、案例解析

（一）互联网媒体现状

1. 互联网视频用户规模持续增长

（1）互联网网民规模持续增长

根据中国互联网络信息中心（CNNIC）统计，2004 年至 2014 年 10 年间，中国互联网网民由 9 400 万人增加至 64 875 万人，年复合增长率达到 21.31%，网民普及率由 2004 年的 7.2% 上升至 2014 年的 47.9%。

（2）互联网宽带基础建设快速升级

宽带接入是用户实现高速下载及网络视频流畅播放的基础条件之一。2010 年 3 月，工信部、国家发改委、科技部、财政部等 7 部委联合印发《关于推进光纤宽带网络建设的意见》，3 年内光纤宽带网络建设投资超过 1 500 亿元，新增宽带用户超过 5 000 万。在我国大力推广宽带建设的大环境下，我国家庭宽带网民规模稳步上升。

根据 CNNIC 统计，截至 2013 年 12 月，我国家庭宽带网民规模突破 7 亿人，固定宽带家庭普及率达到 40%。根据国务院《"宽带中国"战略及实施方案》，预计到 2015 年固定宽带家庭普及率达到 50%，到 2020 年固定宽带家庭普及率达到 70%。

（3）视频播放是互联网主要应用之一

互联网视频用户逐年快速增长，互联网视频是互联网用户的主要应用，根据 CNNIC 统计，2014 年互联网视频应用使用率为 66.7%，位列互联网应用第 5 名。

根据艾瑞咨询《2013 年中国在线视频行业年度监测报告》及《2014 年中国在线视频行业年度监测报告》显示，我国互联网视频用户规模从 2006 年的 0.8 亿人增长至 2012 年的 4.5 亿人，年均复合增长率约为 33.4%，高于同期互联网网民规模 26.6% 的年均复合增长率。到 2014 年，互联网视频用户规模预计将达到约 5.1 亿人。中国在线视频行业的规模也从 2010 年的 31.4 亿元人民币增长到 2013 年的 135.9 亿元，年均复合增长率超过 60%。

2．视频软件与视频网站是用户观看互联网视频的主要途径

根据使用习惯及观看内容需求不同，用户主要通过视频软件及视频网站两种方式观看互联网视频。视频软件需由用户自行主动安装客户端软件后，直接点击软件即可播放视频；视频网站需用户通过打开浏览器，输入不同视频网站的网址或者通过搜索链接的方式找到视频内容后，根据搜索结果在相应网站点击播放视频。根据 CNNIC《2013 年中国网民网络视频应用研究报告》统计，2013 年，34.6% 的网络视频用户经常进入固定视频网站观看；38.6% 的网络视频用户经常使用播放器软件观看；21.8% 的网络视频用户通过搜索引擎，在搜索结果中选择；5.0% 的网络视频用户没有形成常用的收看方式。

3．互联网广告市场初具规模，互联网视频广告市场方兴未艾

（1）互联网广告市场初具规模

根据艾瑞咨询《2012—2013 年中国网络广告行业年度监测报告》及《2014 年中国网络广告行业年度监测报告》显示，2013 年互联网广告规模达到 1 100 亿元，较上年增长约 46.1%。2016 年互联网广告规模预计将突破 2 000 亿元。2005 年至 2012 年，互联网广告在电视、互联网、报纸、广告及杂志五大广告类型中规模占比由 5.8% 上升至 33.7%，已成为仅次于电视广告的第二大广告类型。

（2）互联网视频广告方兴未艾

据艾瑞咨询显示，2013 年中国互联网视频行业市场规模约 135.9 亿元人民币，同比增长 48.0%。广告是互联网视频行业主要的收入来源，2013 年为 98 亿元人民币，同比增长 47.2%。未来仍将保持较快增长，预计到 2017 年将达到 300 亿元人民币。

（二）VIE 架构

VIE 架构又称"新浪模式"，自 2000 年新浪网采取协议控制架构成功在美国纳斯达克市场上市以来，通过签订 VIE 的模式搭建协议控制架构，已经成为外国投资者进入中国限制外商投资领域的普遍途径，也是及境内互联网行业企业赴境外证券市场上市的主要途径。

VIE 架构的基础是 2003 年 1 月美国财务会计准则委员会（FASB）发布的第 46 号财务解释"可变利益实体的合并"（以下简称"FIN 46-R"）。根据 FIN 46-R，Cayman 公司能够实现与境内公司的财务报表合并，以便于 Cayman 公司的境外上市，从而使得 WOFE 能够完全通过协议而非股权的方式控制内资公司，进而绕过政策障碍。在我国，VIE 架构的目的是用以规避《外商投资产业指导目录》对于限制类和禁止类行业限制外资进入的规定。2009 年修订的六部委制定的《关于外国投资者并购境内企业的规定》10 号文（以下简称"10 号文"），第 4 条规定"依照《外商投资产业指导目录》禁止外国投资者经营的产业，外国投资者不得并购从事该产业的企业"。而 10 号文仅适用于海外投资者收购境内企业，并不适用于外商投资企业的返程并购。另据国家外汇管理局发布的《关于境内居民通过境外特殊目的公司融资及返程投资外汇管理有关问题的通知》（汇发〔2005〕75 号）（以下简称"75 号文"），境内居民（包括法人和自然人）可以特殊目的公司的形式设立境外融资平台，通过反向并购、股权置换、可转债等资本运作方式在国际资本市场上从事各类股权融资活动，合法地利用境外融资满足企业发展的资金需要。所以，公司可以通过 VIE 架构结合 75 号文，成功绕过 10 号文的限制规定。

1.VIE 架构的操作步骤与法律效力分析

一般来说，建立 VIE 时，已经成立并运行了一个内资公司，并且发展前景较好，这样投资者才能相信将来公司的海外架构能够上市，并通过退出机制给他们带来收益。而内资公司则希望建立 VIE 架构中如 Cayman 公司以吸引投资者的投资，而上市又能吸引更多的外资注入自己的企业。

组成 VIE 架构的 VIE 协议每一份单独存在，并不能判定其具有非法的目的；但当 VIE 协议作为一个整体共同发挥作用时，其真实意图即为通过 VIE 协议设立协议控制架构，以规避中国的外商投资产业限制。在华懋公司与中小企业一案中，最高法认定了委托关系的存在。而关于委托关系的效力的问题，最高法认为华懋公司委托中小企业投资入股中国民生银行的行为，违反了内地金融管理制度的强制性规定，双方的行为属于"以合法形式掩盖非法目的"的行为。和二审最大的不同之处在于，最高法判令该公司向华懋公司支付合理的补偿金，该部分赔偿金应当以中小企业公司持有的诉争股份市值及其全部红利之和的 40% 确定。

现实中 VIE 架构已经存续 10 余年，如果一味地认定无效，不能很好地保护投资者的合法权益。自上而下地完善法律法规，从本质上对 VIE 的效力进行界定以及对现存 VIE 架构下的公司作出正确的疏导，才能从根本上保护好各方的权益。从长远来看，逐步放开非关系国家安全行业准入政策，减少行政审批，建设多层次资本市场，培育成熟的人民币投资基金等长期措施，才是解决长期性问题的根本之道。

2.VIE 架构的法律风险分析

由于 VIE 架构自身的缺陷以及中国现行法律中存在一些缺乏操作性的规定和惯例，导致当事人在维护自身的合法权益时存在较大的障碍。投资者不得不权衡 VIE 架构中的法律风险，以提前做好相应的预案与保护自身权益的安排等。

（1）VIE 控制协议无效的风险

VIE 的核心在于"控制协议"，包括股权质押协议、独家购买权协议、独家业务合作协议、股权表决委托协议与借款合同。VIE 这一整套协议的设置都是为了避开限制外商投资的政策，整套协议体系相互关联。在司法实践中存在类似上述华懋公司与中小企业判决因"以合法形式掩盖非法目的"而认定 VIE 协议无效的可能性。即使在仲裁中，往往投资者也处于较为被动的局面。出现纠纷时，大多公司也采取和解的办法解决纠纷。

（2）对赌协议纠纷的风险

VIE 架构中，一般均设置对赌条款，如由于经营业绩下滑，达不到投资者的要求，则相应稀释或降低创始人的股权。2007 年，甘肃众星锌业有限公司（众星公司，甲方）、苏州工业园区海富投资有限公司（海富公司，乙方）、香港迪亚有限公司（迪亚公司，丙方）和陆波先生（丁方），缔结众星公司增资协议书。增资协议书第 7 条第 2 项，约定了对赌条款。一审法院认为约定违反法律、行政法规的强制性规定而无效。二审法院认为约定违反了投资领域风险共担的原则而无效。但是最高法的判决扭转了局势，虽然认为投资者与目标公司之间的对赌协议约定无效，但是肯定了投资者与股东之间对赌协议约定的合法性。为了有效应对对赌协议纠纷可能产生的法律风险，建议对赌条款的约定应注意不能违反中国法律、法规强制性规定，尤其要避免与目标公司对赌。因为股东应无权直接从公司取得公司财产，否则是对公司及公司债权人权益的侵害。

（3）创始人侵犯公司利益的风险

在双威教育事件中，陈子昂未经董事会同意，转移了业务公司的核心资产和现金。在这种情况下，如是股权控制模式，投资者作为股东则很容易通过诉讼保护自身合法权益。但是在协议控制模式下，由于投资者并非业务公司的实际股东，提起股东代表诉讼存在困难。控制协议类似于"君子协定"，成功执行有赖于创始人的道德。

（4）股权质押的实现风险

股权质押实现的风险主要包括质权无法设立的风险与质权无法实现的

风险。质权无法设立的风险，即股权质押一旦实现导致的就是股权的转让，这肯定会触犯 10 号文第 4 条的规定，因此，工商部门完全有理由拒绝对该股权质押进行登记，无法启动股权质权，股权质押也仅仅是停留在债权保护层面。质权无法实现的风险，即严格依照我国法律规定，质押的股权只能通过拍卖、变卖或折价方式处分，而 WFOE 可能无法获得股权而是仅仅得到一定的现金补偿。对于 VIE 架构中的法律风险，投资者等各方一定要高度引起注意。在法律法规或者行政监管未进行清晰界定以及疏导前，在这片灰色地带中可以通过防范风险即事先做好应对预案而在发生纠纷时起到保护己方的作用。

3．拆除 VIE

中银律师贺永军对腾讯科技表示，拆除 VIE 形式的实质是将外资全面退出中国外商投资限制行业。这主要有两种形式。

（1）方式一：境内基金接盘境外资产

第一，由境内实际经营企业的现有境内股东或其他人民币投资主体，全面掌控境内实际经营企业的控制主体股权。因该控制主体为 WFOE，只能选择以现金支付对价形式使境外资本退出。

第二，解除 WFOE 与境内实际经营企业之间业务债务、收益、股权股息分配等全部协议。

第三，根据实际情况考虑是否注销境外壳母公司。

涉及风险：1）境内实际经营企业实际控制主体变更；2）境内实际经营企业与 WFOE 关联交易中税收、外汇登记管理问题（需详细征询高级财务师）；3）赎回境内实际经营企业控制主体股权资金成本；4）协议解除成本。

（2）方式二：过桥并购

第一，即有意图并购实际境内企业的境内投资机构可先采取收购境内实际经营主体 WFOE 或境外上市母公司股权。

第二，境内投资机构自行以增发形式发行股份募集并购资金。

第三，境外壳母公司根据实际情况注销。

涉及风险：1）境内实际经营主体将成为境内投资机构子公司，实际控制人变更；2）境内投资机构的挑选；3）境内投资机构是否涉及要约收购问题。

从形式看，当初暴风科技回归 IDG 资产即采用第一种方式，即 IDG 人民币基金接盘美元基金；类似分众传媒、学大教育等则应该属于第二类，即属于境内投资机构过桥并购。

实际上，拆除 VIE 架构并非易事，比如，若阿里巴巴在国内上市就需要将境外权益转到境内，过程中涉及系列协议的终止、废除等诸多法律问题，需要付出相应的对价。

最直接的阻碍是，软银、雅虎持有阿里开曼公司股份，阿里开曼公司通过 VIE 架构控制境内阿里巴巴集团权益，即便软银、雅虎愿退出，可能也没那么大的内地人民币基金能接盘。

更重要的是，拆除 VIE 架构需要摆平各个股东之间的关系，彼此利益如何协调，新的基金进入后又如何划分股权比例，处理这些的时间成本高昂，至少需要 1 年的时间。

三、思考与启示

（一）思考

"默认合法"是监管者与被监管者之间进行的一场心照不宣的游戏。VIE 模式的潜行与监管者的缄默是"默认合法"得以持续的两个基本前提。然而，支付宝事件引发的轩然大波，实际上已经终结了监管层对 VIE 模式继续"默认合法"的前提。特别是在最主要的监管者已经明确地基于"实质审查"而将协议控制视为并购，且基于 VIE 模式而否定相关并购案后，"默认合法"只不过是市场人士的一厢情愿而已，与其说监管部门在继续"默认合法"，还不如说某种程度上转向了"默认不合法"更恰当。

　　总体上看，监管层面给出的信号是模糊的，甚至可以说是混乱的：继续缄默者有之，以敲边鼓的方式提出警告者有之；多头监管的存在，也意味着有多条否定 VIE 效力的路径，但无论是哪一条路径，目前监管部门似乎都在刻意回避对使用 VIE 架构的合法性作出一般性的结论。有观点认为，这反映了监管部门对 VIE 模式的谨慎态度；但也有观点认为，这与其说是谨慎，不如说失职更为妥当。不仅如此，监管层面的混乱信号还会直接干扰合同层面的安定。不仅当事人的机会主义倾向趋于强化，而且司法机关或其他纠纷解决机制也会面临更大的困扰。在新型经济交易方面，中国的纠纷解决体系受政策的引导和影响比较大。当监管层缺乏结论性意见时，纠纷解决机制更可能依法律条文之字面含义而非综合的政策性考量来对 VIE 案件作出裁决，从而引爆 VIE 模式的法律风险。

　　VIE 模式在合同路径下的法律风险爆发，以协议控制链条的断裂为表征，通常出现于中国企业的创始人（团队）与境外投资者之间发生冲突的情形下。一般来说，VIE 架构通过给予创始人在境外上市实体中足够的股份、董事、CEO 身份等，将其收益与境外上市实体的投资人绑定在一起。然而，当创始人在境外上市实体中持股数额有限，或者被免去境外上市实体的董事、CEO 等控制职位，他们以 VIE 公司股东身份带走 VIE 资产的利益驱动就大大增加。这是《公司法》上常见的代理成本问题在资本全球化背景下的呈现方式，而 VIE 架构不过是提供了一个代理成本问题恶化的催化剂。如果司法或仲裁机构能够保护 VIE 架构，则会大大降低创始人的机会主义行为动机，迫使他们与投资人进行谈判、妥协，在公司治理的框架中解决问题。如果 VIE 架构被认定不受法律保护，则有二心的创始人会在和投资方的谈判中，拿投资时建立的 VIE 架构有规避行业投资限制的隐患，以打破 VIE 架构为由要挟投资人。就此而论，华懋案尚不能代表我国最高司法机关对 VIE 模式的立场，但第一起 VIE 仲裁案的确严重挫败了境内外投资者对商事仲裁曾经抱有的热切期望。以合法、合规之名否定以境外融资为目的的 VIE 架构，意味着国家强制侵入合同自治与公司治理领域，二者之间的冲突其实已并非单纯的法理问题，而是权衡轻重的政策考量了。

对实践中 VIE 架构法律风险事件的观察可以清晰地看出，法律风险的监管路径、合同路径并不是截然分开的。监管机构的持续缄默虽然表面上似乎遏制了监管路径下法律风险的爆发，但其发出的凌乱的政策信号却在一定程度上助长了合同路径下的恶性法律风险事件，后者的本质为公司治理冲突的加强版，严重伤害了我国社会中本已脆弱不堪的商业诚信文化。尽管不时有律师建议"通过诸如改进和优化 WFOE 和运营公司之间控制协议的条款规定，提高系列控制协议的可执行性和建立违约风险控制措施，从而切实提高 VIE 架构的稳定性"，但更多人则哀叹"境外投资人的保障与其说是协议安排，不如说更大程度上取决于公司创始团队的品性与信用，以及投资人与创始团队绑定的共同利益最大化"。由此带来的后果是一大批对中国经济发展作出贡献，且未来可能贡献更大的企业陷于困境，"在信任与法律缺失的凄风苦雨中飘零"。因此，恢复法律秩序与重建诚信文化，是化解 VIE 模式法律风险的两个密切相关的前提。

（二）建议

1. 管制的正当性与监管的精细化

协议控制—VIE 模式长期被冠以"以合法形式掩盖非法目的"之名。但这里恐怕只存在"违法"或者"规避监管"，而没有"非法目的"。VIE 模式是为了融资，而融资可以说是商业企业的天赋权利。到境外融资并不会令这种权利变得非法，相反，它如今已被公认为对境内资本市场的有益补充，为中国新兴的互联网产业以及其他服务性行业的发展作出了重大贡献。因此，以国家强制来剥夺或者管制这种融资权利应该有正当的理由。在传统的外资准入监管、并购监管、证券监管三大障碍中，并购监管、证券监管其实都是程序性问题，根源在于相关部门的不作为，造成"障碍"的客观现实。真正能够提供管制的正当性理由的仅有外资准入监管。在中国加入 WTO 已逾 10 年的背景下，外资准入监管的正当性绝非某个部门简单地宣布"禁止外资进入"或"不接受外资开办的申请"就可以解释了，需要针对具体行业具体分析，完全可以与新的监管方式——国家安全审查结合起来。

2011年2月3日，国务院办公厅发布《关于建立外国投资者并购境内企业安全审查制度的通知》(国办发[2011]6号)(以下简称《安全审查通知》)指出，如果外国投资者并购境内军工及军工配套企业，重点、敏感军事设施周边企业以及关系国防安全的其他单位；外国投资者并购境内关系国家安全的重要农产品、重要能源和资源、重要基础设施、重要运输服务、关键技术、重大装备制造等企业，且实际控制权可能被外国投资者取得，应经并购安全审查。这也是商务部2011年提出"不得以协议控制规避安全审查"的上位法。遗憾的是，上述通知仅概括性地规定需进行并购安全审查的行业范围，并没有对该等行业进行进一步的界定。相关监管部门或可考虑将其与《外商投资产业指导目录》的调整结合起来。在合理确定管制范围的同时，监管方式也应精细化，这意味着修正外资准入监管中的一些常识性错误。例如，将"境外融资"与"外商投资经营"等量齐观就是一个经典例子。对于以VIE模式境外上市的中国企业来说，不论是上市前入主的PE，还是上市后增加的公众投资人，都是消极投资者，他们与传统的外商直接投资下的经营者或控制者之间的差异泾渭分明。

此外，教育产业公司迫于《中外合作办学条例》而采用VIE模式也像是一个黑色幽默。明明是为境外间接上市造出的"壳"，何以就变成了《中外合作办学条例》中的"外国合作方"，必须具备境外教育业经历？双威教育、新东方教育、安博教育等一众教育公司纷纷折戟于VIE模式，原因盖出于此。从另一个角度看，若能够采用"实际控制人"标准对现有的VIE模式企业进行甄别，不仅可以让大部分VIE企业摆脱合法性危机，也能够消解监管机构苦恼的法不责众难题。

2. 合法合规 vs 诚实信用

VIE模式合同路径下的法律风险通常以司法机关与仲裁机构对合同效

力的最终裁决为风向标，其中的主要法律依据是《合同法》第 52 项下的"以合法形式掩盖非法目的"以及"违反法律、行政法规的强制性规定"。"非法目的"问题前文已述，这里仅简要论及强制性规定。最高法院在 1999 年出台的《合同法》司法解释中明确指出，各级法院认定合同无效时，应依据全国人大颁布的法律和国务院颁布的行政法规，不得以部门规章或地方性法规为依据，这是司法机关从民商事纠纷的视角对我国长期存在的过度管制环境的一种修正。因此，一份合同并不因为违反政府部门的规范性文件而无效；即使是法律、行政法规，也要区分其中的强制性规定与非强制性规定，以及强制性规定中的管理性规范与效力性规范，仅强制性规定中的效力性规范才与合同效力问题相关。对此，最高法院在西安市商业银行与健桥证券之关于西部信用担保公司借款担保合同纠纷案（印）中，提供了一个《合同法》第 52（5）条适用的例子。针对双方讼争的违反央行拆借期限规定之贷款合同有效性问题，最高法院认为，不论是央行的规范性文件，还是被其引为上位法的国务院《金融违法行为处罚办法》都不足以否定合同的效力，因为《金融违法行为处罚办法》是关于金融机构违反国家有关金融管理的规定应当如何进行行政处罚的规定，与合同效力没有关系，故不能依据该处罚办法的规定确认资金拆借合同无效。VIE 模式是一种典型的商事交易，依附《民商法》特别是《合同法》而立身。以合同自由为代表的意思自治是《民商法》的基石，以诚实信用为代表的权利本位是《民商法》的中心。VIE 模式下各方当事人基于自身利益的考量而达成了控制协议，这是各方在平等基础上自愿协商的结果。放任一方的机会主义违约行径是对合同自由和诚实信用原则的粗暴践踏。最高法院副院长奚晓明曾在 2007 年的一次讲话中，告诫全国民商事审判法官，要谨慎介入当事人自治领域，充分尊重当事人合同自由权利和对公司的自治权利，特别是对市场经济发展过程中出现的薪酬类型合同，"除非符合合同无效的法定情形，不能轻易否定合同效力。要防止滥用自由裁量权，充分尊重自治，保护权利，鼓励交易，维护交易的稳定性，最大限度地增进社会财富。"当然，合同自由并非绝对的自由。"对于因合同自由而引发的恶意竞争、追逐暴利及其所导致的当事人事实上的不平等、滥用权利等负面影响，人民法院应当依据法律规定予以适当的干预"，这种干预的目的是"落实法律规定的诚实信用、公序良俗和公平原则，实现合同自由与合同正义之间的平衡"。可以说，维护合同自由，落实法律规定的诚实信用、公序良俗和公平原则，最大限度地增进社会财富，是为绝大多数 VIE 架构量身定做的法律环境。

（南开大学现代管理研究所　李亚、金梦雨）

参考文献

［1］《在"默认合法"中爆发的法律风险——协议控制—VIE 模式下风险事件及案例述评》，《证券法苑》2013 年。

［2］荣倩：《海外上市中 VIE 架构初探》，《公民与法》2013 年第 7 期。

案例六：阿里医药电商战略

阿里巴巴进军医药健康领域，并购中信 21 世纪后将其改名"阿里健康"。在医药行业变革之际，马云又瞄准了一个新的商机。

一、背景介绍

2014 年 1 月 23 日，阿里巴巴集团宣布，联手云锋基金，对中信集团旗下中信 21 世纪有限公司（香港上市公司，代码：00241）进行总额 1.7 亿美元（约合 10.37 亿元人民币）的战略投资。具体操作为，阿里巴巴联合云锋基金认购中信 21 世纪增发 44.23 亿新股，每股作价 0.3 元，较 21 世纪 1 月 15 日最后交易日收市价每股 0.83 元折让约 63.86%。交易完成后，阿里巴巴和云锋基金将持有中信 21 世纪 54.3% 的股份，成为控股股东，其中阿里巴巴集团持股 38.1%，云锋基金持股 16.2%。此前的大股东中信集团持股量降至 9.92%。

中信 21 世纪公告指出，阿里巴巴入主后，拟继续维持中信 21 世纪现有业务，并利用阿里巴巴及其连属人士的经验及专业知识，将中信 21 世纪的业务多元化。基于阿里巴巴云计算、数据处理及电子商务平台各范畴的经验及所提供的服务，21 世纪拟进一步发展及扩大在内地的药品数据平台以及就医疗及卫生保健产品制定数据标准。当中可能涉及阿里巴巴向中信

21世纪注入若干补充业务，或涉及其他形式之合作。

2014年10月21日，中信21世纪发布公告称，公司正式更名为"阿里健康信息技术有限公司"。公司于10月20日与阿里巴巴集团（Alibaba Group Holding Limited）签订一份特许权协议，公司获准有限使用"Alibaba"及"阿里"的名称，前提为阿里投资有限公司至少持有"阿里健康"30%的股权。

中信21世纪经营涉猎范围很广，核心的资产实际上就是为生产企业、药品行业及消费者提供电子监管类信息服务。旗下运营的中国药品电子监督网，已从2010年开始，为药品监管码提供平台保障。也就是说，这几年中信21世纪在医药健康领域已经积累了大量的数据。药品监管码于中信21世纪独有，任何人无法效仿和模仿。

2008年，为了保证药品在流通环节的质量，国家药监局欲对整个流通过程进行监控，设置了监管码。之后，这一国家级项目，交给了中信21世纪。中信21世纪的监管码数据，自此一直托管在阿里云。但没有中信21世纪的许可，马云无法动用。

目前，监管码普及到了基本药物中，每一盒基本药物都设有监管码，也就是说每个销售的基本药物，整个流通过程的全部数据都掌握在中信21世纪手中。

中信21世纪获取利润的方式，就是在企业上报的数据证书里收费，企业、各流通环节需要不断地上报数据。中信21世纪要向每个数字证书每年收取300元的服务费，全国40多万家药店终端，一年费用下来高达1.2亿，这还不包括向医药流通企业以及医院的收费。

云锋基金创办于2010年，阿里巴巴主席马云是创办人之一，基金于2011年连同其他投资者入股阿里约5%股权。

云锋基金另一创办人虞锋称，中信21世纪旗下平台储有大量医疗药物的数据。而医疗市场发展空间庞大，跟阿里巴巴结合，可以更好处理信息数据，发展线上线下的领域，亦符合传统行业跟互联网结合的大趋势。

阿里巴巴集团表示，如何通过行业信息化保障每一颗药品的安全，是整个行业必须面临的挑战。阿里巴巴集团希望通过运用互联网及大数据，推进药品行业信息化。

医疗互联网，特别是信息化作为中国新医改方案"四梁八柱"目标的"八柱"之一，一直是其他改革的重要技术基础。随着医改的深入和医疗保障体制的健全，构建以电子病历、居民健康档案为基础的区域医疗信息系统，实现医院、医疗机构、行政管理部门之间的信息互联共享亦成为未来发展趋势。中国医疗 IT 占全部 IT 行业的比重约为 2.2%，远低于美国、英国、澳大利亚等国，具备极强的发展潜力。

阿里巴巴一直在围绕消费者打造一个生态体系。医疗健康行业无疑是备受消费者关心的行业，也是该生态体系的重要一环。阿里可以借助投资中信 21 世纪来帮助其在医疗 IT 化领域落地。

另一方面，此次并购可能直接影响中国医药电商格局。2012 年，阿里巴巴旗下天猫推出医药馆，目前包括深圳海王星辰大药房、上海复美大药房、北京金象大药房、杭州九州医药公司等多家具备医药连锁资质的医药企业进驻，多家具备零售药品资质的 B2C 商家包括好药师等知名医药电商品牌也已进驻。由于阿里巴巴没有直销牌照，因此只能通过这个方式进行间接销售。部分市场分析认为，阿里此举或为拿到医药电商的直销牌照。

根据相关报道，中信 21 世纪也是国内首个第三方药品网上零售试点平台 95095 的间接控制者。河北慧眼医药科技有限公司成立于 2013 年 4 月 26 日，法定代表人为陈文欣。公司类型为有限责任公司（自然人独资）。有资料称，其法人陈文欣为中信 21 世纪（中国）科技有限公司法人陈晓颖之弟。目前，中信 21 世纪间接掌控的河北慧眼医药科技有限公司 95095 医药平台，是国家药监局批准的国内首个可开展互联网药品零售（B2C）第三方平台试点，也是第一家持有药品网上交易平台资质（A 证）却转向第三方交易平台的企业。95095 获得 A 证的时间为 2013 年 8 月 28 日，国家药监局（CFDA）批复其试点 B2C 经营绿色通道是在 2013 年 11 月 12 日。整个试点期为 1 年，试点结束后，河北药监局应该将相关试点的总结递交 CFDA，供下一步研究。

中信 21 世纪还是药监局实现药品电子监管的信息技术服务商。这些资源都有助于阿里巴巴名正言顺地开展互联网第三方平台的药品零售。无论是资质上还是资源上，它都具备了处方电子化，线上下单、线下配送的医药电商全产业链布局的能力。

补充信息：阿里投资的菜鸟网络与此次并购的关系。

2013 年 11 月，国家食品药品监管总局出台《关于加强互联网药品管理销售的通知》，要求医药电商必须使用符合规定的药品配送系统，不得委托申通、韵达等第三方快递企业配送。这要求在互联网上经营药品零售的企业，必须具备符合药品配送资质的跨省物流配送系统。这一政策对网络医药电商造成很大冲击。

阿里 2013 年投资的菜鸟网络，正是为了实现阿里系电商的线下全国配送设想而存在。虽然目前它还没有获得国家批准的药品配送资质，但它完全可以视为未来药品配送领域的潜在领军企业。

2013 年 5 月 28 日，菜鸟网络科技有限公司正式成立，落址深圳前海。天猫投资 21.5 亿，占股 43%；银泰通过北京国俊投资有限公司投资 16 亿，占股 32%；富春集团则通过富春物流投资 5 亿，占股 10%；上海复星集团通过上海星泓投资有限公司投资 5 亿，占股 10%；圆通、顺丰、申通、韵达、中通各出资 5 000 万，占股 1%。马云任董事长，银泰集团董事长沈国军任首席执行官。中信银行与菜鸟网络建立了战略合作伙伴关系，将为"中国智能骨干网"的建设提供资金支持。

菜鸟网络计划首期投资人民币 1 000 亿元，希望在 5—8 年的时间，总计投资 3 000 亿元，努力打造遍布全国的开放式、社会化物流基础设施，建立一张能支撑日均 300 亿（年度约 10 万亿）网络零售额的智能骨干网络。目标是"让全中国任何一个地区做到 24 小时内送货必达"。土地和资金是仓储物流建设中至为重要的两个因素，阿里巴巴集团庞大的电商体量，有助于其从地方政府拿地，并进一步获得融资，获得规模效应。据公开资料显示，菜鸟网络公司已经在成都双流拿地 1 000 亩，浙江金华拿地 1 500 亩，天津拿地 1 500 亩。菜鸟网络 CEO 沈国军介绍，目前同时启动的拿地建仓项目已包括北京、天津、广州、武汉、金华、海宁等10 多个城市。

这些基础设施主要包括两部分：一是在全国几百个城市通过"自建＋合作"的方式建设物流层面的仓储设施；二是利用物联网、云计算等技术，建立基于这些仓储设施的数据应用平台，并与电子商务企业、物流公司、仓储企业、第三方物流服务商以及供应链服务商共享。

二、案例解析

从本案例的相关资料分析，阿里巴巴的重点可能是在医药电商的实质性推进，电子监管码则是基础层的支撑。下面的案例分析侧重于医药电商的操作。

目前的医药行业网站主要有 7 类：（1）信息增值服务类；（2）药品招标采购类；（3）自建网上药店（B2C）；（4）网店类（B2C）；（5）第二方B2B 企业的药品销售平台；（6）第三方 B2B 医药产品交易市场；（7）医药B2B2C 药品交易市场（医药批发零售一体化平台）。但是第 1、2 两类只是信息流的汇总平台，并不存在资金流和货流的对接，从商业本质上看不是电子商务。医药电商是指医药产品在线交易，主要指第 3—7 类。

（一）医药电商现状

1. 整体状况

随着互联网的发展，电子商务已经渗入社会生活的方方面面。医药作为一个拥有数千亿元人民币市场规模的领域，电子商务方面却发展得异常缓慢。国内医药 B2C 市场的规模目前只有数十亿元人民币的规模。而据不完全统计，美国 2006 年的医药电子商务规模就达到约 400 亿美元，现在已经到了数千亿美元的规模。

2. 典型企业与模式

在中国医药行业已上线的 B2C 平台上，多以 OTC、保健品、家用医疗器械、药妆、计生等类产品为主。其电商模式主要有：自建 B2C 官网，依托天猫、京东、当当等建立官方旗舰店，借助第三方网上药店的渠道进行销售，官方旗舰店自营并与网上药店合作，直接投资第三方电商交易平台。

医药电商 B2C 目前的发展模式主要有官网模式和第三方平台模式两种。官网派多集中在早期获得证书的企业，典型代表有金象网、百洋健康网、广州康爱多网上药店、广州百济网上药店。第三方平台，特别是天猫医药平台，超过 60% 的网上药店都已经入驻，部分新生的网上药店仅以少数的商品品类即获得了较大的市场销售，网上药店黑马不断涌现。典型代表有广州七乐康网上药店、广州康之家药房网、贵州吉大夫网上药店、杭州九洲网上药店。但多数入驻第三方平台的网上药店竞争方式都以降价为主，因此虽然产生了预期的市场规模，但绝大部分都没有赢利。天猫医药馆是目前网上药店最为重要的第三方平台，为网上药店实现销售总额的提升效果十分明显。当然，也有融合二者优势的均衡派，即第三方平台与官网主站并驾齐驱，均作为战略重点，典型代表有海王星辰网上药店、上海华源网上药店、张家口华佗网上药店、上海嘉定网上药店。

官网派的经营思路是放长线、钓大鱼。利用第三方平台的天猫派则是注重小投入与大产出。还有一些医药电商企业实行两条腿走路，既重视官网，也重视第三方平台。

虽然医药电商领域的 B2C 非常引人关注，典型事件包括天猫医药馆重开、京东与九州通分手、京东医药城上线等。但是，由于传统医药类批发商业企业净利润的不断下降，传统中小医药批发类企业开始积极探索互联网渠道，通过 B2B 电子商务的形式开拓新的线上渠道以寻找新的利润增长点，其中以 B2B 第三方平台形式的医药类电子商务增效显著，增长幅度超过医药类网络零售市场。

相比较医药类的 B2C 而言，B2B 企业要面对的客户是药品零售终端，个人消费者更加专业，市场教育相对容易。医药类 B2C 目前还面临诸多问题，首要的问题即是物流和报销两大问题，因为根据我国《药品管理法》的规定，药品作为关系到人民生命安全的特殊商品，不允许邮购。如果委托第三方配送，其必须通过 GSP 认证，以避免药品在配送中被污染、破损、调换等。物流要求之高无疑会阻碍业务量的释放。同时，随着近年来医保报销目录的药品范围逐年增大，能报销的药品越来越多，虽然按国家药监局新规，"新医改"接受电子支付方式，但短期内 B2C 网上药店要拿到医保定点资质难度还很大。

另一方面，传统医药的流通环节达到 5—6 个甚至更多，诸如药品生产企业、全国总代理、省代理，到区域医药公司和销售终端等。多层流通环节，多级医药代理，逐层加价使得药品价格到达消费者手中往往是出厂价格的好几倍甚至更多。而以医药商业企业为主的第三方平台能够使供应商信息得到有效展示，促成精准营销，还能为药店、卫生院、诊所等销售终端节省较多成本。

（二）阿里的医药电商思路

1. 阿里切入角度

目前，中信 21 世纪间接掌控的河北慧眼医药科技有限公司 95095 医药平台，是国家药监局批准的国内首个可开展互联网药品零售（B2C）第三方平台试点，也是第一家持有药品网上交易平台资质（A 证）却转向第三方交易平台的企业。中信 21 世纪还是药监局实现药品电子监管的信息技术服务商。

这些资源都有助于阿里巴巴名正言顺地开展互联网第三方平台的药品零售，无论是资质上还是资源上，具备了处方电子化，线上下单、线下配送的医药电商全链路布局的能力。

2013 年天猫医药馆的销售额达到 20 亿元，按照 3 个点分成计算，流水利润大约 5 000 万元左右，加上广告收入大约 8 000 万元左右。但阿里对天猫医药馆还寄予更多希望。

从模式上看，天猫医药馆最初的设想是品牌店。但药品是个特殊的领域，加上政府对网上售药资格的管制，出现了目前的天猫模式，形成 70 多家店和几千个保健品、药品在线上比价销售。

天猫医药馆涵盖了中西药品、医疗器械、医药保健等品种，目前已发展成为天猫重要的品牌。马应龙、广州药业、云南白药、同仁堂、东阿阿胶、九芝堂、上海医药、吉林敖东、太极集团等数十家上市药企的产品均可在网上实现购销。

2. 竞争对手角度

依据国家大健康产业规划，未来的医药领域市场份额达 8 万亿元人民币。2013 年 OTC 渠道中的交易额已经达到 2 000 多亿元人民币，这一数字还未包括保健品。目前，在药品流通领域，门店的竞争已经趋于白热化，线上竞争正在成为制药厂商、大型连锁药店竞争的一个新热点。医药电商的未来发展趋势看好，竞争也激烈。

从阿里角度看，竞争对手在医药电商领域加速发展，这是促成此并购的重要原因。目前中国最大的医药第三方线上交易平台只有天猫医药馆、京东医药城。天猫医药馆于 2011 年正式上线，比价竞争较为激烈。京东是希望大家去比拼服务，不要去比价格，因为好的产品是有成本的，单纯价格竞争势必影响用户体验。京东为了增加竞争成功的胜算，暗中开始争取处方药试点。2013 年 9 月份，国家发改委召集天猫、京东、河北慧眼医药科技等医药电商平台，希望大家提出处方药网上销售的方案。此次会议后，多家电商都拿出了自己的方案。其中京东选取的医院处方药捆绑网上销售的方式初步得到发改委人士的认可。京东在这方面的迅速推进，导致阿里迅速实现中信对 21 世纪的并购。

三、思考与启示

目前线下连锁零售遭遇不少重大难题，步履维艰，因而电子商务被提交到各医药零售公司老板的决策日程。但医药电商本身也存在诸多操作难点，使得很难出现真正能对线下门店造成冲击的商业模式与品牌，在线上消费者中的影响力也没有真正地建立起来。

（一）医药电商的操作难点

1. 监管严格，政策风险高

药品是标准化程度非常高的产品，原本应该非常适合电子商务。但由于它的特殊性，各国监管都十分严格。按照 2013 年新版 GSP 要求药品物流必须信息化、禁止厂家直销产品以规避逃税漏税行为，药监局 10 月接连发文禁止网上销售处方药或含麻黄碱类的非处方药。处方药在全部药品市场中所占的比例高达 80%，处方药创造的利润所占的比例更大。医药电商要么放弃这一市场，要么走灰色地带的"擦边球"，政策风险很高。

2. 物流要求有药品配送资质

由于医药产品的物流对时效性、温度、湿度等有较高要求，而国内第三方物流又不成熟，运输过程中的药品安全质量存在一定风险。国家相继发布《互联网药品信息服务管理办法》、《互联网药品交易服务审批暂行规定》及《关于加强互联网药品销售管理的通知》，明确并强化规定网上药店需要自行建立配送网络。消费者对药品送达的时效性要求极高，尤其是在新版 GSP 标准发布后，这更加提高了医药电商的门槛。目前，国家批准的有药品配送资质的全部是一些有配送能力的医药批发企业，尚无一家医药电商和快递企业获得此资质。在国家监管力度加强以及监管力量充备的情况下，医药电商租用第三方物流的擦边球做法势必难以维持。

3. 医保上线尚不可行

医药电商和医保支付尚未接通。2013 年中国药品消费约为 9 000 亿元人民币，其中 4 000 亿元是医保，还有 5 000 亿元的自费市场。中国传统药店 2 400 亿元，大约 25% 是医保支付，还有 1 800 亿元的自费市场。医药电商的产品线定位于医药及健康产业，不仅包括药品，还包括家用医疗器械、营养保健品、食品、日用品、药材类、化妆品等，市场规模至少 2 万亿元。但是，就目前而言，最可靠的市场还是医保市场。而诸多医药电商中尚无一家解决网上医保支付问题，从而使这一市场完全流失。

4. 难以取得客户信任

这里的客户既包括个人客户也包括企业客户。个人消费者有获得药品选购指导方面的需求，医药电商很难真正满足，即使网上的执业药师也很难获得个人客户信任。另外，大型连锁药店往往有完整的采购体系，有自己的电子化软件，通常不会通过医药交易网站进行采购。

（二）医药电商的操作要点

1. 战略定位

作为传统的医药零售、批发或生产企业，在从事医药电商业务时，第一个操作要点是战略定位。战略定位主要包括客户定位、模式定位和产品定位。（1）客户定位。线上客户与线下客户可能差异很大。比如同样是感冒药，门店顾客跟网络顾客的需求可能是完全不同，一个可能是迫切需求，一个可能是家庭储备需求，其零售行为也必然是不同的。目前来看，网上药店的客户主要有两类，一类是家庭药品储备型客户，第二类是为了寻求价格差异，追求药品低价的客户。（2）模式定位。目前可供选择的医药电商模式主要有 5 种，即自营 B2B、第三方 B2B、自营 B2C、第三方 B2C、自营 B2B2C（即 B2B、B2C 兼而有之的综合性平台）。除了选择一种模式之外，也可以考虑不同模式之间的组合。例如，主要从事自营 B2C，同时还在第三方 B2C 上做适当推广。（3）产品定位。作为传统企业，不要试图迅速将全面药品上线销售，而应该有选择地有步骤地上线。立足于某个细分领域，做大，做强，先小富即安，再逐步扩展品类，进而占据行业龙头，是众多传统企业的理性选择。有相当一部分医药企业选择地区性的边缘品类作为电商起步。在这方面，七乐康立足于计生用品、嘉定大药房立足于隐形眼镜都是非常好的个案。

2.营销型网站的设计

总的原则是网站的设计要能提升客户的体验，便于消费者从网站上购买药品。例如，活动页面及商品展示要以吸引人的销售文案与图片为主。设计还要考虑线上线下的相互配合问题。例如，需要紧密控制线上售前与售后的细节，构建相对完善与有效的线上、线下客服团队（例如线下的400电话）培训机制。

3.进行有效的网络推广宣传（包括收费推广和免费推广）

从推广的手段来分，网站推广可分为搜索引擎推广、网络广告、网络联盟、微博营销、病毒营销、论坛营销和邮件营销等。对于自营网站，通过网络推广宣传获取客户流量几乎是唯一的选择。对于那些借助第三方平台进行医药网络销售的企业，适当的推广宣传尤其是在第三方平台上的推广宣传也是必不可少的。根据相关数据，购买药品的网络用户大多是经济发达地区的具有较高文化水准和职业层次的中高等收入阶层中的中青年。根据网络用户的这些特点，就可以有针对性地进行网络推广，力争实现网络覆盖域与目标消费者分布相吻合。

4.运营机制

建议将电子商务业务从集团内部分离出来，独立结算，自负盈亏，给予管理层充分的信任，并尽可能地提高其预算。传统企业在涉足电子商务领域时，最好的办法是请专业的人做专业的事。因为需要有人能娴熟地通过聊天工具与客户交流和沟通。另外，公司领导不宜过多干预电子商务部门的运营，尤其是在细节上。

在网站的运营方面，如果企业是借助于第三方平台进行网络药品销售，需要注意的是：第三方平台只是企业的网络渠道之一。医药企业要力争控制渠道，而不是被渠道控制，并以此获得短期销售的增长，为自建平台创造供血能力。

5. 适度结合无线互联网

智能手机的快速发展让医药电商开始尝试移动互联网，目前腾讯微信上就有诸多医药销售账号。医药电商会让消费者在手机上下载相应的无线客户端，通过客户端选择或搜索所需要购买的药品，实现在线支付。但相比网上药店，"手机购药"的人群更加分散，手机受限于屏幕展示和访问速度，一些网站常见的宣传形式难以表现，虽然每天访问量很高，但用户转化率相比网上药店要差很多。从未来趋势看，医药电商仍需加大对无线互联网的投入。

6. 风险控制

医药企业从事电子商务，前期成本相对较大，相当于开设 10 家或者 20 家门店的成本（300 万—600 万元人民币），加之互联网人员的待遇也比较高，医药电商在前期往往会有一段时间的亏损期（半年至一年）。但这只是开始，后续的市场投入、运营费用需要持续投资，而其业绩考核期往往需要 3 年才能真正作出判断。所以，设置止损点进行有效的风险控制是关键。

（南开大学现代管理研究所　李亚）

参考文献

[1] 张洁：《国内外医药电子商务发展现状》，《天下网商》2012 年 3 月 20 日。

[2] 王蔚佳：《互联网大佬争购医药电商》，《第一财经日报》2014 年 2 月 25 日。

[3] 曾灿：《九州通医疗电商业务开始赢利》，《证券时报》2013 年 5 月 27 日。

[4] 李雪峰：《线上销售渐风行医药微利迎变局》，《证券时报》2013 年 7 月 30 日。

［5］赵兵辉：《医药电商爆发式增长暗藏隐忧》，《南方日报》2013 年 1 月 29 日。

［6］王蔚佳：《医药电商上演"三国杀"》，《第一财经日报》2012 年 9 月 11 日。

［7］柏煜：《为医药电商把把脉》，《21 世纪药店》2013 年 8 月 30 日。

［8］温钶：《马云的"医疗帝国梦"起航》，《经济观察报》2014 年 2 月 15 日。

［9］张勇：《医药电商的三大派系》，《中国连锁药店》2012 年 8 月 10 日。

［10］周尚、尚悦、张炯：《基于互联网药品零售的优势与问题分析》，《中国药事》2012 年第 3 期。

［11］周玉涛：《医药电商 2014 猜想》，《中国药店》2014 年 1 月 24 日。

［12］扈邑：《京东"领证"前景乐观医药电商盛宴或真正开启》，《IT 时代周刊》2014 年第 1 期。

［13］何心悦：《医药电子商务课程案例研究》，《经营管理者》2014 年第 1 期。

［14］龙萌萌：《浅析我国医药电子商务的应用现状、制约因素及推进措施》，《商情》2014 年第 3 期。

案例七：新浪微博上市之后的业务创新

一、背景介绍

新浪微博（以下简称"微博"）是由新浪网推出的提供微型博客服务类的一个社交网站，用户可以通过网页、WAP 页面、手机客户端、手机短信、彩信发布消息或上传图片。功能有发布、转发、关注、评论、搜索、私信等；产品特点有发布信息每条不能超过 140 个字符、快速实现裂变传播、实时搜索、实时分享等。

2014 年 3 月 15 日，微博正式向美国证券交易委员会提交上市申请文件，计划融资 5 亿美元。招股书显示微博的机构股东中，新浪集团持 1.4 亿股，占比 77.6%；阿里巴巴持 3 489 万股，占比 19.3%；名称为"Weibo Corporation"，去掉母公司"新浪"标注。2014 年 3 月 17 日晚 9 点半，微博正式登陆纳斯达克，发行价格 17 美元，当天售出 1 680 万股，市值约为 34 亿美元。截至 2014 年底微博当前拥有超过 5 亿注册用户、超过 100 万认证用户，其中认证企业超过 40 万。整个 2014 年，微博的月活跃用户净增 4 700 万，创下微博自 2009 年诞生之后的最高纪录；而月活跃用户达到了 1.76 亿，日活跃用户达到了 8 100 万，其中月活跃用户移动端比例达到 80%；每天产生超过 1 亿条信息，微博移动端访问占比 70% 以上。2015 年第一季度从微博的收入结构来看，广告和营销收入 7 920 万美元，而微博增值服务营收收入1 710万美元，同比增长就只有9%。

二、案例解析

上市之后微博选择社交游戏和生活服务领域发力，打通支付体系和点评服务体系，拓展更多线下服务功能，构建出微博的生态圈。微博作为社交产品，其商业化与用户增长就是一把剑的双刃，商业化取得成绩，有可能会损害到用户体验，影响到用户的活跃度与增速，反之亦然。因此下文从市场、业务和商业模式这3个方面进行分析。

（一）微博的市场分析

1. 微博将市场细分下沉到二三线城市

由阿里巴巴、百度、京东等公司纷纷下乡刷墙表明，低线城市对互联网行业的重要性已经不言而喻。目前，微博在三线市场的渗透率还不到一线城市的1/3，也只有二线城市渗透率的约一半。二三线市场用户的社交需求基本已经被QQ和微信满足，在腾讯放弃微博业务之前，这些城市的用户大部分也是在使用腾讯微博。基于开心网和人人网没能充分下沉到低线城市后继乏力的前车之鉴，微博加强了对本地大号的扶持力度。比如与电视台的台网联动，2014年与全国20多家卫视、超过100档电视节目展开合作；拓展渠道如同手机厂商的合作更加顺畅，降低了用户获取的成本。微博正在和分众在线下展开一系列合作。分众在全国线下的8万块屏里布一个设备感知到它周边的微博用户，大概每天触达两三千万用户，然后这些用户看到分众屏幕的广告的时候会收到微博提示，可以领取商家的红包等。

目前来自二三线城市的微博用户比例已经超过一线城市，其使用移动互联网的习惯不像一线城市那样分散，他们更愿意用一个APP实现尽可能多的功能，微博恰恰是一个平台级的应用。基于这种"地利"，微博有意识

地在二三线城市和低线城市进行了重点推广，并派出团队支持其活动，如
微博曾专门派出两支团队，在四川宜宾与江西九江这两个微博用户占比较
低的三线城市待了半年；尤其是在三四线城市拥有众多用户的腾讯微博退
出以后，这部分市场基本上就变成纯增量市场，微博通过台网联动之类的
合作在这些城市既获取了新用户，也激活了部分老用户。2015 年春节红包
在低线城市也起到了很好的刺激作用，据称参与用户有 7 000 万，而且除
夕和元宵节两天日活跃用户都过了亿。

2. 微博将市场扩展到国际市场

与 Twitter 大开大合的国际化风格不同，微博对疆域的拓展一直慎之
又慎。其中固然有着成本的因素，但是最关键的，还是微博"不够标准"，
这是一个完全基于中国用户需求被创造并不断优化的产品，连"热门话
题"都需要专门的团队保持运营，若是贸然推至国际市场，与社交标准的
开创者（Twitter、Facebook 等）相比，只是一个评论功能，可能都需要
微博支付极大的说服教育成本。虽然 Web 2.0 在中美两国的爆发时间相近
无几，但是其背后的信息平权倾向却差异巨大：在美国，即使 Facebook、
Twitter 等流行社交网络先后崛起，但是 Blogspot、Wordpress 等博客服务
却依然火热，不同功能的网络产品之间虽有用户流动，却不是彼此替代的
关系；但是中国的情况则全然不同，微博成长起来之后，几乎是将博客完
全掏空，用户对于统一的平台的迷恋，使得整个信息生态的新陈代谢尤为
迅速。

微博在上市后启动国际化战略，针对国际市场推出标准版的微博，以
更为简约、独立的规则运作。相比国内的其他互联网公司，微博的国际化
几乎可以忽略不计。在用户增长乏力的现在，"走出去"已经是提高用户规
模的很重要的方式，但产品无法标准化，是过去紧紧依靠国内市场的微博
面临的一个问题。

（二）微博的业务整合

1. 首先进行垂直领域的细分

微博成为不同垂直领域最大的社交平台，对各个垂直领域进行纵向切分，并且试图引导用户的关系链进行精细化管理。明星是微博垂直化战略的重要驱动力，比如音乐方面周杰伦新歌单曲播放量突破 120 万。另一驱动力是兴趣。以兴趣为维度来切分，包括像电影点评、音乐、明星的粉丝俱乐部、微博群组、自媒体等一些新产品，这些垂直新产品的推出，有商业化的目的但更主要的是为了激活用户的兴趣链，给用户提供除了刷信息流之外新的互动场景。用户关注的对象里专业 V 和蓝 V 的比例都达到15%。微博的优势在于延揽了数量众多的专业作者，也通过广告分成、打赏和付费订阅等产品鼓励专业作者，并推出粉丝群等产品，制造了更多的兴趣场景。

在垂直化布局方面，降低这一网络上的信息发现成本，而未来将要做的则是对这一网络中的那些垂直领域进行渗透，寻求比广告更好的商业化方向。微博相连接的不仅仅是生产内容的人，还有那些被生产的内容本身。2014 年，微博就为它们建立了大量独立的页面，仅音乐领域就有 600 万个，借此让人、组织、物、兴趣之间的网络变得更加密集和稳定。以音乐人为例，微博突出了其歌曲"播放"这一核心功能，同时提供付费下载、演唱会门票等功能模块。

2. 其次进军生活领域的闭环服务

目前微博在生活服务领域的布局，一是基于兴趣领域来延伸的高频应用；二是为专业用户提供平台，比如爱问医生的付费咨询业务、股票领域的付费订阅；三是基于政务微博的公共服务功能，比如在微博交水电费、查询违章信息等都会带来更高的用户黏性。微博加大从信息消费到服务消费的投入，显然是进一步强化服务功能的信号。开通微博支付，由微博和支付宝联合推出的移动支付产品基于支付宝底层服务能力和微博社会化属性的关系型支付。2014 年打车软件市场的烧钱大战，既是巨头们在移动支付市场的争夺，也反映他们进入生活服务领域的迫切心态。因为无论是资讯还是即时通讯，虽然都是高频应用，但在商业化上却很难有大的突破。虽然不如微信拥有大众点评，但微博、高德地图都同属阿里系，未来在移动生活服务上可以合作的点也非常多。

微博就与支付宝展开战略合作，打通微博营销最后一公里，打造微博社交商务闭环。微博个人和企业账号都具备收款和交易的能力，通过现金活动，将培养用户微博支付习惯，实现微博用户账户和银行卡及支付账户的绑定。不仅低成本获取支付用户，并且通过社交化的病毒传播，实现几何倍增的传播扩散。

（三）微博商业模式分析

1. 广告迎来红利，马太效应初显

财报数据显示：2015Q1 微博总营收达到了 9 630 万美元，其中广告营收达到 7 920 万美元，同比增长 53%，移动端广告的比例达到了 58%，这得益于微博信息流广告一年中快速的增长。从此财报中广告营收良好的增长态势来看，微博在享受这一市场红利的同时，也开始在自己的平台上悄然孕育出马太效应的种子。一款社交广告产品能够最大化微博平台基因的"创造力"，其广告价值将不言而喻。微博升级信息流广告体系的策略思路：即将粉丝通、粉丝头条、微博精选、品牌速递等广告产品面向品牌企业、中小企业及个人用户全面开放，广告形式可以满足个人以及企业客户从博文、应用、账号到商品、活动、视频等不同场景的投放需求，帮助客户进行口碑传播，并保证用户体验以及广告投放效果。而最新抛出的"Big Day"则是支持基于 UID 精准投放触达，并通过大数据洞察消费者的最新需求形成裂变式的社交口碑传播。主要满足客户新品首发、重大促销、限时抢购、重大联合推广、明星代言等需求，可以帮助客户迅速引爆品牌话题，创造品牌新闻事件。其"Big Day"计划弥补了微博相关广告产品的短板，以伊利优酸乳为例，2014 年在微博上同步首发周杰伦为伊利优酸乳定制的新歌《手写的从前》，通过微博为伊利定制的社交音乐营销 Big Day 方案，最终活动相关话题阅读量超过 1 亿。

移动端广告主要是信息流广告和头部广告，其中头部广告多数时间引导去了游戏，这意味着微博内部已经战略性地将信息流广告和手游作为移动端营收的两个核心。在国际市场，这一广告形式正在被各社交平台广泛地应用和研究，包括 Pinterest、Facebook、Twitter 等都先后推出了信息流广告模式。首先，国内移动互联网用户规模的激增，用户使用习惯使然；其次，国内广告主们也在经历广告投放认知的转型，而且这种转型已经形成趋势，传统的搜索广告和门户广告不再是移动互联网时代唯一的选择，越发开始注重在社交网站平台投放的高效和高回报。在为广告主带来更好投放形式的同时，微博也同样重视广告不对用户造成过度骚扰，在默认展示期间，微博提供跳出按钮，允许用户随时手动点击"跳过"，在强曝光的同时能够尽量保持良好的用户体验。随着广告体系的不断完善，微博将为不同类型的广告主打造更加丰富的投放选择，全面提升社会化营销的效果。这需要对广告模式和链条进行更多的探索和创新，毕竟移动社交广告只是刚刚开始，而且与电脑端的差异性很大。

对于微博来说目前的成绩仅仅是开始，微博高层们要看到的是微博移动端广告比例达到了总广告营收的 58%，而 Facebook 占比则超过 73%，大部分来自于信息流广告，况且 Facebook 的体量和营收基数可是现阶段微博无法比拟的。原生广告类目，像 Facebook 和 Twitter 的信息流广告是比较原生的。如果你去看 Facebook 广告的话，其实客户里面推的是以落地到客户的官微为主的，然后在官微里边再做后续的营销。但是微博的体量还很小，一年信息流广告 2014 年做了不到 10 个亿，其实微博暂时还没有让品牌客户接受不出大图广告，出像微博原生一样小图或者文字的广告，市场培育还需要时间。再者，随着 2014 年微信宣布进入信息流广告市场，无疑扩大了整个信息流广告市场的体量，这个规模市场普遍认为要超过 150 亿元，所以说微博信息流广告还有更广阔的市场需要抢占，而且将面对新闻客户端甚至陌陌这样后进者更激烈的竞争。

2. 微博产品内容的优化

"基于微博支付的社交商务闭环"是基于微博打造的"导流＋支付＋服务及二次营销"。企业主可以通过微博获取用户，通过"微博支付"可以直接通过微博完成购买，而通过"为服务"等工具（包括粉丝服务平台、轻应用服务框架、商业数据、广告 API 等），有针对性地进行粉丝营销。作为国内最大的社交营销平台，支付用户的规模和活跃意味着营销效果更容易达成，这将使用户的社交资产更容易变现。微博商业平台的开放意味着任何一个微博账号都有三类工具可用：支付——以支付宝为依托的微博支付工具；服务——以粉丝服务平台为依托的点对点 / 点对群的服务工具；推广——以粉丝头条和粉丝通为依托的高效传播工具。连在一起使用就是："推广—交易—服务"营销闭环。现阶段的中国社交营销仍处于普及阶段，扩大在微博进行营销的企业规模的优先级和重要性才是关键。微博的市场空间仍旧很大，天花板还有很高，微博商业化生态价值处于再发现的进程中，因此其正式面向"企业微博"用户推出了营销中心，而营销中心的第一个模块就是以付费微博营销为主打的"微任务"（仅公司微博可见）。微博将进一步发挥社交媒体和关系属性优势，做好用户平台、接入环境和闭环体系，与客户及第三方共赢，不挤压第三方生存空间，尊重商业社会多元化、多业态本质，尊重合作伙伴本身的业务逻辑和流程体验，确保生态的健康和平衡。

在产品上，微博对常温的发布和阅读进行了优化，支持自媒体将博客、知乎等平台上的内容以长微博的形式直接同步到微博上。另外微博还和360、UC 等流量平台进行合作，增加自媒体的曝光率，并且将这些流量引至自媒体的个人页面。在自媒体的商业化上，微博提供了广告分成、话题合作和商品售卖 3 种形式。微博的入局，自然有利于内容生产者扩展又一条收入渠道，但是从产品运营到商业运营的跨越，这也是对微博的压力测试。据微博公布的数据，微博上聚集有各个行业的"专家"用户，仅医疗健康领域就有超过 1.7 万认证用户，科技互联网领域的自媒体账号多达 8.1 万个，平均每个账号的年阅读数达到 913 万，其中 10.7% 的顶尖用户年阅读数过亿。据微博承诺，自媒体的广告不会出现在用户的信息流里面，而是出现在微博正文与互动区之间。在广告分成上，自媒体可以主动选择广告领域，也可以选择拒绝接入广告。"微博自媒体"的申请机制，有一点比较特别，即 500 万粉丝以上的微博用户无法加入。照理来说，如果按照"微博自媒体"分成方式中的原创微博阅读量、微博 / 文章正文页内广告曝光等指标，粉丝数量一定与收入成正比，但是以微博"压大 V、扶中 V"的策略，精于垂直领域的自媒体才是变现的关键。微博与手握百度联盟 50 万广告资源的百度百家不同，不具备以单价付费的零散型营销条件（广告主规模需要达到一定规模），唯有以自媒体为执行端拆解品牌营销需求，才有机会创造变现增量。

微博将更多的优质内容生产者聚集在自己的商业体系之中。为了更好地黏住微博用户，在内容型产品和垂直领域，微博将增强对用户信息生产领域的投资。在微博平台上最有效率的是信息传播，其次是信息消费。当信息生产微博在文字、图片、视频方面积累了一定的优势，并持续扩大这些优势，微博有望成为获取所有公开信息的一种方式。相比于严格意义上的社交产品，微博媒体化的倾向本身有让用户信息过载的风险。用户对微博的需求和期待正在扩大，大家不再是上微博关注某位明星、大 V，而是根据自己的兴趣获取更多差异化的内容。但问题是，简单的关注操作带来的是用户轻易地就关注了成百上千个大中小 V 和朋友，用户发现和获取所需内容的成本大大提高。微博因而从功能上突出他们的重要性，并在商业模式上激励他们创作。例如打赏业务，微博自媒体一个季度获得近 350 万元分成收入。微博在上市之后，公关需求不减反增。虽然，说自媒体的评论能够极大地影响上市公司的股价，固然有些夸张，但为自媒体搭建舞台，也是维护市场关系的一种手段。将过去热门微博等功能进行了整合，打出

"发现"频道，聚合优质内容，并提供打赏、付费订阅、广告分成等功能。微博新上线了官方的涨粉工具，提振了不太好看的 VAS 收入。这说明在媒体属性之外，上线微博游戏中心和社交游戏平台，在自主开发的同时，还为其他游戏厂商提供社交游戏分发服务。

微博与移动互联网的结合。此前连续 3 个季度，微博月活跃用户中来自移动端的比例一直保持在 80% 左右，到 2015 年第一季度则实现突破，提升至 86%，超过了 Twitter，与 Facebook 基本持平。移动端用户规模的增长，得益于用户向移动端迁移速度的加快，这已成大趋势。微博在移动端为用户提供的新体验也是形成了推动力，对垂直领域的加强布局，其目的之一就是为了拓宽移动端的使用场景。4 500 万微博用户支付功能的开通，也主要是基于移动端使用场景。一季度推出"微博运动"，成为首批支持 apple watch 的应用，也是移动端使用场景。移动互联网蓬勃发展之势席卷全球，几乎每个互联网企都爱讲自己在移动端的发展情况，这也是市场爱听的故事。仅就三大社交媒体而言，移动端的用户均已超过桌面端，微博、Twitter、Facebook 来自移动端的 MAU 分别占 70%、76%、73%。不过，来自移动端的创收则差别较大，3 个公司的移动端收入分别占各自全年营收的 22%、75%、45%，微博自移动端创收的能力还有很大的提升空间。面对移动互联网带来的这种改变，微博需要去思考的是，该用什么产品、什么功能去解决用户需求，去抢夺用户增量和用户新增上网时长。

微博上市后的商业化探索中逐步理清了发展的思路。从商业产品体系到营销工具，跑熟作为社会化平台的赢利之路，连续 2 个季度的赢利就是最好的佐证。

三、思考与启示

通过微博对外公开的资料上看，未来各类型品牌和服务将陆续接入微博支付和社交商务体系，普通微博用户可获得更丰富的选择，如浏览新闻、买票、订餐、缴费、订酒店等。微博会融入更多的用户生活场景。而对企业商户而言，通过微博发布品牌信息，打造品牌，也可直接销售商品，为粉丝提供完善服务。微博更重要的工作是采取措施使第一季度进来的用户能保持较高的留存度。对微博来讲，增长用户规模是排在第一位的，增长用户活跃度是排在第二位的，收入增长是排在第三位。

（一）微博产品价值传递的互动意义

价值表现为产品和服务之间的流通和传递。首先，传播价值。微博成为中国最重要的信息平台，媒体通过微博发布和获取信息，公众通过微博获取和分享信息，改变了传播生态与信息传递模式。微博成为中国网民的"公共议事厅"。政务微博的价值转变使服务落到实地。其次，它又是公共事件引爆和发酵的平台，在网友讨论的过程中挖掘事实真相和推动事件解决。微博开放式的传播链条有利于信息自净，在重大突发事件中对稳定社会情绪、引导舆论方向有积极作用。第三，从企业营销行为分析，微博营销闭环不断被跑通，从单纯营销到营销＋服务。上市证明了微博的独特价值，也巩固了它在社交媒体的地位。因其核心逻辑是通过制造社会热点话题，吸引"社会人"广泛参与，从而产生新、奇、特的内容延展，推动内容的再生产和再扩散，这让内容实现了多个层级的分发。因此，企业无论是衡量整体的数字营销，还是社会化营销，都会自觉不自觉地关注该话题是否冲上了微博话题榜。

能够参与其中的或许还只是金字塔尖的那极少数用户。在整个平台达到成熟期之后，新的内容生产者如何获得更多的关注和更快的增长无疑是摆在他们以及微博面前的难题。当然，很多人似乎并不愿意直面这样的难题，而是选择了那些更新、更容易成名的平台，比如微信公众号、今日头条等。但是，微博为传统媒体提供传播和经营的新形态，《人民日报》、央视等传统媒体通过微博实现了新闻传播形态和经营的多元化，成为传统媒体拥抱社交网络的典型。从服务价值看，在装上微博支付这个动力强劲的引擎后，其未来不是生态，而是生活。

（二）微博与竞争者的博弈

微博与腾讯微信之间的微妙关系，恰和 Twitter 与 Facebook 相同：一为社交媒体形态，着力于公众信息的整合与分发；一为社交网络形态，专注于用户关系的维系和管理。前者既为媒体，就无法脱离"媒体依靠广告为生"的逻辑，社交平台的作用，是为了不断细分网页层级和受众类型，将广告投放中不够精准的部分压缩到极致；后者既为网络，则注定是"先搭生态、后挖价值"，广告只是旱涝保收的路径而非目的，从 Facebook 以罕见高价收购赚钱能力并无亮点的 Whatspp 一案便可看出，社交网络的高估值在于它接管用户生活的可能性。一些用户同时玩微博与微信，尽管这两者功能有一定重合性。但两者性质存在区别，一个强调公众传播，而另一个则强调私人交流。因此，这两者用户都有需求，微博更像一种社会媒体工具，而微信更似一个私人娱乐平台。微博更公众化，而微信更加个性化。国内信息流广告日趋火热，在机会面前，腾讯和微博为代表的社交网站们都开始全力挖掘信息流广告的价值。腾讯近日对广告部门进行架构调整，成立社交与效果广告部，将公司所有社交广告业务都统一至该部门。而对于用户而言，公众网络与私人网络代表着两种不同身份。既希望在公众网络中与公众人物有交流并在公众网络留有自身的足迹，同时也期望有自身的私密空间，并与熟悉的朋友分享。

尽管用户使用社交产品的时间是一定的，但这并不说明微博和微信就是天敌。微信会分流微博用户，但实际上，对微博用户分流最大的是视频类和游戏类产品，尤其是在晚上睡觉前的那段时间。移动互联网时代的两个事实：第一，PC 用户有 5 亿—6 亿，然而移动互联网的用户将可能达到10 亿；第二，用户上网的时长在翻番增长，从原来的每天 2 小时变成每天4 小时、8 小时。从商业化进程来分析，目前微博处于产品稳定期内，现有存留用户基本属于深度用户，已经接受了微博基于信息流的商业化广告，对于在信息流中直接售卖产品认可度更高。而反观微信，目前还处于高速发展期，因担心用户流失并未急于商业化变现，所以它才会不断推出各种限制营销的措施，从这一角度来说微博的社交电商推进或许会更快一些。基于社交关系链做游戏分发和联运，微信游戏的大获成功已经足以证明其可行性。但相比起微信的双向强关系链，微博的单向弱关系链是否具备相同的能力仍有待证明。简单来说，微信上游戏排名都是我的微信好友，而微博上的排名还包括很多明星、大 V，很难形成互动。比如商业化的问题、营销号的问题、监管问题等，这些终归还是来了，用户意识到两种产品的优劣点所在，意识到微博不能替代微信，微信也不能替代微博。

（三）微博的商业化探索

微博与生俱来的 DNA 中就是社交化、移动化、生活化的平台，每天汇集巨大的人流、信息流、商流。

1. 微博的媒体之路

由于微博具有媒体属性，但又具有非正式的属性，成为很多公司"试水"、"放消息"的阵地。新浪的媒体基因太重，媒体普遍的营收是广告，这也使得新浪目前是四大门户中依然还是以广告为主要收入来源的一家。

一类是突发性事件。微博作为一个开放性平台可以迅速了解到一线最新的消息，比如云南地震事件。另外一类则是企业会借助微博这样的平台来发出非正式的声音。比如近期阿里巴巴公关总监颜乔选择在微博上公布跟 IT 时代周刊和自媒体人的事件，以及连腾讯都选择在微博上注册账号。微博已经成为一个企业、机构选择发出声音的阵地。许多公司、政府机构选择利用微博这个平台来发布消息、了解民意。但是微博只适合发布消息，而用户对新闻的追求不仅仅局限于消息和短文解读，还希望更加权威甚至深度的解读的时候，就转到别的阵地了。这种体验非常类似百度"中间页"策略，用户的需求反馈越迅速，用户跑得越快，因此需要中间页来留用户待更久的时间。而这个问题，不仅仅困扰着微博一家，远在海外的 Twitter

也备受煎熬。类似于过去的搜索引擎，Twitter 最大的价值在于入口价值，以及用户的数据价值，通过这个入口价值呈现广告。而广告作为媒体的商业模式发展有限也是行业内的普遍共识。广告毕竟有顶板，因此我们看到 Twitter 最近收购了众多的数据分析公司，开始挖掘数据上的价值，但依然前途艰难。如今，微博的存在感或许只有当敏感大事件发生的时候才会被广泛注意，如文章事件、柯震东事件等。

2. 微博的社会化电商之路

微博的媒体属性还被广泛用在产品营销上，新增近百名粉丝都是营销账号，宣传各减肥瘦身以及服饰类产品。"僵尸粉"、"营销粉"的横行是新浪用户恶劣体验的主因之一。据财报显示，微博为淘宝导流获得了不少收入，但是如果这种收入是以牺牲用户体验和用户生态来作为代价的话，无疑是饮鸩止渴的行为。现在微博开始为用户提供更有趣及精准的广告和服务。微博在实现多元商业化的同时继续投资和创新产品，着力于自身优势和资源，发展增值服务等方面的收入在 2014 年第四季度的财报上有所体现。

微博积累了巨大的数据，将每个 ID 的社交图谱勾勒清楚与阿里巴巴融合，将用户的社交与兴趣信息和淘宝、支付宝打通，将会是一座巨大的金矿，也能从侧面对微信以及腾讯进行冲击。微博补充管理团队，引入许良杰等在产品和技术方面具有优势的高端人才，并弥补过去的重运营轻产品的短板，加快微博的产品和技术创新，以及非广告业务的商业化发展。在新浪的优势资源上拼爹，出让 18% 股份引入阿里巴巴 5.86 亿美元投资，不仅仅获取为期 3 年总价值为 3.8 亿美元的广告订单，还打通了与淘宝支付宝的社会化电商的通路，这对一个社交媒体是有非常大的正向刺激的。对于这款全新社交广告产品，公开性更强、裂变式传播，可谓是微博与目前其他社交网站最大的差异优势。做电商平台涉及用户、商家、产品、支付几大要素。微博电商的优势是背靠阿里这棵大树，打通了支付环节，还有天猫平台上商家跟微博的企业商户存在较高的重合度，产品也可以直接导入，降低了商家做微博电商的难度。

微博构筑可持续的生态体系，发展企业的核心竞争力，社交平台是其最大的流量入口，也是其核心所在。微博丰富的社会化内容的分享让其拥有源源不断的用户进入的基础，而营销广告既是其获利的通路，也是在微博整个生态系统中的内容制造与二次传播的渠道。品牌主热门话题的冲榜，不仅为品牌带来实效，也为微博扩充更大的影响力。

（南开大学现代管理研究所 李亚、张晓璇）

参考文献

［1］黑豆：《微博为何还要坚守红包阵地》，36氪2015年3月。

［2］估股网：《金矿还是陷阱看微博的未来》，虎嗅2014年4月。

［3］王高飞：《社交媒体的下一站》，GMIC大会访谈2014年5月。

［4］蓝鲸徐安安：《微博用户激活策略》，原文链接http://www.huxiu.com/article/27940/1.html。

［5］胡蔷薇：《新浪微博的6大问题和3个应对措施》，《中国新闻周刊》2014年第3期。

案例八：无锡尚德从光伏明星到光伏流星

无锡尚德太阳能电力有限公司成立于 2001 年，是一家全球领先的国际化高科技企业，专业从事晶体硅太阳电池、组件、硅薄膜太阳能电池、光伏发电系统和光伏建筑一体化（BIPV）产品的研发、制造与销售。

2005 年 12 月，无锡尚德成为第一个在纽约证券交易所上市的中国民营企业，风光无限。但是，8 年后，2013 年 3 月 20 日，无锡市中级人民法院根据《破产法》裁定，对无锡尚德太阳能电力有限公司实施破产重整。2014 年 4 月 7 日，顺风光电发布公告称，股东大会 100% 投票通过关于收购无锡尚德所有股权权益的重组方案。

无锡尚德是我国新能源产业发展中的一个时代符号，经历了"起死回生"的命运坎坷。但正如一些业内人士所说，无锡尚德在那个年代的出现，让更多的人、更多的企业和机构对光伏产业有了新的认识。

一、背景介绍

（一）无锡市政府相中的太阳能新星

2000 年，施正荣带着光伏技术和 40 万美元资金，从澳大利亚归国创业。在无锡政府的极力撮合下，无锡小天鹅集团、山禾制药、无锡高新技术风险投资有限公司等 8 家当地企业提供股权融资 600 万美元，施正荣则以 40 万美元现金和价值 160 万美元的技术参股，成立了无锡尚德太阳能电力有限公司。

在无锡市政府不遗余力的支持下，尚德产能大幅扩张，2005 年 12 月，施正荣在英属维尔京群岛注册成立 100% 控股无锡尚德的"尚德电力"，于纽交所首次公开上市，成为第一个在纽约证券交易所成功上市的中国民营企业。

（二）光伏行业寒冬，躲不过的阵痛

1. 经济危机肆虐，光伏行业首当其冲

2008 年 9 月，金融危机席卷全球。中国光伏产业的市场主要在海外，所受到的冲击极为严重，市场形势急转直下。首先是资金供给的问题，金融危机导致国外资本市场萎缩，光伏产业失去资金后盾，市场处于"休克"状态。其次，产品市场萎缩。我国光伏产业国内市场需求不足，95% 以上的光伏产品用于出口国外，其中 80% 以上出口至欧洲，然而，从 2008 年 10 月至 2009 年 3 月，国内很少接到来自欧洲的订单；美国政府虽然针对光伏市场出台了上千亿美元的补贴政策，规定受政府援助的光伏项目必须购买美国本土的产品，以刺激本土经济，这严重限制了中国产品在美国的准入。国际光伏市场迅速萎缩，国内企业海外订单锐减。无锡尚德作为国内光伏产业的龙头企业，自然首当其冲。

从尚德电力公布的财务报告上可以看出，尚德电力 2008 年第四季度单季亏损 6 590 万美元，每股净亏 0.42 美元。按照美国通用会计准则，尚德电力全年毛利率为 17.8%，而第四季度毛利率仅为 0.6%。

2011 年，欧洲债务危机全面爆发，欧洲各国纷纷削减光伏补贴。这使得 2011 年上半年欧洲市场光伏安装量几乎处于停滞状态，装机环比量出现大幅下跌。占世界光伏装机 70% 以上的欧洲市场突然停滞，直接冲击了全球光伏市场。

除了造成的光伏产业市场低迷外，欧洲债务危机对中国光伏产业海外融资也产生了巨大负面影响。为了有效控制债务问题，欧洲国家严格控制新增的债务融资，使新增光伏电站的海外融资困难，新项目开展陷入停滞。

2. 欧美"双反"致伤光伏

2011年10月19日，美国 SolarWorld Industries America Inc 公司向美国国际贸易委员会和美国商务部申请对中国出口的太阳能电池（板）进行反倾销和反补贴（简称"双反"）调查。美国"双反"调查使无锡尚德损失很大。2012年5月23日，尚德发布一季度财报，其一季度净收入4.095亿美元，净亏损1.33亿美元，毛利润仅为240万美元，利润率0.6%。根据"双反"关税计算，尚德一季度惩罚性关税达到1920万美元，约占营收的4.7%。

2012年7月，德国企业 SolarWorld 等公司向欧盟委员会提交申诉，要求对中国光伏产品展开反倾销调查。2012年9月，欧盟发布通知表示，进口中国的光伏电池对欧盟市场的价格以及当地市场份额产生了负面影响，将开展调查评估中国光伏电池企业是否存在倾销行为。中国商务部发言人表示，该"双反"调查案件金额高达204亿美元。欧洲是全球光伏产品的最大市场，也是中国光伏产品出口的主要地区，欧盟反倾销罪名一旦成立对中国光伏产品将带来致命的打击。

随着欧美对中国光伏产品的"双反"，2012年9月，作为新兴市场的印度也宣布收到国内光伏行业对中国太阳能电池板进行反倾销调查的申请。尽管中国出口印度的光伏产品数量不多，但反倾销罪名一旦成立，中国光伏将失去印度这一新兴市场。

（三）内部管理失误，尚德面临"生死局"

1. 大胆冒进，尚德的原材料之痛

在原材料方面，尚德电力采取了一系列措施。2006年，制造太阳能电池的主要原材料多晶硅的价格暴涨至150美元/公斤。为了应对原材料价格上涨，尚德电力与美国多晶硅巨头 MEMC 签订了10年期固定价格合同

（价值 60 亿美元），规定尚德电力以 80 美元 / 公斤的价格采购多晶硅。尚德电力还与亚洲硅业（青海）有限公司、俄罗斯 Nitol Solar 等公司签订了硅供应合同，以确保原材料供应。2007 年，尚德电力投入 3 亿美元建立生产线试图开发非晶硅薄膜电池，非晶硅薄膜电池相比于多晶硅而言转换效率低，成本也较低。

2001 年至 2008 年，伴随着太阳能光伏产业的发展，多晶硅市场需求猛增，光伏原材料多晶硅的价格从 25 美元 / 公斤飙升到 500 美元 / 公斤。由于金融危机肆虐，光伏产业国外订单迅速减少，多晶硅原材料价格也从 2008 年 9 月以来急转下降，到 2009 年 5 月份已经跌破 55 美元 / 公斤。直到 2010 年，随着世界经济形势的好转，光伏行业升温，多晶硅的价格得以回升，但最高也就是 100 美元左右 / 公斤。由于多晶硅价格的迅速下跌，使得薄膜太阳能电池行业已经毫无成本优势可言。2010 年 8 月，尚德电力正式停止了在上海的非晶硅薄膜太阳能电池板生产，因此造成的损失在 5 000 万美元至 8 000 万美元之间。纵观光伏行业 2010 年第二季度财报，全行业赢利，只有尚德出现 1.749 亿美元的净亏损。

2011 年后，欧债危机全面爆发，太阳能装机需求疲软，下游组件需求疲弱使得多晶硅市场出现供过于求的局面，多晶硅价格加速下跌至 30 美元 / 公斤以下。面对此前按 80 美元 / 公斤的价格与 MEMC 签订的长达 10 年的供应协议，尚德电力感觉力不从心，在对各种损失进行权衡后，尚德电力与美国多晶硅巨头 EMEC 终止了此项合同，并为此付出了 2.12 亿美元的天价"分手费"。

2.GSF 反担保，是王牌还是花瓶？

2012 年一季报显示，尚德的负债率高达 81.7%，账面现金仅为 4.74 亿美元，同时尚德还背负着沉重的偿还到期债务的压力。2013 年 3 月份尚德到期的短期债务为 15.75 亿美元，可转债 5.11 亿美元。尚德极力寻找现金来源，用以偿还到期债务。其中，关联方——全球太阳能基金（Global Solar Fund，GSF）的股权被认为是非常重要的现金来源。GSF 曾一度为尚德电力财务报表增色，2010 年尚德电力年报显示，一季度净利润 2 070 万美元，二季度净亏损 1.74 亿美元，三季度赢利 3 100 万美元，而四季度净利润一下子飙升至接近 4 亿美元，其主要原因就是加上了 3.229 亿多美元的投资 GSF 的收益，如果撤去这部分收益，尚德电力四季度主业净利润应该仅为 6 100 万美元。但是，尚德电力在考虑出售 GSF 股权时，发现其担保存在瑕疵。

2012 年 7 月，尚德电力发出公告称，之前用于"反担保"的债权"可能并不存在"。尚德称自己被 GSF 欺骗，时任尚德电力主席兼 CEO 的施正荣表示"对此非常失望"。事情源于 2010 年 5 月，GSF 的下属公司 Solar Puglia II，S.ar.L 为了建设位于意大利的太阳能电站项目，向国开行借债 5.54 亿欧元，国开行放贷积极，但是要求担保。于是尚德电力为这笔贷款提供了担保。同时，尚德电力为了保护上市公司股东的权益，于是让借债人方面拿出资产对尚德电力进行"反担保"，反担保的资产便是 GSF 的母公司 GSF Capital Pte Ltd 提供账面价值为 5.6 亿欧元的德国债券。尚德电力在年报中披露：一旦项目公司违约，尚德可自行出售和处理这笔债券，从而来保护投资人的权益。但后来尚德却发布公告称此笔"反担保"债券不存在。暂且不论尚德电力是否受到"欺骗"，尚德电力在宣称获得"反担保"的时候没有审查 GSF Capital 这笔 5.6 亿欧元德国债券的真实性却是不争的事实。消息发布后，尚德电力连续 3 个交易日跌幅超过 10%，2012 年 8 月 1 日，盘中一度跌至 0.81 美元，这是该公司自 2005 年 12 月在纽约证券交易所上市以来股价首次跌破 1 美元大关。

（四）光伏泰斗大厦已倾，尚德破产重整

尚德的处境已经可以用"四面楚歌"来形容。由于经济危机、欧美"双反"政策的影响，光伏行业整体形势急转直下，加上尚德电力"反担保"骗局的影响，尚德通过再融资的方式来偿还债务的途径基本不可能，其在财务、管理等方面的问题也开始逐步暴露。尚德高管由于不认同施正荣的

行事作风，不断出走，无锡尚德创业团队不断瓦解。2012 年 8 月 15 日，在"反担保"骗局披露后，施正荣辞去 CEO 职位，由被海外投资者所信任的 CFO 金纬接任，希望能拯救尚德。

结果证明，金纬的上任不仅没有让尚德脱离苦海，反而加剧尚德内部矛盾，市场份额急速下跌，股价岌岌可危。2012 年 9 月 21 日，尚德电力收到来自纽交所的退市警告。根据规定，尚德需要在此后的 6 个月内，在任意时段内使股价连续 30 个交易日高于 1 美元，否则将面临退市。由于即将到期的债务都是以子公司无锡尚德的名义进行借债的，上市的母公司尚德电力没有相关债务，为了保全美国上市公司尚德电力，金纬提出让借债主体无锡尚德破产的建议。但子公司无锡尚德一旦破产，无锡市政府将面临巨额债务包袱和 20 万人的就业问题，非同小可。该方案震惊了无锡市政府，市长带领一部分市领导前往无锡尚德进行现场办公。除了首度表态支持外，政府还带给尚德中国银行给予的 2 亿元新增贷款，用来暂时缓解尚德的资金压力。

2013 年 3 月 15 日，尚德 5.41 亿美元债务到期，因无力偿还造成债务违约，并导致该公司从 International Finance Corp IFK.UL 和中国金融部门获得的贷款也发生连带违约。截至 2 月底，尚德对工行、农行、中行在内的 9 家债权银行的债务达 71 亿元。3 月 18 日，无锡尚德太阳能电力有限公司和债券银行联合向无锡市中级人民法院递交无锡尚德破产重整申请。3 月 20 日，无锡市中级人民法院根据《破产法》裁定，对无锡尚德太阳能电力有限公司实施破产重整。

二、案例解析

10 年来，施正荣经历了生命里的大起大落，从中国首富到上市公司的"掏空者"，这一巨大的变化在这位"中国光伏第一人"的身上上演。而他一手创办的公司，也由华尔街的宠儿走向破产重整的境地，我们需要认真反思这其中的前因后果。

（一）尚德扩张过程中面临的外部困境

1.“两头在外”，光伏产业链不齐全

在过去的几年里，我国光伏产业得到了迅速发展。自 2007 年起，中国太阳能电池产量跃居世界首位，到 2009 年，我国生产的太阳能电池已占全球总产量的 40%，俨然是太阳能电池的“制造大国”。但是，纵观我国的光伏企业，主要集中在电池制造和组件封装环节。从光伏产业上游来看，工业硅提炼、晶体硅提纯具有资金和技术密集型特点，对生产集中度和技术研发方面具有较高的要求。但关键技术长期掌握在国外手中，对我国存在较高的技术壁垒。从全球来看，晶体硅供应主要来自欧美和日本 7 家生产商，其年供应额约占全球晶体硅市场的 70% 左右，中国光伏产业的原材料在国外。从光伏产业的下游来看，中国光伏产品 90% 以上的市场在国外，其中 80% 又集中在欧洲市场。从产业链的角度来讲，中国光伏企业处在最容易被狙击的位置，聚集了四成至六成的产能，却只有不到一成的国内市场。

原材料、市场“两头在外”的尴尬处境让中国光伏企业处处受制于人。尽管至 2010 年，光伏产业的原材料多晶硅已转移至国内。但是，光伏产品的市场仍然主要集中在国外。金融危机、欧债危机导致德国、西班牙、美国等国家的市场急剧萎缩，欧洲光伏补贴一再削减，欧美启动对中国光伏企业“双反调查”，使中国光伏企业深受其害。产业链的不齐全，事事受制于人，是包括无锡尚德在内的中国光伏产业大起大落最根本的原因。

2.无秩序扩张导致产能过剩，光伏产品价格暴跌

2005 年，无锡尚德在美国上市，市值最高曾达到 160 亿美元。光伏产业的另一巨头江西赛维的成立也同样得到了地方政府的全力支持，财政年收入仅为 18 亿元的新余市给其提供了 2 亿元的贷款作为启动资金。2007年赛维在美国上市，创始人彭小峰成为国内新一任新能源行业首富。之后

赛维一度占据江西省总出口的 1/6。

2008 年金融危机爆发导致光伏企业前景堪忧，但是从 2009 年下半年开始，随着西班牙等新兴市场的崛起，欧洲市场光伏安装呈现爆发式增长，此时国内企业却陷入了产能不足的困境中。欧洲市场的反弹以及尚德和赛维迅速取得的巨大成功让中国各地政府、大小企业和投资者对光伏产业趋之若鹜。

尽管新进入光伏行业的厂家非常多，但是几乎全部遵循相同的发展模式。在光伏需求较为旺盛的时候，这种产业扩张带来的问题没有显现。但是在欧债危机和"双反"压力带来的出口受挫的情况下，光伏产品需求严重下滑。数据显示，2011 年全球光伏总安装量为 27GW，国内目前已经量产、再加上在建的光伏产能却达到了 50GW，产能过剩问题凸显出来。由于光伏产品同质化严重，产能过剩导致企业只能通过降低价格来竞争，2011—2012 年，国际市场上的太阳能电池板价格下跌 66%。据统计，2012 年上半年，在海外上市的中国光伏企业的毛利率连 1% 都不到。

2011 年美国对中国光伏产业开展"双反"，受美国惩罚性进口关税的影响，尚德等企业利润急剧缩水，很多小企业猝死。但尚德并未因此刹车，还一度进行自杀性销售，赔本的同时扩大产能，严重加剧了尚德产能过剩的困境。

（二）尚德自身存在的问题

1. 缺乏核心竞争力，尚德"大而不强"

作为行业老大，尚德电力对规模的追求强烈，这也是导致尚德破产最重要的原因。2011 年 9 月 28 日，尚德电力在 10 周年庆典时宣称，10 兆瓦产能要扩大到近 2 400 兆瓦产能，并且要成为全球最大的光伏产品制造企业和全球最大太阳能面板制造商。尚德通过大举外债、加大融资来兴建工厂，加强产能，尽管这种规模化带来了市场占有率的提高，却没有改变薄弱的市场竞争力和利润率。

2. 决策机制不健全，偏向个人化

作为中国太阳能光伏产业的领军人物，施正荣的技术能力毋庸置疑，他曾在澳大利亚新南威尔斯大学，师从国际太阳能电池权威、诺贝尔环境奖得主马丁格林教授。1991 年，施正荣以先进的多晶硅薄膜太阳电池技术获得博士学位，个人持有 10 多项太阳能电池技术发明专利，是世界上首个攻克"如何将硅薄膜生长在玻璃上"的人。

施正荣将中国的光伏产业与国际差距缩短了 15 年。不过，很多内部人对他的评价是：他是一个好的科学家，但不是一个好的 CEO，不是一个好的企业掌舵者和领军者。施正荣的管理短板，也将尚德一步步带入破产重整的境地。在国外生活多年的施正荣非常开放，具有国际化的视野，乐于接触新事物。在他的带领下，尚德形成了这样一种扩张路径：以电池组件为中心，不断往上游延伸（对硅料硅片公司持股），往下游尝试拓展系统业务和投资电站，并努力往横向扩张——尝试薄膜电池和光伏设备制造。尽管往企业的上下游扩张可以整合企业的产业链，解决"两头在外"的问题，但是在一个产业不成熟的情况下，过度地拓宽产业链会带来非常大的战略风险。

在尚德的发展过程中，出现了几次非常严重的战略失误。一次是施正荣不顾众多高管的一致反对，与 MEMC 签订的长达 10 年的硅片供应协议；2011 年年初，尚德与韩国多晶硅巨头 OCI 签署的另一个长期供应合同，也让尚德付出惨重的代价。其次，施正荣不顾公司内部的反对意见，不仅投资目的反复改变，而且在薄膜太阳能领域双线作战，结果多晶硅价格的暴跌使得尚德亏损 5 000 万美元。最后，2010 年，尚德作出将产能从 1GW 扩产到 2GW 的产能翻番决策，造成产能远远大于需求，导致尚德债务剧增。这 3 项决策失误使得尚德损失将近 3 亿美元。如今尚德的破产也只是因为 5 亿美元的到期债务无法偿还造成的。

除了战略上的失误，施正荣在管理上也出现了一系列的失误。在创业仅 4 年就成功上市后，尚德并没有抓住机遇及时补足管理上的短板，而是

继续强化资本运营，试图通过规模扩张实现光伏行业的垄断。在扩张过程中，对"理想人才"的需求让施正荣在尚德内部发起了一场变革，他认为尚德需要配置更多的国际化人才，这使尚德的"老人"相继离去。"理想人才"的诉求实际上暴露了施正荣作为科学家不成熟的一面，认为职业经理人可以解决尚德所面临的一切问题。这种理念让尚德内部新人和老人的矛盾、国际化人才和本土人才的矛盾交织在一起，使得尚德内部沟通成本比其他公司多两到三倍。

三、思考与启示

以尚德公司为代表的中国光伏产业的盛极而衰是一本代价惨烈的教科书，从最开始的创富神话到产能过剩，再到如今的产业重整，都体现了一个产业从不成熟到成熟的发展历程。同时，这其中也暴露了中国民营企业发展过程中面临的困境和存在的问题，我们需要去反思其中的问题，从而在以后才有可能走得更好。

（一）完善公司治理结构，建立科学决策机制

决策贯穿于企业经营活动的全过程，决策的正确与否直接关系到企业的兴衰存亡。在无锡尚德内部，企业战略行为基本上是施正荣说了算，尚德的一系列决策失误很大程度上是由于决策偏向个人化。施正荣的言语在尚德被概括为"省钱无用论"，购买一样东西通常不看价格，尚德在做决策时成本几乎不在考虑范围以内。这种不考虑成本的企业文化让尚德在光伏由卖方市场后遭受巨大冲击。可以说尚德如今的破产重整很大程度上是源于缺乏完善的治理结构而产生的决策失误所造成的。

不仅仅是尚德，很多民营企业存在的问题从根本上讲是由于治理结构不完善产生的。企业创始人在公司占有很大的股份，股东、董事、经营者多重身份合一，监督、制衡因素太弱，很容易造成"家长制"作风。这种

管理方式在企业规模比较小时有其灵活、高效、控制成本的优势，并且可以避免出现代理问题。但当企业规模变大时，对管理的专业化、决策的科学化要求越来越高，企业的创始者往往难以胜任经营者和决策者的角色，如果缺乏来自内外部有效的监控和制约，就会使得决策的正确性和准确性大打折扣。企业经营者如果一时头脑发热，作出错误决策，而部下又只是作为执行者，就很容易给企业酿成严重后果。而通过对民营企业的研究可以发现，个人经验决策、主观随意性决策是目前民营企业普遍存在的问题，也给企业经营带来了很大的决策风险。

因此，企业要想长远发展，必须完善公司治理结构，可以从如下几个方面建立科学的决策机制：

第一，从个人治理或者家族治理走向董事会治理。

第二，引入外部专家参与公司战略管理。

第三，开放产权、引进人才。

（二）企业可以适当利用政府快速发展

尽管在关于企业和政府关系方面，目前经济学家从规范研究的视角认为企业应与政府保持一定的距离，但决不能使企业和政府脱离开来。中国目前正处于转型时期，政府具有其特殊性。我国关键的资源掌握在国家手里，其中对于企业发展至关重要的两类资源即金融和土地由政府牢牢控制。政府的规则制度在各方面影响企业，从执照、许可证的颁发，到工商、税务、技术监督、劳工标准、环境保护等等，政府的影响渗透到企业经营的方方面面。

企业的发展需要政府支持，也离不开政府支持，而且确实是在政府支持下发展的。纵观中国的光伏产业发展，可以看到政府在其发展过程中起到了很大的作用。2012年10月新推的分布式光伏发电示范园区政策，其中规定："国家对示范区的光伏发电项目实行单位电量定额补贴政策，国家对自发自用电量和多余上网电量实行统一补贴标准。"这一政策对于光伏企业是很大的利好。还有政府有关新能源城市、无电地区电力建设、光电建筑等方面的新政策，加上已经实施的太阳能屋顶计划和金太阳工程，都大有利于光伏行业的发展。

政府能在很大程度上影响企业的经营行为，这种影响对民营企业尤为重大。尽管企业对政府存在着资源和管理上的依赖关系，但民营企业并不是只能被动地接受环境，相反，民营企业也可以适当利用政府实现自身的发展壮大。

（三）企业家应当尊重市场规律，保持自我冷静

光伏产业从盛到衰与其说是一个产业自身的衰变过程，不如说是企业界和企业家浮躁的心态和行为的必然反应。尚德破产了，我们不应该像事后诸葛一样过多地去批评施正荣。他确实应该反思其问题，从中总结经验教训。整个光伏界也应反思问题。他们一见尚德初期的成功，便不瞻前顾后，一哄而上，整个行业开始出现无序的膨胀，最终导致整个行业都陷入困境。通过对光伏行业和尚德公司的反思，我们可以得到如下启示：

第一，行业有周期性，企业要具备风险防范意识。

第二，企业要建立防范风险的机制和措施。

第三，强化个人修养，防范人才风险。

（南开大学现代管理研究所　李亚、陈敏慧、黄积武）

参考文献

[1] 王秀珍:《光伏产业：破解"两头在外"危机路在何方?》,《化工管理》2012 年第 9 期。

[2] 韩伟:《尚德电力：光伏泰斗，大厦将倾?》,《能源评论》2012 年第 9 期。

[3] 梅岭:《尚德生死局》,《公司与企业家》2011 年第 8 期。

［4］王思远：《施正荣陨落》，《环球企业家》2013 年第 3 期。

［5］陈晓雷：《我国光伏产业的现状与破局之策》，《现代工业经济和信息化》2012 年第 9 期。

［6］何伊凡：《施正荣：从科学家到企业先锋》，《中国企业家》2006 年第 23 期。

［7］陈统奎：《光伏业的冬天还没过去》，《董事会》2009 年第 10 期。

［8］李少卿、陈晓平：《中国光伏产业寒冬：一个靠天吃饭行业的困局》，《21 世纪商业评论》2011 年第 12 期。

［9］高嘉：《尚德卷入反担保骗局涉案金达 5.6 亿欧元》，《中国能源报》2012 年 8 月 8 日。

［10］叶文添：《光伏产业过剩背后：地方政府背后推手》，《中国经营报》2012 年 7 月 7 日。

案例九：万向集团海外并购的公关之道

万向集团始创于 1969 年。现为国家 120 家试点企业集团和 520 户重点企业之一。作为国内最大的汽车零部件供应商，万向集团低调地完成了许多国际收购，其地域涉及美国、东南亚、南美和欧洲，成为中国国际化程度最高的民营企业之一。仅在美国，万向集团就收购了 10 多家汽车零部件制造商，拥有 28 家工厂，6 000 多名员工，2012 年营业收入达 2.27 亿元。

一、背景介绍

近些年来，中国民营企业海外并购规模急剧扩大，但是大部分企业都面临法律法规、政策导向和文化差异等阻碍，如在美国就受到议会和美国外国投资委员会的狙击，海外并购的成功率仅为 33%。对中国民营企业来说，一个很大的问题就是只将关注点放在收购的本身，而没有关注更广泛的公共关系处理。但是万向集团在美国的收购过程中，实现了本地化管理、生产和销售，并非常注重公共关系处理。这是其成功之道。

2013 年 1 月 29 日，美国外国投资委员会（CFIUS）正式宣布，同意万向集团收购美国 A123 系统公司。中国万向集团从而战胜了美国江森自控、德国西门子与日本 NEC，以 2.6 亿美元赢得美国电动车电池制造商 A123

Systems 的竞购。第二天，万向与 A123 完成了收购交割。这场历时 5 个多月，争议颇多，扑朔迷离的跨国收购案终于尘埃落定。

（一）"国际化程度最高"的中国民企碰到美国"明星企业"

从万向的发展战略来看，它很早就看到了电动汽车潜在的巨大发展空间，1999 年以来，就联手浙江省政府开始了清洁能源产业的调研和研发，在 2002 年成立了万向电动汽车有限公司，其主业就是生产聚合物磷酸铁锂离子蓄电池。虽然万向已在大功率、高能量聚合物锂离子动力电池、一体化电机及其驱动控制系统、整车电子控制系统取得了一定的成果，但是由于起步较晚和高端技术研发人员不足等问题，都使得万向的电动车零部件核心技术和国际先进的公司差距较大。在我国纯电动车中采用万向生产的蓄电池的企业只有 5 家比较小的企业，所以说在国内万向发展得不顺利。在美国市场，经过一系列收购，虽然万向进入美国市场后在当地运营比较成熟，但迟迟无法进入美国新能源汽车供应体系。技术的短板严重限制了万向在国际市场上业务的拓展，因此解决技术的缺陷问题成为万向战略任务的重中之重。

就在万向急于寻求突破的时候，A123 出现在万向集团的视野中。A123 是一家专业开发、生产磷酸铁锂动力电池的高科技企业，成立于 2001 年，由 3 个专业人士创立于麻省理工学院（MIT）。3 位创办人分别是 MIT 的材料科学与工程学华人教授蒋业明、MIT 的商业研究顾问 RicFulop 和担任首席技术官的康奈尔大学材料科学博士 Bart Riley。

A123 的发展速度是惊人的，总员工数从 2001 年的 5 人发展到 2 000 人，从最初美国能源部的科技项目经费 10 万美元发展到产能建设投资近 10 亿美元，从最初从 MIT 拿出来的 0.5 克材料发展到每年仅仅电池芯的产量达到数百万。在 2009 年 A123 于纳斯达克上市交易，融资 3.8 亿美元，当年成为美国规模最大、技术最先进的锂电池制造商。随着规模的扩大，A123 涉足范围不断加大，包括汽车、电网、能源和军工产业等。

A123，拥有制造锂电池最先进的技术，曾被称为全球最具磷酸铁锂电池技术竞争力的公司。A123 的产品都拥有高功率、长使用周期和高安全性的特点，很受市场追捧，与美国通用、德国宝马等主流汽车厂商建立了供应合作关系，来自《财富》全球 500 强企业的订单就超过 1 亿美元。万向集团一旦成功收购 A123，不仅可以获得 A123 领先的锂电池核心技术，为电动车发展打下基础，同时也可以借 A123 的全球知名品牌优势在中国的电动车市场占据有利位置，可能会影响国内电动车格局，还有利于扩大万向集团在美国等海外市场的市场份额。

但是 A123 和美国政府有着千丝万缕的关系，这也是导致万向遭遇巨大困境的原因。在金融危机后，奥巴马政府为避免对石油的过度依赖，大力推行新能源产业。作为清洁能源汽车产业的标杆性企业，A123 系统公司受到奥巴马政府特别关注，并且成为其新能源政策的重点扶持对象。在 2009 年、2010 年两年间，仅仅 A123 单个公司就获得高达 2.49 亿美元的美国新能源政策扶持贷款，相当于美国新能源政策扶持贷款的 1/10。为获得这笔资助，A123 承诺将这笔资金用于扩张业务，在美国密歇根工厂雇用 5 900 名员工。在 2009 年 A123 首次在美国 IPO 时，股价飙升，总资产一度达到了 26 亿美元。

2011 年，A123 净亏损达 2.58 亿美元；2012 年上半年，亏损达 2 亿美元，同比增加近 100%，现金流已经很难维持公司正常运转。2012 年 10 月 A123 因无法偿还到期债务，申请破产保护，并宣布将以 1.25 亿美元出售公司的汽车电池业务。这为万向对其并购提供了可能性。

（二）阻力重重、扑朔迷离的收购过程

万向集团收购 A123 的过程一波三折。

A123 在破产之前两个月，万向集团向其提供 2 500 万美元无担保贷款，与之达成并购意向协议。这一消息刚一公布，美国就出现了各种反对的声音。美国政府担心的主要是两个问题：（1）纳税人资金外流；（2）中国企业一旦获得先进的汽车电池的关键技术，会对美国产生技术威胁。

美国战略材料顾问委员会呼吁美国外国投资委员会（CFIUS）实施控制措施，以确保 A123 的关键技术留在美国，否则该项收购不能达成。20多名国会议员认为这场并购已经影响到了美国的国家安全和纳税人利益，予以反对，试图否决并购。交易因而未得到美国外国投资委员会的批准，万向只能暂停收购。但是万向没有放弃其原定的收购计划。

2012 年 10 月，收购事项出现了转机。由于之前的合作破裂，A123 无法获得之前万向应允的 5 000 万美元无担保贷款，不能偿还到期贷款利息和巨额的亏损，在 2012 年 10 月向美国特拉华州破产法院提出破产保护申请，决定将其资产拍卖，随即进入法院竞拍环节。万向决定参与竞拍。如竞拍成功，得到法院认可，美国当局很难干涉。很多实力强大的企业参与竞拍，其中美国江森自控开价 1.25 亿美元，美国政府原本希望通过江森将A123 留在本土。但是，谁也没有料到，中国万向集团以 2.6 亿美元举牌竞购，即以超过 A123 资产一倍多的价格，相当于人民币 16 亿元，最终击败联手参加此次竞拍的江森自控和日本电气公司以及另外一家竞争对手德国西门子公司，获得对 A123 的购买权。12 月 11 日，美国特拉华州破产法院裁定万向竞拍收购有效。

但反对者仍在挑事。一些国会议员向财政部长盖特纳、能源部长朱棣文和其他政府高官施加压力，要求政府出面撤销万向对 A123 的收购权。同时万向的竞争对手江森自控仍然表示不会放弃 A123，不断地在寻求上诉，要求美国政府加强对万向收购 A123 的动机调查，撤销美国法院对中国万向集团收购 A123 公司资产的批准。由于法院判决具有强制性，再加上万向为完成收购采取的一系列公关措施，2013 年 1 月万向集团收到CFIUS 的批准函，同意其收购 A123 的全部非政府资产。

在收购顺利完成后，万向将获得 A123 的汽车、电网和商业资产，包括其所有技术、产品和客户合同，以及 A123 在密歇根州、马萨诸塞州和密苏里州的工厂设施。同时，万向还将获得其在中国的阴极电池制造业务，以及其在与上汽集团的合资企业——上海捷新动力电池系统有限公司的股份权益。

二、案例解析

在美国，超越法律条文的行政干预正在变得越来越频繁，特别是针对中国企业。一是既得利益者为了避免中国公司的竞争，挑动政客阻止中国企业赴美；二是政府中的鹰派过度依赖机密情报资讯对外资委施压，容易对中国企业的风险评估有所偏颇。这就需要中国民营企业特别关注公关策略的运作。

（一）万向集团是如何公关 CFIUS 和美国议会的

技术敏感和国家安全是美国政府保护本国优质资产不被外国企业收购的主要理由。作为一个收购了美国 UAI 公司、洛克福特（Rockford）公司等近 30 家国外知名汽车零部件公司的万向集团，拥有很多的海外收购经验，而且对收购的相关法律问题也很熟悉。因此万向集团在遇到这样的阻力时处理方法相对成熟。

到美国投资要面临的两个审查，也即国内企业的两大难关：一个是美国外国投资委员会，另一个就是当地政府和美国议会。

美国外国投资委员会（CFIUS）是美国管理外国投资的专管部门，主要负责评估外国投资对美国国家安全的影响。该会是一个横跨多个部门的机构。共有 8 个行政部门和 7 个白宫机构参加。

虽然该委员会真正实施调查的比例是非常小的，但是对海外并购的影响非常大，很多企业在开始实质性调查阶段就知难而退，自动撤销了申请。美国法律规定只要外国并购所获得的利益危及美国国家安全，总统就有权力暂停或者中止该项收购。CFIUS 据此制定了一套严格的外国投资审批制度。只要其中 3 个部门认为一个项目可能对"国家安全"产生威胁，CFIUS 就要对项目进行 45 天的正式调查。总统在接到报告后 15 天内作出最终决定，是否阻止此项交易。一旦进入调查阶段，企业并购要么被否决，要么提交总统进行最后审批。CFIUS 发起了多起对中国企业并购的调查，比如在联想收购 IBM 个人电脑时就受到了 CFIUS 以保护国家信息安全为由的阻碍。所以，跨越 CFIUS 这一关是企业并购成功的关键。

万向首先对 CFIUS 进行游说。万向的并购律师团队花大力气说服各个部门的代表，逐步消除了障碍，打通了 CFIUS 的关节。

海外收购面临的另一个关卡就是美国的当地政府与美国议会。万向强调了公司将履行不裁员、不转移 A123 厂房与科研成果的承诺，并说明自己长期以来对美国汽车业和美国劳动市场上的贡献。万向集团是美国通用汽车和福特汽车的零部件供应商，营业利润 10 亿美元，在美国汽车市场上扮演着重要角色。万向已经收购或投资了超过 20 家美国公司，而在这些公司在被收购时大部分处于破产状态，万向挽救了这些企业。同样地，万向对 A123 的收购将对美国当地经济的振兴和增加就业岗位发挥重要作用。这些既是万向集团应对 CFIUS 审批压力的有力武器，也较好地安抚了美国议会议员，缓解了其反对情绪。

鉴于美国一些议员对中国企业的顾虑以及 A123 所牵扯的美国军方合同和核心技术非常特殊，即使万向集团进行了大力游说，特拉华州破产法院也批准了万向的收购协议，但 CFIUS 仍不批准。

万向为应对 CFIUS 的管制，制定了一项新的公关重组方案。万向集团组建了一个新的独立信托机构，由这个在美国成立的机构来收购 A123 的民用业务，然后万向再从该信托手中买回 A123。万向同时承诺，收购完成后将让 A123 的债权人最大限度地回收资金，并承诺给 A123 提供持续投资，使其得以继续发展。通过建立独立的信托机构，确保债权人的权益后，美国政府最终批准了万向对 A123 的收购。

（二）万向集团公关策略的基础：国际化并购战略

1. 并购模式循序渐进、稳扎稳打

万向集团从 20 世纪 90 年代就开始走上了国际收购的道路。20 多年来万向的每一步都是稳扎稳打，深思熟虑的，通过不断地在美国当地建立自己的声誉来逐步完成国际化战略。这个做法不同于很多国内企业进行"蛇吞象"的海外并购。

万向走的道路是以实业养收购。在万向开始并购之前，主要致力于夯实实业，积累了收购所需的大量资本和现金。在完成这项著名收购时，万向已经收购了 25 家海外公司。到现在万向集团已经拥有了 28 个制造基地，美国员工已达 6 500 名之多。在积累了丰富的经验时，万向逐渐放开手脚，加大了收购额度，在美国的并购案例中的收购金额亦逐渐从初始时的数百万美元上升到收购 A123 的数亿美元。万向主营业务是汽车零配件，但是万向的战略是发展电动车，通过延伸产业链形成一个完整的产业布局。在并购 A123 之前，万向已与美国电池制造商 Ener1 公司，合资建立了 3 亿美元的全自动化电芯及电池系统生产基地；2012 年 2 月，万向投资 1 亿美元与美国史密斯电动车公司成立了合资公司。收购 A123 对于之前的收购可以产生巨大的协同效应。

2. 本土化的积极效应

万向集团在收购中的另一个重要特点就是采用本土化的并购策略。成立于 1994 年的万向美国公司是万向国际化道路的重要转折点。在万向的收购中，以万向美国公司为收购主体。虽然万向美国公司是万向集团的全资子公司，中国公司仍然是并购战略的制定者，但是因为注册地在美国，实行本土化可适应美国的法律和监管条例，能够得到当地政府的信任和支持。这不仅解决了一些法律上的问题，也在一定程度上规避了政治或文化问题。万向树立了良好的企业形象，积极履行企业的社会责任，为美国当地提供了很多就业机会。

三、思考与启示

（一）重视公共关系的运用

国内企业在海外收购时大多只重视收购本身，忽略了收购的政治风险。中国企业在美国收购面临较大政治阻力。一是美国对自己的高新技术有很强的自我保护意识，担心技术的流失，被日益强大的中国赶超；二是中国企业没有获得美国的肯定，难以放心地将企业交出。而这两个问题都是很难短期内解决的。在这种情况下，如何制定周密、细致的针对监管与政治审查的公关策略才是成功的关键。面对重重干扰，中国民营企业要积极总结经验和教训，通过学习利用美国法律和游戏规则来保护自己。

（二）打通公关之路的具体策略

海外并购公关的核心对象是被并购方所在国家的政府，只有和它们进行良好沟通，才有可能获得对方国家的支持和帮助。我国民营企业在并购之前，一定要充分了解当地政府的政策和法律，避免与其政策发生冲突，并使并购目的与当地政府的意图相吻合。这就要重在发展经济、保证就业、绿色环保以及展示成果等。同时要尽量避免参与政治阻力大、法律障碍多的并购项目。

在美国进行并购的企业优先采取的策略应该是主动联系美国的国家投资委员会，接受审查。并购项目双方向 CFIUS 递交的申请及备案程序属自愿（voluntary）行为。如果中国企业并购目标美国企业可能涉及 CFIUS 关注的国家安全领域，并购交易双方宜主动与 CFIUS 接洽，事先通报交易情况。如果并购交易双方事先未向 CFIUS 通报有关交易情况，一旦在谈判完成后再被 CFIUS 叫停，会给企业带来很大的损失。因此在收购时及时联络 CFIUS，能够规避一定的风险，同时也体现了企业对美国相关法律的尊重。

同时，美国企业和当地的政府是息息相关的。中国企业在美并购和发展就必须通过良好、有效的公关行动，同美国当地政府保持良好关系，争取得到当地政府官员和议员的支持。中国企业立足的根本是要用事实和诚意说服政府和民众，使其相信中国企业收购美国企业既符合美国的法律，无损美国的安全，又能为其带来可观的经济和社会利益。这样就能有效排除可能来自政府的阻力和干扰。

万向集团在这些方面做得较好，故能克服重重困难，成功实现了对美国 A123 的并购。

（三）中国民营企业美国公关的操作性建议

通过采取适当的公关措施，中国民营企业可有效控制监管风险和政治风险，并提高通过审批的概率。对中国民营企业赴美投资在公关方面的操作性建议主要有以下 8 条：

第一，中国民营企业应充分了解投资的潜在风险，审慎选择投资领域。

第二，要制定在美国市场的长期发展战略。

第三，公关操作风格宜务实低调。

第四，加强与 CFIUS 沟通。

第五，注重与各方的参与和互动。

第六，善于利用美国公关咨询公司或美国知名企业。

第七，中国民营企业应该明确，与那些受到美国经济制裁的国家（包括伊朗、苏丹、朝鲜和古巴）进行交易或大额投资，会影响投资者的对美投资审查通过。

第八，欲在美收购资产的中国民营企业应该在投资前先制定综合公关战略，然后利用该战略管理政治风险。

（南开大学现代管理研究所　李亚、王丹荔、黄积武）

参考文献

[1] 米歇尔·戴维斯、潘文森：《如何规避美国国家安全的风险》，《中国企业家》2013 年第 7 期。

[2] 于小龙、陈少智：《万向收购 A123 隐忧：或成技术陷阱》，《财经国家周刊》2013 年第 1 期。

[3] 傅永恒：《万向集团收购美国 A123 系统公司是否劣质看效果》，《浙商》2012 年第 10 期。

[4] 尚启庄、万润龙：《万向集团收购美国 A123》，《中华工商时报》2013 年 1 月 30 日。

[5] 熊斯思：《收购美国 A123 中国万向难言轻松》，《中国经营报》2012 年 8 月 25 日。

[6] 曲艳丽：《万向收购 A123 复盘：CFIUS 并不可怕》，《财经》2013 年 6 月号。

[7] 王丽歌、李蕾：《万向集团竞购美国 A123 获胜》，《第一财经日报》2012 年 12 月 10 日。

案例十：与纳斯达克道别的分众传媒

分众传媒（Focus Media）创立于 2003 年，是中国领先的数字化媒体集团，产品线覆盖商业楼宇视频媒体、卖场终端视频媒体、公寓电梯媒体（框架媒介）、户外大型 LED 彩屏媒体、电影院线广告媒体等多个针对特定受众，并可以相互有机整合的媒体网络。2005 年 7 月，分众传媒在美国纳斯达克上市，成为海外上市的中国纯广告传媒第一股。但在 2013 年 5 月 24 日，分众传媒完成与 Giovanna Parent 旗下全资子公司 Giovanna Acquisition 之间的合并交易，从此从纳斯达克证券交易所退市。

从纳斯达克退市以后，公司将通过反向合并在深圳证交所上市。分众传媒准备递交的上市材料显示，此次上市的估值目标为 450 亿元左右（以目前汇率约合 73 亿美元），其退市时的市值为 27 亿美元。

一、背景介绍

（一）分众初期：独创商业模式打造的传媒业新视角

分众传媒 CEO 江南春将分众理念阐述为："分众就是区分受众，分众传媒就是要面对一个特定的受众族群，而这个族群能够被清晰地描述和定义，这个族群恰好是某些商品或品牌的领先消费群或重度消费群"。在分众创立时，江南春提出了"分众行销＋新型载体"的商业模式，根据所行销的产品类别、属性对消费者群体进行划分，继而根据不同的细分客户去制定和实施不同的营销策略。

江南春首先想到的是写字楼里的各类精英，通过在上海商务楼宇的电梯间或电梯口摆放液晶电视，进行广告宣传。分众传媒利用自有资金在上海安置了 400 多台液晶电视，覆盖近百万人次，将中国传统的营销方式从大众营销转变为分众营销。

这种商业模式得到了风险投资的青睐。2003 年 5 月，日本软银与维众中国注入 4 000 万美元风险投资后，分众传媒在全国范围内开始了扩张行为。2004 年 4 月，鼎辉国际投资、TDF 基金等给分众提供了 1 250 万美元资金，2004 年 11 月，美国高盛、英国 3i、维众中国又共同向分众注入 3 000 万美元，分众传媒利用这些资金进行了进一步扩张。至 2004 年年底，分众传媒的液晶电视联播网已经覆盖包括北京、上海、广州等在内 37 个城市的上万栋楼宇。

（二）快速扩张——成功并购缔造的商业神话

在 2006 年，中国户外视频广告市场竞争激烈。为了避免广告市场的恶性竞争，分众传媒展开对市场上其他公司的并购，提高了公司的赢利水平，极大地促进了公司的发展。

1. 收购框架媒介成为电梯广告老大

框架媒介是国内最大的电梯平面媒体，其最大优势就是在封闭的环境下"强制性阅读"，对高收入的人群有着最好而且最有效的到达率。框架媒介与分众传媒的业务存在非常强的互补性。前者的市场主要是中档和高档的住宅楼，而后者主要面向写字楼和商用住宅；前者的广告是销售静态的广告牌，而后者则是销售视频和多媒体显示屏上播出的广告，动态感较强。

通过这一交易，分众传媒面向广告客户提供综合媒体解决方案的能力得到加强，成为一线城市电梯广告的老大，进一步巩固了户外媒体市场的领先地位。通过持续提高价格，分众传媒营业收入持续增长。分众旗下公寓电梯联播网可出售广告位从 2006 年第一季度的 7.4 万个增长至 2007 年第一季度的 12.4 万个，市场份额超过 90%，同期毛利率从 50% 提升到 70%。

2. 收购聚众传媒巩固楼宇广告领导地位

聚众传媒（Target Media）是一家综合性媒体集团，宗旨是在全国范围内营建媒体网络，拥有覆盖全国的楼宇视频媒体，是分众传媒最主要的竞争对手。2006 年初聚众传媒也将登陆纳市。为了避免恶性竞争，分众传媒将聚众传媒拦截在纳斯达克的大门口，以 3.25 亿美元的价格收购聚众。

聚众传媒带给分众传媒的利益，除了规模的迅速扩大之外，大大地增强了投资者的信心。两者的客户群只有 50% 的重合，合并后分众客户迅速增长，市场占有率高达 96.5%，掌握了楼宇广告的定价权。合并完成后数月，分众即宣布将从 2006 年 7 月 1 日提高楼宇广告价格，收入实现大幅增长。同时，并购大大降低双方的运营成本，遏制了过去由于两家公司争夺楼宇进场租金飙升的势头，并使已经有些虚高的租金回复到一个合理的水平。

（三）反思与无奈：被迫叫停的"并购战车"

自 2005 年上市以后，分众传媒先后并购了 20 多家公司，涉及的并购金额达 16 亿美元。

持续融资并购，利用资本的力量快速"跑马圈地"，占据对广告商有价值的渠道，达到细分市场的相对垄断，最后通过提价和保证毛利率获得相对垄断收益，这就是分众传媒上市后的赢利模式。这推动了分众传媒股价的上涨，其每存托凭证（ADS）的价格曾在 2007 年达到 65 美元。

但总体看，大量并购的效果不如预期。分众传媒先后并购 20 多家公司，但是其中成功的收购案例只有 2 家，即收购框架媒介和聚众传媒。收购分众无线、玺诚和好耶的失败让江南春对分众传媒的发展路径进行了反思，从而暂停了分众的"并购战车"。之后，分众传媒没有再进行类似的收购活动，分众传媒高速发展的神话也就此画上了句号。

（四）"浑水"做空：对分众并购的质疑

2011年，有"中国概念股猎杀者"之称的调查公司浑水研究（Muddy Water Research，以下简称"浑水"）将矛头指向了分众传媒。

2011年11月21日，浑水研究在发布的研究报告中指出了分众传媒的"三宗罪"，一是LCD显示屏数量被欺骗性地夸大。二是其高溢价收购导致了公司的高亏损：截至2010年年底分众传媒大约16亿美元的收购中累计减记11亿美元，收购资产只剩下5亿美元，总的资产减记额超过分众传媒现有企业价值的1/3，大部分资产减记为0，由此分众累计亏损4.34亿美元。浑水认为分众传媒虚报了根本不存在的收购，并且在并购中故意地支付过高价格。三是分众传媒资产减值不合理、内部交易导致股东亏损。此报告一出，分众传媒股价暴跌，最高跌幅逾60%。11月21日收盘时，分众传媒跌幅达39.49%，报15.43美元，当日成交量较日均量放大近25倍。

尽管最终分众传媒对这些质疑一一作出回应，分众传媒的境遇也没有之前被做空的公司那么惨。但是被浑水做空的事件说明，以江南春为代表的分众团队在企业经营上存在某种冒险的潜质，导致分众传媒进行了一系列投机性的并购，从而造成分众传媒的巨额亏损。

二、案例解析

从当年在纳斯达克风光上市，到现在成为退市规模最大的中国上市公司，分众传媒的衰变不谓不大。其退市和阿里巴巴的退市不可同日而语。阿里巴巴是为了寻求战略的转型，而分众传媒退市的主要原因是之前一系列并购失误以及现有业务已面临天花板。这样的处境使得其在资本市场上的活动空间越来越小，资本市场的融资作用已经不复存在。

（一）初期并购成功源于产生协同效应

分众传媒前期并购是非常成功的，主要是因为协同效应的存在。从具体经营上来看，初期并购对分众传媒的发展主要有以下两个方面的作用。

1. 迅速垄断细分市场资源，降低成本费用

在纳斯达克上市之后，分众传媒启动了对竞争对手的并购行为，并购后分众传媒的运营成本大大降低，如合并遏制了过去和聚众争夺楼宇资源而使得楼宇进场租金飙升的势头，并使有些虚高的租金回复到一个合理的水平。花旗银行分析师 Jason Brueschke 估计仅仅在进场租金方面节省的成本可达 2 000 万美元。此外，分众、聚众整合后得以裁员 15%，大幅降低了人力资源成本。

2. 提高市场份额，获取超额利润

在户外新媒体行业，市场份额的上升可以有效提高公司知名度、增强公司与广告主的议价能力从而获取超额利润。

通过一系列的并购，分众传媒在电梯广告的市场份额超过 90%。在获取电梯广告市场绝对垄断的地位后，分众传媒采取的策略便是持续提高广告价格，其电梯广告平均投放价格从 2006 年的 480 元左右提高到 2007 年的 640 元左右，毛利率从 50% 提升到 70%，获取大量的垄断利润。

分众传媒完成了对竞争对手聚众传媒的收购后，其视频广告覆盖中国近 75 个城市，3 万多栋楼宇，共计 6 万个显示屏，市场占有率高达 96.5%。分众传媒赢得了强大的楼宇广告的定价权，将价格平均提高 10% 以上。

（二）分众传媒后期发展：为"并购"而"并购"

在后期，分众传媒并购流于滥购，产生了反效果。其具体原因主要有以下几点：

1. 商业模式单一，专注"并购"忽视企业运营

江南春最主要的卖点就是将人们的"无聊"时间利用起来。他认为人们在等电梯坐电梯时会感到"无聊";人们在"无聊"和广告之间必然会选择看电梯广告,因此分众传媒相比于传统媒体而言更具有强制性。

由于分众传媒的联播网一般布局在中高档写字楼、商住公寓、社区等楼宇里,覆盖了将近 6 500 万收入较高、消费能力较强的高端家庭消费者。因此其广告还具有针对性。

强制性和针对性两大主要特征使得分众传媒在创立初期便受到风险投资的强烈青睐,并且上市后在资本市场表现不凡。但是,通过仔细思考可以发现,这种看似完美的广告方式的宣传效果是值得质疑的。人们每天在电梯里面停留的时间较短,尤其对于中高端写字楼商旅人士而言,他们生活节奏非常快,很难认真去看广告。且分众传媒属于纯广告性质,人们一般对广告持有排斥心理。广告心理学之父沃尔特·迪尔·斯科特曾说:不要推销商品,先要"收买"顾客。真正好的广告应该是有吸引人的内容,人们在接受内容感觉有心灵的共鸣后再去接受广告的信息。同时,智能手机的普及使得分众传媒宣称的"强制性"、"针对性"的特征大打折扣。

再者,分众传媒主要是在商业楼宇、卖场等地搭建 LCD 屏来投放广告,但这个市场是有限的。中国中高端商业楼宇只有那么多,前些年分众传媒通过一系列并购和扩张已经几乎垄断了整个市场。因此它很难再找到新的业务增长点。这使得分众传媒很难沿着老路走下去。

2. 过分依赖资本的力量,企业跌入多元化并购陷阱

分众传媒在整个发展过程中从来不缺少资本,但它却走向另一个极端,过分依靠资本的力量,为了"并购"而去进行并购。分众传媒这种依靠资本来实现迅速扩张的增长模式没有任何技术含量,容易被竞争对手所模仿。分众后期的一系列并购不仅没有产生预期的经济效益的提高,反而使企业跌入多元化陷阱,最终不得不将这些包袱一一甩掉,代价惨重。

3. 高溢价收购导致日后亏损严重

分众传媒收购活动中的很大一部分为高溢价收购。例如,为获得玺诚传媒 100% 的股份,分众支付 1.684 亿美元现金,收购价格相当于玺诚传媒 2008 年调整后每股收益预期的 17.5 倍。据"浑水"调查报告显示：截至 2010 年年底，分众传媒所有收购的累计总成本为 15.84 亿美元，累计亏损为 10.60 亿美元。对被收购企业的市场前景过于乐观，从而支付了较高收购价格，是分众传媒并购失败主要的原因之一。

4. 缺乏并购后的有效整合，协同效应已不复存在

分众传媒初期并购的框架媒介和聚众传媒是相当成功的，其中主要的一个原因就是被并购公司的商业模式和主营业务与分众传媒非常相似。分众、框架、聚众都是在做楼宇电梯间广告，因此，当年分众传媒在并购后两者时，尚未显现并购整合上的缺失。

分众传媒后期通过一系列并购进入了卖场、手机和互联网市场，这 3 个市场和楼宇电梯市场的运营模式差别较大，团队的风格也各不相同。由于缺乏对被收购公司的有效整合，公司运营出现了一系列问题，包括分众无线通过给消费者发送垃圾短信来获利的行为存在道德问题；玺诚被收购后仍然是原来的团队来负责运营，在 2008 年业绩表现极差；而收购好耶之后，分众传媒也并没有达成对互联网广告市场预料中的控制。可以说分众传媒在三大新媒体平台上并没有实现当年收购框架媒介和聚众传媒类似的协同作用。

三、思考与启示

分众传媒隶属于传媒业，由于媒体资源是有限的，如何在短时间内控制大量媒体资源成为企业竞相追逐的目标，而实现这一目标最直接而有效的手段便是并购。因此，从传媒业的特征来看，也就不难理解为什么分众传媒自建立以来一直热衷于并购了。尽管分众传媒从纳斯达克退市，再无当日风光，但我们不能全盘否定并购，而应透过分众传媒和传媒业，去思考对于民营企业而言，应该如何成功地进行并购。

（一）从经营战略的角度选取目标企业

不管是企业的生产经营还是资本运营，最终都要为实现企业战略目标服务。经营战略与资本运作是主仆关系、服务与被服务关系，有效的并购活动必须具有整体的战略设计，强调的是核心能力，目的是补充血液，最终是做大做强做久，不是为了短期的炒作或者短期的利益。因此，企业应当对自己的长期战略有一个规划，并在这一战略规划下不断拓展新业务，实现自身的成长。

实际上，江南春曾自己总结其并购原则为："并购只有几点，第一是一个中心，这个并购是可以对股东创造价值的、增值的，而不是稀释的。第二是符合两大战略，更广泛战略、更深入细分战略。第三是符合新媒体未来趋势。如果这些都符合，我们一定会坚决地展开并购。"江南春在他的并购原则里强调的 3 个词，一个是增值，一个是战略，还有一个是趋势。这三个词加在一起就构成了分众传媒的并购理念。但让人遗憾的是，在后期并购中，江南春和他的分众传媒忽略了第二项并购原则。

更关键的是，由于分众为了应对资本市场胃口，其并购需求急迫，几乎成为一个并购工厂的标准流水线，许多项目谈判不到一个月就成交。创业圈甚至出现"为分众创业"的口号，知道分众要买，就开家公司让分众买，开公司的目的不是为了创业，而是为了向分众圈钱。江南春后来深自反省，认为错在"为并购而并购"，并购时更多想着资本市场反应，迷失在虚幻的成长前景上，忽略了客户需求。

在分众传媒的案例中，一个重要失误是多元化战略的过早引入，这也是中国相当一部分民营企业常犯的错误。对于民营企业来说，要想成功地实施扩张战略，关键是必须处理好多元化经营战略和专业化经营战略之间的均衡关系，也就是要把握好企业"做大"和"做强"之间的尺度。

在我国，由于大部分民营企业总体实力还不够强，即使一些大的企业集团与国外企业相比差距也很大，我国企业的专业化协作还没有得到充分发展。在这种情况下，在一定时期内，民营企业应把主要力量放在专业化经营上面，不应急于进行多元化发展。各个企业在自己有优势的领域内进行专业化经营，集中使用技术、设备、资金等力量从事单一产业，这样更容易产生比较明显的经济效益。随着民营企业内外部经济条件的成熟，可以在进行专业化经营的基础上，向与企业的主导产品相关的行业渗透、拓展，适当发展多元化经营。

（二）为并购支付一个合理的价格

导致企业并购成功率低的一个主要原因是高成本收购。企业为并购支付的成本一般由两部分组成，一部分是收购过程中付出的对价，另一部分则是计划外的整合费用。并购后的整合工作是相当大的，如果前期没有合理的预算，会导致后期资金链的困难。在许多并购活动中，企业往往过于自负，对被收购公司的赢利能力过于乐观，因此出价慷慨。企业还往往只考虑到并购当时付出的成本，没有考虑后期的整合费用。高溢价收购极易导致企业日后的财务风险，累及并购双方。

在并购交易的定价上，企业应当进行充分和谨慎的调查，使获得的信息客观、准确而充分。在此基础上对目标企业的价值作出一个合理的估计，并通过向专业评估机构咨询来了解合适的交易价格范围。如果这些工作做不好的话，很可能会导致高溢价收购。

（三）做好并购之后的整合工作

并购协议的签订并不意味着并购活动的结束，相反，大量的并购整合工作才刚刚开始。并购后的整合过程是非常重要的。根据一些投资银行的经验，实行有效的并购后整合，通常会使并购成功率提高20%。并购后要做到有效整合一般要处理好以下几个方面。

1. 经营战略的整合

并购包括兼并和收购，无论采取何种并购方式，并购后的企业都存在一个企业内部的战略同创过程。这一过程可以通过 3 种方式实现：一是将并购企业的经营战略延伸到被并购企业，使得被并购企业执行并购企业的经营战略，以实现双方经营战略的统一；二是保留被并购企业的经营战略，同时拓展并购企业的经营战略，使其包含被并购企业的经营战略；第三种方式是根据并购后双方的企业状况重新制定企业经营战略。由于一个企业并购的其他企业不在少数，采用第三种方式的企业经营战略的稳定性较弱。

一般而言，并购的发生往往会给双方企业带来一定程度的混乱，但是从另一个角度来看，这也是一个相当难得的机会，如果利用得好，就能带给企业变革的机会。经营战略整合可以带来企业在经营发展、产品结构、市场营销、资本运作等方面的重构和协调。通过对被并购企业的经营战略进行有效的整合，使其符合整个企业的发展战略，使整个企业中的各个业务单位之间形成一个相互关联、互相配合的战略体系，才能使收购方与被收购企业配合、融合，发挥战略协同作用，从而促进整个企业的发展。

2. 企业文化的整合

企业文化是指在特定的社会经济条件下，通过社会实践所形成的并为全体成员遵循的共同意识、价值观念、职业道德、行为规范和准则的总和。由于并购前两个企业在这些方面存在非常大的差异，差异会形成冲突，影响企业的并购绩效。而有效的文化整合恰恰是解决文化冲突的根本之法。并购整合中难度最大的部分也是文化整合。

文化整合不是一个以并购企业的文化代替被并购企业文化的简单过程。它包括 4 种模式：输出式、渗透式、吸收式、分离式。

输出式是当并购企业的企业文化强于被并购企业时，并购企业通过宣传、培训、制定新制度、考核等方式，向被并购企业输出自身文化。这种方式的优点是可以实现并购企业文化的连贯性，但是容易受到被并购企业员工的抵触。

渗透式是在双方企业文化各具优势、各有不足的情形下，首先分析各自文化的优劣，取长补短，各取其优，培育出新的企业文化。这种方式阻力较小，但是成本较高。

吸收式是在被并购企业具有成熟的企业文化，而并购企业的企业文化较弱的情况下，所采取的文化整合方式。这种整合在高速成长的新兴企业并购优秀传统企业时比较常见。

分离式是指双方的文化基本无变动，并购方与被并购方在文化上保持独立。这种模式的前提是并购双方均有较强的优质企业文化，且并购后双方接触机会不多，不会因为文化不一致产生较大的矛盾冲突。

江南春在频繁的收购之后，之所以身陷窘境，部分原因就在于江南春始终局限于分众"超级 Sales"角色而忽视内部管理文化建设，没有完成由创业者向企业家的转型。

3. 人力资本的整合

虽然并购主要涉及的是法律和资金问题，但并购后的整合主要的还是解决人的问题，整合的有效性很大程度上取决于并购企业能否保留人才以及充分发挥人才的作用。并购过程中的人力资源整合比一般的人力资源管理更为复杂，被并购方的员工往往将并购看作是一种威胁，进而产生"并购情绪综合征"，这主要表现为：紧张、焦虑、满意度下降、自我保护、信任度下降等负面心理状态，以及由此引发的生理变化。并购企业如果忽略了对人的因素的关注，没有足够的手段来消除"并购情绪综合征"，就会导致关键人员的流失。并购后的整合是一个系统工程，其中要做好人力资本的整合，必须做好以下 3 件事情。

首先，要积极与被并购企业员工沟通，消除其负面情绪，并通过向员工传达并购的意义来获得员工的理解和支持。

其次，要尽力保留被并购企业的关键人才。美国思科公司的总裁钱伯斯认为：衡量兼并成功与否，最重要的就是看 2—3 年之后是否留住了被兼并公司的人才。对一个企业的并购与其说是并购它的有形设备，不如说是并购其优秀的人力资源，这对于高科技产业尤为重要。而想要留住被并购企业的人才，需要对有用人才进行妥善安排，防止出现大材小用的情况。

还要了解并尽力满足他们的真正需求，以留住其心。

第三，需要重新确定人事结构。两个公司合并后必然会出现一定的人员重叠，这就需要对原有的人事结构进行调整。在调整过程中应充分考虑新的公司战略和企业文化，以及岗位需求和人员能力的匹配。重新确定人事结构可能涉及相关的裁员问题，如果对裁员的时机与火候把握不好，就会导致并购方与被并购方员工产生较大的矛盾和冲突。

人力资源整合成功与否同有关人员的信誉密切相关。分众传媒董事长江南春在经历过诸多收购案例后总结道，购买资源的公司成功几率较高，如框架传媒就为分众传媒带来高档公寓电梯间平面媒体资源；购买人才或者说团队的公司，则容易失败。原因之一是不少中国公司创始人信誉不够好。如互联网广告公司好耶被分众传媒收购后，有多位创始团队成员或高管出走创办竞争性公司，最后分众传媒被迫赔本卖掉了好耶。

（南开大学现代管理研究所　李亚、陈敏慧、黄积武）

参考文献

[1] 毛学麟：《并购—垄断—掌握定价权分众整合术》，《新财富》2008 年第 4 期。

[2] 何晓晴：《分众传媒，找个亮点"卖"自己》，《民营经济报》2005 年 7 月 25 日。

[3] 黑马：《分众传媒完成私有化交易已申请暂停股票交易》，和讯网 2013 年 5 月 24 日。

[4] 林涛：《分众的并购经：江南春如何让并购和市值增长互相促进》，《中国企业家》2008 年第 1 期。

[5] 权李园：《楼宇电视，分耶聚耶?》，《南方论刊》2008 年第 9 期。

[6] 谢灵宁、刘获、许悦：《浑水与分众：谁在内幕交易》，《第一财经周刊（上海）》2011 年第 52 期。

[7] 徐洁云：《分众私有化：江南春的资本腾挪轮回》，《第一财经日报》2012 年 8 月 15 日。

[8] 吴小我：《分众剥离好耶："并购狂人"的赔本买卖》，《中国企业家》2010 年第 8 期。

附　录

企业境外投资政策汇编
（2013—2015）

文号	发文日期	名称
国务院及国务院办公厅		
国发〔2013〕2 号	2013 年 1 月 1 日	国务院关于印发能源发展"十二五"规划的通知
国办发〔2013〕22 号	2013 年 3 月 26 日	国务院办公厅关于实施《国务院机构改革和职能转变方案》任务分工的通知
国办发〔2013〕67 号	2013 年 7 月 1 日	国务院办公厅关于金融支持经济结构调整和转型升级的指导意见
国发〔2013〕24 号	2013 年 7 月 4 日	国务院关于促进光伏产业健康发展的若干意见
国发〔2013〕29 号	2013 年 7 月 31 日	国务院关于印发船舶工业加快结构调整促进转型升级实施方案（2013—2015 年）的通知
国发〔2013〕30 号	2013 年 8 月 1 日	国务院关于加快发展节能环保产业的意见
国办发〔2013〕87 号	2013 年 8 月 8 日	国务院办公厅关于金融支持小微企业发展的实施意见
国发〔2013〕38 号	2013 年 9 月 18 日	国务院关于印发中国（上海）自由贸易试验区总体方案的通知

国发〔2013〕40号	2013年9月28日	国务院关于促进健康服务业发展的若干意见
国发〔2013〕41号	2013年10月6日	国务院关于化解产能严重过剩矛盾的指导意见
国发〔2013〕47号	2013年12月2日	国务院关于发布政府核准的投资项目目录（2013年本）的通知
国发〔2013〕51号	2013年12月21日	国务院关于在中国（上海）自由贸易试验区内暂时调整有关行政法规和国务院文件规定的行政审批或者准入特别管理措施的决定
国办发〔2014〕19号	2014年5月4日	国务院办公厅关于支持外贸稳定增长的若干意见
国办发〔2014〕31号	2014年6月7日	国务院办公厅关于印发能源发展战略行动计划（2014—2020年）的通知
国发〔2014〕52号	2014年10月31日	国务院关于扶持小型微型企业健康发展的意见
国发〔2014〕53号	2014年10月31日	国务院关于发布政府核准的投资项目目录（2014年本）的通知
国发〔2014〕60号	2014年11月26日	国务院关于创新重点领域投融资机制鼓励社会投资的指导意见
国发〔2015〕8号	2015年1月28日	国务院关于加快发展服务贸易的若干意见
国发〔2015〕9号	2015年2月12日	国务院关于加快培育外贸竞争新优势的若干意见
国发〔2015〕10号	2015年3月3日	国务院关于完善出口退税负担机制有关问题的通知
国发〔2015〕12号	2015年3月10日	国务院关于在广东省对香港、澳门服务提供者暂时调整有关行政审批和准入特别管理措施的决定
国发〔2015〕16号	2015年4月1日	国务院关于改进口岸工作支持外贸发展的若干意见
国发〔2015〕18号	2015年4月8日	国务院关于印发中国（广东）自由贸易试验区总体方案的通知

国发〔2015〕19 号	2015 年 4 月 8 日	国务院关于印发中国（天津）自由贸易试验区总体方案的通知
国发〔2015〕20 号	2015 年 4 月 8 日	国务院关于印发中国（福建）自由贸易试验区总体方案的通知
国发〔2015〕21 号	2015 年 4 月 8 日	国务院关于印发进一步深化中国（上海）自由贸易试验区改革开放方案的通知
国办发〔2015〕23 号	2015 年 4 月 20 日	国务院办公厅关于印发自由贸易试验区外商投资准入特别管理措施（负面清单）的通知
国发〔2015〕25 号	2015 年 5 月 11 日	国务院关于税收等优惠政策相关事项的通知
国发〔2015〕30 号	2015 年 5 月 13 日	国务院关于推进国际产能和装备制造合作的指导意见
国发〔2015〕28 号	2015 年 5 月 8 日	国务院关于印发《中国制造 2025》的通知
国办发〔2015〕46 号	2015 年 6 月 20 日	国务院办公厅关于促进跨境电子商务健康快速发展的指导意见
国发〔2015〕40 号	2015 年 7 月 1 日	国务院关于积极推进"互联网+"行动的指导意见
国办发〔2015〕55 号	2015 年 7 月 22 日	国务院办公厅关于促进进出口稳定增长的若干意见
发改委		
发改委令第 9 号	2014 年 5 月 8 日	境外投资项目核准和备案管理办法
发改委令第 11 号	2014 年 6 月 14 日	政府核准投资项目管理办法
发改委令第 12 号	2014 年 6 月 17 日	外商投资项目核准暂行管理办法
商务部		
商办合函〔2013〕222 号	2013 年 4 月 22 日	商务部办公厅关于加强"走出去"信息报送工作的通知

商办合函〔2013〕253 号	2013 年 5 月 6 日	商务部办公厅关于启用对外投资合作在外人员信息管理系统的通知
商合发〔2013〕第 248 号	2013 年 9 月 17 日	商务部等 9 部门关于印发《对外投资合作和对外贸易领域不良信用记录试行办法》的通知
商合函〔2013〕874 号	2013 年 10 月 15 日	商务部关于加强对外投资合作在外人员分类管理工作的通知
商合函〔2013〕1016 号	2013 年 12 月 13 日	商务部国家开发银行关于支持境外经济贸易合作区建设发展有关问题的通知
商务部令 2014 年第 3 号	2014 年 10 月 6 日	境外投资管理办法
商办合函〔2014〕756 号	2014 年 11 月 27 日	商务部办公厅关于发布《对外投资合作在外人员培训教材》的通知
商合函〔2014〕976 号	2015 年 1 月 4 日	商务部关于印发《对外承包工程业务统计制度》和《对外劳务合作业务统计制度》的通知
商合函〔2015〕6 号	2015 年 1 月 21 日	商务部国家统计局国家外汇管理局关于印发《对外直接投资统计制度》的通知
税务总局		
税总函〔2014〕239 号	2014 年 6 月 4 日	关于贯彻落实《国务院办公厅关于支持外贸稳定增长的若干意见》的通知
税总函〔2014〕298 号	2014 年 6 月 25 日	关于支持中国（上海）自由贸易试验区创新税收服务的通知
国家税务总局公告 2014 年第 40 号	2014 年 7 月 4 日	关于发布《纳税信用管理办法（试行）》的公告
国家税务总局公告 2014 年第 42 号	2014 年 7 月 4 日	关于国际货物运输代理服务有关增值税问题的公告
财税〔2014〕81 号	2014 年 10 月 31 日	关于沪港股票市场交易互联互通机制试点有关税收政策的通知
国家税务总局公告 2014 年第 67 号	2014 年 12 月 7 日	关于发布《股权转让所得个人所得税管理办法（试行）》的公告

财税〔2014〕118号	2014 年 12 月 30 日	关于支持文化服务出口等营业税政策的通知
国家税务总局公告 2015 年第 2 号	2015 年 3 月 1 日	关于发布《出口退（免）税企业分类管理办法》的公告
国家税务总局公告 2015 年第 16 号	2015 年 3 月 18 日	关于企业向境外关联方支付费用有关企业所得税问题的公告
税总函〔2015〕184号	2015 年 3 月 31 日	关于进一步做好出口退税工作的通知
税总发〔2015〕60号	2015 年 4 月 21 日	关于落实"一带一路"发展战略要求做好税收服务与管理工作的通知
税总函〔2015〕241号	2015 年 5 月 5 日	关于贯彻落实《国务院关于加快发展服务贸易的若干意见》的通知
国家税务总局公告 2015 年第 43 号	2015 年 6 月 8 日	关于发布《税收减免管理办法》的公告
税总函〔2015〕327号	2015 年 6 月 18 日	关于做好居民企业报告境外投资和所得信息工作的通知
国家税务总局公告 2015 年第 47 号	2015 年 6 月 19 日	关于境内机构向我国银行的境外分行支付利息扣缴企业所得税有关问题的公告
税总函〔2015〕440号	2015 年 8 月 11 日	关于贯彻落实《国务院办公厅关于促进进出口稳定增长的若干意见》的通知
海关总署		
联合公告〔2013〕16号	2013 年 1 月 22 日	关于《出入境检验检疫机构实施检验检疫的进出境商品目录》与 HS 编码联动调整
总署公告〔2013〕34号	2013 年 6 月 28 日	关于给予与我国建交的最不发达国家 95% 税目产品零关税待遇的实施方案
总署公告〔2013〕46号	2013 年 8 月 16 日	关于《中华人民共和国禁止进出境物品表》和《中华人民共和国限制进出境物品表》有关问题解释
总署公告〔2013〕67号	2013 年 12 月 12 日	关于公布《进出境公路运输工具货运舱单电子数据格式》的公告

国科发外〔2014〕77 号	2014 年 3 月 25 日	国家国际科技合作基地评估办法（试行）
总署公告〔2014〕56 号	2014 年 7 月 23 日	关于跨境贸易电子商务进出境货物、物品有关监管事宜的公告
总署公告〔2014〕88 号	2014 年 12 月 8 日	关于原产于萨尔瓦多的产品适用最惠国税率问题的公告
总署公告〔2014〕89 号	2014 年 12 月 9 日	关于电子保函区域通用的公告
总署公告〔2014〕95 号	2014 年 12 月 29 日	关于 2015 年关税实施方案的公告
总署公告〔2015〕8 号	2015 年 3 月 27 日	关于中国瑞士自贸协定经第三方中转货物证明文件提交事宜的公告
总署公告〔2015〕39 号	2015 年 8 月 18 日	关于对进口原产于日本和美国的光纤预制棒征收反倾销税的公告
总署公告〔2015〕44 号	2015 年 8 月 28 日	关于环氧氯丙烷反倾销措施中美国企业权利义务变更事项的公告
科技部		
国科发外〔2014〕163 号	2014 年 6 月 18 日	关于 2014 年度中小企业发展专项资金中欧国际合作项目立项的通知

现行外汇管理主要法规目录
（截至 2015 年 6 月 30 日）

一、综合（24 项）

（一）基本法规

1. 中华人民共和国外汇管理条例　国务院令第 532 号
2. 境内机构外币现钞收付管理暂行办法　（96）汇管函字第 211 号
3. 境内外汇划转管理暂行规定　（97）汇管函字第 250 号
4. 个人外汇管理办法　中国人民银行令 2006 年第 3 号
5. 个人外汇管理办法实施细则　汇发〔2007〕1 号
6. 国家外汇管理局关于印发《海关特殊监管区域外汇管理办法》的通知　汇发〔2013〕15 号
7. 国家外汇管理局关于加强外汇资金流入管理有关问题的通知汇发〔2013〕20 号
8. 国家外汇管理局关于印发《跨国公司外汇资金集中运营管理规定（试行）》的通知　汇发〔2014〕23 号

（二）账户管理

1. 境内外汇账户管理规定　银发〔1997〕416号

2. 境外外汇账户管理规定　（97）汇政发字第10号

3. 国家外汇管理局综合司关于驻华使领馆经常项目外汇账户管理有关问题的通知　汇综发〔2007〕114号

4. 国家外汇管理局关于对公外汇账户业务涉及有关外汇管理政策问题的批复　汇复〔2007〕398号

5. 国家外汇管理局综合司关于驻华外交机构外汇业务有关问题的批复　汇综复〔2008〕53号

6. 国家外汇管理局关于境外机构境内外汇账户管理有关问题的通知　汇发〔2009〕29号

（三）行政许可

1. 国务院关于第五批取消和下放管理层级行政审批项目的决定　国发〔2010〕21号

2. 国务院关于第六批取消和调整行政审批项目的决定　国发〔2012〕52号

3. 国务院关于取消和下放一批行政审批项目的决定　国发〔2014〕5号

4. 国家外汇管理局关于外汇管理行政审批有关工作事项的通知　汇发〔2015〕31号

（四）其他

1. 国家外汇管理局来信来访制度　汇发〔1999〕346号

2. 关于规范外汇业务重要凭证、审批核准、档案管理的指导意见　汇发〔2004〕1号

3 国家外汇管理局关于印发《国家外汇管理局政府信息公开指南》、《国家外汇管理局政府信息公开目录》、《国家外汇管理局依申请公开政府信息工作规程》的通知　汇发〔2008〕12 号

4.国家外汇管理局法律咨询工作管理规定　汇综发〔2009〕106 号

5.国家外汇管理局综合司关于办理二氧化碳减排量等环境权益跨境交易有关外汇业务问题的通知　汇综发〔2010〕151 号

6.国家外汇管理局关于废止和修改涉及注册资本登记制度改革相关规范性文件的通知　汇发〔2015〕20 号

二、经常项目外汇管理（26 项)

（一）经常项目综合

1.国家外汇管理局关于免税商品外汇管理有关问题的通知　汇发〔2006〕16 号

2.国家外汇管理局关于调整经常项目外汇管理政策的通知　汇发〔2006〕19 号

3.经常项目外汇账户和境内居民个人购汇操作规程　汇综发〔2006〕32 号

4.国家外汇管理局关于境内机构自行保留经常项目外汇收入的通知　汇发〔2007〕49 号

5.国家外汇管理局关于改进海关特殊监管区域经常项目外汇管理有关问题的通知　汇发〔2013〕22 号

6.国家外汇管理局关于开展支付机构跨境外汇支付业务试点的通知　汇发〔2015〕7 号

（二）货物贸易外汇管理

1. 国家外汇管理局综合司关于商业银行办理黄金进出口收付汇有关问题的通知　汇综发〔2012〕85 号

2. 国家外汇管理局海关总署国家税务总局关于货物贸易外汇管理制度改革的公告　国家外汇管理局公告 2012 年第 1 号

3. 国家外汇管理局关于印发货物贸易外汇管理法规有关问题的通知　汇发〔2012〕38 号

4. 国家外汇管理局综合司关于做好货物贸易外汇管理应急工作有关问题的通知　汇综发〔2012〕123 号

5. 中华人民共和国海关总署国家外汇管理局公告　2013 年第 52 号

6. 国家外汇管理局关于完善银行贸易融资业务外汇管理有关问题的通知　汇发〔2013〕44 号

（三）边境贸易

1. 国家外汇管理局关于边境地区贸易外汇管理有关问题的通知　汇发〔2014〕12 号

（四）服务贸易外汇管理

1. 国家外汇管理局关于外币旅行支票代售管理等有关问题的通知　汇发〔2004〕15 号

2. 国家外汇管理局关于境内机构捐赠外汇管理有关问题的通知　汇发〔2009〕63 号

3. 国家外汇管理局关于印发服务贸易外汇管理法规的通知　汇发〔2013〕30 号

4. 国家税务总局国家外汇管理局关于服务贸易等项目对外支付税务备案有关问题的公告　国家税务总局国家外汇管理局公告 2013 年第 40 号

（五）个人经常项目外汇管理

1. 国家外汇管理局综合司关于规范银行个人结售汇业务操作的通知　汇综发 [2007] 90 号

2. 国家外汇管理局关于进一步完善个人结售汇业务管理的通知　汇发 [2009] 56 号

3. 个人结售汇管理信息系统应急预案　汇综发 [2008] 49 号

4. 电子银行个人结售汇业务管理暂行办法　汇发 [2011] 10 号

5. 国家外汇管理局关于银行开办电子渠道个人结售汇业务试行个人分拆结售汇"关注名单"管理的通知　汇发 [2011] 41 号

6. 国家外汇管理局综合司关于规范电子银行个人结售汇业务接入审核工作的通知　汇综发 [2013] 77 号

（六）外币现钞与外币计价管理

1. 携带外币现钞出入境管理暂行办法　汇发 [2003] 102 号

2. 携带外币现钞出入境管理操作规程　汇发 [2004] 21 号

3. 国家外汇管理局海关总署关于印发《银行调运外币现钞进出境管理规定》的通知　汇发 [2014] 24 号

三、资本项目外汇管理（80 项）

（一）资本项目综合

1. 国家外汇管理局关于下放部分资本项目外汇业务审批权限有关问题的通知　汇发 [2005] 63 号

2. 国家外汇管理局关于调整部分资本项目外汇业务审批权限的通知　汇发 [2010] 29 号

3. 国家外汇管理局关于鼓励和引导民间投资健康发展有关外汇管理问题的通知 汇发 [2012] 33 号

4. 国家外汇管理局关于财务公司账户数据接口规范的通知 汇发 [2012] 55 号

5. 国家外汇管理局关于推广资本项目信息系统的通知 汇发 [2013] 17 号

6. 国家外汇管理局综合司关于印发《资本项目外汇业务操作指引 [2013 年版]》的通知 汇综发 [2013] 80 号

7. 国家外汇管理局关于进一步改进和调整资本项目外汇管理政策的通知 汇发 [2014] 2 号

（二）外商直接投资外汇管理

基本法规

1. 利用外资改组国有企业暂行规定 国家经济贸易委员会、财政部、国家工商行政管理总局、国家外汇管理局令 2002 年第 42 号

2. 外商投资创业投资企业管理规定 对外贸易经济合作部、科学技术部、国家工商行政管理总局、国家税务总局、国家外汇管理局令 2003 年第 2 号

3. 外国投资者对上市公司战略投资管理办法 商务部、中国证券监督管理委员会、国家税务总局、国家工商行政管理总局、国家外汇管理局令 2005 年第 28 号

4. 关于外国投资者并购境内企业的规定 商务部、国务院国有资产监督管理委员会、国家税务总局、国家工商行政管理总局、中国证券监督管理委员会、国家外汇管理局令 2006 年第 10 号

5. 国家外汇管理局关于进一步改进和调整直接投资外汇管理政策的通知 汇发 [2012] 59 号

6. 国家外汇管理局关于印发《外国投资者境内直接投资外汇管理规定》

及配套文件的通知　汇发〔2013〕21号

7.国家外汇管理局关于进一步简化和改进直接投资外汇管理政策的通知　汇发〔2015〕13号

8.国家外汇管理局关于改革外商投资企业外汇资本金结汇管理方式的通知　汇发〔2015〕19号

年检

1.财政部国家外汇管理局关于加强外商投资企业外汇审计工作的通知　财外字〔1998〕607号

2.对外贸易经济合作部国家经济贸易委员会财政部海关总署国家税务总局国家工商行政管理局国家外汇管理局关于对外商投资企业实行联合年检实施方案的通知　〔1998〕外经贸资发第938号

其他

1.国家外汇管理局建设部关于规范房地产市场外汇管理有关问题的通知　汇发〔2006〕47号

2.建设部商务部国家发展和改革委员会中国人民银行国家工商行政管理总局国家外汇管理局关于规范房地产市场外资准入和管理的意见　建住房〔2006〕171号

3.住房和城乡建设部国家外汇管理局关于进一步规范境外机构和个人购房管理的通知　建房〔2010〕186号

4.商务部外汇局关于改进外商投资房地产备案工作的通知　商资函〔2014〕340号

（三）境外投资外汇管理

1.国家外汇管理局关于境内企业境外放款外汇管理有关问题的通知　汇发〔2009〕24号

2.境内机构境外直接投资外汇管理规定　汇发〔2009〕30号

3. 商务部国家外汇管理局关于境外投资联合年检工作有关事项的通知　商合函〔2009〕60号

4. 国家外汇管理局关于境内银行境外直接投资外汇管理有关问题的通知　汇发〔2010〕31号

5. 国家外汇管理局关于境内居民通过特殊目的公司境外投融资及返程投资外汇管理有关问题的通知　汇发〔2014〕37号

（四）境外融资及有价证券管理

境外发债及上市

1. 国务院办公厅转发国家计委、人民银行关于进一步加强对外发债管理意见的通知　国办发〔2000〕23号

2. 国家外汇管理局关于境外上市外汇管理有关问题的通知　汇发〔2014〕54号

套期保值

1. 国有企业境外期货套期保值业务管理办法证　监发〔2001〕81号

2. 国家外汇管理局关于国有企业境外期货套期保值业务外汇管理有关问题的通知　汇发〔2013〕25号

其他

1. 国家外汇管理局关于调整境内发行B股和境外上市股票外汇专用账户的开立和募股收入结汇审批权限的通知　汇发〔1999〕380号

2. 中国人民银办公厅关于A股上市公司外资股东减持股份及分红所涉账户开立与外汇管理有关问题的通知　银办发〔2009〕178号

3. 国家外汇管理局综合司关于境内个人投资B股购汇有关问题的批复　汇综复〔2011〕148号

4. 国家外汇管理局关于重庆长安汽车股份有限公司回购B股股份购汇额度等外汇管理事项的批复　汇复〔2012〕21号

（五）证券市场投资外汇管理

境内证券市场投资外汇管理

1. 合格境外机构投资者境内证券投资管理办法　中国证券监督管理委员会中国人民银行国家外汇管理局令 2006 年第 36 号

2. 合格境外机构投资者境内证券投资外汇管理规定　国家外汇管理局公告〔2009〕第 1 号（根据国家外汇管理局公告〔2012〕第 2 号修改）

3. 国家外汇管理局综合司关于绿庭（香港）有限公司减持 A 股资金管理有关问题的批复　汇综复〔2010〕58 号

4. 国际开发机构人民币债券发行管理暂行办法　中国人民银行财政部国家发展和改革委员会中国证券监督管理委员会公告〔2010〕第 10 号

5. 人民币合格境外机构投资者境内证券投资试点办法　中国证券监督管理委员会中国人民银行国家外汇管理局令 2013 年第 90 号

6. 国家外汇管理局关于人民币合格境外机构投资者境内证券投资试点有关问题的通知　汇发〔2013〕9 号

境外证券市场投资外汇管理

1. 商业银行开办代客境外理财业务管理暂行办法　银发〔2006〕121 号

2. 保险资金境外投资管理暂行办法　中国保险监督管理委员会、中国人民银行、国家外汇管理局令 2007 年第 2 号

3. 信托公司受托境外理财业务管理暂行办法　银监发〔2007〕27 号

4. 合格境内机构投资者境外证券投资外汇管理规定　国家外汇管理局公告 2013 年第 1 号

（六）外债及对外担保管理

基本法规

1. 国家外汇管理局关于印发《银行外汇业务管理规定》等规章的通

知　附件：境内机构借用国际商业贷款管理办法（97）汇政发字第 06 号

2. 外债管理暂行办法　国家发展计划委员会、财政部、国家外汇管理局令 2003 年第 28 号

3. 境内外资银行外债管理办法　国家发展和改革委员会中国人民银行中国银行业监督管理委员会令 2004 年第 9 号

4. 境内金融机构赴香港特别行政区发行人民币债券管理暂行办法　中国人民银行、国家发展改革委员会公告 2007 年第 12 号

外债统计与管理

1. 外债统计监测暂行规定　1987 年 8 月 27 日（出自国家外汇管理局网站）

2. 国家外汇管理局关于印发《银行外汇业务管理规定》等规章的通知　附件：外债统计监测实施细则 [97] 汇政发字第 06 号

3. 国家计委中国人民银行国家外汇管理局关于国有商业银行实行中长期外债余额管理的通知　计外资 [2000] 53 号

4. 国家外汇管理局关于调整我国外债口径及相关问题的通知　汇发 [2001] 174 号

5. 国家外汇管理局关于下发 2010 年度短期外债余额指标有关问题的通知　汇发 [2010] 18 号

6. 国家外汇管理局关于核定 2011 年度境内机构短期外债余额指标有关问题的通知　汇发 [2011] 14 号

7. 国家外汇管理局关于核定 2012 年度境内机构短期外债余额指标有关问题的通知　汇发 [2012] 12 号

8. 国家外汇管理局关于核定 2013 年度境内机构短期外债余额指标有关问题的通知　汇发 [2013] 6 号

9. 国家外汇管理局关于发布《外债登记管理办法》的通知　汇发 [2013] 19 号

10. 国家外汇管理局关于核定 2014 年度境内机构短期外债余额指标有

关问题的通知　汇发［2014］14 号

11. 国家外汇管理局关于核定 2015 年度境内机构短期外债余额指标有关问题的通知　汇发［2015］14 号

担保

1. 国家外汇管理局关于发布《跨境担保外汇管理规定》的通知　汇发［2014］29 号

2. 中国人民银行公告　［2014］第 13 号

3. 国家外汇管理局关于对部分非银行机构内保外贷业务实行集中登记管理的通知　汇发［2015］15 号

贸易信贷

1. 中国人民银行关于商业银行办理信用证和保函业务有关问题的通知　银发［2002］124 号

外汇贷款

1. 国家外汇管理局关于实施国内外汇贷款外汇管理方式改革的通知　汇发［2002］125 号

2. 境内企业内部成员外汇资金集中运营管理规定　汇发［2009］49 号

3. 国家外汇管理局关于境内企业外汇质押人民币贷款政策有关问题的通知　汇发［2011］46 号

4. 国家外汇管理局关于印发《外债转贷款外汇管理规定》的通知　汇发［2014］5 号

（七）个人资本项目外汇管理

资产转移

1. 个人财产对外转移售付汇管理暂行办法　中国人民银行公告 2004 年第 16 号

2.《个人财产对外转移售付汇管理暂行办法》操作指引［试行］　汇发［2004］118 号

3. 国家外汇管理局外交部公安部监察部司法部关于实施《个人财产对外转移售付汇管理暂行办法》有关问题的通知　汇发［2005］9号

4. 国家税务总局国家外汇管理局关于个人财产对外转移提交税收证明或者完税凭证有关问题的通知　国税发［2005］13号

证券投资

1. 国家外汇管理局中国证券监督管理委员会关于国内证券经营机构从事B股交易有关问题的通知　［95］汇管函字第140号

2. 中国证券监督管理委员会国家外汇管理局关于境内居民个人投资境内上市外资股若干问题的通知　证监发［2001］22号

3. 国家外汇管理局关于贯彻实施《关于境内居民个人投资境内上市外资股若干问题的通知》中有关问题的通知　汇发［2001］26号

4. 国家外汇管理局关于境内居民投资境内上市外资股有关问题的补充通知　汇发［2001］31号

5. 国家外汇管理局关于贯彻实施《关于境内居民个人投资境内上市外资股若干问题的通知》中有关问题的补充通知　汇发［2001］32号

6. 国家外汇管理局关于境内居民个人外汇存款投资B股市场有关问题的补充通知　汇发［2001］33号

7. 国家外汇管理局关于境内个人投资者B股投资收益结汇有关问题的批复　汇复［2007］283号

8. 国家外汇管理局关于境内个人参与境外上市公司股权激励计划外汇管理有关问题的通知　汇发［2012］7号

外汇质押人民币贷款

1. 国家外汇管理局关于境内居民个人以外汇抵押人民币贷款政策问题的通知　汇发［2003］2号

四、金融机构外汇业务监管（42 项）

（一）基本法规

1. 国家外汇管理局关于下发《银行外汇业务管理规定》和《非银行金融机构外汇业务管理规定》的补充规定的通知　附件：关于非银行金融机构外汇业务管理的相关规定　[93] 汇业函字第 83 号

2. 非银行金融机构外汇业务范围界定　[96] 汇管函字第 142 号

3. 关于规范金融机构同业业务的通知　银发 [2014] 127 号

4. 国家外汇管理局关于修订《银行执行外汇管理规定情况考核办法》相关事宜的通知　汇发 [2015] 26 号

（二）银行结售汇业务

银行结售汇业务

1. 国家外汇管理局关于境外黄金借贷和衍生产品交易业务外汇管理问题的批复　汇复 [2005] 253 号

2. 国家外汇管理局关于银行贵金属业务汇率敞口外汇管理有关问题的通知　汇发 [2012] 8 号

3. 银行办理结售汇业务管理办法　中国人民银行令 [2014] 第 2 号

4. 国家外汇管理局关于印发《银行办理结售汇业务管理办法实施细则》的通知　汇发 [2014] 53 号

5. 中国人民银行关于外资银行结售汇专用人民币账户管理有关问题的通知　银发 [2015] 12 号

银行结售汇头寸管理

1. 国家外汇管理局综合司关于调整银行结售汇综合头寸统计报表及报送方式的通知　汇综发 [2012] 129 号

银行结售汇报表

1. 银行结售汇统计制度　汇发［2006］42 号

2. 国家外汇管理局关于进一步规范银行结售汇统计管理有关问题的通知　汇发［2008］54 号

3. 国家外汇管理局综合司关于将人民币购售业务纳入结售汇统计有关问题的通知　汇综发［2010］99 号

4. 国家外汇管理局综合司关于调整银行结售汇统计报表及报送方式的通知　汇综发［2012］152 号

5. 国家外汇管理局综合司关于调整银行结售汇统计报表相关指标的通知　汇综发［2014］65 号

结售汇相关产品管理

1. 中国人民银行关于政策性银行为合格境外机构办理人民币贷款业务和货币互换业务有关问题的通知　银发［2007］81 号

2. 国家外汇管理局关于合作办理远期结售汇业务有关问题的通知　汇发［2010］62 号

（三）离岸业务

1. 离岸银行业务管理办法　银发［1997］438 号
2. 离岸银行业务管理办法实施细则　［98］汇管发字第 09 号

（四）银行卡相关业务

1. 国家外汇管理局关于规范银行外币卡管理的通知　汇发［2010］53 号

2. 国家外汇管理局关于银联国际有限公司承接银联卡境外业务相关外汇业务资质等事宜的批复　汇复［2013］125 号

（五）不良债权

1. 国家发展改革委、国家外汇管理局关于规范境内金融机构对外转让不良债权备案管理的通知　发改外资［2007］254 号

（六）银行相关其他业务

1. 中国人民银行关于内地银行与香港和澳门银行办理个人人民币业务有关问题的通知　银发［2004］254 号

2. 国家外汇管理局关于中国银行福建省分行开办个人外汇保证金交易的批复　汇复［2006］95 号

3. 国家外汇管理局综合司关于广东发展银行境内代付业务等问题的批复　汇综复［2007］17 号

4. 国家外汇管理局关于交通银行开办代理境外分支机构开户见证业务的批复　汇复［2010］208 号

5. 国家外汇管理局关于新台币兑换管理有关问题的通知　汇发［2013］11 号

（七）保险公司

1. 国家外汇管理局关于报送保险外汇监管报表有关问题的通知　汇发［2003］27 号

2. 国家外汇管理局综合司关于调整保险外汇监管报表报送方式的通知　汇综发［2014］64 号

3. 国家外汇管理局关于印发《保险业务外汇管理指引》的通知　汇发［2015］6 号

（八）信托公司、金融资产公司及其他非银行金融机构

1. 中国人民银行关于金融资产管理公司外汇业务经营范围的通知　银

发〔2000〕160号

2. 中国证券监督管理委员会国家外汇管理局关于证券经营机构从事 B 股业务若干问题的补充通知　证监发〔2001〕26号

3. 国家外汇管理局关于外资参股基金管理公司有关外汇管理问题的通知　汇发〔2003〕44号

4. 国家外汇管理局关于汽车金融公司有关外汇管理问题的通知　汇发〔2004〕72号

5. 国家外汇管理局关于金融资产管理公司对外处置不良资产外汇管理有关问题的通知　汇发〔2015〕3号

（九）外币代兑机构、个人本外币兑换特许机构、自助兑换机

1. 外币代兑机构管理暂行办法　中国人民银行令2003年第6号

2. 国家外汇管理局关于改进外币代兑机构外汇管理有关问题的通知　汇发〔2007〕48号

3. 国家外汇管理局关于进一步完善个人本外币兑换业务有关问题的通知　汇发〔2008〕24号

4. 国家外汇管理局关于在深圳市使用外币兑换机开展兑换业务的批复　汇复〔2009〕264号

5. 个人本外币兑换特许业务试点管理办法　汇发〔2012〕27号

6. 国家外汇管理局综合司关于规范个人本外币兑换特许业务和外币代兑业务有关事项的通知　汇综发〔2015〕38号

7. 国家外汇管理局关于个人本外币兑换特许机构办理调运外币现钞进出境及外币批发业务的批复　汇复〔2015〕169号

五、人民币汇率与外汇市场（17 项)

（一）汇价

1. 关于完善人民币汇率形成机制改革有关事宜　中国人民银行公告
[2005] 第 16 号

2. 关于进一步完善银行间即期外汇市场、改进人民币汇率中间价形成
方式有关事宜　中国人民银行公告 [2006] 第 1 号

3. 关于扩大银行间即期外汇市场人民币兑美元交易价浮动幅度　中国
人民银行公告 [2007] 第 9 号

4. 中国人民银行公告 [2014] 第 5 号

5. 中国人民银行关于银行间外汇市场交易汇价和银行挂牌汇价管理有
关事项的通知　银发 [2014] 188 号

（二）**外汇交易市场**

1. 国家外汇管理局关于加强对外汇市场监管规范办公程序的通
知 [95] 汇国函字第 009 号

2. 银行间外汇市场管理暂行规定　银发 [1996] 423 号

3. 关于在香港办理个人人民币存款、兑换、银行卡和汇款业务的有关
银行清算安排事宜　中国人民银行公告 [2003] 第 16 号

4. 国家外汇管理局关于在银行间外汇市场推出即期询价交易有关问题
的通知　汇发 [2005] 87 号

5. 非金融企业和非银行金融机构申请银行间即期外汇市场会员资格实
施细则 [暂行] 汇发 [2005] 94 号

6. 中国人民银行关于加快发展外汇市场有关问题的通知　银发 [2005]
202 号

7. 中国人民银行关于在银行间外汇市场开办人民币外汇货币掉期业务有关问题的通知　银发〔2007〕287 号

8. 货币经纪公司外汇经纪业务管理暂行办法　汇发〔2008〕55 号

9. 中国人民银行国家外汇管理局关于停办外币清算业务有关事宜的通知　银发〔2009〕137 号

10. 国家外汇管理局关于中国外汇交易中心在银行间外汇市场推出人民币对外汇期权交易的批复　汇复〔2011〕30 号

11. 国家外汇管理局关于修订《银行间外汇市场做市商指引》的通知　汇发〔2013〕13 号

12. 国家外汇管理局关于调整金融机构进入银行间外汇市场有关管理政策通知　汇发〔2014〕48 号

六、国际收支与外汇统计（24 项）

（一）国际收支统计综合法规

1. 国家外汇管理局国家质量监督检验检疫总局关于在外汇业务工作中全面使用组织机构代码标识的通知　汇发〔2002〕24 号

2. 国家外汇管理局综合司关于停止报送汇兑业务统计申报表的通知　汇综发〔2010〕54 号

3. 国务院关于修改《国际收支统计申报办法》的决定　中华人民共和国国务院令第 642 号

4. 国家外汇管理局关于印发《境内银行涉外收付凭证管理规定》的通知　汇发〔2014〕19 号

5. 商务部国家统计局国家外汇管理局关于印发《对外直接投资统计制度》的通知　商合函〔2015〕6 号

（二）国际收支统计间接申报

1. 国家外汇管理局综合司关于印发《国际收支网上申报系统操作规程》的通知 汇综发 [2010] 122 号

2. 国家外汇管理局国际收支司关于国际收支统计申报有关问题的批复 汇国复 [2010] 6 号

3. 国家外汇管理局国际收支司关于境外承包工程国际收支统计间接申报问题的批复 汇国复 [2010] 10 号

4. 国际收支统计间接申报核查制度 汇发 [2011] 1 号

5. 国家外汇管理局关于进一步强化国际收支核查工作的通知 汇发 [2011] 47 号

6. 国家外汇管理局关于明确和调整国际收支申报有关事项的通知 汇发 [2011] 34 号

7. 国家外汇管理局关于启用境内银行涉外收付凭证及明确有关数据报送要求的通知 汇发 [2012] 42 号

8. 国家外汇管理局关于印发《涉外收支交易分类与代码 [2014 版]》的通知 汇发 [2014] 21 号

9. 国家外汇管理局关于印发《通过银行进行国际收支统计申报业务实施细则》的通知 汇发 [2015] 27 号

（三）国际收支统计直接申报

1. 国家外汇管理局关于中资金融机构报送外汇资产负债统计报表的通知 汇发 [2009] 6 号

2. 国家外汇管理局综合司关于开展银行贸易融资业务调查的通知 汇综发 [2011] 114 号

3. 国家外汇管理局综合司关于调整中资金融机构外汇资产负债等报表报送方式的通知 汇综发 [2012] 136 号

4. 国家外汇管理局综合司关于加强金融机构对外资产负债和损益申报及升级报送系统的通知　汇综发［2012］145 号

5. 国家外汇管理局关于印发《对外金融资产负债及交易统计制度》的通知　汇发［2013］43 号

（四）抽样调查制度

1. 国家外汇管理局关于印发《贸易信贷调查制度》和《贸易信贷调查实施方案》的通知　汇发［2004］67 号

2. 国家外汇管理局综合司关于调整贸易信贷抽样调查报表和启用贸易信贷抽样调查系统报送数据的通知　汇综发［2009］12 号

3. 国家外汇管理局国际收支司关于开展 2010 年 6 月末贸易信贷调查有关事项的通知　汇国发［2010］8 号

4. 国家外汇管理局综合司关于扩大贸易信贷调查地区范围及提高调查频率的通知　汇综发［2011］28 号

5. 国家外汇管理局收支司关于启用新版贸易信贷抽样调查系统的通知　汇国发［2012］17 号

七、外汇检查与法规适用（11 项）

（一）办案程序

1. 国家外汇管理局外汇检查处罚权限管理规定　汇发［2001］219 号

2. 国家外汇管理局行政处罚听证程序　汇发［2002］79 号

3. 国家外汇管理局行政复议程序　汇发［2002］80 号

（二）法律依据

1. 国家外汇管理局关于转发《关于骗购外汇、非法套汇、逃汇、非法

买卖外汇等违反外汇管理规定行为的行政处分或者纪律处分暂行规定》的通知　汇发〔1999〕102号

2.国家外汇管理局关于《中华人民共和国外汇管理条例》第七章法律责任部分条款内容含义和适用原则有关问题的通知　汇发〔2008〕59号

3.对国家外汇管理局关于提请解释《外汇管理条例》法律责任有关条款的复函　国法函〔2012〕219号

（三）其他

1.中国证监会、国家外汇管理局、国家工商行政管理局、公安部关于严厉查处非法外汇期货和外汇按金交易活动的通知　证监发字〔1994〕165号

2.中国证券监督管理委员会、国家工商行政管理局国家外汇管理局、公安部关于印发《关于贯彻中国证监会、国家外汇管理局、国家工商行政管理局、公安部〈关于严厉查处非法外汇期货和外汇按金交易活动的通知〉的会议纪要》的通知　证监发字〔1994〕196号

3.国家外汇管理局国家工商行政管理局关于禁止国内私自以外币计价结算和禁止发布含有外币计价结算内容的广告的通知　〔96〕汇管函字第177号

4.国家外汇管理局、公安部关于严厉打击非法买卖外汇违法犯罪活动的通知汇发〔2001〕155号

5.国家外汇管理局综合司关于非法网络炒汇行为有关问题认定的批复　汇综复〔2008〕56号

八、外汇科技管理（7项)

1.国家外汇管理局信息系统代码标准化工作管理办法　〔暂行〕汇综发〔2008〕162号

2. 国家外汇管理局综合司关于信息系统代码标准化工作有关事项的通知　汇综发［2009］101 号

3. 国家外汇管理局信息系统代码标准管理实施细则　汇综发［2011］131 号

4. 国家外汇管理局信息系统数据管理办法［试行］　汇发［2012］64 号

5. 国家外汇管理局国家质量监督检验检疫总局关于修订印发《特殊机构代码赋码业务操作规程》的通知　汇发［2014］16 号

6. 国家外汇管理局关于发布《金融机构外汇业务数据采集规范（1.0 版）》的通知　汇发［2014］18 号

7. 国家外汇管理局综合司关于报送对外金融资产负债及交易数据、个人外币现钞存取数据和银行自身外债数据的通知　汇综发［2014］95 号

中国民营企业"走出去"大事记
（2014—2015）

1. 2014 年，我国对外直接投资额为 1 231 亿美元，在非金融领域的对外直接投资中，民营企业占比 40%。

2. 2015 年 3 月 28 日，《推动共建丝绸之路经济带和 21 世纪海上丝绸之路的愿景与行动》正式发布实施。"一带一路"倡仪及其配套政策为民营企业"走出去"提供新的发展机会和支持。国务院层面就已出台了包括交通、贸易、能源、旅游等方面的对接文件。云南、广东、广西、江西、甘肃、陕西等省市相继出台了政策文件和规划方案。

3. 我国加大对企业"走出去"的制度和政策各方面支持，逐步完善相关措施，进一步改革企业境外投资管理体制。2014 年 5 月 8 日，国家发展和改革委员会颁布实施了新版《境外投资项目核准和备案管理办法》。2014 年 10 月 6 日，商务部颁布实施新的《境外投资管理办法》。

4. 银监会经报国务院同意，确定了 5 家民营银行试点方案。天津金城银行、深圳微众银行、上海华瑞银行、温州民商银行和浙江网商银行均已取得开业批复。

5. 2014 年 5 月 22 日，京东集团正式在纳斯达克挂牌上市。

2014 年 9 月 19 日，阿里巴巴在纽交所正式进行 IPO，并超越 Facebook 成为仅次于谷歌的全球第二大互联网公司。

2015 年 6 月 29 日，联想控股正式登陆港交所上市交易。

6. 2014 年 8 月 21 日，由全国工商联发起，经国务院同意成立，59 家知名民营企业参股设立的中国民生投资股份有限公司在上海金外滩国际广场正式揭牌。

7. 2014 年 1 月，联想集团宣布将以 29 亿美元从谷歌收购摩托罗拉移动。摩托罗拉移动的 3 500 名员工，2 000 项专利、品牌和商标，以及和全球 50 多家运营商的合作关系都归入联想移动业务集团。

8. 2014 年 12 月 15 日，江苏振发控股集团旗下振发新能源（美国）有限公司与新能源领域全球知名的美国纽约证券交易所上市公司 STR Holdings，Inc.（NYSE：STRI）签署战略并购协议，获得中国各监管部门、美国外国投资委员会（CFIUS）及 STR 股东特别大会批准。该项交易是真正意义上中国民企收购并绝对控股纽交所主板上市公司的第一案。

9. 2014 年 1 月，万达集团公布，将投资 20 亿至 30 亿英镑在英国开展城市改造项目，主要投资万达具有知识产权的文化旅游商业综合项目。

10. 2015 年 3 月 20 日，由中国民营经济国际合作商会与中国开发性金融促进会共同主办的"2015（第二届）中国境外中资企业年会"在北京钓鱼台国宾馆举行。全国政协副主席、中国开发性金融促进会会长陈元出席会议并作重要讲话，全国政协副主席王钦敏出席会议。

全国工商联 2015 中国民营企业 100 强名单

排名	企业名称	省区市	所属行业名称	营业收入总额（万元）
1	苏宁控股集团	江苏省	零售业	27 981 265
2	联想控股有限公司	北京市	计算机、通信和其他电子设备制造业	24 403 077
3	山东魏桥创业集团有限公司	山东省	纺织业	24 138 650
4	华为投资控股有限公司	广东省	计算机、通信和其他电子设备制造业	23 902 500
5	正威国际集团有限公司	广东省	有色金属冶炼和压延加工业	23 382 562
6	江苏沙钢集团有限公司	江苏省	黑色金属冶炼和压延加工业	22 803 606
7	中国华信能源有限公司	上海市	批发业	20 998 533
8	大连万达集团股份有限公司	辽宁省	房地产业	18 664 000
9	浙江吉利控股集团有限公司	浙江省	汽车制造业	15 842 925
10	万科企业股份有限公司	广东省	房地产业	13 541 879
11	恒力集团有限公司	江苏省	化学原料和化学制品制造业	13 534 917

（续表）

排名	企业名称	省区市	所属行业名称	营业收入总额（万元）
12	雨润控股集团有限公司	江苏省	食品制造业	12 997 856
13	美的集团股份有限公司	广东省	电气机械和器材制造业	12 126 518
14	新疆广汇实业投资（集团）有限责任公司	新疆维吾尔自治区	零售业	10 923 638
15	中天钢铁集团有限公司	江苏省	黑色金属冶炼和压延加工业	10 509 107
16	海亮集团有限公司	浙江省	有色金属冶炼和压延加工业	10 043 837
17	广厦控股集团有限公司	浙江省	房屋建筑业	9 078 628
18	杭州娃哈哈集团有限公司	浙江省	酒、饮料和精制茶制造业	7 827 855
19	浙江恒逸集团有限公司	浙江省	化学原料和化学制品制造业	7 806 579
20	新希望集团有限公司	四川省	农、林、牧、渔服务业	7 789 271
21	西安迈科金属国际集团有限公司	陕西省	批发业	7 726 111
22	山东晨曦集团有限公司	山东省	批发业	7 512 471
23	北京建龙重工集团有限公司	北京市	黑色金属冶炼和压延加工业	7 300 434
24	三一集团有限公司	湖南省	专用设备制造业	7 224 984
25	河北新华联合冶金投资有限公司	河北省	黑色金属冶炼和压延加工业	6 628 908
26	苏宁环球集团有限公司	江苏省	房地产业	6 615 000
27	三胞集团有限公司	江苏省	零售业	6 546 007

（续表）

排名	企业名称	省区市	所属行业名称	营业收入总额（万元）
28	浙江荣盛控股集团有限公司	浙江省	化学纤维制造业	6 503 560
29	庞大汽贸集团股份有限公司	河北省	零售业	6 398 528
30	山东东明石化集团有限公司	山东省	石油加工、炼焦和核燃料加工业	6 206 184
31	陕西东岭工贸集团股份有限公司	陕西省	批发业	6 084 083
32	天能集团	浙江省	电气机械和器材制造业	5 666 097
33	超威集团	浙江省	电气机械和器材制造业	5 573 237
34	雅戈尔集团股份有限公司	浙江省	纺织服装、服饰业	5 325 026
35	江苏西城三联控股集团有限公司	江苏省	黑色金属冶炼和压延加工业	5 308 871
36	比亚迪股份有限公司	广东省	汽车制造业	5 286 328
37	上海复星高科技（集团）有限公司	上海市	综合	5 204 104
38	山东新希望六和集团有限公司	山东省	畜牧业	5 203 602
39	盛虹控股集团有限公司	江苏省	化学纤维制造业	5 134 714
40	青山控股集团有限公司	浙江省	黑色金属冶炼和压延加工业	5 081 412
41	河北津西钢铁集团股份有限公司	河北省	黑色金属冶炼和压延加工业	5 079 253
42	天津荣程联合钢铁集团有限公司	天津市	黑色金属冶炼和压延加工业	5 030 457

（续表）

排名	企业名称	省区市	所属行业名称	营业收入总额（万元）
43	中天发展控股集团有限公司	浙江省	房屋建筑业	5 016 315
44	江苏南通三建集团有限公司	江苏省	房地产业	4 956 966
45	华盛江泉集团有限公司	山东省	黑色金属冶炼和压延加工业	4 856 057
46	新奥集团股份有限公司	河北省	燃气生产和供应业	4 828 009
47	玖龙纸业（控股）有限公司	广东省	造纸和纸制品业	4 823 712
48	奥克斯集团有限公司	浙江省	电气机械和器材制造业	4 806 871
49	四川省川威集团有限公司	四川省	黑色金属冶炼和压延加工业	4 749 288
50	江苏新长江实业集团有限公司	江苏省	黑色金属冶炼和压延加工业	4 720 593
51	通威集团有限公司	四川省	农副食品加工业	4 611 678
52	新华联集团有限公司	湖南省	石油加工、炼焦和核燃料加工业	4 525 846
53	科创控股集团有限公司	四川省	医药制造业	4 520 000
54	远大物产集团有限公司	浙江省	商务服务业	4 519 400
55	日照钢铁控股集团有限公司	山东省	黑色金属冶炼和压延加工业	4 380 513
56	盾安控股集团有限公司	浙江省	专用设备制造业	4 363 204
57	红豆集团有限公司	江苏省	纺织服装、服饰业	4 351 833
58	华泰集团有限公司	山东省	造纸和纸制品业	4 310 219
59	海澜集团有限公司	江苏省	纺织服装、服饰业	4 300 569
60	银亿集团有限公司	浙江省	批发业	4 210 593

（续表）

排名	企业名称	省区市	所属行业名称	营业收入总额（万元）
61	内蒙古鄂尔多斯投资控股集团有限公司	内蒙古自治区	综合	4 206 200
62	山东如意科技集团有限公司	山东省	纺织业	4 110 528
63	临沂新程金锣肉制品集团有限公司	山东省	农副食品加工业	4 084 626
64	江阴澄星实业集团有限公司	江苏省	化学原料和化学制品制造业	4 084 185
65	浙江桐昆控股集团有限公司	浙江省	化学纤维制造业	4 064 012
66	深圳市爱施德股份有限公司	广东省	批发业	4 039 918
67	四川宏达（集团）有限公司	四川省	有色金属矿采选业	4 035 897
68	中太建设集团股份有限公司	河北省	房屋建筑业	4 012 872
69	修正药业集团	吉林省	医药制造业	4 001 780
70	亿利资源集团有限公司	内蒙古自治区	综合	3 923 827
71	重庆龙湖企业拓展有限公司	重庆市	房地产业	3 914 310
72	江苏南通二建集团有限公司	江苏省	房屋建筑业	3 852 631
73	双胞胎（集团）股份有限公司	江西省	农副食品加工业	3 733 080
74	东方希望集团有限公司	上海市	有色金属冶炼和压延加工业	3 720 000
75	山东泰山钢铁集团有限公司	山东省	黑色金属冶炼和压延加工业	3 700 495

（续表）

排名	企业名称	省区市	所属行业名称	营业收入总额（万元）
76	江苏申特钢铁有限公司	江苏省	黑色金属冶炼和压延加工业	3 656 785
77	内蒙古伊泰集团有限公司	内蒙古自治区	煤炭开采和洗选业	3 646 355
78	江苏金浦集团有限公司	江苏省	化学原料和化学制品制造业	3 642 983
79	正邦集团有限公司	江西省	农业	3 604 589
80	山东大海集团有限公司	山东省	电气机械和器材制造业	3 600 523
81	云南中豪置业有限责任公司	云南省	房地产业	3 561 248
82	江苏永钢集团有限公司	江苏省	黑色金属冶炼和压延加工业	3 553 556
83	山东京博控股股份有限公司	山东省	石油加工、炼焦和核燃料加工业	3 540 123
84	新疆特变电工集团有限公司	新疆维吾尔自治区	专用设备制造业	3 533 083
85	山东太阳纸业股份有限公司	山东省	造纸和纸制品业	3 515 118
86	四川科伦实业集团有限公司	四川省	医药制造业	3 507 582
87	新世纪控股集团有限公司	浙江省	商务服务业	3 500 000
88	宁波金田投资控股有限公司	浙江省	有色金属冶炼和压延加工业	3 482 392
89	浙江前程投资股份有限公司	浙江省	批发业	3 441 091

（续表）

排名	企业名称	省区市	所属行业名称	营业收入总额（万元）
90	腾邦投资控股有限公司	广东省	软件和信息技术服务业	3 393 608
91	江苏阳光集团有限公司	江苏省	纺织业	3 372 436
92	九州通医药集团股份有限公司	湖北省	批发业	3 343 805
93	华勤橡胶工业集团有限公司	山东省	橡胶和塑料制品业	3 327 163
94	正泰集团股份有限公司	浙江省	电气机械和器材制造业	3 322 428
95	江西萍钢实业股份有限公司	江西省	黑色金属冶炼和压延加工业	3 321 783
96	德力西集团有限公司	浙江省	电气机械和器材制造业	3 315 360
97	万达控股集团有限公司	山东省	有色金属冶炼和压延加工业	3 280 802
98	浙江中成控股集团有限公司	浙江省	房屋建筑业	3 280 045
99	金龙精密铜管集团股份有限公司	河南省	有色金属冶炼和压延加工业	3 258 333
100	物美控股集团有限公司	北京市	零售业	3 253 710

资料来源：全国工商联 2015 中国民营企业 500 强名单。

责任编辑：陆丽云

图书在版编目（CIP）数据

中国民营企业国际合作蓝皮书.2014~2015 / 中国企业"走出去"协同创新中心，中国民营经济国际合作商会 编 . － 北京：人民出版社，2016.1

ISBN 978 － 7 － 01 － 015667 － 5

I. ①中⋯　II. ①中⋯　②中⋯　III. ①民营企业－国际合作－经济合作－白皮书－中国－2014~2015　IV. ① F279.245

中国版本图书馆 CIP 数据核字（2016）第 000011 号

中国民营企业国际合作蓝皮书（2014—2015）

ZHONGGUO MINYING QIYE GUOJI HEZUO LANPISHU（2014—2015）

中国企业"走出去"协同创新中心
中国民营经济国际合作商会　编

人民出版社 出版发行

（100706　北京市东城区隆福寺街 99 号）

北京中科印刷有限公司印刷　新华书店经销

2016 年 1 月第 1 版　2016 年 1 月北京第 1 次印刷

开本：710 毫米 ×1000 毫米 1/16　印张：31.25

字数：469 千字

ISBN 978 － 7 － 01 － 015667 － 5　定价：78.00 元

邮购地址 100706　北京市东城区隆福寺街 99 号

人民东方图书销售中心　电话（010）65250042　65289539